KB160495

류자명의 독립운동과 한·중 연대

류자명연구회 편

경인문화사

류자명(1894~1985)의
발자취

책을 내면서

"지도자의 위치에 있는 자까지도 혁명이 어떠한 것인지를 모르고, 민중을 위하고 혁명을 위한다는 구실 하에서, 실제로는 민중과 혁명을 자기의 이익을 위하여 희생시키려는 자가 있는 것"이라고, 1920년대 중국 국민혁명 주도세력의 리더십을 비판적으로 평가했던 류자명은 중일전쟁이 터지자 "중국의 항전이 실패하면, 한국민족의 해방 또한 기약될 수 없게 될 것이며, 한국민족의 노력 여부 또한 중국민족의 최후승리에 영향을 끼칠 수 있다"며, 한·중연합의 공동 항일투쟁이라는 우회로를 통해서라도 우리민족의 해방과 조국의 광복을 이뤄내야 한다고 토로하였다.

1919년 상하이(上海)로 건너가 독립운동에 투신한 그는 근대사회과학 지식을 수용하여, 자신의 민족운동관을 체계화해 갔고, 중국의 진보적 지식인들과 폭넓게 교류하였다. 그리하여 중국관내지역 한인독립운동진영을 대표할 수 있는 이론가의 한 사람이 되었다.

독립운동 지도자로서 그의 면모는 지사(志士)적인 풍모를 보여준 그의 인품과, 농학자(農學者) 및 사회과학도(社會科學徒)로서의 지적 능력이 뒷받침되었기 때문에 가능한 일이었다.

이 책을 통해 실천적 투쟁가·독립운동가·아나키스트로서만이 아닌, 열린 민족주의자이며 국제주의자로서 그의 개방적인 풍모와 후덕함을 접할 수 있게 되기를 기대한다.

문화대혁명 시기 제자들이 류자명의 집 방문에 '국제우인(國際友人) 류자명 선생 댁이므로, 들어가 소동을 피우지 말라'는 표어를 붙여주었던 사실, 호남농과대학의 제자 뤄저민(羅澤民)의 "왜 여러 해 동안 한국으로 안돌아 가시냐"는 물음에 "나는 한국인이지만 우매한 중국을 사랑한다"
고 대답했다는 얘기나, 1983년인가 중국의 '인민작가'로 추앙받는 바진
(巴金)이 베이징(北京)에 왔을 때, "네가 북경에 왔으니까 내가 당연히 너
를 찾아 가겠다"고 했더니, 바진이 "내가 동생인데" 하면서 직접 찾아왔
다는 일화는 중국국적을 거부하고 '한국인과 조선인'으로서 당당하게 살
아 갈 수 있었던 그의 존재감을 헤아릴 수 있게 한다.

이와 함께 "어렸을 때, 장난감 같은 것을 사준 적은 없어요. 아버지가
외출을 하시면 가는 데가 서점 밖에 없었어요. 서점에서 돌아오실 때에는
책을 몇 권씩 사다주신 기억이 납니다"라는 딸 유득로(柳得櫓)의 말로 미
루어 보면, 그는 영락없는 한국의 아버지였다. 또 "한국인 친구들이 놀러
오시면 꼭 한국말로 이야기를 나누었고, '아리랑' 노래를 같이 불렀다"고
하였다.

"항상 지나간 생각을 더듬으셨는데, 창가에 서서 멀리 바라보시면서 고
향 생각을 하신다는 것을 저는 압니다. 때로는 선생님께서 가족들을 생각
하시면서 눈물을 머금으실 때도 있으셨습니다."『훈장을 단 원예학자 류
자명 전기[戴勳章的園藝學家: 柳子明傳]』의 저자 안치(安奇)의 증언이다.
남몰래 고향에 두고 온 얼굴들을 떠올리며 살다간 그의 참모습이었다.

이 책에 실린 글들은 두 차례의 국제학술회의 [류자명(홍식) 선생 조명
을 위한 국제학술세미나, 예성문화연구회, 2003 ; 중국대륙에 남긴 류자명
의 자취, 충주MBC·한국근현대사학회, 2005]에서 발표된 논문과 그간 학
술논문지에 게재한 연구논문으로, 이번 기회에 다듬은 것도 있다.

유족들의 요청으로 '류자명'으로 표기했음을 양해해주시기 바라며, 류
자명 선생의 인격과 사상에 감복하는 마음에서 기꺼이 옥고를 제공해 주
신 필자 선생님들께 감사의 말씀을 드린다.

또 이 책을 만드는 데 수고해 주신 경인문화사 한명진 선생을 비롯한 여러분에게 고마움을 전한다.

자유연합(自由聯合)과 상호부조(相互扶助)의 길을 통해 정의와 평화를 실현하고자 했고, 인간의 해방과 조국의 독립을 위해 헌신했던 류자명 선생의 영전에 이 책을 바친다.

70주년 광복절을 앞에 두고

필자를 대표하여

한 상 도 올림

목 차

제1편

한국인이 기억하는 독립운동가
류자명 : 항일역정

류자명의 생애와 항일 독립투쟁

김 명 섭(金明燮)
단국대학교 사학과 강사

1. 머리말

한국독립운동사에 있어서 1920년부터 일제가 가장 두려워했던 의열단과 남화한인청년연맹의 의열투쟁을 빼놓을 수 없다. 또 1937년 중일전쟁의 발발과 함께 본격적인 한인들의 무장투쟁 조직인 조선의용대와 한국광복군의 활약상을 간과할 수 없다. 한인 의열투쟁과 항일 무장투쟁을 이끈 지도적인 독립운동가 중 류자명(柳子明, 1894.1.13.~1985.4.17)은 의열단 참모장에 이어 조선혁명자연맹 대표, 조선민족전선연맹 이사와 조선의용대 지도위원, 임시정부 의정원 의원을 역임했다는 점에서 매우 중요한 인물임에 틀림없다.

독립운동가 류자명에 대한 한국학계의 관심과 연구는 본인이 1980년 무렵 생전에 중국에서 자필로 작성한 수기인 『나의 회억』(중국 요녕인민출판사, 1984)이 한국의 독립기념관 한국독립운동사연구소에서 1999년 『한 혁명자의 회억록-류자명 수기』로 편찬되면서 본격화되었다. 이어 그의 후손들과 고향 유지 및 후학들이 충주시와 충주MBC의 후원아래 2006년 류자명자료집간행위원회를 구성하여 『류자명자료집1-독립운동 편』을 펴내

어 자료발굴에 박차를 가하였다. 더욱이 충북대 박걸순은 2012년 고인의
중국인 아들(柳展輝)로부터 친필수기인 「我的簡介」와 「我在中國六十多年」
등 2편을 제공받아 한국학계에 소개하였다.[1]

이와 더불어 중국에서도 그의 후학인 안치(安奇)가 『훈장을 단 원예학
자-류자명전(戴勳章的園藝學家 - 柳子明傳)』(중국농업출판사, 2004)을 발
간하였고, 조선족 동포작가인 류연산은 2004년 류자명의 일대기를 정리
하여 단행본으로 『행동하는 지식인-류자명평전』(예성문화연구회)을 발간
했다. 학계의 논문도 꾸준히 발표되었는데, 이호룡의 「류자명의 아나키스
트활동」(『역사와 현실』 53호, 2004)을 비롯해 한상도 교수(건국대)가 「류
자명의 아나키즘 이해와 한중연대론」(『동양정치사상사』 제7권1호, 2008)
과 한·중 연대의 국제주의자, 류자명」(『한국독립운동의 시대인식 연구』,
경인문화사, 2011), 그리고 중국근현대사 전공자인 조세현(부경대) 교수의
「1930년대 한중 아나키스트의 반파시즘 투쟁과 국제연대 : 巴金과 류자명
을 중심으로」(『동북아문화연구』 17, 2008) 등이 발표되었다. 이러한 연구
성과들을 통해 의열투쟁에 종사한 류자명의 생애와 항일 민족전선 결성
에 끼친 그의 공적이 밝혀졌다.

하지만 류자명의 전 생애와 독립운동사에 끼친 영향에 대한 연구는 보
다 상세히, 더 다양하게 조망되어야 할 필요가 있다. 그의 생애 전반을 조
망한 기존 연구들이 대부분 1999년 편찬된 류자명의 회고록을 바탕으로
작성되어 이후 새로 발굴된 수기나 편지류 등을 보완해야 하며, 일부 기
억착오를 수정해야 하기 때문이다. 또한 그와 사상과 행동을 함께 했던
동지들이나 일제 첩보기관에서 남긴 기록, 당시 발간된 공식기록과 신문

---

1) 박걸순, 「아나키스트 柳子明의 자료현황과 새로 발굴한 手記의 성격」 『중원문화
연구』 21집, 2013). 수기원본과 번역본은 박걸순의 저서인 『충북의 독립운동과 독
립운동가』(국학자료원, 2012)에 실려 있다.

자료 등을 종합적으로 보완할 필요도 있다. 류자명의 생애와 활동에 관해 주목할만한 기록을 남긴 동지들로는 李丁奎와 鄭華岩·李圭昌·李康勳·沈克秋·柳基石 등을 꼽을 수 있다.2)

이 글은 류자명의 육필수기와 기존 연구성과를 바탕으로 하되, 동지들의 기록과 추가 발굴자료 등을 보완하여 그의 생애와 항일 독립운동에 대해 끼친 영향을 재조명하고자 한다. 이를 통해 의열투쟁 지도자, 항일 민족전선 결성의 주창자, 중국 농업발전의 공로자로서의 면모가 더욱 뚜렷해질 것으로 기대해본다.

2. 성장 과정과 상해 망명

류자명은 1894년 음력 1월 13일 충청북도 충주군 이안면(利安面) 삼주리(三洲里, 현재의 영평리 이류면)에서 부친 유종근(柳鍾根)과 모친 이기노(李綺魯)씨 사이에서 삼남매 중 셋째로 태어났다. 어린 시절 이름은 홍갑(興甲)이었고 학생 때 본명은 홍식(興湜)이며, 호는 우근(友槿)이다.3) 우생(友生)·이청(李淸)·홍준(興俊)·홍근(興根)이란 이름도 함께 사용하였는데, 독립운동에 투신 후 '자명'이란 이름을 얻어 널리 쓰게 되었다. 일곱 살부터 부친에게 천자문과 함께 사서와 「동몽선습(童蒙先習)」, 「통감(通

2) 정화암, 『이 조국 어디로 갈 것인가』, 자유문고, 1982 ; 이정규, 『우관문존』, 삼화인쇄, 1984 ; 이정식 면담 김학준 편집·해설, 『혁명가들의 항일회상』, 민음사, 1988 ; 정화암, 『어느 아나키스트의 몸으로 쓴 근세사』, 자유문고, 1992 ; 이규창, 『운명의 여신』, 보연각, 1992 ; 이강훈, 『민족해방운동과 나』, 제삼기획, 1994 ; 심극추, 「나의 회고」 『20세기 중국조선족역사자료집』, 중국조선민족문화예술출판사, 2002 ; 류기석, 『30년 방랑기-류기석 회고록』, 국가보훈처, 2010.
3) 류자명, 『류자명 수기-한 혁명자의 회억록』, 독립기념관 한국독립운동사연구소, 1999, 1쪽.

鑑)」 등을 배웠다.

그는 충주공립보통학교에서 수학하였다. 소년기의 류자명에게 가장 큰 사상형성에 영향을 준 사건은 14세 때인 1907년 목격한 항일 의병운동이 었다.

> 당시에 도처에서 일어나는 의병투쟁은 나는 귀로 들었을 뿐 아니라 눈으로도 보았다. 내가 14세 때에 의병대장 柳麟錫이 거느린 의병이 제천(堤川)으로부터 충주로 들어 쳐들어갔다가 물러나는 광경을 나의 눈으로 보았으며, 의병이 물러간 뒤에 일본군대가 그 부근마을에서 저지른 야만적 폭행도 나의 귀로 들었다.4)

실제로 당시 의병에 대한 일제의 야만적인 학살행위를 폭로한 미국 기자 맥킨지(Mckenzie)는 『대한제국의 비극』이란 책에서 제천과 충주 사이의 촌락 중 80%가 잿더미로 변했다고 진술했다. 또 일본군 주차사령부에 보고된 현지 부대의 기록 역시 "시야 전체가 거의 초토화되기에 이르렀다"고 보고할 정도였다.5)

의병전쟁에 이어 갑오농민군의 전쟁으로 조선에 대한 일본의 압박이 거세어지자, 그를 비롯한 모든 조선인은 "일본 제국주의는 조선의 가장 큰 적이라는 것을 알게 되었다"고 한다. 1910년 11월 16살이 된 류자명은 부모의 권유로 이란영(李蘭永)이란 처자와 결혼을 하게 된다. 그리고 곧 충주공립보통학교를 졸업하고 수학자인 이명칠(李命七)이 운영하는 서울의 연정학원(硏精學院)에서 잠시 공부하였다.

청년 류자명은 배 불리 먹고 잘 사는 나라를 만들겠다는 꿈을 안고 농학자가 되기 위해 1912년 수원농림학교(1918년 수원농림전문학교로 개

---

4) 류자명, 『류자명 수기-한 혁명자의 회억록』, 3쪽.
5) F.A. 맥켄지 저·산복룡 역, 『대한제국의 비극』, 집문당, 1999, 171~177쪽.

칭, 서울대 농과대학 전신)에 입학하였다. 학습과 노동에 지쳐 한달간 입원한 적도 있었지만, 1916년 봄 무사히 학교를 졸업하였다.6) 그는 곧 충주에 있는 간이농법학교 교원에 취직되었다. 이 학교는 충주공립보통학교 옆에 새로 세운 학교인데, 그는 교무주임으로서 보통학교 4학년 농업과정을 감당하게 되었다. 이 무렵 장남 기용(基鏞, 1916년생)과 차남 기형(基瀅, 1918년생)을 얻었다.

1919년 3·1운동을 계기로 류자명은 본격적으로 독립운동에 참가하게 되었다. 3·1운동이 일어나자 그는 졸업생 환송회를 명분으로 집회를 갖고, 나아가 학교 재학생들과 함께 만세운동을 계획하였다. 그러나 이 정황을 눈치 챈 충주경찰서에서 그를 체포하려할 때, 보통학교 동창인 황인성(黃仁性)이 사전에 귀뜸해 주어 서울로 피신할 수 있었다.

서울에서 동향출신인 장락윤(鄭樂潤)의 집에 기거하던 중 상해의 독립운동가와 연락하고 있던 이병철(李秉澈)과 알게 되었다. 이때 외교청년단(外交靑年團)에 가입하였는데 이 단체는 프랑스 파리에서 열리고 있던 대한민국임시정부의 외교대표단을 지원하기 위한 비밀조직이었다. 1919년 6월 류자명은 상해에서 온 조용주(趙鏞周)와 함께 상해로 망명하였다. 여비는 그의 학생이 준 200원이 전부였다.7)

류자명은 상해에 도착하여 임시정부의 임시의회 의원과 의회비서로 일하게 되었다. 이 시기 그는 의정원의 일상사무를 맡아보면서 문건보관과 회의기록원 일을 겸하였고 의회성원들을 두루 모시어 내부 사정을 속속 파악하게 되었다. 이 무렵 그는 의원인 신채호의 애국연설회에서 임진왜란과 이순신에 대한 강연을 듣고 그를 존경하고 따르게 되었다. 당시 신채호는 작은 여관에 살면서 역사연구에 전념했는데, 『독립신문』을 비롯

---

6) 류자명, 『류자명 수기-한 혁명자의 회억록』, 24쪽.
7) 류자명, 『류자명 수기-한 혁명자의 회억록』, 41쪽.

한 항일 간행물에 간여하였다.[8] 특히 신채호는 임시정부 대통령으로 추대된 이승만이 미국정부에 한국을 위임통치 아래 두어 달라는 청원서를 낸 것에 크게 반발하고 있었다. 류자명은 신채호의 여관에 자주 드나들었는데, "둘은 마음을 터놓고 이야기를 했고 너무 늦게 만났다고 개탄"할 정도였다.[9]

이후 여운형의 소개로 신한청년당에 가입하여 반년동안 당의 비서로 일하던 중 수원농림학교 동창인 강석린(姜錫麟)의 형 강태동(姜泰東)의 소개로 임시정부 비서실장으로 일하고 있던 김한(金翰)을 소개받았다. 김한은 한국 독립운동이 장차 마르크스주의에 따라 공산주의정당에 의해 이끌어져야 한다는 주장을 담은 「우리는 무엇을 할 것인가」라는 글을 일본어로 집필하고 있었는데, 류자명이 이를 한글로 번역해 주었다. 이 시기두 사람은 상해의 일본서점에서 『改造』,『解放』,『批評』 등 일본의 신사상 잡지를 구입하여 김한과 사상토론을 하면서 공산주의와 아나키즘사상에 대해 공부하기 시작하였다.[10] 이 무렵 비타협적 민족주의자인 신채호와 공산주의 이론가인 김한과의 교류는 류자명의 사상형성에 중요한 전기가 되었다.

류자명은 보다 실천적인 독립운동을 도모하기 위해 1919년 12월 상해를 떠나 서울로 귀환하였다. 그는 먼저 귀국한 김한과 김태규의 집에 머물면서 김한과 함께 애국청년들을 규합하는데 힘을 기울였다. 그 결과 규합된 인물로는 의친왕 이강(李堈)을 상해로 망명시키려다 투옥된 바 있는 이을규(李乙奎)와 동생 이정규(李丁奎)를 비롯해 16명이다.[11]

---

8) 류자명, 「조선의 애국 역사학자 신채호」『류자명 자료집1』, 충주시·충주MBC, 2006, 145쪽.
9) 安奇,『戴勳章的園藝學家-柳子明傳』, 中國農業出版社, 2004, 7쪽.
10) 류자명, 『류자명 수기-한 혁명가의 회억록』, 58~59쪽.
11) 류자명, 『류자명 수기-한 혁명가의 회억록』, 68~70쪽.

이 무렵 류자명은 일본의 저명한 사회주의자들이 출판한 잡지를 구입하여 연구하였다. 그러던 중 도쿄제국대학 모리도 다쯔오(森戶辰男)교수가 일본 간행물에『무정부주의 경제학학설의 연구』를 발표했다가 대학교단에서 쫓겨나는 일이 일어났다. 또 일본 군관학교출신의 번역가인 오스기 사가에(大杉榮)가 공개적으로 아나키스트임을 선언하여 체포된 일도 벌어졌다. 이 사건 이후 류자명은 아나키즘에 흥미를 갖게 되어 서적을 보기 시작했다.

류자명은 곧 오스기 사카에의 저술을 비롯해 크로포트킨의 저작인『상호부조론』과『윤리학』·『전원·공장·작업장』, 그리고 고리키와 푸쉬킨·톨스토이 등 러시아 실천문학을 탐독하였다. 그는 서구 각국의 제국주의자들이 다윈의 '생존경쟁'의 학설을 식민지 침략전쟁을 변호하는 데 이용하고 있다는 사실을 깨닫고, 그래서 크로포트킨의 '상호부조론'이 "전쟁을 반대하는 근거도 된다."고 보게 되었다. 그는 마르크스와 엥겔스의 '모든 사회역사는 모두 계급투쟁의 역사'라는 주장에 "동의할 수 없었다"고 고백하면서, 계급이나 이념을 초월해 인류전체의 평화와 발전을 추구해야 한다고 믿었다. 나아가 그는 크로포트킨의 자서전인『한 혁명가의 회상』을 읽고 '사상전변(思想轉變)'을 하기에 이르렀다.[12)]

류자명은 이러한 자신의 변화된 사상을 1920년 4월 11일 창립된 조선노동공제회의 기관지인『共濟』를 비롯해『동아일보』와『조선일보』에 글로 발표하였다. 정확히 류자명이 언제, 어떤 필명으로, 무슨 내용의 글을 발표했는지는 분명치 않다. 다만 최근 발굴된 그의 또 다른 수기(「我在中國六十多年」)에 의하면,『공제』지에 2편의 글을 기고한 것으로 보인다. 당시 이 잡지에는「청년에게 訴함」(7호) 등 크로포트킨의 저술을 번역해 게재하는 한편, 상호부조론의 입장에서 사회를 분석하고 사회운동과 노동문

12) 류자명,『류자명의 수기-한 혁명자의 회억록』, 70~75쪽.

제의 해결방안, 소비조합 이론 등을 소개하는 글이 많았으므로,13) 류자명
도 아나키즘 성향의 글을 투고했을 것으로 여겨진다. 나아가 그는 「민족
개조론」에 관한 안확(安廓)의 강연을 듣고 이를 반박하는 글을 『조선일보』
에 발표하였다. 한국인의 정신을 개조하여 사회를 개조해야 한다는 주장
의 허구성을 지적하고 자본주의 사회의 근본적인 개조의 필요성을 역설
한 것이다.14)

그러던 중 1921년 3월 류자명은 서울 고등경찰국(동대문경찰서)에 의
해 체포되었다. 이유는 여러 가지였지만, 그중 신문에 쓴 내용으로 미루
어 사상범이라는 것이다. 다행이 1개월만에 수원농림학교 동창의 형으로
조선총독부 경무국의 고급특무로 근무하고 있던 김태석(金泰錫)이 나서
보석으로 풀려날 수 있었다. 그는 용산경찰서에 잡혀있던 김한도 보석시
켜 주었다.15)

유치장에서 풀려난 류자명은 중국으로 망명하려 했으나, 자금이 부족
하였다. 망명자금은 가족들의 전폭적인 후원으로 가능하였다.16) 곧 그는
4월 서울을 떠나 두 번째 북경망명 길에 올랐다. 그는 북경의 박숭병(朴崇
秉) 집에 머물면서 역사연구에 몰두하고 있던 신채호과 재회하여 중국의

---

13) 이호룡, 『아나키스트들의 민족해방운동』, 독립기념관 한국독립운동사연구소, 2008, 10~15쪽.
14) 류자명, 『류자명의 수기-한 혁명자의 회억록』, 77~79쪽.
15) 류자명, 『류자명의 수기-한 혁명자의 회억록』, 129~130쪽.
16) 류자명의 손자인 류인호(1936년생)는 가문에서 전해오는 당시의 일화를 다음과 같이 전한다. "우리 집안에 뭔 얘기가 전해오고 있었는가 하면 큰할아버님이 하두 약주가 과해서 가지고 길거리에 쓰러지셨는데 (누군가) 인감도장을 빼가지고서 땅을 다 잡았다 거든요. 그런데 할아버님의 회상을 보니까, 그때 2백 원을 보내드린 겁니다. 큰돈 아닙니까. 땅은 전당포에 잡혔다는 겁니다. 그러니 당신 아내한테도 동생을 살리기 위해 독립자금으로 2백 원을 마련하려고 전당포에 (땅문서) 갖다 주었다는 말을 하시지 않은 겁니다. …한 분이 혁명을 하시려면 온 집안 식구가 다 합심이 돼 야겠지요."(류연산, 『행동하는 지식인-류자명평전』, 예성문화연구회, 2004, 122쪽).

고대역사에 대해 배웠다.17) 당시 류자명이 신채호에게 자신의 사상전변
을 토로했는지는 알 수 없으나, 크로포트킨의 사상에 대해 상론하였을 것
으로 짐작된다.

류자명은 그해 가을 이회영의 집에서 생활하다가 겨울 무렵 영어를 배
우기 위해 천진으로 갔다. 천진에서 김정(金丁)과 함께 '조선인거류민단'
을 조직, 이사회를 맡아 3·1운동 기념행사와 안창호 선생 초청 강연회를
개최하였다. 그러던 중 그는 1922년 봄 상해에서 국내로의 연락통로를 찾
고 있던 의열단 단장 김원봉(金元鳳)과 단원 양근호(梁根浩)·남정각(南廷
珏, 본명 南榮得) 등을 만났고, 곧 의열단에 가입하게 되었다.18)

3. 의열단 참모장 활동

류자명은 1922년 봄 대표적인 항일 의열단체인 김원봉(金元鳳)의 의열
단에 가입해 활동하였다. 가입 후 곧 남정각과 함께 상해로 내려가 의열
단 단원들과 공동생활을 시작했다. 의열단 간부진은 그해 6월 조선 국내
로 폭탄을 안전하게 운반시키기 위해 책임자인 김한을 선정하고, 류자명
과 남정각을 서울로 밀파하였다. 류자명은 곧 김한을 만나 협조승낙을 얻

17) 류자명, 『류자명의 수기-한 혁명자의 회억록』, 82~83쪽 ; 류자명, 「조선의 애국 역
    사학자 신채호(1981년 작성)」(류자명자료집간행위원회 편, 『류자명자료집1-독립운
    동 편』, 146~147쪽).
18) 류자명, 『류자명수기-한 혁명자의 회억록』, 97~105쪽. 류자명은 회고록에서 자신의
    2차 망명시점을 1922년 4월로, 천진행 시점을 1923년 겨울로, 의열단 가입시점을
    1924년 봄으로 기록하고 있으나, 여러 관련자들의 진술과 정황증거로 보아 착오로
    여겨진다. 류자명이 이회영의 집에 기거한 때는 1921년 가을이며, 의열단 가입도
    1922년으로 보는 것이 타당해 보인다(김영범, 『한국근대민족운동과 의열단』, 창작
    과비평사, 1997, 77쪽).

어냈고, 투척 실행자로 김상옥(金相玉)을 선정한 후 천진으로 돌아와 폭탄과 권총을 준비하였다. 하지만 이 거사계획은 그가 믿고 비밀연계를 맺은 경기도경찰부 소속 경부인 김태석(金泰錫)에 의해 누설되어 1923년 1월 김상옥이 격전 중 자결함에 따라 실패하고 말았다.[19]

이후 류자명은 의열단에서 통신과 문자선전, 교육의 책임을 맡았다. 그는 『의열단간사』를 저술하여 의열단의 활동을 기록으로 정리하여 신입단원들에게 교육시키는 역할을 담당하였다. 그리고 의열단에서 발표한 대부분의 문건을 작성한 것으로 알려졌다.[20] 선전활동을 중요성은 "암살과 파괴만이 능사가 아니다. 행동 뒤에 선전이 따르지 않으면 일반민중은 행동에 나타난 폭력만 보고 폭력 속에 있는 정신을 이해하지 못할 것이다. 끊임없는 폭력과 함께 또한 꾸준한 선전, 선동, 계몽이 필요하다"는 김원봉의 언급에서도 잘 나타나있다.[21]

류자명은 1922년 3월 황포탄 거사에서 오발로 미국 부인이 죽어 암살 파괴운동에 대한 임시정부와 공산주의자들의 회의론이 거세어지자, 이에 이론적으로 대응할 글이 필요하다고 판단하였다. 이에 류자명은 김원봉에게 평소 존경하던 신채호를 추천하였고, 두 사람은 북경으로 그를 찾아가 상해로 초빙하였다. 신채호와 류자명은 한달간 상해의 의열단 비밀사무소에서 합숙하면서 「조선혁명선언」을 작성하였다.[22]

19) 류자명, 『류자명의 수기-한 혁명자의 회억록』, 124~130쪽 ; 김영범, 『한국근대민족운동과 의열단』, 75~78쪽).
20) 이정식 면담 김학준 편집·해설, 『혁명가들의 항일회상』, 281쪽.
21) 박태원, 『약산과 의열단』, 깊은샘, 2000, 103~104쪽.
22) 류자명, 『류자명수기-한 혁명자의 회억록』, 130~133쪽. 박태원은 의열단 단장 김원봉이 폭탄제조를 완료한 후 직접 북경으로 찾아가 신채호의 상해행을 권했다고 기록하였다. 중국 연변의 학자 류연산은 상해의 의열단사무소가 영창리 190호에 있었다고 기술했다. 두 사람은 뚜렷한 전거를 밝히지는 않았지만, 김원봉과 류자명이 신채호에게 상해 의열단의 비밀 폭탄공장을 안내하고 「조선혁명선언」을 작성해 가

「조선혁명선언」은 민중을 자율적·주체적으로 사고하고 행동하는 자주
인으로 보기 때문에 정부나 당과 같은 강권조직의 지도 없이 직접행동에
나설 수 있다는 내용의 '민중직접혁명론'을 주창하고 있다. 또한 일제 식
민지 지배의 본질을 강권·억압 통치인 것으로 파악하고, 그것의 전면적
부정과 파괴로써 '민중적 사회와 문화'를 건설하자는 주장 역시 '파괴는
곧 건설'이라는 바쿠닌의 사상과 맞닿아 있다. 하지만 이러한 경향은 신
채호 자신의 이론이기 보다는 류자명의 의견이 다수 반영된 결과로 여겨
진다. 즉 「조선혁명선언」은 신채호가 아나키스트로 전변한 이후의 작품
이라기보다는, 아나키즘에 대한 그의 인식이 심화되는 계기가 되었다고
평가할 수 있겠다.[23)]

　1923년 1월 의열단 명의의 「조선혁명선언」이 발표되어 중국 각지를 비
롯해 노령과 조선국내·일본·미주에까지 널리 배포되자, 의열단 단원들의
사기와 자부심은 매우 고조되었다. 상해 임시정부의 이동녕·이시영·김
구·조완구 등 운동자들도 좋은 반응을 보이며 기대감을 드러냈다.[24)] 발
표 이후 의열단 단원 수가 1년 사이에 무려 150명 규모로 크게 확대되었
으며, 단 기관도 중국은 물론 러시아와 일본 및 국내 각처에까지 추가 설
치되었다. 따라서 의열단 지도부는 북경과 천진을 전진기로 삼아 서울과

는 과정을 비교적 자세히 기술하고 있다(박태원, 『약산과 의열단』, 100~104 ; 류
연산, 『행동하는 지식인-류자명평전』, 예성문화연구회, 2004, 154~161쪽).

23) 박걸순은 이정규의 회고와 신채호의 저술을 분석한 결과, 신채호가 아나키스트로의
사상전회 시기를 1923년 가을경으로 보아야 한다고 주장했다(박걸순, 「신채호의
아나키즘 수용과 동방피압박민족연대론」, 『한국독립운동사연구』 38, 2011, 202~
209쪽).

24) 류자명은 의열단 선언문을 임시정부의 선배들에게 보내주어 좋은 반응을 받았다고
회고했다. 조완구는 선언문을 본 뒤에 "이 선언에는 우리 민족적 정의심을 표한 것
이라"하면서 "신채호가 쓴 것 같다"고 지적했다고 한다(류자명, 『류자명의 수기-한
혁명자의 회억록』, 132~133쪽).

도쿄에서 대규모 암살파괴활동을 펼치려는 국내 거사계획을 수립하게 되었다.[25]

하지만 이 대규모 암살파괴 계획은 1923년 3월 서울에 잠입된 30개의 폭탄이 압수당하고 단원 18명 전원이 검거되는 등 실패하고 말았다. 게다가 일제가 현직 경찰간부로서 은밀히 의열단을 지원했던 황옥(黃鈺)을 이용해 단원들을 일망타진하려 했다는 것이 알려지자, 의열단은 시급히 조직정비와 함께 운영방식의 미숙함을 시정해야 하는 처지에 놓이게 되었다.[26]

더욱이 의열단 내부의 공산주의세력과 노선대립이 격화되었는데, 이는 1923년 여름 고려공산당의 하부조직인 적기단과 합작문제를 둘러싼 찬반대립에서 처음 나타났다. 류자명은 고려공산당이 코민테른에 종속되었다는 이유로 반대했지만, 신속하고 규모있게 거사를 추진하려 하는 김원봉 단장과 윤자영(尹滋英) 등 고려공산당계 단원들은 합작을 강력히 주장했다. 갑론을박 끝에 합작한다는 쪽으로 결론을 내렸지만, 얼마 후 윤자영이 강력한 중앙집중적 혁명정당을 추구하며 단을 이탈하더니 의열단의 운동노선을 정면 비판하기 시작했다. 이처럼 고려공산당 계열의 이탈로 의열단 내부 조직이 분열되어가자, 류자명은 단원신분을 유지한 채 아나키스트들만의 별도 단체 결성을 추진하게 되었다.[27]

그러던 중 1923년경 9월 1일 일본의 도쿄에서 대지진이 일어나 많은 사람들이 죽고 다치자, 일본정부와 군부가 유언비어를 퍼트려 한인 6천여 명을 학살했다는 소식이 전해졌다. 또한 일제는 '선량한 한인을 보호'한

---

25) 「조선혁명선언」 이후 의열단의 조직확장과 대규모 거사계획 추진에 관하여는 김영범, 『한국근대민족운동과 의열단』, 98~122쪽을 참조.
26) 김영범, 『한국근대민족운동과 의열단』, 90~97쪽. 황옥사건에 대하여는 황용건, 「항일투쟁기 黃鈺의 양면적 행적 연구」, 안동대대학원 석사학위논문, 2008 참조.
27) 김영범, 『한국근대민족운동과 의열단』, 124~125쪽.

다는 명분으로 일제검속을 개시해 6200여 명의 한인들이 검거되기에 이르렀다. 이 와중에 일본 아나키스트인 오스기 사카에와 부인 및 조카가 학살당하고, 한인 아나키스트 박열(朴烈)과 가네코 후미코(金子文子)가 '대역사건' 혐의로 구속되었다. 이에 의열단은 일본정부의 야만적인 죄악을 폭로하는 「성토문」을 발표하였다.[28] 학살에 대한 의열단의 응징은 이듬해 1월 5일 김지섭의 도쿄 황궁 투탄사건으로 나타났다.

의열단이 추진한 일본에서의 거사는 그해 10월 황태자의 결혼식에 맞추어 천황폭살을 비롯해 일제 주요 시설물의 폭파와 요인암살 등의 총공격 계획이었다. 이를 위해 비밀리에 일본 전역에 다수의 단원들을 파견한 것은 물론, 박열을 중심으로 한 아나키스트 그룹과 공동행동하기로 밀약하여 폭탄 50개를 이송할 준비까지 마친 상태였다. 하지만 9월 대지진과 학살로 인해 특파단원 다수가 희생되었고, 박열과 불령사 단원들도 모두 체포되고 말았다. 준비해 둔 폭탄 50개도 일경의 추적을 받아 상해에서 압수당함에 따라, 모든 준비가 수포로 돌아간 실정이었다.[29]

상황이 이러하니, 의열단의 지도부와 참모장 류자명의 실망은 매우 컸으리라 짐작된다. 이에 류자명과 신채호는 북경에서의 의열단체 조직을 서둘렀다. 그는 이회영의 집에서 머물러 있던 정화암·백정기와 이을규·정규 형제 등과 함께 1924년 4월 20일 재중국무정부주의자연맹(在中國無政府主義者聯盟) 결성에 참가하였다.[30] 이어 그해 9월경 이규준(李奎駿,

28) 류자명, 『류자명의 수기-한 혁명자의 회억록』, 134쪽.
29) 김영범, 『한국근대민족운동과 의열단』, 124~125쪽. 의열단과 일본 도쿄의 박열 사이에 추진된 폭탄유입계획에 대하여는 김명섭, 「박열의 일왕폭살계획 추진과 옥중투쟁」『한국독립운동사연구』48집, 독립기념관, 2014 참조.
30) 이호룡은 류자명이 1924년경 상해에 있었다는 이규창의 회고와 이정규가 그를 언급하지 않았다는 이유로 자신의 노선과 다른 재중국조선무정부주의자연맹에 가입하지 않았다고 보았다(이호룡, 「류자명의 아나키스트활동」『역사와 현실』, 2004, 231~232쪽). 하지만 당시 모임에 참석한 정화암이 분명 류자명을 포함해 6명이 창

이회영의 조카)과 이규학(李奎鶴, 이회영 장남)·이성춘(李性春) 등 수명이 의열단의 류자명과 상의하여 다물단(丹勿團)을 조직하였다. 이회영의 아들 규창(奎昌)은 사촌형인 이규준이 자신에게 편지를 주며 신채호에게 전하라 하였고, 보름 후에 신채호가 준 편지(선언문)를 이규준에게 전해 주었다고 회고하였다.31)

류자명의 지도 아래 북경의 다물단에서 행한 의열거사로는 김달하(金達河) 암살사건을 꼽을 수 있다. 중국 단기서(段祺瑞) 총리의 부관으로서 정계의 유력자가 된 김달하는 1924년 김창숙에 의해 일제의 고급밀정이란 사실이 알려졌다. 이에 류자명이 의열단 본부와의 상의 없이 김창숙·이회영과 협의하여 다물단 단원을 동원해 1925년 3월 30일 그의 자택에서 교살·응징하였다.32)

또한 류자명은 서울의 동양척식회사에 폭탄을 던진 나석주(羅錫疇)의 의거를 후원하였다. 군자금을 모집하던 김창숙이 무기를 구입하여 임시정부 경무국장인 김구에게 실행자를 의뢰하자, 김구는 제자로서 천진에서 중국군 장교로 복무 중이던 나석주를 추천하였다. 이에 류자명 등이 나석주를 찾아가 거사를 의논하였고, 무기와 자금을 건네받은 나석주는 1926년 12월 단독으로 국내에 잠행하여 서울의 식산은행과 동양척식회사에 돌입해 폭탄을 던지고 경찰과 총격전을 벌인 후 자결하였다.33) 류자명은 그를 기념하는 글을 써서 간행물에 발표하였다.

의열단은 1925년 겨울 광주(廣州)에서 개조회의를 열었다. 이 회의에서

립하기로 합의해 한 자리에 모였다고 기술하고 있으며(정화암, 『어느 아나키스트의 몸으로 쓴 근세사』, 58~59쪽 ; 이정식 면담 김학준 편집·해설, 『혁명가들의 항일회상』, 274쪽), 참가자 이정규 역시 그의 연보에 류자명과 함께 조직했음을 명기하고 있어 참여한 것이 확실해 보인다(이정규, 『우관문존』, 4쪽).

31) 이규창, 『운명의 여신』, 74~75쪽.
32) 김영범, 『의열투쟁1-1920년대』, 독립기념관 한국독립운동사연구소, 2008, 238~244쪽.
33) 김영범, 『의열투쟁1-1920년대』, 189~193쪽.

의열단은 과거와 같은 단순한 폭력운동만으로는 혁명을 완수할 수 없다
는 인식 아래 혁명적 정당으로의 전환을 결의하고 조직 체제를 정비하였
다.34) 류자명은 홀로 상해에 남아 의열단을 지키다가, 1927년 4월 15일부
터 광주에서 벌어진 국공합작의 붕괴과정을 목격하게 되었다. 중국국민
당의 공산당 탄압과 한인 독립운동가들도 공산당원으로 의심받아 체포되
어 처형되는 상황을 지켜보면서 "어제 날의 동지가 오늘의 원수로 변하고
어제 날의 혁명자가 오늘은 반혁명자가 되는" 백색테러의 암흑천지를 경
험하게 된 것이다. 겨우 5월 김원봉과 함께 광주에서 상해를 거쳐 무한(武
漢)으로 이동하였다. 그는 당시 광주에서의 참상을 서울의『조선일보』에
「적색의 비통」이란 제목으로 송고해 발표하였다.35)

무한에서 대만인 아나키스트 임병문(林柄文)·범본양(范本梁) 등과 교류
하였다. 이 곳에서 동방피압박민족연합회가 조직되자, 그는 김규식·이검
운과 함께 조선대표의 한 사람으로 참가하였다. 그후 1928년 2월 다시 한
구로 이동 중 2월 28일 일본 주한구영사관 특무와 중국 무한공안국 경찰
에 의해 공산주의자란 혐의로 체포되었다. 그러던 중 상해 임시정부에서
공문을 발송하고 교섭을 벌여 6개월만인 8월 28일 석방되었다.36) 류자명
은 무한경비사령부에서 수감생활 중 신채호 피포사실을 듣고 괴로워했
다. 자신의 '가장 경애하는 단재 신채호'가 류자명이 소개해 준 임병문 등
과 함께 국제위폐사건을 일으키다 체포되었기 때문이다.37)

34) 류자명,『류자명 수기-한 혁명자의 회억록』, 147~150쪽.
35) 柳子明,「赤色의 悲痛(상·하)-4월 15일 이후의 사실」『조선일보』1927년 5월 12
   일자.
36) 류자명,『류자명 수기-한 혁명자의 회억록』, 166~178쪽.
37) 류자명,『류자명 수기-한 혁명자의 회억록』, 179쪽.

4. 남화한인청년연맹 의장 활동

옥에서 풀려난 류자명은 1928년 겨울 남파 박찬익의 소개로 『손문학설』
을 한국어로 번역하게 되었는데, 이를 계기로 중국 고위관리들과 교류하
게 되었다. 즉 중국국민당 중앙당부 선전부장인 엽초창(葉楚槍)의 소개로
중앙통신사를 경영하는 원소선(袁紹先), 화폐루서점을 운영하는 진광국
(陳光國) 등과 교류하고 일본인 아나키스트 田華民도 알게 되었다. 류자명
은 1929년 봄 원소선이 설립한 농장에 농업기술자로 초청되어 일하게 되
었는데, 이 무렵부터 농학자로서 활동하기 시작했다.[38]

6개월 후 류자명은 천주(泉州)의 여명(黎明)중학교에서 생물학을 가르
치게 되었다. 이 학교의 교장 양용광(梁龍光)과 진망산(秦望山)·교무주임
오극강(吳克剛)은 모두 중국의 유명한 아나키스트들인데, 이 곳에서 그는
류기석(柳基石)·허열추(許烈秋)와 함께 교사생활을 했다.[39] 그후 류자명
은 1930년 1월부터 상해의 강만(江灣)의 남상참(南翔站)부근의 시당(柴塘)
에 있는 입달학원(立達學院)으로 자리를 옮겼다. 이곳 농촌교육과에서 그
는 농업과목과 일본어를 가르쳤다.

입달학원은 북경사범대학에서 천문학을 공부한 호남성출신 아나키스
트 광호생(匡互生)이 설립하였는데, 국민당중앙위원회 위원인 오치휘(吳
稚輝)와 이석증(李石曾)이 그를 지지하여 학원의 경비를 중앙교육부에서
지출하고 있었다. 교원 대부분 항일 아나키스트인 이 곳을 근거지로 삼아
류자명은 한·중 공동투쟁을 전개하는데 다양한 역할을 담당하였다. 이 무
렵 류자명은 상해 프랑스조계의 이매로에 있던 화광병원(華光病院)의 원

---

38) 류자명, 『류자명 수기-한 혁명자의 회억록』, 193~199쪽.
39) 류자명, 『류자명 수기-한 혁명자의 회억록』, 200~201쪽 ; 류기석, 『30년 방랑기-류
   기석 회고록』, 193~200쪽.

장인 등몽선(鄧夢仙)과도 교류하였는데, 이곳에서 파금(巴金)과 모일파(毛一波), 노검파(盧劍波) 등과 교류하였다. 입달학원과 화광병원은 자연스레 항일 중국 지식인들과 일본·한인 아나키스트들의 만남의 장소가 되었다. 저명한 소설가 파금은 늘 일본인의 추적을 피해 은거생활을 하던 류자명을 모델로 소설 『머리칼 이야기』를 완성하였다.[40]

류자명은 1930년 4월 무렵 류기석 등과 함께 남화한인청년연맹을 결성하였다. 연맹은 1931년 3월 1일 「3·1절기념선언」을 비롯해 5월 1일 「5월 1일-해방을 위해서 투사의 힘을 발휘하자」를 발행해 중국 상해와 북경·천진을 비롯해 국내와 일본 등지에 발송하였다.[41] 그리고 이회영과 원심창 등을 연맹에 가입시켰다.

1931년 9월 17일 일제가 만주사변을 일으켜 대륙을 본격 침략하자, 류자명은 만주에서 철수해 상해로 온 정화암과 백정기·이을규를 비롯해 일본 유학생 출신으로 중국군에서 복무 중인 나월환(羅月煥)·이하유(李何有)·박기성(朴基成)·이현근(李炫瑾) 등 젊은 동지들을 연맹에 가입시켜 전열을 가다듬었다. 그리고 곧 연맹 전체회의에서 이회영의 추천으로 연맹의 의장 겸 대외책임자로 추대되었다.[42]

남화연맹은 강령과 규약, 선언문을 작성하여 동지들을 적극 규합하였다. 선언문에서는 기존의 정치운동과 노동조합지상운동을 비롯해 기존 제도를 부정한다고 하면서, 모든 조직을 자유연합의 원리에 기초하며 절대 자유·평등의 이상적 새로운 사회인 무정부 공산주의사회를 건설하고

---

40) 빠진, 「형님, 회억록을 쓰세요」, 『류자명 자료집1』, 195~197쪽.
41) 在上海日本領事館警察部第2課, 『朝鮮民族運動年鑑』, 360~364쪽.
42) 공기택, 「南華韓人靑年聯盟의 無政府主義運動」, 국민대 석사 학위논문, 1990 ; 박환, 「남화한인청년연맹의 결성과 그 활동」, 『한민족독립운동사총론』, 1992 ; 이호룡, 「일제강점기 재중국 한국인 아나키스트들의 민족해방운동-테러활동을 중심으로」, 『한국민족운동사연구』 제35집, 2003 참조.

자 한다고 밝혔다.

남화연맹은 그해 10월 중국 국민당 원로인 이석증(李石曾)·오치휘(吳致輝)의 지도로 국제적 의열단체인 항일구국연맹을 결성하였다. 주로 적의 기관파괴와 요인암살 및 친일분자 숙청, 항일선전 활동 등을 목적으로 한 이 행동대는 중국인 동지 왕아초(王亞樵)와 화균실(華均實) 등이 재정과 무기를 공급해 주었고, 재북경동북의용군후원회(在北京東北義勇軍後援會) 등 중국 항일단체로부터 지원을 받았다.[43] 항일구국연맹은 "전 세계에 대한 혁명수단에 의해 일체의 권력을 배격하고 자유·평등의 사회를 건설할 목적으로" 우선 일제와 친일분자들에게 공포심을 주기 위해 '흑색공포단(Black Terrorist Party, 일명 'B·T·P')이라는 직접행동대를 조직했다.

이회영과 정화암은 이러한 목적을 달성하기 위해 직접 행동대를 지휘하였고, 왕아초가 무기와 재정의 조달을 맡았다. 류자명도 이에 참여해 인쇄소를 경영하며 선전지『자유』를 발행하였다.[44] 항일구국연맹은 이후 복건성(福建省) 천주(泉州)의 하문(廈門)에서 일본 영사관을 폭파하였고, 1931년 12월 천진(天津)에서 일본 주둔군 병영과 총영사관 관저에 폭탄을 던졌으며, 부두에 정박 중인 일제의 대형선박을 파괴하기도 하였다.[45]

이들은 또 일제에 유화적인 중국 남경정부의 외교부장 왕정위(汪精衛)의 암살을 기도하기도 했다. 특히 이들은 1933년 3월 17일 주중국 일본대사 아리요시 아키라(有吉明)가 중국 국민당 정부요인을 매수해 만주를 점령하려는 계획을 세우고 육삼정(六三亭)이라는 음식점에서 연회를 베푼다는 정보를 입수하고 암살계획을 세웠다. 이 계획에 맹원들이 서로 자청해 제비뽑기를 통해 백정기와 원심창·이강훈 등이 뽑혔다. 류자명과 정화암

43) 이규창,『운명의 여신』, 220~224쪽 ; 金正明 편, 「1937年の在支不逞朝鮮人の不穩策動狀況」,『조선민족운동』 Ⅱ, 607쪽.
44) 이호룡, 「류자명의 아나키스트활동」『역사와 현실』, 제53호, 2004, 236~237쪽.
45) 이정식 면담 김학준 편집·해설,『혁명가들의 항일회상』, 319~322쪽.

이 권총과 수류탄 등을 준비하였는데, 류자명은 매일 아침 이들을 찾아가 아침식사를 같이하며 격려하였다. 거사당일인 3월 17일 저녁 류자명은 전세택시를 빌려 이들을 안내하였으나, 사전에 밀정의 보고로 준비하고 있던 일본영사관원들과 경찰에 의해 4명 모두 체포되고 말았다. 육삼정 의거는 비록 실패하였지만, 이 사건을 계기로 일제와 국민당 정부의 밀약이 만천하에 알려짐에 따라 중국인들의 항일의식과 반국민당 정서를 고조시키며 장제스 정권을 위기로 몰고 가는 결과를 낳았다.46)

이후 한인 아나키스트들은 중국 국민당정부의 지원을 받지 못하게 되었고, 일제의 밀정으로 암약하던 많은 친일파들을 처단하는 일에 주력하게 되었다. 일본 밀정을 처단해야 하는 일이 시급했던 이유에 대해 류자명은 동지 심극추(沈克秋)에게 다음과 같이 말했다고 한다.

"일본특무의 숫자가 특히 많고 수단도 교활하고 여러 가지인데 참 듣는 사람의 마음을 놀라게 해준다. 또 깊이 잠복하는데 어떠한 구멍이든지 다 파고든다. 철도, 은행, 주식회사, 교육, 문화기관, 무릇 사람들이 활동하는 장소에는 그들의 특무가 분포되어 있고, 아무리 편벽한 곳이라 할지라도 조선족이 사는 곳은 그냥 두지 않는다… (중략) 적의 특무인수는 망명자 인수의 3배에 달한다 한다. 이런 특무들은 망명자의 심리특점을 연구하여 자기들의 행동방침을 제정한다. 예를 들면 망명자가 활동경비를 수요하면 그들로 하여금 은행 등 금융기관을 습격하게 유인하고 그들이 성공하게 한 다음 긴 선을 늘려 큰 고기를 잡으려 한다. 가는 길에 도망치려는 자들이 망명자들의 연락처를 충분히 폭로하게 한 다음, 대만이든 대륙이든 마음대로 도망가게 놔두었다가 마지막에 저들이 쳐놓은 암정에 빠지게 한다. 망명자들은 보통 장기적으로 독신생활을 하기에 이성의 안위를 매우 필요로 한다. 적들은 미인계를 써서 망명자들이 미끼를 물게 한다. 상해와 같은 도시에 있는 조금 이름 있는 본민족 기생이나 교제화들은 적들 특무

46) 『黑色新聞』第23號(1933년 12월 21일자) ; 이강훈, 『민족해방운동과 나』, 158~159쪽.

의 눈귀가 되어서 조금만 주의하지 않으면 제절로 불을 덮치는 불나비신세가 된다. 또 적들은 망명자들의 공리심을 이용하여 여러 가지 가짜정보를 제공하여 기편(基驅: 사람을 속이고 재물을 빼앗음) 당하게 유인한다. 이상의 이러한 함정 때문에 많은 망명자들이 그냥 생명을 희생한 것이 적지 않다."47)

그가 우려한대로, 친일 밀정들은 독립운동자 가까이에 깊이 침투하여 정보를 엿듣거나 생활비 제공과 미인계를 동원해 유인하여 함정에 빠뜨리게 하였다. 가족과 친족을 밀정으로 악용하여 독립운동자에 큰 폐해를 입힌 사건은 1931년 11월 만주에서 항일의용군을 조직하기 위해 대련(大連)으로 가려던 이회영을 밀고하여 고문사하도록 만들 일이다. 이에 남화연맹 동지들은 이회영의 조카를 비롯해 밀정들을 조사하여 처단하였다. 이 무렵 행한 친일분자의 숙청은 상해의 친일 유력자인 옥관빈(玉觀彬)과 성빈(成彬) 형제의 처단, 상해 조선인 거류민단이 고문인 이용로(李容魯)의 암살, 고급밀정 이종홍(李鍾洪)의 암살 등이 대표적이다.48)

1934년 류자명은 1년여 동안 농장에서 학생들과 생활하며 청룡산(靑龍山)에서 지냈다. 광호생(匡互生)의 친구인 장성백(張性佰)은 호종남(胡宗南)부대의 참모장으로 남경 주둔시에 청룡산을 개간하여 농장을 경영하였다. 후에 자신의 부대가 서안으로 이동하게 되자 청룡산의 농장을 진범예와 류자명에게 넘기고 떠났다. 1935년 5월 류자명도 이석증이 관할하고 있던 남경건설위원회 동류농장(東流農場)에서 일하게 되었다.49)

남화연맹은 1936년 1월부터 『남화통신』을 발행하였다. 주요 투고자는 류자명과 류기석이었고, 이하유가 일본에서의 관련글을 번역하였으며 심

---

47) 沈克秋, 「나의 회고」『20세기 중국조선족력사자료선집』, 중국조선민족문화예술출판사, 2002, 289~290쪽.
48) 정화암, 『이 조국 어디로 갈 것인가』, 자유문고, 1982, 144~146쪽.
49) 류자명, 『류자명 수기-한 혁명자의 회억록』, 215~221쪽.

극추가 인쇄와 발송을 맡았다.50) 『남화통신』은 매월 등사판으로서 12호
까지 발행되었는데, 현재 1호와 2권 2호(1936.6), 10월호(1936.10), 1권 1기
(1936.12) 등 4개호의 일부가 남아있다.51) 남화연맹은 그해 여름을 기점
으로 민족전선의 통일과 항일 연합전선의 구축을 적극 주창하기 시작했
다. 민족 공동의 적인 일본제국주의에 대항하고 날로 격화되고 있는 파쇼
체제를 저지하기 위해 조선민족혁명당과 조선민족해방운동자동맹, 조선
혁명자연맹 등 3개단체가 모여 혁명세력이 통일전선의 결성에 공감하였
던 것이다.52) 류자명이 쓴 것으로 보여지는 「민족전선 결성을 촉구한다」
는 글에 의하면, "구주에서의 인민전선의 승리는 국제적 반향을 일으켜
식민지 혹은 반식민지에서는 민족적 총 단결이 민족해방운동의 최선의
책략임을 계시함과 동시에 각 당, 각 파의 반성과 각오를 촉성"하고 있다.
그러면서도 이 글은 막연히 세계정세에 따라 민족전선을 제창하는 것이
아니라, 조선혁명운동선상에 있어서도 필요하기 때문이라며 주체성을 강
조하였다.53)

　남화연맹은 민족전선 구성의 대상을 민족우익과 좌익을 대표하는 한국
국민당과 한국민족혁명당으로 구체적으로 명시하면서 두 당의 참여를 촉
구했다. 하지만 한국국민당이 민족전선을 "공산당 일파가 '단일전선'의
미명 아래 우리의 진선을 코민테른의 괴뢰화하기 위한 술책"이라 비난했
다. 이에 대해 남화연맹의 의장인 류자명은 그 주장이 "마치 3·1운동이
월슨의 민족자결의 주장에 의해 일어난 것이라고 하는 것과 같이 똑같은
피상론이다"라고 반박하면서, 좌경소아병과 함께 복고적이고 수구적인
우경병 역시 일종의 장애라며 경계하였다.54)

---

50) 沈克秋, 「나의 회고」 『20세기 중국조선족력사자료선집』, 289~290쪽.
51) 박환, 『식민지시대 한인아나키즘운동사』, 선인, 2005, 146~147쪽.
52) 子明, 「조선민족전선연맹 결성 경과」 『조선민족전선』 창간호, 1938년 4월 10일자.
53) 「민족전선 결성을 촉구한다」 『남화통신』 12, 1936년 12월호.

5. 조선혁명자연맹과 조선민족전선연맹 지도

민족전선에 대한 이러한 인식에 따라 남화연맹은 민족해방역량의 현 단계에 적합한 강령을 지지한다면서 17개조에 걸친 행동강령 초안을 작 성하였다. 남화연맹은 조선민족혁명당과 민족전선 결성에 관해 활발히 논의를 진행시켰다. 그러던 중 1937년 9월 17일 본격적인 중일전쟁이 발 발하자, 남화연맹은 그해 11월 안휘성(安徽省) 남부 상요(上饒)지방으로 근거지를 옮겨 유격전을 펼쳤다. 또한 남경에서 조직을 개편하여 조선혁 명자연맹으로 개칭하였다. 조선혁명자연맹은 류자명을 위원장으로 추대 하고, 류기석·정화암·나월환·이하유·유림 등 20여 명이 참여하였다.[55]

조선혁명자연맹은 '민족전선론'에 따라 1937년 12월 武漢에서 김원봉 의 조선민족혁명당을 비롯해 의열단 출신의 김성숙(金星淑)과 박건웅(朴 健雄) 등이 조직한 조선민족해방운동자동맹과 함께 조선민족전선연맹(이 하 '민족전선'으로 약칭)을 결성하였다.[56] 민족전선의 조직은 이사회에서 지휘하였는데, 김원봉이 자금지도를 맡고 선전부 약 50명과 정치부(韓斌) 약 40명, 경제부(李春岩) 약 10명을 두었고 류자명은 선전부 책임을 맡았 다. 이후 한구(漢口)로 이동하여 일본 조계지에 거처를 정하고 활동하였 다. 조선혁명자연맹의 위원장이자 연맹의 이사가 된 류자명은 민족전선 의 성립이 과거의 통일전선운동과 다른 점을 다음과 같이 설명하였다.

조선혁명사 위에는 일찍부터 통일운동이 있었으나, 이 운동은 대체로 성질이 같은 정치단체의 합동운동이 아니라 성질이 다른 단체가 민족단일 당을 조직하려는 운동이었다. 그러나 본 연맹은 주의와 사상이 같지 않은

---

54) 瑾, 「민족전선 문제에 대한 冷心君의 의문에 답한다」, 『남화통신』 11, 1936년 11월호.
55) 추헌수, 『자료 한국독립운동』 2, 77~78쪽.
56) 김광재, 「조선민족전선연맹 연구」, 동국대 석사학위논문, 1991, 9~10쪽.

단체들이 자기의 입장과 조직을 가진 채 일정한 공동의 정강 아래 연합하는 형식으로 결성되는 점이 본 연맹의 특색이며, 연합전선의 전형이라 할 수 있다.57)

이처럼 민족전선의 기치 아래 항일 대연합이 실행되자, 재중 한인들의 반응은 뜨거웠다. 당시 상해에서 지하 혁명소조를 운영하고 있던 류기석은 3개 단체가 연합해 민족전선을 결성했다는 소식을 지하 무선전신국을 통해 듣고 다음과 같이 회고하였다.

무한에서 세 파벌이 대연합을 했다는 소식을 듣고, 마치 승리가 바로 눈앞에 있는 것 같이 아주 기뻐하고 모두들 실질적인 행동으로 항일연합전선의 형성을 축하해야 함을 표시했다. 비록 한국 한국국민당 상층의 지도자들이 화강암처럼 완고하여 화합하지 않았지만, 하층의 청년들은 도리어 연합전선을 찬성하지 않는 사람이 없었다. 그래서 실질적인 투쟁에 투신한 청년들 사이에 연합하여 공동으로 적에 대항하는 것은 결코 불가능한 일이 아니었다.58)

1938년 조선혁명자연맹은 안휘성과 강서성(江西省)·호북성(湖北省) 일대에서 한·중합동 유격대를 편성해 유격전을 펼쳤다. 유격대는 2개부대로 편성되었는데, 한국청년전지공작대(韓國靑年戰地工作隊, 이하 '전지공작대'로 약칭)와 전시공작대가 그것이다. 전지공작대는 1939년 11월 11일 중경에서 나월환을 대장으로 부대장 김동수, 정치조장 이하유, 군사조장 박기성, 선전부장 이해평(이재현) 등 일본에서 유학하고 중국의 중앙군관학교를 졸업한 젊은 아나키스트 30여 명을 중심으로 편성되었다가 1년 후 100여 명으로 성장하였다. 또 하나의 유격부대는 정화암·류자명·류기

57) 子明, 「조선민족전선 창간사」『조선민족전선』 창간호, 1938년 4월 10일자.
58) 류기석, 『30년 방랑기-류기석 회고록』, 273~274쪽.

석·이강(李剛) 등이 이끄는 전시공작대이다. 이 부대는 고축동(高祝同) 군단의 제3전구에서 친일 중국인(한간) 제거공작과 학도병 귀순공작, 연합군 포로 구출공작 등을 수행했다. 포로 구출작전은 연합군 공군사령관 쇼우 장군과 합작했고, 한간 제거공작은 중국 아나키스트들과 합작했다.[59)]

민족전선은 투쟁강령에 명시된 방침에 따라 1938년 10월 10일 한구(漢口)에서 무장부대인 조선의용대를 결성하였다. 대장은 김원봉이 맡았으며, 류자명과 김학무·김성숙을 비롯해 중국군사위원회 정치부 위원 4명이 지도위원으로 참여하였다. 창립 당시 대원은 대부분 중앙육군군관학교 특별훈련반을 비롯해 군관학교 출신자 97명이었지만, 곧 200여 명으로 증가하였으며 3개의 구대의 편제를 갖추었다.[60)]

조선의용대는 창설 직후 무한이 점령당하자, 곧 제1·2구대는 호남성 장사(長沙)로 이동하여 일본군과 치열한 전투가 벌이며 최전방에서 활동하였다. 이들은 직접 전투에 참가하여 전과를 올리는 한편, 각종 정보수집공작을 비롯해 일본군 포로 신문과 선전활동에 참여하였다. 대본대는 1939년 11월경 강서성 계림(桂林)으로 이동하여 중국 각 전구에 파견된 구대를 지휘·감독하고, 일본군을 상대로 한 선전공작과 중국 군민과의 유대강화 활동 등을 지도하였다. 나아가 1939년 1월부터 기관지인 『조선의용대통신』(후에 『조선의용대』로 개칭)을 정기적으로 발간하여 국제적인 반일전선의 선전과 결성에 크게 기여하였다. 류자명은 조선혁명자연맹 중앙위원인 이달(李達)과 함께 편집조 중문간(中文刊) 위원을 맡았는데, 조선의용대 제 1분대를 따라 장사를 거쳐 계림과 중경에서 활동했다.[61)]

---

59) 무정부주의운동사편찬위원회 편,『한국아나키즘운동사』, 형설출판사, 1978, 387~389쪽.
60) 최봉춘,「조선의용대의 창설과 활동보유」『한국독립운동사연구』25, 한국독립운동사연구소, 2006 ; 김영범,「조선의용대의 창설과 활동」『혁명과 의열-한국독립운동의 내면』, 경인문화사, 2010.

하지만 조선의용대는 1939년부터 120만명 이상의 재중한인들이 살고 있으며 중국공산당이 활동하는 화북지역으로 이동하기 시작했다. 이어 만주의 항일무장부대 확대 필요성에 공감한 조선민족혁명당도 화남에서 활동하던 일부 대원으로 북진지대를 결성하여 1939년 12월 북상시켰다. 1940년 9월 또 하나의 군사대오인 한국광복군이 창설되고 1941년 1월 환남사변(皖南事變)으로 국공합작이 흔들리게 되자, 조선의용대 본대는 1941년 6월 주력 80여 명에게 공산당 지구로의 이동을 지시하였다. 이러한 북상결정으로 인해 주력인 제1·2·3지대 대원 대부분이 황화를 건너 화북으로 진출하였으며, 이로써 조선의용대의 조직체계는 이분화되어 김원봉의 지휘권으로부터 벗어나 버리고 말았다.[62]

6. 임시정부 참여

중경의 임시정부는 1942년 4월 20일 국무회의에서 조선의용대를 광복군으로 합편할 것을 결의하였다. 이어 양측 대표들이 통일방안을 통과시켜 임시정부 산하에 조선의용대와 전시공작대를 광복군지대로 편성하고, 이청천을 사령관으로, 김원봉을 부사령관, 이범석을 참모총장으로 선임하였다. 이어 5월 15일 중국군사위원회가 이를 승인하는 「조선의용대의 광복군 편입 및 광복군 개편」에 관한 명령을 발동하였다. 조선의용대는 7월 광복군 제1지대로의 개편을 공식 선언하였다.[63]

---

61) 류자명, 『류자명 수기-한 혁명자의 회억록』, 227~233쪽.
62) 염인호, 『조선의용대·조선의용군』, 독립기념관 한국독립운동사연구소, 2009, 103~122쪽.
63) 추헌수, 『자료한국독립운동』 3, 연세대출판부, 1975, 112쪽 ; 국사편찬위원회, 『한국독립운동사』 자료3, 1968, 523~525쪽.

군사통일에 이어 정치통일로 이루어졌는데, 임시정부는 1942년 8월 4일 의정원의원 선거규정을 개정하여 좌익진영 인사들이 의원으로 선출될 수 있도록 하였다. 9월 중경에 도착해 통합회의에 참가한 류자명은 임시정부 임시의정원에도 참여하였다. 10월 20일부터 4일간 열린 선거에서 기존 재적의원 23명 이외에 새로 23명의 의원을 선출하였다. 새로 선출된 좌익진영의 의원은 조선민족혁명당의 김원봉과 손두환 등 12명이고 조선민족해방동맹의 박건웅 등 2명, 조선혁명자연맹의 류자명·유림 등 2명 등이다. 류자명은 충청도로, 유림은 경상도를 대표하는 의원으로 선출되었다.64)

1944년 7월 중경으로 돌아온 류자명은 각 당파의 통일회의에 참석하였다. 이어 그는 제34회 의정원 회의에서 조소앙·최동오 등과 함께 7인 헌법기초위원을 맡아 대한민국임시정부 헌법을 만드는데 참여하였다. 하지만 유림이 외교연구위원회 연구위원과 선전위원회 위원, 建國綱領修改委員會 위원 등으로도 활동한 데 비해, 류자명은 임시정부에서 뚜렷한 활동을 펼치지는 않았다.

1944년 9월 일본이 桂林을 침공하자, 그 곳에 머물러 있던 류자명은 복건성 정부 비서장 정성령(程星玲)의 배려로 탈출하였다. 그는 곧 영안(永安)에서 전쟁고아를 수용하는 사업에 참여하였다. 그리고 다시 복안(福安)현으로 이주하였다. 당시 그는 국민당 정부가 전시에 부모를 잃은 아이들을 양육하며 교육하는 '강락신촌(康樂新村)'을 건립했는데, 그를 준비처의 주임으로 임명했던 것이다.65) 이곳에서 그는 과수원과 목장을 관리하다가 1945년 8월 해방을 맞았다.

---

64) 추헌수, 『자료한국독립운동』 1, 315~319쪽 ; 류자명, 『류자명 수기-한 혁명자의 회억록』, 302쪽.
65) 류자명, 『류자명 수기-한 혁명자의 회억록』, 309~318쪽.

7. 해방 후 중국농업에의 기여

해방 이후 류자명은 강락신촌 사업을 다른 동지에게 맡기고 가족과 함께 고국으로 돌아오기 위해 1946년 4월 복주(福州)를 거쳐 대만으로 건너 갔다. 이 곳에서 우선 농림처 기술실과 합작농장 관리소 등지에서 산림관련 일을 하였다. 이 시기 그는 「합작농장과 농업합작의 여러 가지 형식」 등의 논문을 발표하였다.[66]

그는 한국으로의 귀국을 위해 한국영사관 총영사와 접촉을 갖고 귀국 신청을 하였다. 하지만 원적이 남경으로 되어 있어 반년 후에야 비자를 발급받을 수 있었다. 중국 대륙의 공산화로 대만의 정세가 불안해지자, 한국으로의 귀국을 결심하고 홍콩을 거쳐 떠나려 하였다.

류자명 일가는 정화암 일가와 함께 1950년 6월 25일 저녁, 홍콩에 도착 하였다. 하지만 다음날 한국에 6.25전쟁이 일어나 한국으로 가는 배편이 끊기고 말았다. 막막한 상태에서 그해 8월 호남성 정부 부성장이 된 정성 령으로부터 호남대학의 농학원교수로 초빙한다는 편지를 받게 되었다. 이에 류자명은 가족과 상의하여 1950년 9월부터 호남대학에서 농예학부 의 주임을 맡게 되었다.[67] 이후 그는 원예학부 학부장과 호남성 원예학회 명예회장 및 명예학부장을 역임하며 원예학과 농학분야에 두드러진 업적 을 남겼다. 중국의 농학회는 원예와 포도 등 농업분야의 발전에 기여한 그의 공로를 기려 91세가 되는 1984년 표창을 수여했다.

류자명은 고향으로의 귀환을 고대하다가 1985년 4월 17일, 92세의 일 기로 호남성 장사(長沙)에서 일생을 마쳤다. 그는 끝내 중국국적을 갖지 않고 '조선인'으로 살았다. 1968년 대한민국 정부는 독립운동에 끼친 고

---

66) 한상도, 「한·중 연대의 국제주의자, 류자명」『한국독립운동의 시대인식 연구』, 311쪽.
67) 류자명, 『류자명 수기-한 혁명자의 회억록』, 325~373쪽.

인의 노고를 치하하여 대통령 표창을 수여하였고, 1991년에는 건국훈장 애국장을 추서하였다. 북한정부도 1978년 12월 그에게 3급 국기훈장을 수여하였다.

대한민국 정부는 고향을 그리던 고인의 뜻을 살려 2002년 3월 27일 유해를 대전국립묘지 애국지사 제2묘역으로 안장하였다. 평생 항일 의열투쟁과 독립전쟁, 중국 농업분야의 발전에 피와 땀과 눈물을 바쳐 중국과 남·북한 모두에 사랑과 존경을 받은 '진정한 민족주의자이며 국제주의자'인 류자명은 그렇게 망명 80년만에 그리던 고국에 돌아와 묻힌 것이다.

류자명: 파괴와 건설의 아나키스트

김 성 국(金成國)
부산대학교 사회학과 명예교수

1. 한국 아나키즘 형성의 역사적 배경1)

아나키즘은 민족주의, 사회진화론, 실력양성론, 자유민주주의, 공산주의, 사회민주주의, 근대화론, 민중문화운동론, 주체사상 등과 함께 20세기의 한국을 움직인 10대 사상의 하나로 간주되고 있다(『한국사 시민강좌』 1999년 제25집). 그러나 아나키스트운동은 일제하의 민족독립운동에 관한 한 민족주의, 공산주의와 함께 3대 세력의 하나이다. 나는 여기에서 더나아가 아나키스트 독립운동이야말로 가장 주체적이고, 가장 용감하였으며, 가장 민주주의적이었음을 강조하고 싶다. 아울러 아나키즘은 기존의 좌파와 우파, 그리고 보수와 진보라는 장벽을 뛰어넘어 21세기의 한국과

---

1) 한국 아나키즘의 역사를 고찰한 저서로는 무정부주의운동사편찬위원회(1978), 『한국 아나키즘운동사: 전편, 민족해방투쟁』, 형설출판사; 오장환(1998), 『한국 아나키즘운동사 연구』, 국학자료원; 이호룡(2000), 『한국인의 아나키즘 수용과 전개』, 서울대학교 대학원 국사학과 박사학위논문이 있고, 역사소설로는 이덕일(2001), 『아나키스트 이회영과 젊은 그들』, 웅진닷컴이 대표적이다. 또 동아시아 아나키즘에 관해서는 김명섭(2001), 「재일 한인아나키즘운동 연구」, 단국대학교 대학원 사학과 박사학위논문; 조광수(1998), 『중국의 아나키즘』, 신지서원; 조세현(2001), 『동아시아 아나키즘, 그 반역의 역사』, 책세상; 천성림(2002), 『근대중국 사상세계의 한 흐름: 사조, 논쟁, 인물』, 신서원을 참고할 수 있다.

전 세계에 새로운 이념적 지평과 대안 사회에로의 길을 밝혀 주는 이정표의 하나라고 판단한다.

아나키즘은 근대 사상의 한 형태로서 서구에서 형성되었다. 그렇지만 아나키즘의 사상적 원형은 중국의 노자나 장자의 사상에서 발견할 수 있다. 도올 김용옥(2000: 72~73)에 의하면, "인류에게 순(純)하고 전(全)한 유일무이의 아나키즘(only pure and holistic anarchism)은 라오이즘(Laoism, 노자주의])다. 라오이즘만이 참된 아나키즘이다… 철학의 해석의 총체성은 항상 아나키즘의 본질로 환원된다… 무정부주의를 마치 무질서를 지향하는 혼란주의와 동의어인 것처럼 곡해하는 것은 역사적으로 모든 진보주의(예컨대, 사회주의, 공산주의)나 보수주의(예컨대, 우파반동주의, 국가주의)가 한결같이 국가라는 제도에 대한 불가치의(不可置疑)적 신뢰를 가지고 있었기 때문이었다. 맑시즘, 특히 레닌이즘은 아나키즘을 증오하였고, 모든 스테이티즘(statism, 國家主義) 그리고 우파 반동 철학도 아나키즘을 혐오하였다. 아나키즘을 실현 불가능한 로맨티시즘(romanticism)의 타락 내지는 리버럴리즘(liberalism)의 환상으로 치지도외(置之度外)하였다. 왜냐? 아나키즘은 권력에 대한 근원적 부정을 내포하고 있어 권력을 지향하는 모두에게 공포스러운 것이었기 때문이다. 그러나 인류의 예지는 좌우가 동시에 증오하는 데 숨어 있었다. 21세기는 바로 이 좌우가 모두 혐오하던 의식 형태로부터 출발하지 않을 수 없다."[2]

그렇지만 외래 사조로서 아나키즘이 한국에 상륙한 것은 20세기 초 일

---

2) 중국의 아나키즘을 연구하는 중국인 장강(張剛, 1997: 331)도 "무정부주의 학설은 비록 외국으로부터 들어왔지만 그것의 기본 요의는 도리어 중국의 노자, 묵자, 공자의 학설과 공통점을 가지고 있었다. 그것은 바로 대동사상, 겸애비공兼愛非攻 사상, 예양호조禮讓互助 사상으로서 5·4운동 이래 제창한 민주 정신과도 일치하는 것"이라고 간주하며, 인류 사회에서 "호조 합작과 자유 합의의 계약으로 경쟁, 폭력, 정부와 법률을 대체하려는 것"으로 이해한다.

제가 조선을 강탈한 직후의 칠흑같이 암울한 시기였다. 참으로 역설적인 해석이 될지 모르나, 한국의 아나키즘은 마치 소명을 받은 시대정신처럼 그야말로 자신을 절실히 필요로 하는 억압된 식민지라는 공간에서 자유와 해방 그리고 독립을 갈구하는 민중의 등불로서 등장하였다. 그러나 아나키즘에 부여되었던 그 엄숙한 역사적 과제를 수행한 조선의 아나키스트들은 참으로 파란만장한 고난과 영광의 길을 초인적으로 걸어간 선구자였다.

우근(友槿) 류자명(柳子明, 1894~1985)은 한국 아나키스트운동사에서 매우 중요하고도 독특한 위상을 갖는다. 그의 일생을 통해서 우리는 아나키즘의 핵심적 특성인 직접행동의 한 형태로서 암살과 파괴를 실천하는 테러리스트의 면모뿐 아니라, 자유연합의 원리에 입각하여 아나키스트운동(초기 의열단, 다물단, 재중국조선무정부주의자연맹, 남화한인연맹, 조선무정부주의자총연맹 등)에 참가하고, 아나키스트 세력을 대변하여 조선민족전선연맹과 임시정부에 참여하는 정치적 활동가로서의 면모도 발견하며, 독립투쟁 틈틈이 그의 전공 분야인 농업기술을 중국 학생들에게 가르치는 교육자·농학자로서의 모습과도 마주친다.

사상적으로 류자명은 조선의 대부분의 독립운동가들처럼 민족주의자로서 출발하였다. 이후 공산주의에 대해 일시적 호기심을 가졌지만 그는 일생의 이념적 지주로서 아나키즘을 선택한다. 그러나 운명의 여신은 얄궂게도 그를 해방된 조국으로 돌아오게 하는 대신 공산당이 지배하는 중국에서 여생을 마치도록 한다.

2. 류자명의 사상적 성숙: 민족주의적 아나키스트의 길

1) 민족주의자로서 출발

류자명은 1894년 음력 1월 13일 충청북도 충주군 이안면 삼주리에서 태어났다. 그는 14세가 되던 1908년 유인석이 지휘하는 의병 부대가 제천 에서 충주를 공격한 후 후퇴하는 장면을 목격하고, 그 직후 일본 군대가 인근 마을을 야만적으로 유린한 사실을 듣게 되면서 조국의 비통한 역사 에 대하여 깊이 고민하기 시작한다. 그는 1911년 충주공립보통학교를 졸 업하고, 1912년 수원농림학교(1918년 수원농림전문학교로 됨)에 입학하 여 1916년에 졸업하면서 충주에 있는 간이농업학교 교원으로 취직되었 다. 농업학교의 교원으로 근무하면서 얻게된 경험은 후일 독립운동 기간 중 중국 아나키스트와 교류하고 생활 기반을 마련하는 데 큰 도움이 되었 고, 공산당 치하에서 생존하는 데도 매우 유익하였다.

민족주의자로서 류자명이 본격적인 활동을 시작하게 된 계기는 역시 1919년의 3·1운동이었다. 자신이 근무하는 학교에서 학생들과 함께 만세 운동을 시도하였는데, 이를 염탐한 충주경찰서에서 그를 체포하기 직전 보통학교 동창의 귀띔으로 다행히 서울로 피신하여 상하이(上海)의 독립 운동가들과 연결되어 있던 이병철(李秉澈)을 만나고, 서울에서 독립운동 을 전개하던 외교청년단 및 애국부인회와 관계를 맺는다. 그리고 파리강 화회의에 파견된 대한민국임시정부의 외교대표단을 지원하던 비밀단체 인 외교청년단에서 활동하다가, 1919년 6월 상하이로 망명한다.

류자명은 상하이에 도착한 후 임시정부의 임시의회 비서인 조덕진(趙 德津)의 소개로 임시의회 의원이 되고, 의회 비서로도 일한다. 주목할 점 은 이 시기에 임진왜란과 이순신에 대한 신채호의 강연에 감격한 류자명

이 곧 신채호와 친밀한 관계를 맺었으며, 일생 동안 신채호를 경애하게
된다는 사실이다.3) 신채호도 임시의회 의원이었으나, 이승만의 위임통치
문제와 관련하여 임시정부의 지도부를 비판하는 입장이었다. 민족의 독
립과 해방을 위하여 무장투쟁론을 주창하던 신채호는 외교론, 준비론·실
력양성론, 내정독립론, 자치론 등의 각종 타협주의적 온건 노선을 반대하
였다. 류자명(1999: 54~55)은 다음과 같은 진술로 위임통치와 관련하여
신채호의 입장을 분명히 지지하고 있다. "그런데 이승만은 상하이에 와서
도 독립운동에 참가하지 못했고 상하이에 있는 임시의회나 임시정부와도
아무런 연락이 없었으나, 그는 미국에서 한국 임시정부의 대통령이라는
명함을 가지고 정치적 활동을 하고 있었던 것이다. 역사는 사실대로 말하
는 것이다. 일본 제국주의가 침략 전쟁에서 실패하여 무조건 항복하였을
때 미제국주의는 이승만을 남조선의 대통령으로 세우기로 하고 그를 비
행기에 태워 한성으로 보내 미제국주의의 괴뢰로 만들어놓고 미국의 위
임통치를 실현시킨 것이다. 이것은 한편으로 신채호 선생의 정치적 주장
이 얼마나 정확하며 역사적 관점이 얼마나 고명한가를 설명하는 것이다."
이상의 언급을 통하여 류자명이 신채호의 급진적 무력투쟁론을 분명히
지지하였음을 알 수 있다. 따라서 후일 그가 이러한 전투적 독립운동 노
선과 부합하는 이념적 지주로서 아나키즘을 선택하는 것은 매우 자연스
런 귀결이라 하겠다.

이 무렵 류자명은 공산주의 이론가인 김한金翰을 만나, 그가 일본어로
집필 중이던 「우리는 무엇을 할 것인가?」라는 조선혁명의 방향에 관한
공산주의적 입장을 제시하는 글을 한국어로 번역한다. 한동안 류자명은
공산주의자인 김한을 스승으로 존경하면서 일본에서 유행하던 공산주의

---

3) 이즈음 류자명은 여운형의 소개로 신한청년단에도 가입하여 반년간 비서로 일하게
   된다.

및 무정부주의 계열의 잡지를 통하여 사상 공부를 본격적으로 시작한다.

상하이에서는 구체적인 실천 공작을 할 수 없다고 판단한 김한과 류자명은 1919년 10월과 12월 각각 서울로 돌아온다. 서울에서 류자명은 김한이 중심이 된 "통일전선"의 구축에 참여하고,[4] 상해임시정부와 한성 간의 비밀 연락 조직인 연통제(聯通制)와 관련된 임무도 수행한다. 1921년 설립된 노동공제회의 기관지 『공제』와, 『동아일보』, 『조선일보』에도 민족해방을 추구하는 글들을 기고한다. 특히 안확의 민족개조론을 반대하는 글을 『조선일보』에 발표한다. 당시 일제의 문화정치에 미혹된 일부 운동가들, 예컨대 이광수가 제시한 민족개조론을 류자명(1999: 77)이 "우리 조선 민족은 반만년의 역사를 가진 문명한 민족이며 외국 사람들도 조선은 예의의 나라라고 칭송한다"면서 반박한 것은 신채호의 국수적 민족주의의 입장과 맥락을 같이한다. 다만 안확과의 토론 과정에서 민족해방을 위한 민족 개조의 필요성을 엥겔스적 입장에서 이해한 것은 당시의 류자명이 공산주의 사상도 일정하게 수용하였음을 의미하는 것이다.

그러나 "당시의 조선혁명투쟁은 매국주의에 대한 애국주의의 투쟁으로 일관되는 것"이라고 생각하던 류자명(1999: 68)은 맑스와 엥겔스가 『공산당선언』에서 주창한 "과거의 모든 역사는 계급투쟁의 역사"라는 관점에 동의하지 않았다. 즉 민족주의자인 류자명은 민족 대신에 계급을 우선시하는 공산주의를 수용할 수 없었다. 그리하여 아나키스트 오스기 사카에(大杉榮), 모리토 타츠오(森戶辰南) 그리고 크로포트킨의 사상을 집중적으로 연구한다. 류자명은 생존 투쟁이 생물 진화의 원인이라고 주장하는 다윈의 진화론과는 대조적으로 상호부조가 생물 진화의 주요 요인이라고

---

4) 여기에 참가한 인사들 가운데는 후일 아나키스트 동지가 된 이을규, 이정규도 있다. 류자명은 이 단체의 구심적 이념은 공산주의가 아니라 애국주의, 즉 민족주의라고 규정한다.

주장하는 크로포트킨의 입장에 깊이 공감한다.[5] 아나키즘에 대한 학습 과정을 통하여 류자명은 김한의 공산주의적 영향으로부터 아나키즘으로의 "사상 전변 과정(思想轉變過程)"을 겪게 된다.

1921년 4월 류자명은 베이징(北京)으로 다시 망명하여, 신채호, 이회영, 김창숙(金昌淑) 등의 독립운동가들을 만나게 된다. 류자명은 신채호와 함께 박승병의 집에 기거하면서 신채호로부터 직접 중국의 고대 역사와 모건(L. H. Morgan)의 『고대사회』를 배웠으며, 가을에는 이회영의 집으로 옮겨 숙식을 같이한다. 이와 같이 미래의 위대한 한국 아나키스트들은 서로 밀접한 관계를 맺는 가운데 아나키즘에 관해 광범위하면서도 심도 있는 학습과 토론을 전개하였을 것으로 추측된다. 이 무렵 류자명은 이미 아나키스트로서의 확신과 정체성을 갖게 된 것 같다.

2) 아나키스트로서의 활동

1921년 겨울 류자명은 톈진(天津)에 가서 영어를 배우던 중 톈진의 조선 사람들 사이에 어떤 형태의 정치적 조직도 없음을 알고는 '조선인거류민단'을 만든다. 그리고 조선인들의 단결심과 민족 사상을 고취시키기 위하여 이 조직에서 이사회의 주석 역할을 맡아 3·1운동 기념사업과 정치 강연(예컨대, 안창호 초청 강연)을 실시한다.

그해 겨울 톈진에서 류자명은 김한과의 연락 통로를 찾던 의열단의 창립자이자 지도자인 김원봉(金元鳳)을 만난다. 이를 계기로 류자명은 미국에 갈 수 있는 기회를 포기하고, 의열단에 가입하여 통신과 문자 선전을 책임진다. 주지하듯 의열단은 1919년 11월 10일 만주의 지린(吉林)에서

---

5) 류자명은 크로포트킨의 자서전인『한 혁명자의 회고』에 깊이 감명을 받아, 후일 자신의 자서전 제목을『한 혁명자의 회억록』이라고 명명한다.

열혈 독립투쟁가들이 조직한 급진적 민족주의 암살 파괴 단체였다.6) 의열단은 김구金九의 한인애국단, 아나키스트들이 조직한 다물단(多勿團)과 남화한인청년연맹(南華韓人靑年聯盟)과 더불어 테러를 핵심적 수단으로 활용하면서 일제에 대항하였다.

류자명은 의열단에 가입한 이래 아나키즘의 급진적 투쟁 이론을 제공하는 이론가인 동시에 직접 테러에 나서는 실천가로서의 역할도 수행하였으며,7) 『의열단간사』를 저술하여 의열단의 활동을 기록으로 정리하는 과제를 맡을 만큼 의열단의 중추적 인물이었다. 이처럼 의열단은 류자명의 영향으로 아나키즘을 수용하고 그들의 민족주의적 테러 활동에 아나키즘적 논리를 갖추게 되었다.(오장환, 1998) 1920년대 초반 상하이에서 의열단과 함께 지냈던 『아리랑』의 주인공 김산(金山)도 무정부주의 이데올로기가 의열단을 지배하고 있었던 것으로 기록하고 있으며, 김산의 선배로서 의열단원이었던 김성숙(金星淑)도 의열단은 항일 민족주의와 무정부주의 사상이 기본 이념이라고 술회한다. 요컨대 아나키즘은 민족주의에 뿌리를 둔 의열단에 이념의 구체성을 부여했던 것이다. 특히 1922년 말 의열단은 단의 정신적 지주였던 신채호에게 의열단의 노선과 방법의 정당성을 논리적으로 제시하고, 그 이념적 목표를 확실히 정립해줄 수 있는 '선언문'의 작성을 의뢰한다. 작성 과정에서 류자명은 신채호와 같이 기거하면서 그를 도왔다. 그리하여 만고의 역사에 길이 남을 저 유명한

---

6) 의열단은 창립 직후 9개항의 공약을 결성하고 암살 대상을 규정했는데, 조선 총독 이하 고관, 군부 수뇌, 대만 총독, 매국노, 친일파 거두, 적탐(밀정), 반민족적 토호 열신土豪劣紳 등을 포함하였으며, 이는 나중에 칠가살七可殺로 체계화되었다. 파괴 대상은 조선총독부, 동양척식주식회사, 매일신보사, 각 경찰서, 기타 왜적의 주요 기관 등이었다.

7) 정화암(1992: 281)의 회고록에 의하면, 류자명은 항시 의열단과 아나키스트들 간의 합작을 추구하였다.

『조선혁명선언』이 1923년 1월에 공포된다. 물론 그것은 이념적으로 민족주의와 아나키즘을 장엄하게 결합한 폭력 투쟁 선언이었다.

그러나 의열단이 1924년을 전후하여 좌경화되면서부터 류자명은 단원의 신분은 유지한 채 아나키스트로서 독자 노선을 추구한다. 김영범(1997: 144)의 예리한 지적처럼, 류자명은 "의열단원이기 이전에 무정부주의자라는 정체감이, 의열단에 대한 귀속감보다는 무정부주의운동에의 헌신도가 더 강렬했기 때문에 그는 집단적 의사를 따르기보다는 주변인이 되는 쪽을 기꺼이 택했던 것이다." 그리하여 류자명은 1924년 말 베이징에서 재중국조선무정부주의자연맹(在中國朝鮮無政府主義者聯盟)을 이회영, 이을규(李乙奎), 이정규(李丁奎), 정화암(鄭華岩), 백정기(白貞基)와 함께 결성하고,8) 다물단과도 관련을 맺으며, 의열단을 떠난 뒤인 1930년 1월에는 정화암, 이을규, 이정규, 백정기, 이달(李達), 이하유(李何有), 나월환(羅月煥) 등과 협력하여 중국인 아나키스트들도 포함하는 남화한인청년연맹을 결성하여 선전과 테러 활동을 계속한다. 이 무렵부터 류자명은 취안저우(泉州)의 여명중학교, 상하이의 입달학원,9) 난징건설위원회 동류농장 등에서 근무하면서 중국 및 일본 아나키스트들과 교류하게 되고, 특히 한중 아나키스트들의 공동 투쟁에서 다양한 역할을 담당한다.10)

---

8) 재중국조선무정부주의자연맹의 강령은 다음과 같다. ① 일체 조직은 자유연합 조직 원리에 기초할 것, ② 일체 정치운동을 반대할 것, ③ 운동은 오직 직접 방법으로 할 것(직접선전과 폭력적 직접행동), ④ 미래 사회는 사회 만반이 다 자유연합의 원칙에 근거할 것이므로, 정치적 당파 이외의 각 독립운동 단체와 혁명운동 단체와 전우적 관계를 지속 존중할 것, ⑤ 국가 폐지, ⑥ 일체 집권적 조직을 소멸할 것, ⑦ 사유재산을 철폐하고 공산주의를 실행하되 산업적 집중을 폐하고 공업과 농업의 병합, 즉 산업의 지방적 분산을 실행할 것, ⑧ 종교를 폐지하며 결혼제도를 폐지-가족제도 폐지.

9) 류자명이 일하던 상하이의 입달학원은 중국 내 아나키스트들의 거점으로서 남화한인청년연맹 활동의 근거지였다.

10) 이와 관련된 한중 아나키스트들의 교류에 관한 연구로 張剛(1997)을 참고할 것. 이

1930년대 후반이 되면, 류자명은 재중국 한인 혁명 세력들의 통일운동에 주력하는데, 아마도 이는 1936년 스페인의 아나키스트혁명에서 시도된 인민전선의 성공에 영향을 받은 것이 아닌가 싶다. 그리하여 1937년 조선무정부주의자연맹의 대표로서 조선민족전선연맹(김원봉의 조선혁명당, 김규광(金奎光, 金星淑)의 조선민족해방동맹, 최창익(崔昌益)의 조선청년전위동맹)에 참가하고, 1938년에는 조선의용대를 조직하여 전선에 나가며, 석정, 윤고운과 함께 조선민족전선연맹을 대표하여 임정 대표인 조완구와 엄항섭을 만나 협상을 시작한다. 마침내 1944년 9월 중경에서 조선혁명 각 당파의 통일회의에 아나키스트 유림(柳林)과 함께 참석하여 이를 성사시킨 뒤, 한국 임시정부 임시의회 의원으로 선출된다.

해방 후 1946년 3월 류자명은 대만으로 건너가 농림처에서 산림 관련 일을 하다가, 귀국을 위해 1950년 6월 홍콩에 도착하나, 6·25전쟁이 발발하여 귀국하지 못하고, 친구의 권유로 중국 호남대학의 농학원 교수로 부임하여 농학자로서의 삶(농학부 학부장, 원예학부 학부장, 호남성 원예학회 명예회장 및 명예학부장 역임)을 시작한다. 1951년 11월 마오쩌둥에 의한 지식분자의 사상개조운동이 전개되었을 때, 아나키스트의 경력에 대한 자아비판을 수행하나[11] 아무런 제재 없이 통과하고, 그 뒤 농학 특히 원예 분야 사업에 몰두하여 뛰어난 성과를 거두어 저명한 원예학자로 주위의 존경을 받으면서 1985년 4월 17일 만리타향에서 일생을 마친

기간에 류자명과 절친한 사이가 된 중국의 유명한 소설가 바진巴金은 (젊은 나이에 민족독립을 고민하느라 머리가 센) 류자명의 백발 청춘을 소재로 「머리칼이야기」라는 단편을 쓴다.

11) 류자명(1999: 419)은 스탈린의 아나키즘 비판(「무정부주의인가 사회주의인가?」)을 우회적으로 회피하면서 "호상 부정의 원칙과 호상 책략의 분기라는 것도 지점과 조건에 따라서 변화" 되고, "1880년대 러시아와 1920년대 조선은 서로 같지 않으므로 [······] 스탈린은 무정부주의자와 맑스주의자의 구별을 너무나 절대화하였다"고 기술한다.

다.12)

이상과 같은 류자명의 사상사적 일대기를 통하여 한국 아나키즘의 형성기에 대두되었던 주요한 사상사적 구도와 특성, 즉 아나키즘과 민족주의, 아나키즘과 공산주의, 아나키즘과 테러리즘 그리고 아나키즘과 연합주의라는 4가지 차원을 도출할 수 있다. 이에 관한 보다 상세한 논의를 시도해보자.

3. 아나키즘의 사상적 위상

1) 아나키즘과 민족주의

일제하 대부분의 아나키스트는 민족주의자였다. 민족주의와 아나키즘에 대해서 양자를 이념적으로 양립하기 어려운 것처럼 오해하는 경우가 많다. 그리하여 민족주의자들의 아나키즘으로의 성숙 혹은 자기 확대 과

---

12) 류자명의 조국에 대한 향수는 딸 득로의 회상을 통해 절절하게 전해진다. "창밖을 향해 아리랑을 부르실 때면 아버지의 어깨는 들먹였습니다. 울고 계셨던 것입니다. 아버지께서는 눈물을 보이신 적이 없었습니다. 그러나 마지막 이태 동안에 나는 여러 번 아버지의 눈물을 보았습니다. 낙엽귀근落葉歸根이라고 죽음을 앞둔 망명객의 고향에 대한 사무치는 그리움이 아버지를 끝내 울린 겁니다." 호남농학원이 결성한 치상위원회가 전국에 발송한 부고의 전문을 보면 류자명의 업적을 짐작할 수 있다. "우리는 지극히 침통한 심정으로 알리는 바입니다. 중국 인민의 친밀한 벗이며 조선적 교수이며 호남농학원 원예계 명예주임이시며 호남성 원예학회 명예 이사장이시며 조선민주주의인민공화국 3급국기훈장 수상자이신 류자명 교수께서 병으로 치료를 받았으나 효과를 보지 못하고 92세를 일기로 서거했습니다. 저명한 원예학자이신 류자명 교수는 우리나라 농업교육과 원예과학사업을 위해 모든 것을 바쳤으며 중조친선의 발전을 위해 탁월한 공헌을 하셨습니다. 그의 서거는 우리나라 농업교육과 원예과학계의 중대한 손실입니다."(류연산, 2003: 610~613)

정을 오직 도구주의적 관점(예컨대 "아나키즘은 민족해방을 위한 일시적 수단으로 채용되었을 뿐이다"라는 주장)에서 과소평가하거나 무시하는 경향이 없지 않다.

실제 많은 아나키스트들은 민족과 조국에 대한 애정과 관심을 결코 부정하지 않았다. 프루동은 열렬한 민족주의자로서 프랑스를 찬미하였으나 연합주의를 통하여 민족 간 반목을 해소할 수 있다고 믿었으며, 조국과 정의 둘 가운데서 하나를 선택할 수밖에 없다면 정의를 위해 조국을 버릴 수 있다고 공언하였다. 바쿠닌도 슬라브 민족주의자로서 반독일적 태도를 지녔으나 점차 국제주의적 동맹에 보다 큰 관심을 가지게 되었다. 크로포트킨 또한 조국 러시아를 열렬히 사랑하였으나 차르 전제 국가의 억압성과 착취성에는 단호히 저항하였고, 러시아혁명 과정에서는 임시정부와의 협력을 모색하였으며, 연방공화국의 창설을 고려하기도 하였다.

그러므로 민족주의와 아나키즘은 양자택일의 배타적 관계가 아니라 이것으로 저것을 내실화하는 보완관계를 이룬다.(하기락, 1980: 21) 물론 민족독립을 성취하기 위한 수단으로서 당시 유행했던 아나키스트들의 테러리즘은 매우 적실한 투쟁 방식이었기 때문에 일부 민족주의자들이 전략적 혹은 도구적 관심에서 아나키즘에 사상적으로 이끌린 측면도 없지는 않았을 것이다. 그렇지만 테러리즘의 전략적 가치 때문에만 이들이 아나키즘을 수용하였다고 주장하는 것은 당시의 시대적 배경을 전혀 고려하지 못한 것일 뿐 아니라, 위대한 조선 아나키스트들의 고매한 학식과 선구자적 혜안을 무시하는 단편적인 이해에 불과하다.

국내적으로는 무엇보다도 3·1운동의 비폭력적-평화적 투쟁이 일제의 야만적 탄압에 의하여 처절하게 분쇄되면서 독립투쟁 방법의 새로운 돌파구를 찾아야만 하는 상황이었다. 특히 구미의 자칭 선진국들이 보여준 방관적 태도 혹은 겉과 속이 다른 이중적 자세는 독립을 얻기 위해서는 우리 자신의 힘으로 싸울 수밖에 없다는 점을 명백히 하였다. 일제는 더 이상 대화나 타협 혹은 설득의 대상이 아니라 오직 과감한 폭력으로 철저히 분쇄해야 하는 극악무도한 폭력 집단이라는 사실을 독립운동가들이 분명히 자각하게 된 것이다. 한편 국외적으로는 20세기 초 이미 일본과 중국에서 아나키즘이 사상적으로 엄청난 영향력을 발휘하며 확산되었고, 많은 사회주의자들이 1919년 소련의 볼셰비키혁명 직후부터 급격하게 변질된 공산주의에 환멸을 느끼고 돌아서고 있었다.

이와 같이 절박한 상황에서 조선 아나키스트들은 제국주의적 침략을 정당화하던 다윈의 적자생존 혹은 약육강식에 입각한 사회진화론에 대항하기 위해서 상호부조와 자유연합에 의거하여 인류의 발전과 평화를 이룩할 수 있다고 주장하는 크로포트킨의 아나르코 코뮤니즘(Anarcho-Communism)을 수용하였다. 아나르코 코뮤니즘은 독립투쟁을 위한 대항이념으로서 기능했을 뿐만 아니라, 조선 아나키스트들이 민족해방 이후 수립하고자 하는 미래 사회에 관해 분명한 비전을 제시하였다. 당시 아나키스트들의 활동에 관한 회고록을 보면, 그들은 불철주야 집단적인 사상 학습 및 사상 토론을 실시하여 아나키즘을 수용하였지,[13] 어떤 유행 이념에 일시적으로 매료된 것이 결코 아니다. 특히 조선 아나키스트들이 소련이라는 든든한 국제적 후원자를 갖는 당대의 유행 사조였던 공산주의와 결별하였다는 사실은 그들이 아나키즘을 기존의 민족주의적 열정과 목표를 더욱 구체적으로 실천하고 장기적으로 실현하는 사상적 지주로서 선택했다는 것을 의미한다. 만약 아나키즘의 수용이 민족독립을 위한 일시적인 방편에 불과한 것이었다면, 아나키스트들은 후일 김구의 민족주의 노선에 무조건 합류하거나 해방 후에도 민족주의 진영에 재빨리 흡수되

13) 류자명만 하더라도 일찍부터 동경제국대학의 모리토 타츠오가 저술한 무정부주의 경제학설, 오스기 사카에의 논문, 크로포트킨의 각종 저술들을 독파하고 있었다.

었겠지만, 그들은 독자 노선을 항상 견지하여 임시정부에도 연합전선의 형태로 주체적·독립적으로 참여하였고, 해방 후에는 김구와는 별도로 독립노농당을 창립하여 독자적인 정치 세력화를 추구하였다.

나는 아나키즘이 민족주의가 도달할 수 있는 최고의 혹은 최종적인 성숙 단계라고 생각한다. 당시 공산주의자들은 계급을 앞세워 민족문제의 최우선성을 부정하는 경향을 보였지만, 아나키스트들은 이론적으로 범계급적·초계급적 투쟁 전선을 선호하기 때문에 피압박자로서의 민족문제를 계급에 선행하여 존재하는 것으로 보았다. 그러므로 민족을 버리지 않고, 민족과 함께 무장독립투쟁의 길로 나아갈 수 있는 이념으로서의 아나키즘의 존재는 순수한 민족주의자들에게는 분명 희망의 등불이 되었을 것이다. 그러나 아나키스트 민족주의는 결코 닫혀진 폐쇄적 민족주의가 아니라 열린 개방적 민족주의이기 때문에 민족 간의 연합주의를 통하여 궁극적으로 국제주의 혹은 사해동포주의(四海同胞主義, cosmopolitanism)를 지향할 것을 요구한다. 동방무정부주의자연맹을 조직하여 그 어려운 시절에도 국제적 연대 투쟁을 모색했던 아나키스트들의 민족주의는 이처럼 세계주의로 확장되는 것이다.

아나키즘과 민족주의는 비록 이념적으로는 충분히 상호 공존할 수 있지만, 현실적인 민족독립투쟁의 과정에서 아나키스트 세력은 임정 계열의 민족주의 세력과 때로 대립과 갈등의 적대적 긴장 관계에 빠지기도 하였다(예컨대 1920년대 말 신간회 창립의 기반이었던 민족주의자와 공산주의자 간의 민족전선론 비판, 아나키스트 오면직(吳冕稙)의 임정계 이탈 및 혈맹단 조직, 민족주의자들의 조선민족전선연맹 비난, 전지공작대(戰地工作隊) 나월환 대장의 피살과 관련한 임정계의 아나키스트 세력 제거 기도 등). 특히 남화한인청년연맹은 일부 민족주의자들에 의한 임정의 내적 분열과 당파 투쟁 그리고 독립투쟁 방식을 다음과 같이 격렬히 비난하였다. "적의 앞잡이가 되어 동포를 철쇄로 결박하고 사리를 도모하는 반역자, 자치 운동자 등은 말할 것도 없거니와, 해방과 혁명을 위하여 투쟁하는 선배들의 잘못을 열거한다면, 조선이 식민지인 특성을 망각하고, 적 앞에서 기성 국가의 정당식으로 사분팔열四分八裂하여 서로 자기의 세력 기반을 축성하고, 서로가 영수가 되고자 급급하여 자기 멸망의 투쟁을 계속하고 공허한 정치운동으로 해방운동을 삼고자 하는 것은 커다란 잘못인 동시에 오늘의 조선독립운동계를 침체시키는 일대 원인이다." 그러나 아나키스트들은 한편으로는 1936년 스페인에서 아나키스트가 참여한 인민전선의 성공에 고무되고 다른 한편으로는 일제가 파시스트화하여 더욱 노골적인 탄압을 자행함에 따라, 일제와 전면적인 전쟁을 치르자면 민족의 역량을 최대한 결집할 필요를 느껴, 민족주의자 및 공산주의자들과의 연합전선을 결성하기로 한다.

이처럼 아나키스트들은 민족의 전통과 문화에 대한 자부심을 가지며 민족의 자주성을 존중한다는 광범위한 의미의 민족해방주의 그리고 현실적으로 일본에게 빼앗긴 민족의 주체성을 되찾는다는 특수한 의미의 민족저항주의에는 충분히 공감하지만, 독립운동의 조직이나 전략과 관련해서는 다른 민족주의 노선들, 예컨대 임정계의 우파 민족주의나, 공산계의 좌파 민족주의에는 동의할 수 없는 경우가 많았다.

2) 아나키즘과 공산주의

아나키즘과 공산주의는 사회주의라는 공통의 뿌리를 갖는다. 그러나 아나키즘은 공산주의와는 달리 (급진적) 자유주의라는 또 하나의 다른 뿌리를 갖고 있다. 바로 이 결정적 차이 때문에 양자는 이념적으로 결별하였고, 실천적으로는 상호 갈등과 적대의 역사를 만들어왔다. 특히 아나키즘을 두고 공산주의자들은 유토피아적(즉 과학적이지 못하고 공상적인), 소부르주아적인 사이비 혁명 이데올로기라고 격렬하게 비판한다. 과연 그럴까? 소련과 동구권 공산주의가 비참하게 몰락했다는 역사적 사실은 이 질문에 대한 그 어떤 장황한 이론적 진술보다 생생한 답변이 될 것이다. 아나키스트들이 찬연하게 이룩한 스페인혁명과 그것을 배신한 스탈린을 상기한다면 그 대답은 역사적으로 더욱 자명해질 것이다. 물론 나는 맑스-레닌주의의 역사적 공헌을 충분히 인정하지만, 일찍이 프루동과 바쿠닌이 간파하였던 맑스주의의 근본적 한계(즉 독재 지향성, 권위주의성, 전체주의성) 또한 분명하게 강조하고 싶다.

아나키즘과 공산주의 간의 사상투쟁은 일본, 중국, 한국에서도 소위 말하는 "아나-볼[아나키즘-볼셰비즘] 논쟁"으로 전개되었다. 맑스주의자들은 이론적으로 역사유물론과 경제결정론을 신봉하며, 과학적 사회주의라는 이름 아래 중앙집권적 혁명 정당을 주장하고, 소수에 의한 프롤레타리아독재를 승인하였으며, 계급투쟁이 모든 사회 투쟁의 최우선적 과제임을 강조하였다. 이에 반하여 아나키스트들은 이론적으로 모든 결정론적인 권위주의를 배격하였으며, 자유연합의 분권적인 조직 원리를 제시하고, 민중 자신의 직접혁명을 추구하였으며, 진정한 사회혁명을 위해서는 계급을 포함하여 민족, 성, 종교, 가족 등에 걸친 전방위적 투쟁이 필요함을 역설하였다.

한국의 경우에 조선 말에 소개된 온갖 사회주의 조류 가운데서 1920년대 초까지 그 주류는 아나키즘이었으나, 1921년이 되면서 아나키즘과 공산주의가 분화되기 시작하고, 1922년 후반부터는 공산주의가 차츰 헤게모니를 장악해갔다. 공산주의는 아나키스트운동의 기반이 내적으로 분화되는 가운데 혹은 외부로부터 침투하여 그것을 분열시키는 가운데 성장하였다(예컨대 일본인 아나키스트 오스기 사카에와 이와사 사쿠타로(岩

佐作太朗)의 영향하에 조선인들이 조직한 흑도회(黑濤會)가 아나키스트 박열(朴烈) 일파의 흑로회와 공산주의자 김약수(金若水) 일파의 북성회로 분리된 것, 아나키스트 류자명이 이념적으로 주도했던 의열단의 좌경화, 아나키스트 고순흠(高順欽)이 창립한 조선노동공제회의 좌파 침투와 지배, 아나키스트 박열이 조직한 흑로회의 분열, 재만조선무정부주의자연맹과 한족총연합회에 대한 적색 세력들의 파괴 공작 등).

그러나 공산주의에서 이탈하여 아나키즘을 선택한 이들도 적지 않다. 류자명도 일시적으로 공산주의에 흥미를 느꼈지만 민족혁명보다는 계급혁명을 우선시하는 입장에 거부감을 느끼던 중에, 아나키즘에 대해 학습하게 되고 러시아혁명의 변질에 관한 정보 등을 입수하면서 1921년 경 아나키스트로 변신하였다.14)

한때 무정부주의자였던 김산(1994: 103~105)에 의하면, 조선 무정부주의자의 전성기는 1921년에서 1922년이고, 1924년에 이르면 대중운동이 공산주의운동으로 기울어진다. 여기서 주목할 사실은, "정치 활동을 할 수 있는" 대중운동을 일제가 허용하면서부터 공산주의가 득세하기 시작했으며, "왜놈들은 이 단체들[노동조합, 농민조합, 청년단체]을 탄압하지 않았다"는 것이다. 왜냐하면 "이 사회단체들은 테러리즘과 의열단에 반대"하였기 때문이다. "1919년부터 1924년까지는 왜놈들이 테러리스트들

---

14) 일본인 아나키스트 오스기 사카에도 1920년부터 코민테른의 요청을 유보하고 러시아혁명의 추이를 지켜보다가, 러시아혁명 과정에서 일어난 아나키스트 계열의 크론슈타트의 수병 반란과 우크라이나의 마프노 농민운동에 대한 탄압의 소식을 듣고 공산주의와 결별하면서, "나는 뒤늦게나마 공산당과의 제휴는 사실상으로나 이론상으로 전혀 불가능하다는 것을 알게 되었다. 뿐더러 공산당은 자본주의 정당들과 마찬가지로, 아니 그 이상으로 음흉한 적이라는 것을 알았다"고 한탄한다. 아나키스트 이회영도 1920년 러시아혁명기념대회에 참가하고 러시아 각지를 순방한 뒤, 한인들이 많이 거주하던 이르쿠츠크와 치타 등지를 거쳐 1921년 베이징으로 귀환한 조소앙趙素昂의 이야기를 듣고는 공산주의에 대한 호기심과 환상을 버린다.

을 박멸하기 위해 온 신경을 집중했던 시기이다. 당시 왜놈들은 공산주의
자의 선전과 대중운동보다는 아나키스트의 폭탄과 총을 훨씬 더 두려워
하였던 것이다. 1924년까지 300명에 가까운 가장 우수하고 용감한 의열단
원들이 왜놈들에게 살해되었다."[15] 조선공산주의운동의 급속한 성공 배
경에 이와 같은 일제의 교묘한 선별적 탄압 정책과 이간 정책이 작용하였
다는 점에 관해서는 앞으로 보다 철저한 연구가 필요하다. 아무리 민족독
립을 위해 투쟁하기로 결심한 사람이라도 아나키스트 의열단원처럼 바로
목숨을 내걸고 투쟁하기보다는 반합법적 공간에서 소련 코민테른의 지원
을 받아가면서 운동하는 것이 더욱 매력적으로 혹은 효과적으로 보이지
않았을까?

　1924년 의열단의 분열 과정에서 등장한 상해파 고려공산당계가 중심적
으로 조직한 상해청년동맹은 의열단의 아나키스트적 투쟁 방식을 공포
론, 즉 암살파괴운동으로 규정하면서, 의열단이 개인의 암살과 건물의 파
괴에만 치중함으로써 이상주의, 자유주의, 허무주의적 경향을 조성할 뿐
이라고 비난하였다. 그후 의열단은 무조직, 무규율, 무중심, 자발성 등을
추구하는 아나키스트운동 노선으로부터 이탈하게 되나, 류자명은 아나키
스트운동의 대의에 충실한 채 의열단 본부 차원의 논의나 의사 결정 절차
를 거치지 않고 독자적으로 단원을 동원하여 암살파괴운동(예컨대 1925
년 3월 30일 이회영, 김창숙과 상의하여 다물단과 합작으로 베이징에서
고급 밀정 김달하 척살, 1926년 김구, 김창숙 등과 모의하여 나석주(羅錫
疇)가 조선식산은행과 동양척식회사 경성지점에 폭탄 투척 등)을 계속한
다. 의열단의 노선 변경, 즉 공산주의적 좌경화는, 보다 엄밀하게 해석한

---

15) 류자명과 더불어 테러리즘의 배후와 현장에 항상 있었으며, 상하이의 남화한인연맹
　　을 주도하였던 정화암도 "왜놈들이 제일 두려워한 것은 역시 자기들에 대한 직접적
　　테러였어요. 정치적 투쟁, 즉 성명으로 규탄하고 외교적으로 이론적으로 덤벼드는
　　것, 이런 것보다도 폭탄을 들고 덤벼드는 것을 제일 무서워했어요"라고 진술한다.

다면 창립 이념과 창립 정신을 배반하는 것이므로 류자명은 나름대로의 방식으로 반대 의사를 분명하게 표출하였던 것이다. 결국 류자명은 의열단이 좌경화되자 단을 떠나서 새로운 아나키스트 투쟁 조직인 남화한인청년연맹을 조직한다.

이처럼 류자명은 공산주의자 김한과의 사상투쟁을 통해 아나키즘으로 입문한 이후 실천적·운동적 차원에서는 일관되게 반공산주의적 입장을 견지한다. 1923년 의열단에서 적기단과의 합작 문제가 제기되었을 때도, 적기단의 모 조직인 고려공산당이 코민테른에 종속되어 있다는 이유로 반대하고, 윤자영(尹滋瑛)을 필두로 한 고려공산당계 단원들의 의열단 이탈과 비판에 맞서 1924년에는 단원 신분을 유지한 채 재중국조선무정부주의자연맹을 창립한다.

1925년경부터 의열단은 운동의 취약한 물적 기반을 보전하기 위해서 실용주의적 입장에서 코민테른이나 소련 정부로부터의 지원을 굳이 거부하거나 유대를 기피하지 않게 됨에 따라 이들의 영향력에 불가피하게 견인되어갔다.(김영범, 1997: 152) 그러나 류자명을 비롯한 아나키스트들은 이러한 변신을 공산주의 이용주의자의 애매한 사대사상으로 낙인찍고 시급히 청산할 것을 요구하였다. 세계 공산주의운동을 철저히 지배하고 엄격하게 통제하던 당시 코민테른의 방침을 고려할 때, 아나키스트들의 반공산주의는 상대적으로 매우 주체적·독립적인 것이라 아니할 수 없다.

1928년을 전후하여 아나키즘과 공산주의 간의 투쟁은 국내외를 막론하고 심화되었다. 재만조선무정부주의자연맹이 뒷받침하던 만주의 한족총연합회에 대한 적색분자들의 공격(김좌진金佐鎭 및 김종진金宗鎭 암살), 원산청년회 내부의 아나-볼 폭력 사태, 동경 조선인들 간의 흑적 충돌, 함흥, 단천 등에서의 양자 간 폭력 사태 등이 그것이다. 만주 일대가 인접한 소련의 영향과 지원 아래 점차 적화됨에 따라서 아나키스트들은 일단 베이징과 상하이로 퇴각한다. 1932년 11월 초 원로 혁명가 이회영은 만주의 아나키스트 세력을 회복하여 한중일 아나키스트들의 유격대를 지하조직하고, 일본관동군 사령관 무토(武藤)를 암살하고 항일전선을 구축하여 만주를 한국인의 자치구로 인정받고자 다시 잠입하는 과정에서 천추의 한을 남기고 고문사 당한다. 만약 이회영, 정화암 등이 계획하였던 탈적화(脫赤化)를 위한 친아나키스트 세력이 연합한 '만주거사(滿洲擧事)'가 성공했더라면, 만주는 지금 누구의 땅이 되었을까?

3) 아나키즘과 테러리즘

류자명은 시종일관 테러리스트였다. 의열단이 탈폭력화 조짐을 보이기 시작하였을 때도 그가 작성한 것으로 추측되는 1924년 1월의 한 격문에서 "영구 망멸의 함정으로 향하는 [……] 운명에서 해방되려면 오직 폭력혁명밖에는 다른 길이 없다"고 하면서 "완전한 자유와 독립이 올 때까지 싸우자"는 무장투쟁 노선을 여전히 강력하게 주장한다. 의열단을 떠나고 나서도 그는 아나키스트들과 함께 테러를 계속하였다. 한 가지 놀랍고도 흥미로운 사실은 그가 테러를 감행하는 동안에도 틈틈이 농업·원예기술을 가르치는 교육자의 역할을 수행했다는 점이다. 크로포트킨이 구상한 농업과 공업의 병합 대신에 농업과 폭력을 결합할 수밖에 없었던 것이 그의 역설적인 운명이었지만, 우리는 그의 폭력이 평화 혹은 비폭력을 사랑하는 사람의 유일한 저항 수단이었다는 점을 명심해야 한다.

불행히도 테러리즘을 아나키즘의 본질로 이해하는 경향이 있다. 이와 같은 오해의 원천은 일찍이 러시아에서 아나키스트 성향의 허무주의자들이 1865년에서 1905년에 걸쳐 적지 않은 사람들을 암살했고, 전 세계적으로도 유사한 형태의 테러가 아나키스트들에 의해 자행되었기 때문이다.

그러나 강제적 권력, 즉 폭력을 근본적으로 거부하는 아나키즘에 있어서 테러는 정상적인 조건하에서는 결코 정당한 목표도 아니요, 합리적 수단도 아니다. 역사적으로 아나키스트들은 제국주의적 침략 전쟁에 대한 반전운동의 기수였으며, 톨스토이의 평화적 아나키즘이나 소로우(Henry David Thoreau)와 간디(Mohandas Karamchand Gandhi)의 비폭력적 불복종은 폭력적 지배가 없는 자유와 해방의 세계를 실현하고자 하였다.

다만 자본주의적 착취와 제국주의적 혹은 군국주의적·파시스트적 폭력이 횡행하는 상황에 대한 저항 행동에서는 아나키스트들이 어떤 이념의 소유자들보다도 더 용감하게 급진적 무력·무장투쟁의 전선을 형성하였다. 바쿠닌의 숱한 민중 봉기, 러시아 마프노 부대가 주도한 농민전쟁, 스페인혁명 전선에 참가한 아나키스트들의 투쟁은 모든 합법적·평화적 수단이 무력화되거나 봉쇄되었다고 판단될 경우, 머뭇거리지 않고 가장 확실한 직접적 실천 수단(폭력)을 선택한다는 아나키즘의 "직접행동" 논리를 반영하는 것이다. 아나키즘의 직접행동론은 공산주의의 전위당이나 전문 혁명가 집단 개념과는 달리 민중들의 직접행동을 강조하면서 지식인이나 전위 조직에 의한 지도를 부정한다.

오늘날 극단적인 억압과 착취가 차츰 사라지고 있는 정치적 현실에서 테러리즘은 그 정당성을 상실하고 있다. 테러리즘은 이제 초강대국 미국에 의해 '악의 축'으로 규정되어, 전쟁을 일으켜서라도 분쇄해야만 하는 극도의 혐오 대상이 되고 있다. 그러나 전쟁은 어떤 명분에도 불구하고 그 자체로서 테러리즘의 극치요 완성일 뿐이므로 '테러리즘과의 전쟁'은 자기모순에 빠질 뿐이다. 테러를 행할 수밖에 없다고 믿는 알카에다의 행동 대원 혹은 팔레스타인 독립운동가 혹은 러시아의 체첸반군이나 터키의 쿠르드족 그리고 바스크 분리주의자들에게 질문한다면, 그들은 테러의 비도덕성과 비합리성을 한편으로는 인정하면서도, 자신들의 위대한 목표를 실현하는 수단으로서 테러의 불가피성을 호소할 것이다. 그렇다면 누가 테러를 정당화하고, 누가 테러를 악으로 규정할 수 있는가? 이와 같은 딜레마적 상황에서 테러의 만연은, 벡(Beck, 2002: 46)이 지적하듯 우리들로 하여금 이 세계를 근본적으로 다른 시각으로 볼 것을, 예컨대 사해동포주의로 접근해나갈 것을 요구한다. 일제하 아나키스트의 테러도 그 궁극적인 의미에 있어서는 당대의 제국주의 혹은 식민지라는 테러리즘을 초월하여 상호부조의 새로운 세계 질서를 밝히고자 타오른 장렬한 역사적 불꽃이 아니었을까?

　일제하 한국의 아나키스트들이 민족해방을 위하여 전개한 일련의 테러는 당연히 필요악으로서 정당화된다. 왜냐하면 역사적으로 반파시즘, 반제국주의, 반식민주의 투쟁에 사용된 테러리즘은 "하나의 정당한 전술a defensible tactic"로서 간주할 수 있기 때문이다.(Kellner, 2002: 156~157) 특히 우리가 3·1운동을 통하여 세계 평화운동에서 유례가 없는 민족적 예지와 역량을 발휘하였음에도 불구하고 일제의 만행과 야욕은 그치지 않았고, 소위 민주주의를 신봉한다는 서구의 선진 국가들마저 제국주의적 약탈에 광분하던 절체절명의 시대 상황에서 한국의 아나키스트들이 취한 테러리즘은 가장 적실하면서도 유효한 투쟁 방법이었다. 물론 민족의 독립을 위해서는 장기적 관점에서 외교도 필요하고, 실력 양성을 위한 준비도 해야 하고, 대중 의식의 계몽을 위한 선전과 홍보도 펼쳐야 한다. 그러나 "식민지 상황에서 누가 가장 헌신적으로, 효율적으로, 그리고 주체적으로 독립운동을 수행하였는가?"라고 묻는다면, 나는 주저하지 않고 아나키스트들이라고 대답하겠다. 일제에 대한 테러는 아나키스트 스스로 고문과 죽음이라는 또 다른 흉악한 테러를 자초하는 살신성인殺身成仁의 행위가 아니었던가? "목숨을 걸고 민족의 독립을 위해 싸운다"는 것은 결코 누구나 할 수 있는 일이 아니다. 오직 열렬한 의인義人만이 할 수 있을 뿐이다.

일제는 결국 전쟁에 의해 망하였다. 일제를 확실하게 타도하기 위해서는, 개별적이고 산발적인 테러보다는 정규군을 양성하여 전면전을 벌여야 했다. 그러나 1920년대의 민족독립운동의 여건과 역량이 부족한 상황에서 체계적인 무장투쟁은 불가능하였다. 이와 관련하여 조선의 아나키스트들이 보여준 두 가지 선견지명을 지적해보자. 먼저 정규군의 양성이 필요함을 그 누구보다도 먼저 인식하고 실천에 옮긴 사람이 바로 저 위대한 아나키스트 이회영이다. 그는 일신의 부귀영화를 마다하고 모든 재산을 팔아 신흥무관학교를 설립하였고, 이곳 출신들이 후일 한국독립운동(의열단 투쟁, 청산리 대첩 등)의 초석이 된다. 다음으로 아나키스트들은 1920년대의 테러 활동이 상황의 변화와 함께 유효성을 상실하게 되자 만주에서 김좌진과 협력하여 신민부를 설립하고, 중국군과 협력하여 전시공작대와 전지공작대를 결성하거나 광복군의 의용대로 합류하는 유연한 투쟁 전략을 구사하였다.

그러므로 아나키스트들을 개별적인 테러만을 일삼는 비조직적 성향의 집단이라고 매도하는 것은 전혀 사실에 근거하지 않은 것이다. "행동에 의한 선전(propaganda by deed)"이라는 직접행동을 통하여 일제의 간담을 서늘하게 하고, 분노와 모멸 속에 움츠려 지내던 우리 민족의 답답한 가슴을 시원하게 쓸어준 아나키스트 열사들의 의거는 적어도 상징적으로는 엄청난 투쟁 효과를 발휘하였을 것이다. 그리고 뒤따른 온갖 비인간적 고문에도 굴하지 않고, 마침내 형장의 이슬로 사라지거나 아니면 차디찬 감방에서 옥사한 그들의 순국사는 인간성의 위대한 징표로서 역사에 길이 남아 모든 인위적 폭력을 반대하는 영원한 기념비의 역할을 할 것이다.

4) 아나키즘과 연합주의

류자명을 비롯한 아나키스트들이 조직한 재중국조선무정부주의자연맹의 강령 첫 번째가 "일체 조직은 자유연합 조직 원리에 기초할 것"이듯, 자유연합의 원리는 아나키즘에서 이론적으로나 실천적으로 가장 핵심적인 위치를 차지한다. 아나키즘의 조직은 위계 서열적 지배와 강제적 권력 관계를 거부하는 자율적이고 평등한 자유연합을 원칙으로 한다. 따라서 거창한 관료적 조직이나, 공산당식의 엄격한 상명 하복 체제를 거부한다. 그리하여 종종 아나키스트 조직은, 의열단의 초기 조직을 두고 공산주의자들이 "무중심(無中心), 무기율(無紀律)"이라고 힐난하였듯이, 매우 허술하고 취약하게 보인다. 그러나 민주주의의 이념(즉 자유와 평등)이 가장 잘 구현되는 자율적 조직이란 바로 아나키스트형 조직일 것이다. 자기 조직화(self-organization)의 과정을 최대한 존중하는 아나키스트들에게 어떤 획일적·영구적·중앙집권적 형태의 조직이란 수용되기 힘들다. 아나키즘의 연합주의는 실천적으로는 다양한 동맹 세력들과의 세력 연합 내지 연합전선을 적극적으로 추구한다. 아나키즘이 공산주의의 프롤레타리아 계급투쟁 대신에 모든 피압박·피착취 민중이 참가하는 대중전선을 추구한 것도 동일한 맥락에서 이해할 수 있다.

자유연합의 원칙을 충실히 수행했던 류자명은 1930년대 말 재중국 한인 혁명 세력의 통일운동에 주력하여, 앞에서 이미 언급한 바 있지만 1937년 조선무정부주의자연맹의 대표로서 조선민족전선연맹에 참가하고, 1938년 김원봉과 다시 합류하여 조선의용대를 조직하며, 1944년 7월에는 조선혁명 각 당파의 통일회의에 참석하여 (아나키스트 유림과 함께) 조선무정부주의자연맹의 대표 자격으로 임시정부 임시의회 의원으로 선출된다.

1930년대 중반부터 급격하게 변화하는 국내외 정세 속에서 아나키스트들은 독립운동의 역량을 집결하고자 민족전선을 추구하여 민족주의자 및 공산주의자와의 연합전선을 모색한다. 이를 두고 초기에 민족주의 진영에서 코민테른에 의한 사주라고 비난하였는데, 이는 공산주의자에게는 적용될 수 있는 혐의일지 몰라도 아나키스트들에게는 전혀 해당되지 않는다. 1936년 스페인에서 아나키스트의 인민전선이 성공하고 또 1937년 9월 중국에서 일제에 대한 공동 투쟁을 위해 국공합작이 성사된 정치적 국면에서 "민족적 존망의 추에 처하여 우리들에게 유리하게 전개되고 있는 국제 정세를 인식하고 민족해방의 목적을 신속하게 달성하기 위하여" 선택한 투쟁 전략으로 파악하는 것이 더욱 정확할 것이다. 각 당, 각파, 각 계급을 단결시켜 광범위한 대중적 기초 위에서 결성된 민족전선은 근본적으로 "혁명 세력의 연합전선"이라는 점에서 아나키즘의 자유연합 조직 원리에 조금도 위배되지 않는다. 특히 민족전선은 "그것을 구성하는 각 단체의 해체를 요구하지 않는다"는 점에서도 자유연합의 원칙을 고수하고 있다. 민족전선이 국가 혹은 정부의 성격을 띠고 있기 때문에 아나키스트의 참여는 일종의 변절이라는 비판은 민족전선의 본질적 성격(혁명적 투쟁 조직)과 구조적 분화(자유연합)를 이해하지 못한 매우 피상적인 해석이다.

　마찬가지로 아나키스트 류자명과 유림의 임시정부 참여16)를 두고 "아나키즘의 본령에서의 일탈"이라고 보는 시각(이호룡, 2000: 194)도 잘못된 것이다. 당시의 임시정부는 형식상으로만 정부 형태의 조직을 갖추었지 실질적으로는 당시의 4개 주요 독립운동 세력(한국독립당, 한국민족혁명당, 조선민족해방동맹, 조선무정부주의자연맹)이 공통의 단일목표인 조

---

16) 류자명(1999: 235~236)은 개인적으로 1919년 상하이에서 임시의회 의원이 되었을 때부터 김구, 안창호, 조소앙과 같은 임시정부의 혁명 선배들을 부형과 같이 존경하였고, 그들도 그를 자식처럼 애호하였으며, 자신은 임시정부를 옹호하였다고 기록한다.

선혁명 혹은 조선독립을 위해 결성한 자유연합의 혁명적 운동조직이었
다. 류자명(1999: 234~235)이 기록하고 있듯이, 한국 임시정부와 조선민족
전선연맹의 협상 과정에서 최대의 난관은 임정 측이 "임시정부의 영도하
의 통일"을 요구한 반면, 민족전선 측은 "각 단체가 연맹의 형식으로 통
일"할 것을 주장한 데서 비롯되었다. 아나키스트들의 주장대로, 조선민족
전선연맹은 결국 각 세력의 독립성과 자주성이 보장되는 가운데 임정에
참여한다. 해방 후 각자의 독립적인 정치적 진로에서 분명히 나타났듯이
이들 4개 세력은 일시적으로 조선독립을 위해 임정이라는 연합전선의 깃
발아래 집결하였던 것이다.

따라서 임시정부는 일반적 의미에서 이해되는 권력적 지배 관계가 특
성인 정부 기구와는 성격이 전혀 다른 것이다. 나아가 아나키스트가 나름
대로의 정치 활동(예컨대 스페인혁명 중 아나키스트들의 내각 참여, 1934
년 조선 아나키스트들의 일본무정부공산당 가입, 혹은 해방 후 한국 아나
키스트들의 독립노농당 창립 등)을 수행하는 것이 반드시 아나키즘의 원
칙을 위배하는 것일까? 좁은 의미에서, 혹은 서구적 의미에서 아나키즘을
이해한다면 그러한 판단이 가능하겠지만, 무위의 정치, 반정치의 정치를
추구할 수도 있다는 탈근대적-동양적 관점에서 접근한다면 아나키스트의
정치 참여는 결코 원론적으로 부정될 성질의 것이 아니다.

4. 21세기 대안 이념으로서 아나키즘

일제하 이회영, 신채호, 류자명, 유림 등을 통하여 형성된 한국 아나키
즘은 해방 이후에도 활발하게 전개되나, 이승만 독재 및 군부독재의 탄압
속에서 점차 활력을 잃고 겨우 그 명맥을 유지하다가 1980년대 후반 민주

화 투쟁이 성공을 거두고, 소련 및 동구권의 공산주의가 몰락하면서 새롭게 부활하기 시작하였다. 전 세계적으로 아나키즘은 1960년대의 반체제 혁명들, 특히 1968년 프랑스의 5월혁명을 기점으로 반권위주의, 반위계서열주의, 자율성과 정체성 그리고 직접민주주의의 추구라는 신사회운동의 물결과 함께 되살아나고 있다. 특히 인터넷의 출현과 함께 사이버스페이스의 자유를 수호하려는 일단의 사이버아나키스트들(예컨대 GNU와 자유소프트웨어재단의 스톨먼Richard Stallman)까지 등장하고 있다. 이념적으로 아나키즘은 후기구조주의나 포스트모더니즘(Post-Modernism)의 탈중심주의, 해체주의, 유목주의 등의 조류와 맥락을 같이하며 지적 세계의 담론으로 주목받기 시작한다.

　류자명을 비롯한 조선의 아나키스트들은 일찍부터 "민중을 마음대로 착취, 압박하였던" 과거의 조선이라는 봉건적 양반 중심 사회도 거부하고, "대다수의 농민과 노동자를 착취하고 임금의 철쇄로 결박하여 그 육혼을 소수자에게 헌상하는" 미국식 자본주의도 부정하였으며, "공산 러시아와 같은 암담한 국가"도 반대하였다. 대신 아나키스트들이 원한 세상은 "각인이 자유의사로서 선택한 사회를 만들고, 또한 자유롭게 일하고, 얻는 사회로서 민족적 민주주의와 만인 평등의 경제 제도가 보장되는" 자유 해방의 사회이었다.(『사상휘보』 5호) 이 사회는 바로 신채호가 『조선혁명선언』에서 장쾌하게 구상한 "강도 일본의 통치를 타도하고, 우리 생활에 불합리한 일체 제도를 개조하여, 인류로써 인류를 압박하지 못하며, 사회로써 사회를 수탈하지 못하도록 이상적 조선을 건설"함으로써 이룩할 수 있는 사회이다.

　재차 강조하지만, 그간 한국에서 아나키즘과 아나키스트운동이 상대적으로 취약했던 가장 큰 이유는 한국적 적실성이 부족하였기 때문이 결코 아니다. 식민지 시대에는 소련(의 코민테른)이라는 강권에 사대하지 않았기 때문이며, 해방 후에는 미국이라는 강권에 사대하지 않았기 때문이다. 좌우파가 지배하는 강권의 시대에 반강권주의를 표방하는 아나키즘은 위축될 수밖에 없었다. 그렇지만 이제 좌우파의 낡은 신화가 무너지고, 강권의 밀실 통치로부터 자유와 해방의 열린 참여를 추구하는 "무위(無爲)의 정치" 혹은 "반정치의 정치(anti-political politics)" 시대인 21세기에 아나키즘이 만개하기를 기대한다.

류자명의 아나키스트 활동

이 호 룡(李浩龍)
민주화운동기념사업회 연구소 소장

1. 머리말

재중국 한국인 아나키스트들은 선전·테러활동, 혁명근거지건설운동, 민족전선운동 등을 통해 민족해방운동을 전개하였다. 그들은 민족해방운동 과정에서 민족주의자와 공산주의자들을 비판하기도 하고, 다른 한편으로는 협력하기도 하면서 독자적인 영역을 구축했다. 아나키즘은 민족주의와 공산주의와 함께 민족해방운동을 이끈 이념 중의 하나였다. 이처럼 재중국 한국인 아나키스트들이 우리 민족의 민족해방운동 상에서 상당한 역할을 수행했음에도 재중국 한국인 아나키스트 운동에 대한 연구는 상당히 미진하다.

1980년대 후반 이후 재중국 한국인 아나키스트 운동에 대한 연구가 비교적 활발하게 이루어지기 시작하였으나, 그것들은 개별 아나키스트 단체를 대상으로 한 연구가 대부분이었다. 그 결과 재중국 한국인 아나키스트 운동을 전체적이고 체계적으로 이해하는 데에는 많은 문제가 있었다. 2000년대에 들어서서야 재중국 한국인 아나키스트 운동을 체계화시키기 위한 작업의 일환으로 유형별로 나누어 살펴본 연구성과가 나왔다.

아나키스트 운동에 대한 이해를 풍부하게 하는 데에는 아나키스트 개개인에 대한 연구가 상당히 유용하다. 하지만 개개의 아나키스트에 대한 연구는 신채호에 집중되어 있으며, 재중국 한국인 아나키스트 운동에서 상당한 비중을 차지하는 이회영·류자명·류기석·유림·이정규·이을규·이달·김종진·정화암 등에 관한 연구는 아예 이루어지지 않았거나 매우 부족한 실정이다.[1]

류자명은 신채호·류기석 등과 함께 재중국 한국인 아나키스트 운동의 두 흐름 중의 하나인 선전·테러활동과 민족전선운동을 이끌었던 주요한 인물이다. 그럼에도 류자명에 대한 연구는 거의 이루어져 있지 않다. 류자명에 대한 연구성과로 두 편의 논문과 한 권의 평전(류연산의 『류자명 평전』)이 있다. 그리고 그의 민족해방운동을 주제로 한 국제학술세미나가

---

1) 신채호를 제외한 재중국 한국인 아나키스트 개개인에 대한 연구를 소개하면 다음과 같다. 김명섭, 2008 「우당 이회영의 아나키즘 인식과 항일 독립운동」 『동양정치사상사』 Vol.7 No.1, 한국동양정치사상사학회 ; 김성국, 2001 「단주 유림과 한국아나키즘의 독자성」 『사회조사연구』 16, 부산대 사회조사연구소 ; 김성국, 2003 「류자명(柳子明)과 한국 아나키즘의 형성」 『한국사회사상사연구』(화양신용하교수정년기념논총간행위원회 편), 나남 ; 김영천, 2008 「旦洲 柳林의 아나키즘과 독립운동」 『동양정치사상사』 Vol.7 No.1, 한국동양정치사상사학회 ' 김희곤, 2001 「단주 유림의 독립운동」 『한국근현대사연구』 18, 한국근현대사학회 ; 박환, 1989 「이회영과 그의 민족운동」 『국사관논총』 7, 국사편찬위원회 ; 서점영, 1992 「우당 이회영의 독립운동」, 전북대 석사논문 ; 성주현, 2010 「아나키스트 원심창과 육삼정 의 열투쟁」 『숭실사학』 24, 숭실사학회 ; 오장환, 1995 「이정규(1897~1984)의 무정부주의운동」 『사학연구』 49, 한국사학회 ; 이호룡, 2004 「류자명의 아나키스트 활동」 『역사와 현실』 53, 한국역사연구회 ; 이호룡, 2005 「柳林의 아나키스트 사상과 활동」 『역사문화연구』(2005. 2), 한국외국어대 역사문화연구소 ; 이호룡, 2009 「이회영의 아나키스트 활동」 『한국독립운동사연구』 제33집, 독립기념관 한국독립운동사연구소 ; 임용식, 2004 「애국지사 이용준과 아나키즘」 『奈堤文化』 15, 내제문화연구회 ; 최기영, 2010 「1920~30년대 柳基石의 재중독립운동과 아나키즘」 『한국근현대사연구』 55, 한국근현대사학회 ; 한상도, 2008 「류자명의 아나키즘 이해와 한·중연대론」 『동양정치사상사』 제7권 제1호

한차례 개최되었다.[2]

김성국은 류자명의 아나키스트 운동을 개략적으로 살피고 한국적 아나키즘을 형성하는 데 류자명이 한 역할을 분석하였으며, 한상도는 류자명의 한·중연대론을 중점적으로 분석하였다. 류연산은 다양한 자료들을 활용하여 류자명의 생애와 활동을 잘 묘사하였다. 그러나 이들 연구성과는 아나키스트들의 회고록에 많이 의존하다보니 객관적 사실 부분에 있어서 오류가 많다. 류자명의 생애와 사상을 알려주는 자료가 매우 부족하다보니 상당 부분을 아나키스트들의 회고록과 일제의 정보보고서류에 의존할 수밖에 없는 실정이지만, 이들 자료에 대한 엄정한 자료비판이 요구된다.

본고는 1차 사료와 회고록 등에 대한 비판적 검토를 통해서 류자명이 일제강점기에 아나키스트로서 어떠한 활동을 하였는지에 대해서 살펴봄으로써 재중국 한국인 아나키스트 운동을 보다 풍부하게 이해하는 데 도움이 되고자 한다. 류자명에 대한 연구는 해방 이후 한국 아나키스트 운동을 올바로 이해하는 데에도 많은 시사점을 던져 줄 것이다.

2. 아나키즘 수용

류자명은 1894년 음력 1월 13일 충청북도 충주군 이안면(利安面) 삼주리(三洲里)(현재 충주시 이류면 영평리)에서 태어났으며, 호는 우근(友槿), 어릴 때의 이름은 홍갑(興甲), 학생 때 이름은 홍식(興湜)이었다. 그리고

---

2) 2003년 6월에 청주에서 예성문화연구회의 주최로 개최된 "류자명선생 조명을 위한 국제학술세미나"에서는 류자명의 민족해방운동과 사상을 집중적으로 분석하였는데, 이 세미나에서 「류자명의 생애와 의식세계」(김병민), 「류자명의 중국관과 협동전선론」(한상도), 「류자명과 재중국 한국인 아나키스트 운동」(이호룡) 등이 발표되었다. 본고는 「류자명과 재중국 한국인 아나키스트 운동」을 수정·보완한 것이다.

홍준(興俊), 홍근(興根), 이청(李淸) 등의 가명을 쓰기도 했다. 일곱 살 때부터 부친에게서 천자문·동몽선습·소학·대학·논어·맹자·통감 등을 배웠다. 부모님과 형님의 가르침 속에서 조국에 대한 사랑과 일제에 대한 증오심을 키워 갔다. 1911년에 충주공립보통학교를 졸업한 그는 이명칠(李命七)이 운영하던 서울의 연정학원(硏精學院)을 거쳐 1912년 수원농림학교에 입학하였다. 1916년에 수원농림학교를 졸업하고, 그 해 봄 충주간이 농업학교에 교원으로 취직하여 보통학교 4학년 농업과 담임을 맡았다.

3·1운동이 일어나자 학교에서 만세운동을 전개하기로 계획하였다. 하지만 그 계획이 충주경찰서에 사전에 탐지되는 바람에 시도조차 하지 못하였다. 보통학교 동창 황인성(黃仁性)의 도움으로 서울로 피신하였다.

류자명은 1919년 6월 조용주(趙鏞周)의 제안에 따라 이병철·김태규·조용주 등과 함께 서울에서 대한민국청년외교단을 조직하여 활동하였다. 청년외교단은 파리에 파견된 대한민국 임시정부의 외교대표단을 지원하기 위하여 조직되었는데, 그 목적은 상해임시정부에 국내의 상황을 통보하고 독립운동 자금을 모집·전달하며, 선전활동을 전개하여 독립의식을 고취하는 것이었다.

1919년 6월 초 한성정부의 충청북도 대의원으로 보선된[3] 그는 1919년 6월 조용주와 함께 신의주를 거쳐 상하이(上海)로 가서,[4] 상해임시정부에 참여하였다. 1919년 8월 18일에 개회된 임시의정원 제6차 회의에서 의원(충청도)으로 보선되었으며,[5] 여운형의 소개로 신한청년당에 가입하여

---

3) 「한성정부회의록」(류연산, 2004, 82쪽에서 재인용)
4) 류연산은 아무런 전거도 밝히지 않은 채 류자명이 한성정부 책임자 중 한 명이었던 홍진은(홍진?-인용자)으로부터 상해임시정부의 조직체와 활동상황을 알아오라는 지령을 받고서 上海로 간 것으로 서술하고 있으나(류연산, 2004, 83쪽) 취하지 않는다. 홍진을 비롯한 한성정부 조직을 주도한 세력이 1919년 4월에 이미 중국으로 간 상태임을 고려하면 류연산의 주장은 이치에 맞지 않는다.
5) 『臨時議政院紀事錄 第6回(1919. 8)』

비서로 반년 동안 활동하였다. 그즈음 신채호의 "임진왜란과 이순신 장군에 관한 역사"라는 제목의 강연을 듣고 깊은 감명을 받아 이후 그와 친밀한 관계를 유지하였다.

한편, 일본 공산주의자들과 아나키스트들의 글을 읽으면서 사회주의에도 접하였다. 즉 수원농림학교 동창 강석린(姜錫麟)의 형 강태동(姜泰東)으로부터 소개받은 김한(金翰)과 함께 당시 상하이 베이시추안로(北四川路)에 있던 일본 서점 내산(內山)서점에서 일본 공산주의자와 아나키스트들이 발행하던 『개조(改造)』·『해방(解放)』·『비평(批評)』 등을 구독하면서 사회주의를 연구하였던 것이다. 그리고 김한이 한국혁명의 방향에 관해 일본어로 저술하고 있던 「우리는 무엇을 할 것인가?」라는 제목의 글을 한국어로 번역하기도 했다.

류자명은 1919년 12월 서울로 귀국하였다. 그것은 상하이에서는 더이상의 실천활동을 할 수 없으며 서울이나 만주로 가서 적극적인 활동을 모색해야 한다는 김한·강태동·이원훈 등의 주장에 동조하였기 때문이다. 그는 만주를 거치느라 늦게 귀국한 김한과 함께 김태규의 집에 기거하면서 『개조』·『해방』·『비평』 등의 일본 잡지를 읽고 그 내용에 대한 토론을 계속하였다. 그 잡지들은 당시 서울에 있던 일본 서점에서 구입하였다. 한편, 김한·강태동·강석린·김응룡(金應龍)·신정균(申貞均)·백신영(白信永)·김달현(金達顯)·원정룡(元貞龍)·김성환(金誠煥)·이종욱(李鍾旭)·이재성(李載誠)·홍명희(洪命熹)·정낙윤(鄭樂潤)·이을규(李乙奎)·이정규(李丁奎)·최숙자(崔淑子)·류인욱(柳寅旭) 등 여러 계통의 인물들과 모임을 가지면서 민족해방을 둘러싼 문제에 대해 토론하였다.

류자명은 김한과 같이 활동하면서 조선노동공제회의 기관지 『공제』, 『동아일보』, 『조선일보』 등에 사회주의와 관련된 글들을 발표하였다. 『동아일보』 1921년 4월 28일~30일자에 게재된 「내적(內的) 개조론의 검토」라는 제목의 글에서 정신개조를 통한 사회개조론의 허구성을 지적하고, 사회를 개조하려면 먼저 사회제도를 개조해야 한다고 주장하였다. 그는 이 글에서 사회개조론을 정신개조(人心改造 또는 내적 개조)를 통한 사회개조론과 제도개조를 통한 사회개조론(사회주의)으로 나누었다. 그리고 다시 정신개조를 통한 사회개조론을 제도를 개조하기 위한 선결문제로 인심을 개조해야 한다는 주장과, 인심개조를 사회개조의 목적으로 규정하는 주장으로 분류하고, 이러한 정신개조를 통한 사회개조론을 비판하였다. 즉 사상으로써 현사회를 개조한다는 것은 사리에 맞지 않으며, 사회제도를 개조하기 위한 선결문제로 인심을 개조하고자 한다고 하더라도 그러한 노력은 결국 헛고생일 뿐이며, 오히려 민중에게 적지 않은 피해를 입힌다는 것이다. 이와 함께 종교, 철학, 도덕, 과학, 예술 등 모든 문화는 자본주의를 조장하는 것이라면서, 이에 대한 부정적 입장을 보였다. 이러한 사실은 류자명이 사회주의를 수용하였음을 나타내준다.

류자명이 수용한 사회주의는 아나키즘이었다. 당시 공산주의자였던 김한과 같이 생활하였음에도 류자명은 공산주의보다는 아나키즘에 보다 많은 관심을 가졌다. 그가 아나키즘에 깊은 관심을 가지게 된 동기는 1920년 1월 10일에 발생한 모리토 다츠오(森戶辰男) 사건[6]이다. 즉 모리토가 아나키스트 경제학설에 관한 논문을 발표하여 구속된 사건이 언론의 조명을 받아 상세하게 보도되었는데, 이를 계기로 하여 류자명은 오스기 사카에(大杉榮)와 크로포트킨 등이 저술한 아나키즘 관련 서적들을 읽기 시작하였으며, 점차 아나키즘을 수용해 갔다.

류자명은 자신이 공산주의가 아닌 아나키즘을 수용한 것은 민족모순을

---

6) 東京大 경제학부 조교수 森戶辰男은 同 學部 기관지 『經濟學硏究』 創刊號 (1920. 1)에 「クロポトキンの社會思想の硏究」를 발표하였는데, 이로 인하여 당국에 의해 금고 3개월과 벌금 70円에 처해졌다.

한국사회의 주요한 모순으로 파악하였기 때문이라 하였다. 즉 마르크스와 엥겔스가 「공산당선언」에서 내건 노동자계급의 국제주의에는 동조하지 않았으며, 아나키즘에서 주장하는 국가권력 반대를 일제 식민지권력에 대한 반대와 동일시 하고, 아나키스트들이 즐겨 사용하는 테러의 수단으로 일제의 우두머리들을 암살하고 일제의 통치기관을 폭파하는 것을 반일애국행동으로 간주하였다는 것이다. 그리고 그는 당시 제국주의 국가들이 자신들의 식민침략전쟁을 변호하는 데 이용하던 생존경쟁론을 극복할 수 있는 논리는 러시아 아나키스트 크로포트킨의 상호부조론이라고 인식하고 있었는데, 이러한 인식은 그로 하여금 아나키즘에 더욱 많은 관심을 가지게 했다.[7]

3. 테러적 직접행동론에 입각한 테러활동

1919년 무렵 상하이, 광둥(廣東), 홍콩(香港), 베이징(北京) 등지에서는 김성도(金聖道)·안근생(安根生)·김염(金炎)·김치평(金治平) 등을 중심으로 테러활동이 전개되고 있었고, 1921년에는 중한협회(中韓協會)를 기반으로 하여 조직된 암살대가 후베이(湖北), 바오딩(保定), 베이징, 톈진(天津) 등에서 테러활동을 전개하였다.[8] 의열단은 1919년 11월 10일 지린(吉林)에서 김원봉·윤세주(尹世冑)·이성우(李成宇)·곽경(郭敬)·강세우(姜世宇)·이종암(李鍾岩)·한봉근(韓鳳根)·한봉인(韓鳳仁)·김상윤(金相潤)·신철휴(申喆休)·배동선(裵東宣)·서상락(徐相洛) 외 1인 등에 의해 결성된[9] 이후, 1920

---

7) 이상에서 서술된 류자명의 행적 중 인용 표시를 하지 않은 것은 주로 류자명의 『한혁명자의 회억록』에 의거하였음.
8) 이들의 활동에 대해서는 이호룡, 2003a, 250~251쪽을 참고할 것.
9) 박태원, 1948, 26쪽

년 3월 곽재기(郭在驥) 등 16명에 의한 조선총독부 파괴를 기도한 밀양폭
탄사건, 1920년 9월 박재혁(朴載赫)에 의한 부산경찰서 투탄(投彈) 사건,
1920년 11월 최수봉(崔壽鳳)에 의한 밀양경찰서 투탄 사건, 1921년 9월 김
익상(金益相)에 의한 조선총독부 투탄 사건, 1922년 3월 김익상·오성륜·
이종암 등에 의한 일본군 대장 다나카(田中義一) 암살저격사건 등을 연이
어 전개하였다. 이러한 테러활동에는 재중국 한국인 아나키스트들이 관
계하고 있었다.

이처럼 1920년대 초 중국에서는 한국인 아나키스트들이 의열단 등을
중심으로 테러활동을 활발하게 전개하고 있었다. 그 결과 1921년과 1922
년은 아나키스트 운동의 전성기라 불렸다.[10)

류자명도 의열단에 가입하여 테러활동에 참가하였는데, 그의 의열단
가입은 1921년 텐진에서 김원봉과의 만남을 통해서 이루어졌다.[11) 1921
년 4월 다시 베이징으로 간 류자명은 조성환(曹成煥)·이완식(李完植)·이
광(李光)·김창숙(金昌淑)·박숭병(朴崇秉)·이해산(李海山)·한진산(韓鎭山)·
성준용(成俊用)·고광인(高光寅)·김상훈(金上勛)·김병옥(金炳玉)·임유동(林
有棟) 등과 교류하는 한편, 신채호·이회영 등과 접촉하면서 실천활동을
모색하였다.[12) 그러한 과정에서 테러를 민족해방운동의 주요한 수단으로
채택하고 의열단에 가입한 것이다. 류자명이 의열단에서 맡은 일은 통신
연락과 선전작업이었다.[13) 류자명은 의열단의 제국의회 폭탄투척 계획에
도 관계하여 테러에 사용할 폭탄을 일시 보관하기도 하였다. 김지섭은 류

---

10) 김산·님웨일즈, 1999, 103쪽
11) 박태원, 1948, 205쪽. 류자명은 1924년 봄 자신이 天津에 있을 때 김원봉과 梁根
   浩를 만나 의열단에 가입한 것으로 회고하였으나(류자명, 『한 혁명자의 회억록』,
   81~82·101~105쪽), 1924년은 1921년의 잘못으로 보인다. 류자명이 「조선혁명선언」
   작성에 관계한 것으로 보아 그는 늦어도 1922년 말 이전에 의열단에 가입하였다.
12) 류자명, 『한 혁명자의 회억록』, 82쪽 참조
13) 류자명, 『한 혁명자의 회억록』, 104~105쪽

자명이 보관했던 폭탄으로 제국의회를 폭파하고자 하였으나, 사정이 여의치 않아 도쿄 왕궁 이중교에 투척하였다. 이는 일제의 침략상을 국제적으로 널리 알리는 데 도움이 되었다.

류자명이 의열단에 가입하면서 의열단의 아나키즘적 성격은 더욱 강해진 것으로 보인다. 의열단은 창립 초기부터 어느 정도 아나키즘의 영향을 받고 있었다 할 수 있다. 즉 의열단은 독립이라는 목적을 달성하기 위해서는 직접행동을 취하지 않으면 안된다는 판단 하에 테러를 민족해방운동의 주요한 수단으로 채택하고 있었던 것이다. 그들은 테러를 통해서 동포들의 애국심을 환기하고 배일사상을 고취하여 민중적 폭력을 일으킬 수 있으며, 이러한 폭력이 끊임없이 일어나야만 일제 식민지권력을 타도하고 조국의 독립을 가져올 수 있다고 인식하였다.14) 이러한 논리는 아나키스트들의 주장과 비슷한 측면이 많다.

아나키스트들은 정치혁명을 부정하고 사회혁명만이 진정한 혁명임을 강조한다. 그리고 사회혁명은 각성된 민중이 스스로 봉기·폭동·총파업 등의 직접행동에 떨쳐 일어나야만 가능하다고 주장한다. 즉 전위조직이나 지식인 등의 지도를 받는 민중이 아니라 선각자들이 행하는 테러 등의 '사실에 의한 선전'15)을 통해 각성된 민중에 의해 완수되는 사회혁명을

14) 박태원, 1948, 23~24쪽 참조
15) '사실에 의한 선전'은 민중들로 하여금 봉기·폭동·총파업 등을 일으키도록 하기 위해서는 민중에게 아나키즘을 선전하고 그들을 각성시켜야 하는데 그 수단으로 직접행동을 택해야 한다는 것이다. 직접행동은 민중이 전위조직이나 지식인 등의 대리인을 거치지 않고 자신의 자유의지에 따라서 스스로 행하는 행동을 의미하지만, '사실에 의한 선전' 수단으로서의 직접행동은 주로 테러를 지칭하였다. '사실에 의한 선전'은 1873년 크로포트킨에 의하여 사용된 용어로서, 러시아어로는 'fakticheskaia propaganda'이다. fakticheskaia는 '사실을 통해서'란 의미다.[Max Nettlau, 1989, 163쪽] 'fakticheskaia propaganda'는 영어권에서는 대체적으로 'propaganda by deed'로 번역되며, 국내에서는 대체적으로 '행동에 의한 선전' 혹은 '실행에 의한 선전'으로 번역되고 있다. 하기락은 때로는 '행동에 의한 선전'으로, 때로는 '사

통해서만, 권력교체에 불과한 정치혁명에서 나아가 강제적 권력에 의한 억압과 지배가 없는, 모든 사람이 절대적 자유를 누리는 진정한 무계급 사회를 건설할 수 있다는 것이다. 류자명을 비롯한 아나키스트들이 의열단의 테러투쟁에 관계하면서 의열단의 테러투쟁은 의열투쟁에서 나아가 아나키즘의 '사실에 의한 선전'론에 입각한 민족해방운동으로 발전해갔다.

하지만 아나키즘이 의열단을 지도한 이념 중의 하나이고 많은 아나키스트들이 의열단에 참가하였다고 해서 의열단이 아나키스트 단체인 것은 아니다. 의열단은 인민에게 절대자유권을 부여할 것, 지방자치제를 실시할 것 등을 주장하는 등 아나키즘적 요소도 가지고 있지만, 진정한 민주 국가를 수립할 것, 교육을 국가의 경비로 실시할 것, 대규모의 생산기관과 독점성질의 기업을 국가에서 경영할 것 등을 주장하여16) 국가의 존재를 인정하는 등 비아나키즘적 요소도 상당 부분 지니고 있었다.

1920년대 초 의열단에 의해 테러활동이 활발하게 전개되자 공산주의자들은 테러에 반대하는 코민테른의 방침에 따라 이를 비판하고 나섰다. 이에 의열단은 공산주의자들의 주장에 맞서 테러활동을 주요한 수단으로 하는 민족해방운동 방법론을 정립할 필요성을 느꼈다.17) 의열단은 신채호에게 공산주의자들의 주장에 이론적으로 대응할 수 있는 글을 작성해 줄 것을 요청하였다. 류자명은 신채호와 합숙하면서 그가 「조선혁명선언」을 작성하는 것을 도왔다.

「조선혁명선언」은 일본제국주의와 함께 내정독립·자치·참정권 논자와

실에 의한 선전'으로 번역하였다. '사실에 의한 선전'이 원어에 충실한 번역으로 보고, 본고에서는 이를 채택한다.

16) 박태원, 1948, 29~31쪽 참조

17) 류자명은 공산주의자들의 반박에 맞서 의열단도 자기의 주장을 발표할 필요를 느껴 신채호로 하여금 소위 의열단선언인 「조선혁명선언」을 작성케 하였다고 회고하였다.(류자명, 『한 혁명자의 회억록』, 130~131쪽)

문화운동자 등을 민족의 적으로 규정하고, 민족해방운동 방략으로 외교
론과 준비론을 주장하는 임시정부를 비판하면서, 민족해방운동 방법론으
로 테러적 직접행동론을 제기하였다. 이로써 테러는 단지 복수적 감정에
서 매국노나 일본제국주의자들을 처단하던 차원에서 벗어나 민족해방운
동의 주요한 수단으로 자리잡았다.[18]

1924년 4월 일부의 재중국 한국인 아나키스트들에 의해 베이징에서 재
중국조선무정부주의자연맹이 결성되었다. 류자명도 이회영, 이을규, 이정
규, 정화암 등과 함께 결성에 참여하였다. 일부 자료에서는 백정기도 재
중국조선무정부주의자연맹 결성에 참가한 것으로 기록하고 있으나, 이는
잘못으로 보인다. 백정기의 진술과 일제의 정보보고서 및 「구파 백정기
열사 행장」을 종합하면, 백정기는 1923년 8월 26일에 일본으로부터 귀국
하였다가, 1924년 6월 내지 여름에 중국으로 건너갔다.[19] 따라서 백정기
는 재중국조선무정부주의자연맹 결성에 참가한 것이 아니라, 결성되고
난 후 가입한 것으로 보는 것이 타당하다.

류자명은 재중국조선무정부주의자연맹 외 다른 단체 결성에도 참여하
였다. 즉 1924년 봄 베이징에서 김봉환(金奉煥), 김대정(金大庭), 김성숙(金
星淑), 김규하(金奎河), 차응준(車應俊), 김정완(金鼎完) 등의 학생들과 함
께 반역사를 조직하였다. 반역사는 현재의 사회제도에 대한 반역을 표방
하면서 1924년의 메이데이에 하나의 선전서를 배포하였다.[20] 이후 류자
명은 상하이로 떠났다.

---

18) 이호룡, 2003b, 87쪽
19) 『외무경찰사』 제5권, 210쪽(국민문화연구소 편, 2004, 180쪽에서 재인용) : 국민문
   화연구소 편, 2004, 485쪽 : 「有吉公使暗殺陰謀事件, 黑色恐怖團事件, 南華韓
   人靑年聯盟事件, 天津日本總領事官邸爆彈投擲事件」 ; 「有吉公使暗殺陰謀
   不逞鮮人一味檢擧に關する件」(亞細亞局機密第340號, 1933. 3. 27, 上海總領
   事 石射猪太郎→外務大臣) 등
20) 『北京天津附近在住朝鮮人ノ狀況報告書進達ノ件』

류자명은 테러활동을 진작시키기 위해 의열단 이외의 테러단체 결성에
도 관계하였다. 즉 1923년 무렵 이규준(李圭駿), 이규학(李圭鶴), 이성춘(李
性春) 등이 다물단을 결성할 때 많은 도움을 주었다. 다물단은 1925년 3月
30일[21] 의열단원 이인홍·이기환 등과 합작하여 일제의 밀정 노릇을 하던
김달하(金達河)를 베이징에서 살해하였다.[22]

의열단 등에 의해서 테러투쟁이 줄기차게 전개되었지만, 그 성과는 미
미하였고 오히려 인적 손실만 초래하였다. 이에 의열단 내 공산주의자들
은 1924년 4월 윤자영(尹滋瑛)·조덕진(趙德津)[23]·현정건(玄鼎健, 玄正根)·
김상덕(金尙德) 등을 중심으로 청년동맹회를 결성하고, 테러활동을 모험
주의로 규정하면서 이에 대해 조직적으로 비판하기 시작하였다. 청년동
맹회는 1924년 10월 4일 총회를 개최하여 새로이 규장(規章)을 제정하고
선언서를 발표하였는데, 선언서는 대중에 근거를 둔 투쟁의 필요성을 제
기하고, 테러활동의 비대중성·무모성을 지적하였다. 즉 의열단의 테러활
동을 "암살과 파괴를 독립운동의 유일한 방법으로 하여, 적 괴수를 암살

---

21) 김달하가 암살된 날짜는 자료에 따라 다르게 나타난다. 이은숙은 1925년 2월에 김
    달하가 암살된 것으로 기록하였으며(이은숙, 1975, 49쪽), 「在外不逞鮮人槪況」
    (독립운동사편찬위원회 편, 1975, 703쪽)과 『동아일보』 1925년 8월 6일자는 김달
    하 암살 날짜를 1925년 5월 20일 밤과 5~6월로 각각 기록하였으나 모두 잘못이다.
22) 『독립신문』 1925년 5월 5일자 ; 「不逞鮮人ノ宣言書ニ關スル件」(『外務文書』
    25, 571쪽) ; 이정규, 「우당 이회영 선생 약전」(이정규, 1974, 50쪽) ; 박태원,
    1948, 174~177쪽 ; 이규창, 1992, 74~81쪽 등을 종합. 이규창은 다물단이 1925년
    김달하에 이어 곧 박용만까지 살해한 것으로 기록하였지만(이규창, 1992, 82쪽), 이
    는 잘못으로 보인다. 『동아일보』 1928년 10월 27일자에 의하면 박용만은 1928년
    10월 16일 박인식에 의해 사살당하였다. 박태원은 박용만이 1928년 10월 16일 의
    열단원 이해명(李海鳴)에 의해 살해당한 것으로 기록하였다.(박태원, 1948, 182쪽)
23) 자료에 따라서는 趙德律로 표기하기도 하나, 류자명에 의하면 趙德津이 맞다[심
    극추, 『나의 회고』(『20세기 중국조선족 역사자료집』, 166쪽)]. 심극추는 『世界史
    研究動態』에 게재된 류자명의 「조선애국사학가 신채호」를 자신의 회고록에 전재
    하였다.

하고, 적의 시설을 파괴하여, 강도 일본을 축출"하고자 하는 개인적 공포
주의 만능론으로 규정하고, "현재 한국의 운동은 그 파괴의 목적물은 개
인 또는 건물에 있지 않고, 정치상, 경제상 기타 각 방면의 현상제도, 조
직, 그 이민족의 통치권을 파괴하는 데 있다"고 하면서, 테러활동의 오류
를 비판하였던 것이다.24)

의열단에서는 즉각 이에 반대하는 성명을 발표하였으나,25) 의열단 내
에서도 공산주의자들의 주장에 동조하는 자들이 점차 커다란 세력을 형
성해 나갔다. 결국 의열단은 공산주의를 지도이념으로 채택하고 공산주
의에 입각한 민족해방운동을 전개하기 시작하였다.

의열단이 공산주의 조직으로 개조된 이후 단원 대부분이 광저우(廣州)
로 갔지만 류자명은 계속 상하이에 남아 있으면서 통신연락의 업무를 맡
았다.26) 그리고 공산주의자들의 주장에 맞서서 테러활동의 정당성을 고
집하면서 나석주의 동양척식주식회사 폭파사건(1926. 7. 21)에 신채호·이
지영·김창숙·이승춘·한봉근·정세호·박관해·박승철·황의춘 등과 함께 관
계하는27) 등 의열단과는 상관없이 독자적으로 테러활동에 계속 종사하였
다. 1927년 이후에는 우한(武漢)으로 가서 북벌전쟁에 참가하였는데,
1927년 4월 광둥(廣東)에 있으면서 장제스(蔣介石)의 반공쿠데타를 목격
하고, 이를 비판하는 글을 『조선일보』에 게재하기도 했다. 그는 이 글에
서 장제스 일파의 행동을 혁명을 좌절시키는 행동으로 규정하였다.28)

---

24) 류자명, 『한 혁명자의 회억록』, 130쪽 ; 在上海領事館 編, 『朝鮮民族運動(未定
稿)』 三(1923. 3~1926. 12)(『外務文書』 25, 499~500·624쪽) ; 청년동맹회의 「선
언」(1924. 10)(독립운동사편찬위원회 편, 1975, 700·723~725쪽) 등을 종합
25) 在上海領事館, 『朝鮮民族運動(未定稿)』 三(1923. 3~1926. 12)(『外務文書』 25,
499~500쪽)
26) 류자명, 『한 혁명자의 회억록』, 144쪽
27) 국사편찬위원회 편, 1973, 344~346쪽 ; 류자명, 『한 혁명자의 회억록』, 143~147
쪽 ; 慶尙北道警察部 編, 1934, 243~244쪽 등을 종합

그는 피압박민족간의 연대활동 또한 중시하였다. 대만인 아나키스트 린빙원(林炳文)·판번량(范本梁) 등과 교류하면서 동방피압박민족연합회에 참가하여 활동하였다. 동방피압박민족연합회는 1926년 漢口에서 결성되었지만, 이후 아무런 활동을 전개하지 못하였다. 1927년 4월 조직을 재정비하여 중국, 인도, 몽고, 베트남安南, 대만, 미얀마緬甸, 한국 등 각 민족이 참가하였으며, 집행위원으로 시에유안딩謝遠定, 루간이魯乾一, 왕디천 王滌塵, 치광루畦光綠(이상 중국), 신더만, 렌신, 사도신, 미리신(이상 인도), 王希舜(몽고), □維新 외 1인(대만), 思實史光(緬甸), 권준權晙, 백덕림 白德林, 마천목馬天穆, 조덕진趙德津(이상 한국) 등이 선임되었다.29)

류자명은 1928년 2월 말 한커우(漢口)에서 3·1운동기념행사를 준비하던 중 동방피압박민족연합회 내의 일본 밀정 나란신(인도인)의 밀고로 중국 경찰에게 체포되어 6개월 간의 옥살이를 하였다. 우한경비사령부에서 풀려난 류자명은 안동만과 함께 난징(南京)으로 가서 당시 거기로 옮겨가 있던 동방피압박민족연합회에 합류하였다. 이후 류자명은 박남파의 소개로 1928년 겨울부터 『손문학설(孫文學說)』을 한국어로 번역하였는데, 이를 통해 삼민주의를 보다 깊게 이해하게 되었다. 그는 삼민주의를 중국의 실지조건을 기초로 하고 계속적으로 투쟁해서 사회주의사회와 공산주의 국가를 이룩하자는 것으로 이해했다.30)

---

28) 류자명, 「赤色의 悲痛-4월 15일 이후 사실」 『조선일보』 1927년 5월 13일~15일자 참조

29) 『동아일보』 1927년 5월 27일자

30) 류자명, 『한 혁명자의 회억록』, 164~185·192~194쪽 참조. 정화암은 류자명이 1928년 5월 말 南京에서 동방무정부주의자연맹 창립을 주도하였던 것으로 회고하였으나(정화암, 1982, 93쪽), 이는 사실에 부합되지 않는다. 그것은 1928년 6월 上海에서 동방무정부주의자연맹이 창립될 당시 류자명은 감옥에 있었기 때문이다. 그리고 南京에 있었던 것은 동방무정부주의자연맹이 아니라 동방피압박민족연합회였던 것으로 사료된다.

1929년 봄부터 류자명은 한복염(韓復炎)기념농장(南京 中山門外 孝陵圍 남쪽 소재)에서 근무하였다. 이 농장은 위안샤오시안(袁紹先)이 신해혁명에서 희생된 한푸얀(韓復炎) 열사의 기념사업을 위하여 설립한 것이다. 류자명은 난징에 있을 때 위안샤오시안·예정슈(葉正叔)·쟝징치우(韋警秋)·천광구오(陳光國) 등 중국인들과 교류하였는데, 위안샤오시안이 농업학교를 졸업한 류자명을 농업기술자로 특별 초청한 것이다.[31]

류자명의 농장생활은 반년으로 끝났다. 그것은 1929년 여름이 끝날 무렵 천판유(陳范予)가 자신을 대신해서 리밍(黎明)중학교(泉州 소재)에서 생물학을 가르쳐 줄 것을 부탁하였기 때문이다. 그는 리밍중학교로 옮겨가서 허열추, 류기석 등과 함께 교사생활을 하였다. 그는 학생들에게 생물학을 가르치는 한편, 추안저우(泉州) 지방의 열대식물에 대해 연구하였다. 그는 리밍중학교에서 한 학기 수업을 마치고 1930년 1월부터 상하이 지앙완(江灣)에 있던 리다(立達)학원(원장 匡互生)으로 다시 옮겼는데, 그것은 위안지이(袁志伊)의 소개에 의한 것이었다.[32] 농촌교육과(南翔鎭 부근 柴塘 소재)에서 농업과 일본어를 가르쳤다. 농촌교육과에서는 교육과 생산노동을 결합하는 방법으로 학생들을 교육했다.[33]

류자명이 리밍중학교로 간 직후 검거를 피해 상하이를 떠났던[34] 류기석이 1930년 3~4월 무렵 리다학원으로 그를 찾아 갔다. 테러활동을 담당할 조직을 꾸리는 문제에 대해서 논의하기 위해서였다. 곧 남화한인청년연맹이 결성되었다. 남화한인청년연맹은 상해연맹(上海聯盟)·북경연맹(北京聯盟)[35]과 함께 1930년대 테러활동을 주도하였는데, 그 결성은 신현상

---

31) 류자명, 『한 혁명자의 회억록』, 195~196쪽 참조
32) 류자명, 『한 혁명자의 회억록』, 198~201쪽 참조
33) 류자명, 『한 혁명자의 회억록』, 205쪽
34) 류연산, 2004, 256쪽
35) 上海聯盟은 1927년 말에 결성된 것으로 보이는 재중국조선무정부공산주의연맹

(申鉉相)과 최석영(崔錫榮)이 국내 호서은행으로부터 58,000원을 대출받아 베이징으로 간 데서 비롯되었다. 1930년 3월 22일 베이징으로 간 신현상은 류기석과 협의하여 그 돈을 테러활동자금으로 사용하기로 하였다. 류기석은 톈진 일본영사관을 파괴할 계획을 세우고 무기를 구입하게 하는 한편, 동지들을 규합하기 위해 상하이로 갔다. 1930년 4월 20일 상하이에서 류기석과 류자명은 장도선, 정해리, 안공근 등과 함께 남화한인청년연맹을 결성하였다.

남화한인청년연맹은 대파괴공작을 일으킬 계획을 세우기 위해 베이징에서 재중국 한국인 아나키스트 대표자회의를 개최하였다. 그러나 1930년 5월 6일 반동 군벌 얀시산(閻錫山)이 숙소를 습격하는 바람에 회합 중이던 아나키스트들은 체포당하였으며 자금 역시 강탈당하였다. 체포를 면한 류기석의 활약으로 신현상과 최석영을 제외한 모든 아나키스트들은 석방되었지만 자금은 회수하지 못하였으며, 남화한인청년연맹의 활동도 잠시 주춤하였다.[36]

이후 류자명은 리다학원에 근무하면서 중국 아나키스트 바진(巴金)·루오시미(羅世彌) 등과 교류하는[37] 한편, 엄형순·원심창·류기석 등 찾아오는 한국인 아나키스트들의 편의를 돌보아 주면서 아나키스트들 간의 연락을 맡았다. 이를 통해 류자명은 침체된 남화한인청년연맹을 재흥하기 위한 작업을 개시하였다. 우선 아나키스트 몇 명과 함께 불멸구락부를 결성하여 아나키즘에 대한 연구활동을 전개하였다. 이 구락부에는 류기석·

上海支部의 별칭으로서 1928년 3월 류기석·한일원·윤호연 등에 의하여 결성되었으며, 北京聯盟은 1928년 10월 北京으로 간 류기석이 沈容海·丁來東·吳南基·鞠淳葉·金用賢·李容鎭 등과 함께 재결성한 재중국조선무정부공산주의자연맹의 별칭이다.

36) 이호룡, 2003a, 266~269쪽 참조
37) 류자명, 『한 혁명자의 회억록』, 264~270쪽 참조

정치화(鄭致和)·최동철(崔東喆) 등이 가입하여 활동하였다.[38] 그리고 남
화한인청년연맹의 명의로 1931년 3월 1일 「3·1절기념선언」을 살포하였
으며, 5월 1일에는 「5월 1일 – 해방을 위해서 투사의 힘을 발휘하자」라는
제목의 일반 노동계급에 대한 격문을 발행하여 국내, 일본, 대만, 상하이,
베이징, 톈진 등 각지에 발송하였다.[39] 이처럼 남화한인청년연맹은 연구·
토론 등 각종 회의를 개최하고 정보수집과 이론구명에 주력하는 한편, 일
반청소년을 대상으로 한 계몽운동을 전개하였다.[40]

이러한 활동을 기반으로 류자명은 남화한인청년연맹의 조직 확대를 도
모하였다. 우선 이회영·정해리 등과 함께 1931년 5월 15일 무렵 이용준과
원심창을 설득하여 남화한인청년연맹에 가입시켰다. 1931년 9월 일제가
만주를 침공하는 등 대륙침략 야욕을 노골화하자 남화한인청년연맹을 강
화할 필요성은 더욱 커졌다. 이에 만주에서 철수하여 상하이로 간 아나키
스트들을 끌어들여 조직정비작업에 착수하였다. 류자명·이회영·이달·원
심창·김야봉·백정기·정화암·이용준·박기성·정해리·김광주·유산방·나
월환·양여주·김지강·김동우·이규창·창어강(常爾康) 등이 한자리에 모여
각 지역의 변화된 사정과 앞으로의 독립운동의 방향에 대해 논의하고, 남
화한인청년연맹 개편작업을 벌여 산하에 남화구락부를 설치하여 선전작
업을 담당케 하였다. 류자명은 남화한인청년연맹의 의장 겸 대외책임자
로 선출되었다.[41]

류자명은 남화한인청년연맹에서 선전활동을 하는 한편, 중국 아나키스
트와의 연합전선을 형성하여 공동 활동을 전개했다. 1931년 11월 중순 동

38) 在上海領事館 編, 『朝鮮民族運動(未定稿)』四(1927. 12~1932. 12)(『外務文書』
    26, 336쪽)
39) 在上海日本總領事館警察部第2課 編, 『朝鮮民族運動年鑑』, 360·364쪽
40) 『흑색신문』 제29호(1934. 6. 30)
41) 이호룡, 2003a, 269~270쪽 참조

방무정부주의자연맹 간부 왕야챠오(王亞樵)와 고문격인 후아준시(華均實)의 제안으로 항일구국연맹이 결성되자 류자명도 이에 참가하였다. 항일구국연맹 선전부가 프랑스조계 싱먼로(騂門路)에 공도(公道)인쇄소를 설립하고 1931년 11월부터 기관지『자유』를 주간으로 발행하여 아나키즘 이론투쟁을 전개하고 동지를 규합하는 사업을 전개하자, 류자명은 정해리·백정기·오면직·정화암·왕야챠오·후아준시·바진 등과 함께 이 인쇄소를 경영하면서 잡지『자유』의 주필을 맡는 등 아나키즘 선전활동에 주력했다. 바진이 류자명을 도왔으며, 양여주·정해리가『자유』 발행을 맡았다. 항일구국연맹은 왕야챠오가 선전사업에 개인재산 2만 달러를 지출하는 등 선전사업을 적극적으로 전개하고자 하였으나 당국의 탄압으로 활발한 활동은 전개하지 못하였다. 결국 1932년 4월『자유』는 상하이 프랑스조계 당국에 의해 발행정지 당하고 정해리는 체포되어 6개월간 옥살이를 하였다.[42]

항일구국연맹의 선전사업이 침체된 상황에서 1932년 10월 북경연맹의 류기석이 리다학원의 류자명을 찾았다. 그는 재북평동북후원회(在北平東北義勇軍後援會)와 푸지안(福建) 방면의 항일회 등으로부터 지원받은 자금 7,000원으로 테러활동을 전개할 계획을 세우고, 테러에 가담할 동지를 물색하러 상하이로 갔던 것이다. 류자명은 류기석에게 원심창, 이용준 등을 소개해 주었다. 류기석은 이들 외에 동생 류기문과 함께 톈진으로 가서 일본군사령부, 일본영사관, 기선 등에 폭탄을 투척하였다.[43]

왕야챠오가 국민당 정부의 탄압으로 피신하는 바람에 항일구국연맹의 활동이 위축된 상태에서 정세는 더욱 불리하게 전개되었다. 1933년 초 주중일본공사 아리요시 아키라(有吉明)가 아라키(荒木) 육상(陸相)의 밀명에

---

42) 이호룡, 2003a, 291~294쪽 참조
43) 이호룡, 2003a, 264쪽 참조

의하여 4,000만 엔(円)을 휴대하고 중국으로 건너가서 국민당정부 군사위
원장 장제스(蔣介石)를 매수하여 2월 중순에 밀약을 체결하였는데, 그 밀
약의 내용은 국민당정부와 군벌로 하여금 만주를 포기하게 하는 것이었
다. 이에 1933년 3월 5일 무렵 백정기·원심창·이강훈·오면직·엄형순·김
지강·정화암·이달·박기성·정해리·허열추 등 항일구국연맹의 한국인 아
나키스트들은 회합을 개최하여 위기를 타개할 대책을 논의했다. 원심창
이 아리요시 공사가 귀국하여 밀약이 성립되면 아나키스트들이 설 땅을
상실하게 될 것인바, 이를 방지하기 위해서는 아리요시를 암살해야 한다
는 내용의 제안을 하였다. 이들은 아리요시 암살을 통해 국민당정부의 기
만을 양국 민중 앞에 폭로하여 밀약을 와해시키고 중국 민중의 반장(反
蔣) 감정을 촉발시키기로 결정했다. 이들은 3월 17일 밤 아리요시가 육삼
정(六三亭) 연회에 참석하였다가 돌아가는 길에 암살하기로 계획을 세우
고 준비에 착수했다.[44] 암살은 실패했지만 다음날 아침에 상하이, 베이
징, 난징, 톈진 등지의 각 신문들이 아리요시공사 암살미수사건을 일제히
대서특필하여 보도하는 바람에 장제스와 아리요시의 밀약은 세상에 폭로
되었다.[45]

류자명도 아리요시 암살계획 수립과 거사 준비에 참가하였다. 류자명
은 정화암에게 거사 준비에 필요한 자금 200불을 지급하였으며, 거사 직
후에 각 신문사에 보낼 성명서를 작성하였다. 백정기, 오면직, 정화암, 이
강훈 등과 함께 모인 자리에서 성명서를 흑색공포단[46]의 명의로 발표할

<hr>

44) 이호룡, 2003a, 296쪽 참조
45) 『흑색신문』 제23호(1933. 12. 31)
46) 이강훈은 흑색공포단은 실제로는 존재하지 않는 유령단체일 뿐이며 단지 한 번만
 흑색공포단이라는 이름을 사용했다고 밝히고 있다(이강훈, 1974, 228~229쪽). 정화
 암은 흑색공포단을 항일구국연맹 행동대의 별칭이라 하였고(정화암, 1982, 134쪽),
 일제의 정보보고서들은 흑색공포단을 항일구국연맹과 동일시 하거나 별도의 단체
 였던 것처럼 기술하였다. 이강훈과 정화암의 진술을 종합하면 흑색공포단은 실체가

것을 제의하였다. 류자명이 흑색공포단이란 명칭을 제안한 것은 일제로 하여금 공포를 느끼도록 하기 위한 것이었다. 그리고 3월 17일 오후 정화암·양여주·원심창 등과 함께 백정기와 이강훈의 송별연을 가진 뒤, 오후 8시 반 정화암·양여주·야타베 무우지(谷田部勇司) 등과 함께 백정기와 이강훈을 암살 장소 육삼정 부근까지 배웅하였다.[47] 아리요시 암살은 비록 실패하였지만 중국인들 사이에 반장(反蔣) 감정을 불러 일으키고 반장(反蔣) 세력을 결집시켜 장제스 정권을 위기로 몰고 가는 등 중국 정계에 커다란 파장을 몰고왔다.

1933년에 중국인 여자 리우저종(劉則忠)과 중혼한[48] 류자명은 아리요시공사암살미수사건 이후 리다학원에서 계속 근무하면서 농업기술을 연구하는 데 몰두하였다. 그는 1935년 5월까지 리다학원에서 근무하는 동안 유럽과 동남아시아에서 각종 귀중한 화초를 수입하는 한편, 각종 복숭아·살구·사과·포도 등을 접종하여 새로운 품종을 개발하였다.[49] 그는 1935년 5월 쟝징치우의 소개로 난징건설위원회 농촌부흥과 소속의 동류(東流) 실험농장으로 옮겼다. 거기서 원예기술을 지도하는 한편, 온실을 짓고 일본으로부터 화훼와 관상식물을 수입하여 원예생산을 확대하였다.[50] 그는 1937년 12월 일본군의 난징 점령으로 인해 한커우로 철수할[51] 때까지 이 농장에서 근무하였다. 리다학원과 동류실험농장에서의 농업기술에 대한 연구 활동은 해방 이후 그가 공산주의국가 중국에 남아서 농학자로서 활

있는 조직이 아니라 有吉明 公使 암살을 계획하였을 때 일시적으로 사용한 이름에 불과한 것이라 할 수 있다.

47) 『外務省警察史-支那ノ部(未定稿)』, 在上海總領事館(『外務文書』 28, 848·850·869쪽) ; 『흑색신문』 제23호(1933. 12. 31) ; 이강훈, 1974, 229쪽 등을 종합
48) 류연산, 2004, 284~285쪽
49) 류연산, 2004, 299쪽
50) 류자명, 『한 혁명자의 회억록』, 215~217쪽 참조
51) 류자명, 『한 혁명자의 회억록』, 221쪽

동할 수 있었던 기반이 되었다.

4. 민족전선론 제창

　1930년대 전반기에 재중국 한국인 아나키스트들이 테러를 적극적으로 단행했지만, 테러에 뒤이어 많은 활동가들이 체포당하면서 아나키스트 운동은 점차 침체상태에 빠졌다. 남화한인청년연맹도 유명무실한 단체로 전락하여 선전사업을 행하는 것으로 그 명맥을 이어갔다. 그러한 상태에서 1936년 2월 스페인에서 인민전선이 선거에 참가하여 승리하고, 1936년 6월 프랑스에서 인민전선정부가 수립되었다. 침체된 아나키스트 운동을 재흥시키고자 고심하던 재중국 한국인 아나키스트들은 스페인과 프랑스에서 인민전선이 승리하자 이에 상당히 고무되었다.

　재중국 한국인 아나키스트들은 스페인과 프랑스의 경험을 우리 민족의 상황에 적용하고자 했다. 그들은 반파시스트 전선으로 결성된 인민전선의 승리를 거울삼아 민족해방을 최우선의 과제로 설정하였다. 그 동안 민족주의자들의 혁명성을 부정하면서 그들과의 연합을 추구하던 공산주의자들을 개량주의자로 비판하는 등 민족주의와 공산주의를 배격하던 입장을 버렸다. 그리고 신간회를 타도하자면서 민족통일전선을 결성하는 것에 강력하게 반대하던 종전의 태도도 바꾸었다.

　민족통일전선 결성에서 아나키스트 운동 위기의 돌파구를 찾은 재중국 한국인 아나키스트들은 1936년 초부터 민족전선을 결성할 것을 주장하기 시작하였다.[52] 『한민(韓民)』 제14호(1937. 6. 30)에 게재된 「민족진선(民族

---

52) 신채호의 遺詩 "민족전선을 위하여"가 『南華通訊』 1936년 11월호(제1권 제10기)에 게재되었는데(『思想情勢視察報告集』 其の二, 482쪽), 이는 신채호가 사망하

陣線)의 제1 계단」에는 "과거에 『남화통신(南華通訊)』에서 민족진선 문제
를 주장하였고, 최근에는『민족혁명』에서 이 문제를 논"하였던 것으로 서
술되어 있다.53) 이는 『남화통신』이 제일 먼저 민족전선 결성문제를 제기
하였음을 알려준다. 하지만 『남화통신』 1936년 1월호에는 민족전선에 관
한 기사가 게재되어 있지 않다. 그리고 류자명에 의하면 민족전선론이 제
기되기 시작한 것은 1936년 여름부터였다.54) 이를 종합하면 아나키스트
들이 1936년 1~2월에 민족전선론을 제기하였고, 1936년 여름부터 민족전
선 결성에 대한 논의를 본격적으로 전개하였음을 알 수 있다.

남화한인청년연맹은 『남화통신』을 통하여 민족전선의 필요성과 결성
방법 등을 집중적으로 선전하였다. 『남화통신』은 1935년 말부터 그 발행
이 논의되어 1936년 1월 상하이에서 창간호가 발행되었다. 『남화통신』은
월간 등사판이었으며, 이하유와 심극추가 발행·발송을 담당하였다. 주요
투고자는 류자명이었고 류기석도 투고했다. 원고의 양이 모자라면 이하
유가 일본에서 출판된 아나키즘 관련 글들을 번역하여 게재하였다.55)

남화한인청년연맹은 "조선민족의 독립운동을 하는 데에 있어서도 정치
적·경제적·사회적 자유평등을 탈환하고 만인공영의 이상적 사회를 건설
하는 데에 있어서도 먼저 최대의 적 일본 제국주의를 타도하지 않고서는
어떠한 운동도 전개할 수 없"다는56) 것을 강조하면서, 일제가 지배하고
있는 현실을 타파하는 데 가장 적합한 투쟁방식이 바로 민족전선이라고
단정하였다. 각당, 각파, 각 계급을 단결시켜 광범한 대중적 기초 위에 결

는 1936년 2월 21일 이전에 재중국 한국인 아나키스트들에 의하여 민족전선론이
제기되었음을 알려준다.
53) 『思想情勢視察報告集』 其の三, 40쪽
54) 류자명, 「조선민족전선연맹 결성경과」
55) 심극추, 『나의 회고』, 182~183쪽
56) 「민족전선 결성을 촉구한다」(『思想情勢視察報告集』 其の二, 491쪽)

성된 민족전선만이 민족해방운동의 진로를 타개할 수 있다는 것이다.

류자명도 『남화통신』 1936년 11월호에 발표한 「민족전선문제에 대해서 냉심(冷心)군의 의문에 답한다」에서 냉심이 한국국민당을 대표하여 민족전선 결성에 반대한 것에 대해 격렬하게 비판하였다. 즉 "인민전선운동이 제3 국제의 책동에 의해 진전되고 있는 것처럼 단정하는 것은 마치 3·1운동이 윌슨의 민족자결의 주장에 의해 일어난 것이라고 하는 것과 똑같이 피상론"일 뿐이라고 단정하면서, 민족전선 결성에 반대하는 한국국민당의 태도를 객관적·이지적이지 않고 감정적·시의적(猜疑的)인 것으로 규탄하였다.57) 이외에 「농민문제 편담(片談)」을 『남화통신』에 5회에 걸쳐 게재하였다.

민족전선을 결성하자는 아나키스트들의 주장에 조선민족혁명당이 적극적으로 동조하고 나섰다. 조선민족혁명당은 1936년 여름 이후 대일전선의 통일과 혁명역량의 총집중을 당의 행동강령으로 내걸고 조선민족전선 결성이론을 제창하였다.58) 이리하여 재중국 한국인 아나키스트들과 조선민족혁명당 사이에 민족전선 결성을 둘러싸고 논의가 활발하게 이루어졌다.59)

류자명·류기석 등은 변화된 정세에 대응하기 위하여 1937년 난징에서 남화한인청년연맹을 조선혁명자연맹으로 개조하였다. 조선혁명자연맹은 류자명을 위원장으로 하였으며, 주요 인물은 류기석, 정화암, 나월환, 이

---

57) 『思想情勢視察報告集』 其の二, 487~488쪽
58) 『思想情勢視察報告集』 其の七, 152쪽
59) 冷心은 재중국 한국인 아나키스트들의 민족전선 결성 주장에 반대하면서 "우리에게는 한편에서 이미 인민전선이 성립해 있지 않은가? 성립한 것으로서 그 분자는 조선민족혁명당과 無政府黨이지 않은가?"라고[瑾, 「민족전선문제에 대해서 冷心君의 의문에 답한다」(『思想情勢視察報告集』 其の二, 485~486쪽)] 하였는데, 冷心의 이러한 말은 곧 조선민족혁명당과 재중국 한국인 아나키스트들 사이에 연합에 논의가 충분히 이루어졌음을 알려준다.

하유, 박기성, 이승래(李升來) 등이었다. 맹원수는 20여 명이었다.[60)

조선혁명자연맹은 민족전선 결성에 적극적으로 나섰다. 재중국 한국인
아나키스트들은 조선혁명자연맹을 중심으로 하여 민족전선론을 제기하
면서 일차적으로 조선민족혁명당과의 연합을 추진하였다. 조선혁명자연
맹과 조선민족혁명당 사이에 민족전선 결성에 관한 논의가 진행되는 가
운데 1937년 7월 일제의 도발로 중일전쟁이 발발하였다. 이에 일제에 대
한 전면전의 필요성이 제기되었고, 민족전선 결성에 대한 요구는 더욱 강
해졌다. 중국 국민당정부도 한국인의 민족전선 결성을 촉구했다. 1937년
7월 10일 김구·김원봉·류자명 등을 루산(盧山)에 초청하여 중한합작에 의
한 항일연합전선 전개의 필요성을 설명하고 풍부한 자금을 수여하였
다.[61)

이후 민족전선을 결성하기 위한 공작은 급속하게 추진되었다. 난징 동
류농장에 근무하던 류자명은 조선혁명자연맹의 대표자격으로 조선민족
혁명당의 김원봉, 조선민족해방운동자동맹의 김성숙 등과 난징 시내에서
매주 만나 민족전선을 여하히 결성할 것인가 하는 문제에 대해 논의하였
다. 1937년 7월 말 무렵 손건孫建(孫斗煥)·김철남金鐵男(金炳斗)·이연호李
然浩(李相定)는 3단체의 동의를 얻어 통일문제에 관한 간담회를 소집하였
는데, 각 방면의 대표 15인이 집합하여 토론하였다. 그 결과 먼저 조선민
족전선통일촉성회를 성립시키고 통일운동에 진력한다는 선언을 발표하
였다. 며칠 뒤 남경한족회南京韓族會 전체대회에 의해 재중국조선민족항

일동맹이 발기·조직되자, 이 동맹과 통일촉성회를 합동해서 조선독립운
동자동맹을 조직하였다. 그리고 한국국민당·조선혁명당·한국독립당 등 3
단체가 미주에 있는 한국 혁명단체 등을 망라하여 결성한 한국광복운동
단체연합회와의 결합을 추진했지만 한국광복운동단체연합회측의 거부로
통합은 이루어지지 못하였다. 이에 1937년 11월 12일 조선혁명자연맹·조
선민족혁명당·조선민족해방운동자동맹 3단체의 대표대회를 정식으로 소
집하였다. 4·5 차례의 회의를 거친 뒤, 조선민족전선연맹을 결성하고 명
칭·규약·강령 및 선언 등을 통과시켰다. 조선민족전선연맹은 12월 초에
이르러 우한에서 창립선언을 발표하였으며, 주요 공작방침으로 "조선 국
내와 국외의 민족통일전선을 촉진할 것", "광범한 통일적 중한中韓민족연
합전선을 건립할 것", "전 민족을 발동하여 직접 또는 간접으로 중국의
항일전선에 참가할 것" 등을 정하였다.62)

　조선민족전선연맹의 조직체계는 김원봉이 자금 지도를 맡고, 선전부
(약 50명)와 정치부(약 40명) 및 경제부(약 10명)를 두었다. 류자명은 선전
부를 맡았으며, 정치부와 경제부는 왕지연(王志延)과 이춘암(李春菴)이 각
각 맡았다.63)

　조선혁명자연맹의 대표로 조선민족전선연맹 창립대회에 참가하여 이
사로 선출된64) 류자명은 『조선민족전선』(조선민족전선연맹의 기관지)의
주필 겸 편집인으로 활동하면서 민족전선의 필요성과 중국과의 연합전선
의 필요성을 역설하는 등 선전활동에 주력하였다. 「『조선민족전선』 창간

---

62) 류자명, 「조선민족전선연맹 결성경과」 ; 『在上海總領事館二於ケル特高警察事
務狀況』(『外務文書』 27, 772~774쪽) : 류자명, 『한 혁명자의 회억록』, 218쪽 등
을 종합
63) 內務省警保局 編, 「1938年の在支不逞鮮人の不穩策動狀況」(金正明 編, 1967,
615쪽)
64) 朝鮮總督府警務局 編, 1940, 117쪽(「資料彙編」 上册, 316쪽)

사」에서 다음과 같이 말하였다.

> 조선민족의 노력 여하는 중국민족의 최후 승리에 영향을 준다. 과거 중국과 조선 양 민족이 받은 치욕과 손실은 우리들의 공동책임이다. 곧 공동의 적을 타도하고 동아평화를 지키는 이것이 중국·조선 양민족의 공동 사명이다.(중략) 조선인 혁명분자 중 중국의 항전을 자신의 생사관두로 여기지 않는 자는 없다. 그리하여 그들은 중국의 항일전선에 직접 참가하고 전 민족의 반일총동원을 적극적으로 준비하고자 한다.
>
> 조선의 혁명은 일본제국주의의 정치압박과 경제착취의 쌍중고통(雙重苦痛)으로부터 해방을 요구하는 혁명이다. 그래서 조선의 혁명진영은 계급을 나누지 않고 당파를 나누지 않는 전 민족의 단결을 필요로 한다. 이 중국과의 항일민족통일전선도 이와 같은 성질을 갖추고 있다. 그리고 이론체계상으로도 일종의 공동성을 갖추고 있다.(중략)
>
> 이로써 양 민족의 연합전선을 완성해야 한다. 이것이 본 간행물을 발행하는 의의이다.[65]

위의 글에서 류자명이 주장한 것을 요약하면 다음과 같다. 즉 중국이 일제와의 싸움에서 승리하는 데에는 한국인도 상당한 역할을 한다는 것, 일제를 패망시키는 것은 한국인과 중국인의 공동 사명이라는 것, 한국이 일제의 식민지 지배로부터 벗어나는 데 중국의 항일전이 결정적 역할을 한다는 것, 따라서 한국혁명을 달성하기 위해서는 중국과 연합전선을 형성해야 한다는 것이다. 『조선민족전선』을 간행하는 목적도 한국과 중국의 항일민족통일전선을 결성하기 위한 것이라 하였다.

민족전선 결성을 추진하는 과정에서 류자명을 비롯한 재중국 한국인 아나키스트들의 정부·국가관에 변화가 왔다. 즉 지금까지 최고의 강권조직으로 규정하고 타도 대상으로 삼았던 국가와 정부의 존재를 일정 정도

---

65) 子明, 「창간사」『조선민족전선』 창간호(1938. 4. 10)

인정하기 시작한 것이다. 아나키스트들이 제안한 「민족전선의 행동강령 초안」은 "민족진선은 그것을 구성하는 각 단체의 해체를 요구하지 않지만 혁명공작에서 보취(步驟)의 일치와 국호의 통일을 요구한다"고[66] 하여 국가 건설을 기정 사실로 받아들이고 있었다. 당시 재중국 한국인 아나키스트들이 해방 이후의 국가의 존재를 부분적으로 인정하였지만 독립국가 건설을 목표로 내세운 것은 아니었으므로 그들이 아나키즘 본령에서 일탈하였다고는 할 수 없다. 하지만 이러한 재중국 한국인 아나키스트들의 정부·국가관의 변화는 점차 아나키즘 본령에서의 일탈로 이어져 갔다.

조선민족전선연맹은 중국 군사위원회 정치부와 협의하여 일본과의 전쟁을 담당할 무장력으로 조선의용대를 창설하였다. 중국 군사위원회 정치부원들과 조선민족전선연맹 이사 김원봉(조선민족혁명당)·최창익[67](조선청년전위동맹)·김규광(김성숙. 조선민족해방운동자동맹)·류자명(조선혁명자연맹) 등은 여러 차례의 회의를 통해 조선의용대의 규약·강령 기초, 경비문제, 조직방법 등을 협의하였으며, 만반의 준비를 완료한 뒤 1938년 10월 10일 한커우에서 조선의용대성립대회를 거행하였다.[68] 조선의용대는 구오모루오(郭沫若)가 영도하는 중국군사위원회 정치부 제3청에 소속되었다.[69]

조선혁명자연맹원들은 조선의용대에 적극적으로 참가하였다.[70] 류자

66) 『남화통신』 12월호(『思想情勢視察報告集』 其の二, 494쪽)
67) 「在支朝鮮義勇隊の情勢」에는 최창석으로 기록되어 있으나, 이는 최창익의 잘못이다.
68) 高公, 「關于朝鮮義勇隊」(『資料彙編』 下冊, 834쪽) ; 「在支朝鮮義勇隊の情勢」(『思想彙報』 第22號, 162쪽) 등을 종합
69) 程星玲, 1983, 3쪽
70) 「韓國各政黨現況」(1944. 4. 22. 吳鐵城에게 보내는 보고서)(추헌수 편, 1982, 78쪽). 조선혁명자연맹의 일부는 한국청년전지공작대에 참가하거나 上海·平津 일대로 가서 특무공작을 맡기도 하였다.

명은 이달(조선혁명자연맹 중앙위원)과 함께 편집조 중문간(中文刊) 위원을 맡았다.[71] 그리고 허(賀) 비서장·조우시안탕(周咸堂)·판원지(潘文治)·쟈오한지(矯漢治)·쟌바이춘(簡伯邨)(이상 중국측)·진국빈(陳國斌. 金若山)[72]·김규광·김학무(이상 한국측) 등과 함께 조선의용대 지도위원회 지도위원으로 선출되었다.[73]

1938년 10월 일본군이 우한을 점령하기 직전에 조선의용대 제1분대를 따라 창사(長沙)를 거쳐 헝산(衡山)으로 가서 한동안 머물렀다. 이후 헝양(衡陽)으로 갔다가 링링(零陵)과 렁수이탄(冷水灘)을 거쳐 구이린(桂林)에 도착하여 민가를 빌어 항일선전사업을 수행하였다. 1939년 3월 김원봉·박정애와 함께 구이린을 떠나 구이양(貴陽)을 거쳐 충칭(重慶)으로 갔다.[74]

류자명은 조선민족전선연맹을 출발점으로 삼아서 민족통일전선 결성을 도모하였다. 그는 민족통일전선은 "일본제국주의와의 투쟁과정 중에서도 가장 큰 지지를 필요로 할 뿐 아니라 장래 독립·자유·행복의 국가를 건설할 경우에 각당 각파의 대동적 노력을 필요로 하기"[75] 때문에 모든 민족세력이 하나로 통합되어야 한다고 주장하면서 조선민족전선연맹과 임시정부의 통일을 추진하였다.

조선민족전선연맹과 한국임시정부의 통일을 둘러싸고 논의가 진행되자 류자명은 석정과 함께 조선민족전선연맹의 대표로 논의에 참가하였다. 하지만 통합 방식을 둘러싼 양 진영의 의견 차이는 현격하였다. 즉 임

---

71) 朝鮮總督府警務局 編, 1940, 145쪽(『資料彙編』 下册, 862쪽)
72) 『조선의용대통신』 제8기(1939. 4. 1)에 의하면 陳國斌은 金若山이다.
73) "조선의용대지도위원회 위원 周咸堂 등이 제출한 조선의용군조직 성립의 경과 보고 原案"(『資料彙編』 下册, 915쪽)
74) 류자명, 『한 혁명자의 회억록』, 226~233쪽
75) 『思想情勢視察報告集』 其の七, 155쪽

시정부측은 임시정부의 영도 밑에 각 단체가 통일되어야 한다고 주장하였고, 이에 대해 조선민족전선연맹측은 각 단체의 연맹이라는 형식으로 통일할 것을 주장했던 것이다. 결국 통일회의는 중단되었다.76) 1939년 1월 중순에 이르러 조선민족전선연맹은 이사 왕준시(王君實)와 손건을 쟝샤로 파견하였다. 이들은 한국광복운동단체연합회 영수 김구·이동녕·이청천·조소앙·현익철 등을 방문하여 민족통일전선을 결성할 것을 피력하였다. 구체적 결과는 얻지 못했지만 통합해야 한다는 주장이 임시정부 내에서 점차 세를 형성해 나갔다.77) 결국 1942년에 이르러 조선민족전선연맹은 한국임시정부에 통합되었다. 1942년 9월에 개최된 통일회의에 참가하였던 류자명은 1942년 10월 제34회 의정원 회의에서 유림과 함께 임시정부 임시의정원 의원으로 선출되었으며, 제1분과위원에도 당선되었다.78) 그리고 조소앙, 조완구, 최석순, 박건웅, 차이석, 김영주, 안훈, 신영삼 등과 함께 약헌개정기초위원으로 선임되었다. 하지만 約憲修正委員會 제1차 회의에만 참석하고, 그 이후는 줄곧 참석하지 않았다.79)

이상에서 살펴 본 바와 같이 류자명은 1936년 이후 민족전선론에 입각하여 모든 민족세력을 통합하는 데 앞장섰으며 임시정부에까지 참가하였다. 하지만 류자명이 조선의용대와 임시정부에서 어떠한 활동을 하였는지에 대해서는 알려진 바가 거의 없다. 류자명은 조선의용대에서 선전작업을 담당하고 있었음에도 『조선의용대통신』에 글을 거의 투고하지 않았다. 단지 제23기(1939. 9. 1)와 제29기(1939. 11. 15)에 「조선정세일반」이

---

76) 류자명, 『한 혁명자의 회억록』, 234~235쪽 참조
77) 『思想情勢視察報告集』其の七, 155쪽
78) 『臨時議政院 第34回 의회속기록』; 閔石麟, 1944 『臨政·議政院·各黨派 名單』 (추헌수 편, 1971, 315·319쪽) ; 旦洲柳林先生記念事業會 編, 1991, 85쪽 ; 류자명, 『한 혁명자의 회억록』, 300~302쪽 등을 종합. 류자명은 1944년 9월에 통일회의가 개최된 것으로 회고하였으나, 이는 1942년의 잘못으로 보인다.
79) 독립운동사찬위원회 편, 1983, 996쪽 ; 『約憲修改委員會會議錄』 등을 종합

라는 제목의 글을 투고하였을 뿐이다. 그리고 조선민족전선연맹과 임시
정부의 통합이 이루어진 뒤 임시정부 임시의정원 의원으로 선출되었지만
유림과는 달리 임시정부의 사업에 적극적으로 참가하지 않았다. 그것은
류자명이 추구한 것은 임시정부로의 통합이 아니기 때문이었던 것으로
사료된다. 즉 그는 "조선민족전선연맹을 기초로 하여 조선 전 민족의 각
당 각파를 포함하는 하나의 통일된 조선혁명의 민족당을 만들고, 이 민족
당에 한국민족 해방운동의 영도를 맡"기자고 하여,[80] 민족통일전선체로
서 하나의 민족당 즉 민족해방운동단체를 결성할 것을 주장하였던 것이
다. 그는 조선민족혁명당·조선민족해방운동자동맹 등과 연합하는 과정에
서 그들의 주장 일부를 수용하면서 해방 이후 국가의 존재를 어느 정도
인정하였지만, 민족해방운동을 총괄하는 조직체로서의 정부의 존재는 인
정하지 않았다.

그는 임시정부에 참가하기보다는 푸지안·구이린에서의 농업기술 발전
과 용안(永安)에서의 전쟁고아 구호사업에 주력하였다. 그는 임시정부와
의 연합이 제대로 추진되지 않자 1940년 3월 같이 일하자는 천판유와 수
통(粟同)의 제의를 받아들여 충칭에 들린 푸지안군구(軍區) 사장(師長) 리
량룽(李良榮)을 따라 가족을 데리고 충칭을 떠나 푸지안으로 갔다. 푸지안
성(省) 농업개진처(農業改進處)의 농업시험장 원예학부 주임으로 일하였
는데, 처장 송정츄(宋增渠)는 원예학부를 원예시험장으로 확대하는 등 류
자명의 사업을 적극적으로 지원하였다. 류자명은 원예시험장(永安 소재)
의 책임자가 되어 시험장의 설비를 보충하고 시험항목을 늘이는 중국 원
예농업의 발전을 위해 노력하였다.[81]

1941년 12월에 류자명에게 충칭에 있던 마종룽(馬宗融)으로부터 편지

---

80) 柳湜,「爲朝鮮革命力量統一而鬪爭」. 柳湜은 류자명의 필명으로 사료된다.
81) 류자명, 1983, 141~143쪽 참조

가 왔는데, 그 내용은 구이린으로 가서 회교구국협회가 건설한 령조농장
에서 농업생산 기술을 지도해달라는 것이었다. 마종룽은 리다학원에서
류자명과 함께 근무한 적이 있는 아나키스트였다. 류자명은 원예시험장
의 일을 장후아이유(蔣懷玉)에게 맡기고 12월 하순에 구이린으로 갔다. 령
조농장의 토대를 어느 정도 구축한 류자명은 1943년 여름 충칭으로 가서
회교구국협회에 사업경과를 보고하였다. 구이린으로 돌아간 류자명은 감
귤 묘목을 기르는 자생농장분장(自生農場分場)으로 옮겨서 기술을 지도하
였다.[82]

  1944년 9월 무렵 일본이 구이린을 침공하자 류자명은 푸지안성정부 비
서장 청싱링(程星玲)의 배려를 받아 구이린을 탈출하였다. 용안에 도착한
류자명은 청싱링의 주선으로 전쟁고아를 수용하는 사업에 참가했다. 그
는 강러신촌(康樂新村) 제2촌 주비처 주임이 되어 푸지안성 푸안현(福安
縣)으로 가서 각 현과 각 향촌에 흩어져 있는 전쟁고아들을 수용하여 교
양하는 한편, 강러신촌 제2촌에 있던 과수원과 목장까지 맡아 관리하였
다. 일본의 항복으로 제2차 세계대전이 끝나게 되어 대만으로 떠날 때까
지 강러신촌에 머물렀다.[83]

  류자명은 1946년 3월 강러신촌의 사업을 위안지예(袁繼業)에게 맡기고
가족과 함께 푸저우(福州)를 거쳐 대만으로 갔다. 농림처 기술실, 합작농
장관리소 등지에서 근무하였다. 중국 대륙이 공산화되면서 대만의 정세
가 급박하게 돌아가자 류자명은 귀국을 서둘렀다. 홍콩을 거쳐 한국으로
가기로 결정하고, 1950년 6월 24일 정화암 일가와 함께 홍콩으로 떠났다.
그러나 6·25전쟁이 발발하는 바람에 한국으로 갈 수 있는 길이 막혔다.
막막한 상태에서 1950년 8월 초 후난성정부(湖南省政府) 부성장(副省長)

---

82) 류자명, 『한 혁명자의 회억록』, 258~275쪽 참조
83) 류자명, 『한 혁명자의 회억록』, 296~298·305~323쪽 참조

청싱링으로부터 후난대학 농학원교수로 초빙한다는 편지가 도착하였다. 이에 류자명은 가족과 상의하기 위해 광저우(廣州)로 갔는데, 거기서 천홍요우(陳洪友)·예페이잉(葉非英)·류기석 등 아나키스트 동지들을 만났다. 이들로부터 중국공산당의 영도 아래 중화인민공화국의 번영과 발전을 위하여 분투할 것을 제의받았다. 이 제의를 수용한 류자명은 1950년 9월 후난 창사에 있는 후난대학으로 가서 농예학부의 주임을 맡았다.[84] 이리하여 류자명은 그 동안의 아나키스트로서의 삶을 끝내고 공산주의사회에서 새로운 삶의 여정을 시작하였다.

5. 맺음말

류자명은 1920년대 초 아나키즘을 민족해방운동이념으로 수용한 뒤, 테러적 직접행동론을 민족해방운동의 방법론으로 채택하였으며, 이에 입각하여 의열단과 남화한인청년연맹을 이끌면서 선전·테러활동을 주도하였다. 그리고 1936년 무렵부터는 민족전선론을 제기하면서 민족통일전선을 결성하는 데 주력하였다. 그리하여 조선혁명자연맹·조선민족혁명당·조선민족해방운동자동맹의 연합을 이끌어내어 조선민족전선연맹을 창립시켰으며, 조선민족전선연맹을 기초로 모든 민족세력을 하나로 결집한 민족전선체 조직을 결성하고 그 조직이 민족해방운동을 총체적으로 이끌어 나가게끔 하고자 하였다.

민족통일전선체 결성은 류자명의 뜻과는 달리 조선민족전선연맹이 임시정부에 통합되는 형식으로 이루어졌다. 이후 재중국 한국인 아나키스트들은 임시정부에 참가하거나 임시정부와의 관계 속에서 활동하였다.

---

84) 류자명, 『한 혁명자의 회억록』, 325~373쪽 참조

그들이 임시정부에 참가한 것은 정부·국가관의 변화에 따른 것이었다. 재
중국 한국인 아나키스트들은 조선민족혁명당·조선민족해방운동자동맹
등과 연합하면서 국가의 존재를 일정 수준에서 인정하게 되었는데, 그 변
화된 국가관은 아나키즘 본령에서의 일탈로 이어져 아나키스트들로 하여
금 정부의 존재를 인정하고 임시정부에 참가하도록 만들었다.

　하지만 류자명은 조선민족전선 결성과정에서 국가의 존재를 일부 인정
하였지만, 다른 아나키스트들과는 달리 아나키즘 본령에서의 일탈로는
나아가지 않았다. 그는 조선민족전선연맹과 임시정부의 통일을 추진하였
지만, 임시정부가 민족해방운동을 총괄해야 한다고는 생각하지 않았다.
오히려 임시정부를 포함한 기존의 민족해방운동단체들을 통일한 새로운
형태의 민족해방운동 조직을 결성하고 그 조직으로 하여금 민족해방운동
을 영도케 한다는 복안을 가지고 있었다. 그러한 생각을 가지고 있던 류
자명은 민족통일전선 형성을 위한 노력이 조선민족전선연맹의 임시정부
에의 통합으로 귀결되자 임시정부에서 거의 활동을 하지 않았다. 류자명
이 아나키즘 본령에서 일탈하지 않을 수 있었던 것은 아나키즘을 실천에
옮길 수 있는 농장이라는 구체적인 활동의 장을 가지고 있었기 때문인 것
으로 사료된다. 당시 대다수의 한국인 아나키스트들은 중국에서 운동의
기반을 확보하고 있지 못하였던 관계로 아나키즘 본령에서 일탈하면서까
지 임시정부에서 활동하였다.

　류자명은 원예농업 방면에서 개척한 독보적인 기술을 바탕으로 해방
이후 귀국하지 않고 중국에 남아서 새로운 중국 건설에 기여하였다. 류자
명의 중국 잔류는 중국 농업기술의 발전에는 도움이 되었을지 모르지만
한국 아나키스트 운동에는 상당한 부정적 영향을 미쳤다. 1930년대 후반
이후 아나키즘에 비교적 충실했던 류자명과 류기석 등이 귀국하지 않음
으로 해서 해방 이후 아나키스트 운동은 이상촌 건설·민족해방기지 건설

등 혁명근거지건설운동을 전개하였거나 임시정부에 참가하였던 아나키스트들이 주도하였다. 그들은 아나키즘 본령에서 일탈하여 정부와 국가의 존재를 인정하고 임시정부와 행동의 궤를 같이하였다. 아나키스트 세력은 독자적인 목소리를 내지 못하고 우익에 편입되었으며, 아나키즘은 제3의 사상의 지위를 상실하고 말았다. 그것은 결국 아나키스트 운동의 소멸로 이어졌다.

류자명의 아나키즘 수용과 실천

한 상 도(韓相禱)
건국대학교 사학과 교수

1. 머리말

  일제 식민지라는 조건 하에서 아나키즘이 수용됨으로써, 한국근대사에 있어서 아나키즘Anarchism은 민족주의와 결합하여 '저항적 민족주의'의 색채를 띠게 되었다. 그리하여 아나키즘은 민족해방운동의 이론인 동시에 구체적인 실천강령으로 기능하였다.[1] 따라서 일제하 한인아나키즘운동은 국제주의로서의 보편적인 측면과 더불어, 한인독립운동의 한 축이라는 개별성도 견지하였다.

  아나키스트Anarchist로서 류자명(柳子明)이 남긴 발자국은 일제하 한인아나키즘운동의 보편성과 개별성의 양면을 살피는 데 유용한 대상이 될 수 있다. 수원농림학교 졸업생으로서 농학 및 자연과학 지식과 아나키즘을 비롯한 근대사회과학에 대한 교양을 갖춘 선비풍의 면모는 진보적인 중국인들과 인연을 맺게 해 주었다.

  농촌에 대한 애정과 농학 소양은 중국농촌이라는 의외의 공간에서 그의 삶의 한 부분을 열게 만들었고, 중국인들과의 유대를 가꿔나갈 수 있

---

1) 구승회 외, 『한국 아나키즘 100년』, 이학사, 2004, 11쪽.

도록 이끌었다. 중국농민들과 함께 만들고자 한 공동체는 그가 그리려 한
아나키즘의 이상사회였을지도 모른다.

그가 항일운동의 한 방편으로써 아나키즘을 수용함에 있어 주목할 만
한 사실은 아나키즘의 기본이념인 '상호부조'의 상대로 중국의 항일운동
세력 및 농민과 농촌사회를 상정하였다는 점이다. 이 경우의 상호부조는
아나키즘사회 건설과 항일운동이라는 목표 아래 '서로에게 도움이 되는'
즉 상생을 지향하는 협조·합작·연대의 의미로 해석될 수 있을 것이며, 류
자명의 한·중 연대론도 이 같은 이해의 바탕 위에서 도출될 수 있었다.
상호부조론이 한·중 연대론의 이론적 전거가 되었으리라는 가설이다.

이와 같은 이해를 토대로, 이 글에서는 류자명이 다듬어 나간 아나키즘
의 모습을 통해, 일제침략기 중국대륙을 무대로 전개되었던 한인아나키
즘운동의 한 부분을 재구성해 보고자 한다.[2]

2. 아나키즘 수용의 사상적 배경

그가 아나키즘에 관심을 갖게 된 배경으로, 1920년대 초반 식민지 한국
사회에 대한 진단을 주목할 수 있다. 3·1운동 직후 국내 민족주의진영 일
각에서 제기되는 개조론(改造論)에 대한 비판을 주 내용으로 한 그의 글
에 따르면, 식민지 한국사회의 모순을 통해, 당시 세계질서와 국제체제에

---

2) 이 글의 주제와 관련되는 연구성과로는 김성국, 「류자명과 한국 아나키즘의 형성」,
  『한국사회사상사연구』(화양 신용하교수 정년기념논총), 나남, 2003과, 이호룡, 「류
  자명의 아나키스트 활동」,『역사와 현실』53, 2004이 대표적이다. 이 글을 작성함
  에 있어서, 아나키즘의 이념·원리 등에 대한 포괄적인 이해와 서술은 오장환,『한
  국 아나키즘운동사 연구』, 국학자료원, 1998과 이호룡,『한국의 아나키즘: 사상편』,
  지식산업사, 2001로부터 큰 도움을 받았다.

회의를 느꼈음이 엿보인다.

"현 사회에서 유산계급(有産階級)과 무산계급(無産階級)이 서로 알력 중"에 있음은 '명백한 사실'이고,3) "현대세계의 불안·혼란한 상태는 전 시기의 경제조직이 자가당착과 자가알력으로 인하여 근본적으로 무너지 는 징조요 과정"에 있다. "현실사회의 인류생활은 현실사회를 만든 자본 주의 경제조직과 그 기초 위에 형성된 모든 문화가 결정한 생활이다. 즉 사유재산제도 분위기에서 내가 생활하는 것이다."4) 이 표현에서는 일제 식민지배정책을 통해 이식된 자본주의체제하의 한국사회에 대한 자조적 인 감정이 느껴진다.

자본주의 체제에 대한 실망은 "현 사회제도로 인하여 이익을 받는 유 산계급이 사회제도의 개조를 바라기는 고사하고, … 반대할 것은 이론상 필연"5)으로 귀결되리라는 전망으로 이어졌다. 그는 개조론이 곧 유산계 급 즉 일제 식민지배체제에 순응하는 일부세력이 대다수 민중을 현혹시 키고자 하는 기만적인 논리임을 간파하였다. 유산계급이 말하는 '개조'란 소위 '민족동화' 곧 '민족말살'을 가리킨다는 사실을 지적한 것이다.

이 글로 미루어 보면, 그는 1920년대 전반기 국내민족주의진영 일각에 서 제기된 개조론·참정론·타협론이 일제 식민지배체제를 인정하는 반민 족적인 논리라는 사실을 경계하였다. 일제 식민지배체제의 다른 모습이 었던 자본주의체제에 부정적이었다.

특히 일제에 의해 강요되고 있던 학교를 통한 식민지교육이 "민중 자

---

3) 柳友槿(寄), 「內的 改造論의 檢討」(一), 『東亞日報』 1920년 4월 28일. 그는 유 산계급이 재산과 권력을 함께 갖고 있으며, 무산계급은 "현 사회제도로 인하여 불 이익을 받고" 있으며, "현 사회제도에 대하여 불만과 반항심을 품"고 있다고 진단 하였다(「內的 改造論의 檢討」(二), 『동아일보』 1920년 4월 29일).
4) 柳友槿(寄), 「內的 改造論의 檢討」(二), 『동아일보』 1920년 4월 29일.
5) 柳友槿(寄), 「內的 改造論의 檢討」(一), 『동아일보』 1920년 4월 28일.

체의 생장발육을 목적으로 한 것이 아니며," '정치의 일 이용기관' '유산계급의 전용물'이 되었다고 보았다. 뿐 만 아니라 "현실정치와 기타 모든 제도의 현상유지의 방편으로 이용되"고 있다[6]고 파악하였다. 이는 지배체제의 도구로 역할하는 제도와 기구에 대한 거부감과 비판의식을 의미하는 것으로, 이러한 입장은 아나키즘에 근접한다.

또 "아무리 정의와 인도로써 말하고 생산과 분배의 불공평하고 불합리한 것을 말하여, 현사회의 결함을 말하고 신사회의 이상을 고취한다고 하더라도, 그들에게는 다만 알지 못할 수수께끼나 또한 한 치인(痴人)의 몽상에 불과하게 느낄 것"[7]이라고 하였다. 공산주의자들이 주장하는 '분배의 정의'를 구현하자는 구호의 모순점을 간파하였다.

나아가 "자기가 속한 계급의 이해관계에서 초월하여 진정한 의미로 인류를 위하여 진리와 정의를 위하여 분투·노력하는 자가 있다 하면, 그것은 한갓 예외로 위대한 양심의 소지자라고 하겠다"[8]라고 하였다. 이 대목에서는 강자와 약자 간의 지배와 복종 관계로 이루어지는 인간사회에 대한 짙은 회의가 읽혀진다.

반면에 "민중의 정력으로 하여금 무익한 방면에 향하여 소비하게 하는 것처럼, 사회 진전에 대하여 막대한 손실을 주는 것이 없다"[9]고 하는 표현으로 미루어 보면, 식민지 한국사회의 미래와 관련하여, 민중의 힘과 역량을 중시하고, 그들의 역할에 대한 기대감이 확인된다.

다음으로 그가 좌·우파 간 대립·갈등의 불씨가 되어버린 민족주의에 염증을 느끼고, 아나키즘에 대한 확신이 깊어진 데에는 중국 제1차 국공합작(國共合作)의 파국이 끼친 영향도 적지 않았던 것 같다.

---

6) 柳友槿(寄), 「內的 改造論의 檢討」(三), 『동아일보』 1920년 4월 30일.
7) 柳友槿(寄), 「內的 改造論의 檢討」(二), 『동아일보』 1920년 4월 29일.
8) 柳友槿(寄), 「內的 改造論의 檢討」(二), 『동아일보』 1920년 4월 29일.
9) 柳友槿(寄), 「內的 改造論의 檢討」(一), 『동아일보』 1920년 4월 28일.

"소위 '적(赤)'은 거짓 적(赤)이었다. 세 군벌의 구두(口頭)로 만들어진 적(赤)이었다. 그러나 장제스(蔣介石)의 토적(討賊)은 정말 적(赤)이다. 그리고 그 수단도 좀 더 철저하였다."10)

"지도자의 열(列)에 있는 자까지도 혁명(革命)이 어떠한 것인지를 모르고, 민중(民衆)을 위하고 혁명을 위한다는 구실 하에서 실제로는 민중과 혁명을 자기의 이익을 위하여 희생시키려는 자가 있는 것이다."11)

"혁명의 세력이 정당(政黨)으로써 분할되는 때에, 혁명 그것은 좌절되고 정권을 얻은 정당은 타세력 앞에서보다도 더욱 참화(慘禍)를 당하는 것은 역사가 가르치는 사실이다."12)

"중국민중이 혁명을 장제스 일파보다도 좀 더 앞으로 끌고 나가려는 것은 사실이다. 또 좌파의 정책이 우파의 것보다 진보된 것으로 다수 민중의 요구에 좀 더 응하는 것도 사실이다. … 그네가 농공정책(農工政策)을 운위하며 농민과 노동자를 지도하려는 것은 농민·노동자 민중의 이익을 위하는 것보다도, 농민·노동자 민중이 과도한 요구를 할까 두려워서 협조적 태도로 진압하려고 하는 것이다. 농민군·노동자군에게 기관총을 들이대면서 농민·노동자 민중의 이익을 위한다는 농민노동자정책이다."13)

"중국공산당의 정책이 중국의 혁명을 어느 정도까지 끌고 가려는 것인지? 과연 20년 내에 레닌식 공산주의를 실시하자는 것인지? 또는 공산당의 요인들이 겉으로 발표하듯이 중국은 아직 공산주의[레닌식]로 가는 도

---

10) 廣東에서 柳子明, 「赤色의 悲痛: 4월 15일 이후의 사실」(상), 『朝鮮日報』 1927년 5월 13일.
11) 廣東에서 柳子明, 「赤色의 悲痛: 4월 15일 이후의 사실」(중), 『朝鮮日報』 1927년 5월 14일.
12) 廣東에서 柳子明, 「赤色의 悲痛: 4월 15일 이후의 사실」(중), 『朝鮮日報』 1927년 5월 14일.
13) 廣東에서 柳子明, 「赤色의 悲痛: 4월 15일 이후의 사실」(하), 『朝鮮日報』 1927년 5월 15일.

정(途程)에 있어서, 이번 혁명은 진정한 민주공화(民主共和)를 실시하는데 있다는 것인지는 알 수 없으나, 장제스(蔣介石) 일파의 행동이 혁명을 좌절시키는 행동인 것은 더 말할 여지가 없다.

또 이후로 '좌파의 세력이 능히 장제스 일파를 처치하고, 장쮜린(張作霖)을 타도하고 혁명을 좀 더 앞으로 끌고 나아가게 될는지?' 또 '중도에서 실패에 그치고, 다시 흑암(黑暗)한 세력이 중국을 지배하게 될는지?'는 앞으로 주의할 일이다.[14]

"어제의 동지가 오늘은 원수로 변하고, 어제의 혁명자가 오늘은 반혁명자가 되었다."[15]

위의 글에는 민족주의와 공산주의, 좌파와 우파, 중국국민혁명세력의 탐욕과 부도덕이 뒤엉켜 있는 제1차 국공합작의 파국을 바라보는 허탈감과 고뇌가 드러나 있다. 목전에 외세를 두고 벌어지는 이른바 '중국국민혁명'세력 간의 헤게모니 쟁탈전을, 그는 실망과 좌절을 느꼈다. 이 같은 정황이 그로 하여금 아나키즘으로 기울게 하는 시대적 배경이었음을 유추할 수 있다.

3. 아나키즘과의 접목 과정

1919년 여름 상하이로 건너간 류자명은 강태동(姜泰東)이란 인물의 소개로 김한(金翰)을 만났다. 그는 김한을 통해 공산주의 사상에 관심을 갖게 되었다. 하지만 이론적으로는 김한과 대립하였다. 그는 계급투쟁의 관

---

14) 廣東에서 柳子明, 「赤色의 悲痛: 4월 15일 이후의 사실」(하), 『朝鮮日報』 1927년 5월 15일.
15) 류자명, 『나의 회억』(심양: 료녕인민출판사, 1984), 98쪽.

점에 동의할 수 없었다. 그는 "당시의 조선혁명투쟁은 매국주의(賣國主義)에 대한 애국주의(愛國主義)의 투쟁으로 일관되는 것"[16]이라고 생각하였다. 그리하여 그의 진보적 사고는 공산주의가 아닌 아나키즘으로 모습을 갖추게 되었다.[17]

그의 공산주의에 대한 부정적인 관점은 의열단(義烈團) 활동 과정에서도 확인된다. 1923년 여름 의열단이 항일운동 노선의 전환을 모색하는 과정에서 적기단(赤旗團)과의 합작 문제가 거론되었다. 이 때 그는 "적기단의 모조직인 고려공산당이 코민테른에 종속되었다"는 이유로 반대 입장이었다.[18] 그는 「공산당선언」의 "과거의 모든 역사는 계급투쟁의 역사"라는 관점에 동의하지 않았다. 그는 민족보다 계급을 우선시하는 공산주의를 받아들일 수 없었다.[19]

그가 아나키즘에 관심을 갖게 되는 또 다른 배경으로 중국인 아나키스트들과의 관계[20]를 상정할 수 있다. 재중 한인아나키스트들은 급진적 민족주의 성향을 띤 특징이 있는데, 이는 중국 아나키스트들 중, 급진적이고 민족적 성향이 강하였던 파리그룹과 주로 교류했기 때문으로 평가된

---

16) 독립기념관 한국독립운동사연구소 편, 『류자명 수기: 한 혁명자의 회억록』, 한국독립운동사자료총서 제14집, 1999, 68쪽.
17) 류자명 본인의 회고에 의하면, 1920년 1월 10일 발생한 동경대 경제학부의 森戸辰男 교수가 「크로포트킨의 사회사상연구」(『경제학연구』창간호, 1920. 1, 동경대 경제학부)논문을 발표하여 구속된 사건을 계기로, 大杉榮과 크로포트킨이 쓴 아나키즘 관련 글에 심취하였다고 한다(『류자명 수기: 한 혁명자의 회억록』, 1999, 70~71쪽.).
18) 김영범, 『한국근대민족운동과 의열단』, 창작과비평사, 1997, 124쪽.
19) 김성국, 「류자명과 한국 아나키즘의 형성」, 『한국사회사상사연구』, 294쪽.
20) 이을규·이정규 형제가 李石曾·蔡元培 등 파리그룹 인물의 영향을 받은 사실, 신채호가 李石曾·吳稚暉 등과 교분을 나누었으며 이들의 재정적인 도움을 받았던 사실, 魯迅으로부터 영향을 받았다는 정화암의 증언, 류자명과 巴金·程星齡 등 중국인 아나키스트의 우정 등이 시사점을 제공한다. 이러한 작업의 성과로서 박철홍, 「중국 아나키즘의 수용과 전개」, 『한국민족운동사연구』 37, 2003이 많은 도움을 줄 수 있을 것이다.

다.21)

그의 관심이 아나키즘으로 기울게 되는 데에는 크로포트킨(Pierre. Kropotkine)의 저작이 큰 몫을 하였다. 류자명은 크로포트킨의 영향이 절대적이었음을 고백하면서, 그의 『한 혁명가의 회억』의 영향이 컸다고 하였다. 일본어로 번역된 러시아 소설 『처녀지』 『아버지와 아들』 『새 폭군』 과 『부활』 『전쟁과 평화』를 읽고,22) 아나키즘에 대한 이해의 폭이 넓어졌다.

"끄로뽀뜨낀의 저작은 철학·경제학·생물학·문학예술 등 광범한 내용을 포괄하고 있었다. 그가 쓴 「윤리학」은 인생철학을 서술한 것이고, 「상호부조론」은 생존경쟁이 생물진화의 동력이라고 인정하는 다윈의 「진화론」과 반대로, 상호부조가 생물진화의 주요 인소라고 주장하였다. 당시 구라파 각국의 제국주의자들은 다윈의 생존경쟁의 학설을 저들의 식민침략전쟁을 변호하는데 이용하였다. 그러나 끄로뽀뜨낀의 「상호부조론」은 침략을 반대하는 근거로 된다고 나는 생각하였다"23)고 하였다. 이는 크로포트킨이 그에게 끼친 영향이 지대하였음을 뒷받침한다.

또 류자명은 중국관내지역 한인독립운동 진영에 아나키즘을 전파하는 역할을 한 것으로 밝혀진다. 1920년 가을에서 겨울 사이, 류자명과 이회영(李會榮)이 만났고,24) 1919년 6월 이후 12월 이전의 시기 상하이에서 "나는 신채호선생의 강연을 들은 때로부터 신선생과 친밀한 관계가 생기

---

21) 구승회 외, 『한국 아나키즘 100년』, 207~208쪽. 류자명이 아나키즘을 수용하고 다 들어가는 과정에서 중국아나키즘이 끼친 영향에 대해서는 추후 탐색되어야 하겠다.
22) 『류자명 수기: 한 혁명자의 회억록』, 74쪽.
23) 『류자명 수기: 한 혁명자의 회억록』, 71~72쪽. 1928년부터 재중국무정부공산주의자연맹의 기관지의 이름인 『탈환』이 크로포트킨의 『빵의 탈환』에서 운용한 사실도 한인아나키스트들에게 끼친 크로포트킨의 영향력을 함축하고 있다.
24) 이정규·이관직, 『우당 이회영 약전』, 을유문고, 1985, 67쪽.

게 되었다."25) "1923년 가을 나는 이때로부터 우당선생과 친밀하게 지내
게 되었다"26)는 본인의 회상으로 뒷받침되듯이, 이회영·이정규(李丁奎)·
이을규(李乙奎)·신채호(申采浩) 등이 아나키즘에 관심을 갖고 몰입한 데
에는 그의 역할이 적지 않았던 것으로 파악된다.27)

 이런 맥락에서 신채호에 앞서 아나키즘에 접하였으며, 그와 신채호의
교류 사실 등으로 미루어 보면, 신채호가 작성한 「조선혁명선언(朝鮮革命
宣言)」에도 그의 의견이 적극 반영되었으리라는 유추도 가능할 것이다.28)

4. 아나키즘에 대한 이해와 내용

1) 상호부조론에 대한 이해

 크로포트킨(Пётр Алексéевич Кропóткин, 1842~1921)의 「상호부조
론(相互扶助論)」은 다윈(Charles Robert Darwin, 1809~1882)의 『종(種)의
기원(起源)』에서 제시한 생물계의 적자생존(適者生存)이 진화(進化)의 주
요원리임을 인정하였고, 상호부조 역시 생물계의 진화에 중요한 요소였
음을 과학적·논리적으로 증명하였다.

 이는 생물계의 상호부조를 인간사회에 확대 적용한 것으로서, 개별투
쟁을 가능한 한 적게 하고, 상호부조적 습관을 가장 많이 발달시킨 종(種
또는 種族)들이 가장 번성했으며, 진보할 수 있었다는 요지이다. 인간사회

---

25) 『류자명 수기: 한 혁명자의 회억록』, 52쪽.
26) 『류자명 수기: 한 혁명자의 회억록』, 98쪽.
27) 박환, 「1920년대 전반 북경지역 한인아나키즘」, 『한국민족운동사연구』 37, 2003, 21쪽.
28) 오장환, 「해제」, 『한 혁명자의 회억록』, xii쪽.

역시 상호부조에 따른 '자유연합(自由聯合)'의 상태가 최선이라고 주장하였다.29)

크로포트킨의 상호부조론은 아나키즘에 생물학적인 기초를 부여하였다는 평을 듣는데, 생존경쟁과 더불어 상호부조의 원리가 중요한 생물계의 진화 요소로 작용한다는 논리를 사회현상에 적용한 것이었다. 이는 맑스의 계급투쟁 이론을 넘어서는 것으로, 사회제도 근저에 있는 상부상조(相扶相助)의 원리를 강조한 것이었다.30)

크로포트킨에 따르면, 국가란 국민에 대한 지배권력과 인민의 착취를 보장하기 위해 지배계급 상호간에 맺어진 '보험회사'와 같은 것에 불과하였다.31) 아나키스트들은 인간 본능을 기본으로 하는 사회는 무강권(無强權)·무지배(無支配)의 사회이며, 강권이 지배하는 한 영원한 평화는 존재할 수 없다고 생각하였다.32) "인류는 몇 천 년 몇 백 년 동안 전제와 강박에도 불구하고, 그 바닥에 흐르는 상호부조적·창조적·자주적 정신으로 영위해 왔다"33)는 것이다. 류자명은 크로포트킨의 상호부조론이 -제국주의국가들의 식민지 침략전쟁을 변호하던 데 이용하던- 생존경쟁론(生存競爭論)을 극복할 수 있으리라고 기대하였다.34)

그런데 류자명이 상호부조론을 적극적으로 해석하고 수용한 사실의 정신적 토양을 한국사회에 강하게 남아있는 공동체적 의식 및 관습과도 연관지어 볼 수 있다.35) 두레·향약·계·품앗이와 같은 공동체적 유제는 상

29) 오장환, 『한국 아나키즘운동사 연구』, 국학자료원, 1998, 34쪽.
30) 구승회 외, 『한국 아나키즘 100년』, 41쪽.
31) 함용주, 「민족해방운동과정에서 아나키즘의 역할에 대한 연구: 정치사상적 측면을 중심으로」, 서강대 석사학위논문, 34쪽.
32) 「무정부주의운동의 현실성을 강조함」, 『黑色新聞』 제31호(1934. 8. 29).
33) 姜昌, 「我等の解放はアナキズムだ」, 『自由聯合新聞』 제47호(1930. 5. 1).
34) 『류자명 수기: 한 혁명자의 회억록』, 72쪽.
35) 이러한 측면에 대해서는 이덕일, 「우리 역사 전통 속의 아나키즘적 요소」, 『한국민

부상조의 정신을 바탕으로 삼고 있다. 그가 한국인의 의식 속에 흐르는 상부상조 의식을 아나키즘의 상호부조론과 서로 통하는 것으로 받아들였을 수도 있다.

실례로 신채호나 이회영 등은 전통사상을 부정하지 않았으며, 유교적 교양을 바탕으로, 아나키즘을 수용하였다는 평가를 받는다. 이회영이 "나의 사고와 방책이 현대적인 사상적 견지에서 볼 때, 무정부주의자들이 주장하는 것과 상통되니까 그럴 뿐이지, 지금이 옳고 어제가 잘못되었음을 깨닫는 식으로, 본래는 딴 것이었던 내가 새로이 방향을 바꾸어 무정부주의자가 된 것은 아니"[36]라고 한 것은 아나키스트로서 행동철학을 유교적 교양에서 구하고 있음을 의미한다.

신채호 또한 "책에서 얻은 이론으로 아나키스트가 되었던 것이 아니고, 자신의 인간적 요구에 의한 것"[37]이라고 하였다. 이 역시 그가 유교적 소양을 간직한 채 아나키스트로 전환하였음을 밝혔다.

이렇게 본다면, 농촌에서의 성장 배경, 대가족 또는 부락 단위의 공동협업을 통한 생산과 경작의 농사경험이 있는 그로서는 상호부조론에 적극 공감할 수 있었을 것이다.

2) 자유연합 이론에 대한 접근

한인 아나키스트들이 지향한 '자유연합' 이론의 실체를 이해할 수 있는 사례로 이회영이 김종진(金宗鎭)에게 해준 설명이 도움을 준다. "자의식(自意識)이 강한 이 운동자들에게 맹목적인 복종과 추종이란 있을 수 없으며, 있다면 거기에는 오직 운동자들의 자유합의(自由合意)가 있을 뿐이

족운동사연구』 37, 2003이 대표적인 연구성과이다.
36) 李乙奎, 『是也金宗鎭先生傳』, 韓興印刷所, 1963, 42쪽.
37) 『自由聯合新聞』 제36호(1929. 6. 1).

니, 이것이 이론으로도 당연한 것이다. 그러니까 강권적인 권력중심의 명령조직으로서 혁명운동이나 해방운동이 이루어진 예는 없는 것이다. ··· 설혹 합의되지 않는 사람들이 있다 치더라도, 공통된 동일한 목적을 가지고 있는 만큼 양보·관용하여, 소수인 자기들의 의견을 양보하거나 보류하고 협력하는 것이 일반적인 예이다. ··· 소위 '해방운동'이나 '혁명운동'은 자유와 평등을 추구하는 운동이고, 운동자 자신들도 자유의사·자유결의에 의한 조직운동이었으니까 형식적인 형태는 여하튼지, 사실은 다 자유합의의 조직적 운동이었던 것이다."[38] 이로 보면, 이회영은 모든 헌신적이고 희생적인 운동은 자발적인 참여로 이루어져야만 성공할 수 있다고 확신하고 있다.[39]

이 같은 자유연합의 원리를 토대로, 아나키스트들이 염원한 '자유연합사회'란 억압이나 강제에 의한 것이 아니라, 개인의 자유의지에 따른 연합에 의해 모든 인간이 자유롭게 살아가는 이상사회를 의미하였다. 그리고 자유연합사회의 건설은 어느 누구의 지도나 대리혁명에 의해서는 불가능하고, 오직 민중의 직접행동에 의해서만 가능하다고 보았다.[40]

자유연합에 대한 류자명의 이해 정도를 밝혀주는 직접적인 자료는 눈에 띠지 않지만, 이회영의 관점을 통해 류자명의 그것을 유추할 수는 있을 것이다. 류자명 역시 여타 한인 아나키스트들처럼 자유의지에서 비롯되는 자유연합 원리를 공통분모로 하여, 중국인 아나키스트들과 교유할 수 있었을 것이다. 여기에 농학자로서, 농부로서, 이상주의자로서, 의열투쟁 논리의 신봉자로서 갖고 있는 자유개성이 접착제 역할을 하였을 것이라고 유추해 본다.

---

38) 李乙奎, 『是也金宗鎭先生傳』, 韓興印刷所, 1963, 43~44).
39) 오장환, 『한국 아나키즘운동사 연구』, 135쪽.
40) 이호룡, 『한국의 아나키즘: 사상편』, 256쪽.

3) 의열투쟁과 민중직접혁명론의 전거

민중이 테러를 수단으로 한 의열투쟁(義烈鬪爭)의 주체가 되어야 하고, 테러가 민중을 각성시키는 수단이 되어야 한다는 논리는 류자명의 아나키즘 행동양식을 뒷받침하였다. 이와 같은 이해는 「조선혁명선언」의 논리로 대변되었다고 해도 무리는 아니다. 그의 의열투쟁론 및 민중직접혁명론은 크로포트킨의 주장을 이론적 원형으로 삼았다.

크로포트킨은 혁명에 있어서 민중(民衆)의 역할을 강조하였다. 그에 따르면, 혁명이란 인위적인 것이 아니라, 역사의 거대한 흐름 속에서 돌출되었다. 그러나 혁명에 직접적으로 불을 지피는 일은 민중의 몫이었다. 그는 민중을 독자적으로 모든 사회기관을 사회화하고 운영할 능력을 가진 존재로 평가하였다. 또 혁명에서 중요한 점으로 모든 정책은 실질적인 사회평등(社會平等)을 지향해야 한다고 지적하였다.[41]

이러한 지향을 달성하기 위한 수단과 과정으로써, 크로포트킨은 "말에 의한, 문서에 의한, 단도에 의한, 총탄에 의한, 다이나마이트에 의한 반항 … 우리에게는 이 모든 것이 정당하다"[42]고 하였다. 목적이 수단을 정당화시킨다는 논리로써, 테러·폭동 등 아나키스트들의 모든 행동을 정당화하고 있다.

이들은 테러라는 수단을 통하여 아나키즘을 선전하고 민중을 각성시켜, 그들로 하여금 폭동·봉기·총파업 등을 일으키도록 하고, 그것을 통해 일제를 타도하고 아나키즘사회를 건설하려 하였다. 직접행동이 곧 테러를 지칭하는 것은 아니었지만, 폭동·봉기·총파업 등의 실력행사나 무력행동이 불가능한 상태에서 취할 수 있는 방법은 테러뿐이었다.

---

41) 구승회 외, 『한국 아나키즘 100년』, 41쪽.
42) 다니엘 게랭Daniel Guerin, 하기락 역, 『현대아나키즘』, 신명, 1993, 146쪽.

다시 말해 아나키스트들에게 테러는 그 자체가 목적이 아니라, 테러를 통해 민중을 각성시키는 것이 목적이었다. 테러행위는 '사실에 의한 선전'[43] 수단 가운데 하나였다. '춘추대의(春秋大義)'를 내세운 명분론과 아나키즘의 '사실에 의한 선전'론이 결합되면서 암살이 널리 행해졌으며, 아나키즘에 대한 이해의 정도도 점차 깊어졌던 것으로 파악된다.[44]

즉 선각자들이 행하는 테러 등의 '사실에 의한 선전'을 통해 각성된 민중의 힘으로 사회혁명을 완수할 수 있으며, 비로소 절대적인 자유가 보장되는 진정한 무계급사회(無階級社會)가 건설될 수 있다는 설명이었다.[45]

이로 보면, 류자명의 의열단 활동 참여는 의열투쟁을 통해 민중의 항일의지를 고양·분기시키고, 이를 민중의 역량을 강화하는 계기로 활용함으로써, 궁극적으로 민중이 주체가 된 직접혁명의 단계로 이끌려 한 아나키즘운동론의 실천으로 간주될 수 있다.

5. 독립운동과 아나키즘 투쟁논리의 합일

1) 아나키스트로서의 항일운동 참여

1951년 마오저뚱(毛澤東)의 지시로 시행된 중국의 이른바 '지식분자의

---

43) '事實에 의한 宣傳'은 민중들로 하여금 봉기·폭동·총파업 등을 일으키도록 하기 위해서는 민중에게 아나키즘을 선전하고 그들을 각성시켜야 하는데, 그 수단으로 직접행동을 택해야 한다는 요지이다. '직접행동'은 민중이 자신의 自由意志에 따라 스스로 행하는 행동을 의미하지만, '사실에 의한 선전'수단으로서의 '직접행동'은 주로 '테러'를 지칭하였다(이호룡, 「류자명의 아나키스트 활동」, 『역사와 현실』 53, 2004, 229~230쪽).

44) 이호룡, 『한국의 아나키즘: 사상편』, 73~74쪽.

45) 이호룡, 「류자명의 아나키스트 활동」, 『역사와 현실』 53, 230쪽

사상개조운동' 과정에서 류자명은 자신이 구현하고자 한 아나키즘의 가
치에 대해 언급하였다. 그에 따르면, 아나키즘은 개인(個人)을 기초로 개
인을 해방시킨 다음에, 군중(群衆)을 해방하자는 이론이었다. 따라서 군중
을 기초로 하여, 군중을 해방한 후 비로소 개인(個人)의 해방이 뒤따른다
는 맑시즘과는 합치될 수 없었다.

  같은 글에서 그는 일제침략기를 "일체는 국가의 해방을 위하여, 일체는
민족의 해방을 위하여" 투쟁한 시기로 파악하였다. 때문에 "일체가 군중
을 위하여" 운동하고 투쟁하는 공산주의자와 아나키스트는 구분되어야
한다고 주장하였다.46) 명시적으로 언급하지는 않았지만, 그는 일제침략
기 자신의 아나키즘활동을 독립운동 선상에서 설명하려 한 듯하다.

  1920년대 전반기 그는 의열단을 항일투쟁의 둥지로 삼아 「조선혁명선
언」의 작성과 발표에 참여하였고, 일제밀정 김달하(金達河) 처단과 나석
주의거(羅錫疇義擧)를 주도하였다. 그는 의열단의 활동에 아나키즘의 투
쟁이론을 제공하였다. 그의 영향 하에, 의열단의 의열투쟁은 아나키즘의
'사실에 의한 선전'론에 입각한 민족해방운동으로 발전해 갔다.47)

  그러나 1924년을 전후하여 의열단이 좌경화하면서, 류자명은 단원의
신분을 유지한 채 아나키스트로서 독자적인 행보를 모색하였다. 의열단
의 좌경화는 곧 창립 이념과 정신의 포기를 의미하는 것이었으므로, 그는
반대의사를 분명히 하였다. 류자명 등은 의열단의 좌경화를 "공산주의 이
용자의 애매한 사대사상(事大思想)"이라고 비판하였다.48)

  이처럼 류자명은 의열단 차원의 암묵적인 합의를 거스르며 독자적인
행동을 취하였다. 노선 전환 결정에 대한 반발이나 저항의 뜻으로 해석될

---

46) 『류자명 수기: 한 혁명자의 회억록』, 407~422쪽.
47) 이호룡, 「류자명의 아나키스트 활동」, 『역사와 현실』 53, 230쪽
48) 김성국, 「류자명과 한국 아나키즘의 형성」, 『한국사회사상사연구』, 305~306쪽.

소지도 있으나, 아나키즘운동의 대의(大義)에 대한 집착의 표현으로 이해될 수 있을 것이다. 의열단원이기 전에 아나키스트라는 정체성이 그로 하여금 스스로 의열단의 주변인(周邊人)으로 행동하도록 이끌었다고 하겠다.[49] 그는 의열단의 항일투쟁 노선이 공산주의 쪽으로 기울고 있다는 사실을 용납할 수 없었던 것 같다.

1923년에는 이규준(李圭駿)·이규학(李圭鶴)·이성춘(李性春) 등이 주도한 다물단(多勿團)의 조직을 지도하였는데, 이 또한 좌경화하고 있던 의열단에 대한 아쉬움과 의열투쟁 노선에 대한 집착의 한 표현으로 이해될 수 있을 것이다. 더불어 1924년 베이징에서 이을규·이정규·이회영 등의 주도하에 결성된 재중국조선무정부주의자연맹에 참여하지 않은 사실[50]은 당시 그가 신채호와 함께 테러활동을 통한 직접투쟁노선을 견지하였던 사실과 관련이 있을 것이다.

1930년 4월에는 상하이에서 류기석·장도선·정해리 등과 남화한인청년연맹(南華韓人靑年聯盟)을 결성하였다. 또 1931년 11월에는 중국인 아나키스트들과 항일구국연맹(抗日救國聯盟) 결성에도 참여하였고, 선전 잡지인 『자유(自由)』의 주필을 맡았다. 1933년 3월 17일 '흑색공포단(黑色恐怖團)' 명의로 결행된 중국주재 일본공사 아리요시(有吉明) 암살 의거 시에는 거사자금을 마련하였고, 거사선언문을 작성하였다. 1937년에는 난징에서 류기석·정화암·나월환·이하유 등과 남화한인청년연맹을 조선혁명자연맹(朝鮮革命者聯盟)으로 개편하여, 위원장에 선임되었다.

이처럼 류자명이 항일투쟁과 독립운동을 표방하던 아나키즘단체의 활동에 참여한 사실은 아나키스트로서 그의 정체성이 항일민족운동 내지는

---

49) 김영범, 『한국근대민족운동과 의열단』, 143~144쪽.
50) 정화암은 류자명이 참여한 것으로 회고하였으나(정화암, 『이 조국 어디로 갈 것인가』, 자유문고, 1982, 61~62쪽), 이규창은 류자명이 참여하지 않은 것으로 기록하였다(이규창, 『운명의 여진』, 보련각, 1992, 72~73쪽).

독립운동의 범주 안에서 이해될 수 있음을 뜻한다. 여기에서 그를 포함한 한인아나키스트들이 믿고 지향하였던 아나키즘의 제약과 특징을 함께 찾을 수 있을 것이다.

2) 아나키즘 논리의 독립운동 방략으로의 발전

아나키스트들은 '민족국가(民族國家)'란 절대다수인 일반민중의 의지와 무관하게 일부 사회엘리트의 이해를 위해 존재한다고 생각하였다. 그럼에도 불구하고, 적지 않은 아나키스트들은 민족해방투쟁이 유용하다고 믿었다. 민족국가의 독립이 기본적으로 권위적이지만, 제국주의 열강이 식민지를 억압하고 착취하는 것보다는 낫다고 생각했기 때문이다.[51]

일제 식민지배체제라는 환경에서, 지배권력의 주체로서 '국가'에 대한 부정은 곧 일제 식민지배권력 타도로 이어졌다. 따라서 아나키즘운동도 반제국주의 성격을 띠게 되었고, 제국주의세력은 최대의 강권으로 규정되었다. 여기에서 아나키즘과 항일운동이 결합될 수 있는 여지를 발견할 수 있다.

그리고 이른바 '파시즘과 반파시즘의 대결시대'로 규정되는 1930년대에 들어서면서 반제국주의 논리는 반파시즘 논리로 발전하기에 이르렀다. 아나키스트들의 눈에는 파시즘이란 자본주의를 유지하기 위한 최후의 이데올로기로서, 민중에 대한 탄압을 한층 강화하는 지배체제에 불과하였다. 이 같은 파시즘세력에 대한 이해와 평가가 재중 한인아나키스트들이 적극적으로 항일독립운동전선에 참여하게 되는 논리와 명분을 제공하였다.

---

51) 조세현, 『동아시아 아나키즘, 그 반역의 역사』, 책세상, 2005, 118쪽.

　그 결과 아나키스트들이 항일민족운동에 참가하는 것은 강권으로써 한국민족을 억압하고 있는 식민지배권력을 타도하고, 한국민족을 해방시켜 자유로운 삶을 영위할 수 있도록 하기 위함이었다. 또 하나의 억압기구가 될 수 밖에 없는 국가를 건설하기 위한 것은 아니었다.

　식민지 및 반식민지 상황에서 가장 억압적인 기구가 바로 식민지배 권력이었으므로, 식민통치 국가나 기구는 모든 강권과 억압에 반대하는 아나키스트들의 일차적인 타도대상이 될 수 밖에 없었다. 또 아나키스트들이 강조하는 민족은 국제사회를 구성하는 단위주체로서 민족이지, 민족주의에서 내세우는 배타적인 민족을 의미하는 것은 아니었다.52)

　류자명 역시 아나키즘이 정치권력이나 강제를 부정하고, 개인의 완전한 자유와 독립이 보장되는 사회의 건설을 목표로 하고 있음을 이해하였다. 그리고 이 목표를 달성하기 위하여 폭동이나 암살·폭파 등의 수단을 취할 수 있다고 생각하였다. 그러기에 일본이 한국을 식민지화하고 한국인을 탄압·학살하는 상황에서, 국가권력에 반대하는 일은 곧 일제에 반대하는 것이며, 일제 수괴를 암살하고 일제 통치기관을 파괴하는 일이 곧 반일 애국운동이라고 인식하였던 것이다.53)

　결국 강한 민족주의적 정서를 갖고 있으면서, 현실 타개의 방편으로 항일투쟁의 방법을 아나키즘적 테러활동에서 찾았다고 할 수 있다. 이런 면에서 류자명을 포함한 재중 한인아나키스트들을 '민족주의적 아나키스트'라고 부를 수 있을 것이다.

　영국인 학자 존 크럼(John Crump)은 한국의 아나키즘운동을 중국·일본의 그것과 비교하여, 민족주의 색채가 너무 짙다고 하면서, 그 원인을 일제 식민통치에서 찾고 있다. 그리하여 한국의 아나키즘은 민족주의에서

---

52) 이호룡, 『한국의 아나키즘: 사상편』, 205쪽.
53) 류자명, 『나의 회억』, 심양: 료녕인민출판사, 1984, 53쪽.

출발했고, 민족주의 때문에 타락했다고 비판하였다. 이러한 지적처럼, 한인아나키스트의 내면에는 강력한 민족주의의식과 정치지향적인 경향이 내재되어 있었다.[54)

6. 민족협동전선운동 참여와 한·중 연대론으로의 발전

1) 중일전쟁 이후 노선 전환과 협동전선운동 참여

일반적으로 아나키스트들은 민족협동전선운동에 부정적이었던 것으로 확인된다. 신간회 창립에 대해 "일본과 대항한다는 명분아래 국내 자본계급과 타협하는 것에 불과할 뿐"이라는 주장이나, 임시정부 각료들에 대한 비난[55) 등의 사실이 그러하다.

조선민족전선연맹과 조선의용대의 주요한 이론가로 활동한 이달(李達)은 민족주의가 "진정한 혁명 앞에 골동화하였으며," 한인애국단·한국혁명당·한국독립당·조선혁명당·의열단 등 민족주의단체들은 자신들의 권력욕을 채우기에만 급급한 지방파벌에 불과하였다고[56) 비판하였다.

또 "부르주아지든지 프롤레타리아든지 농민이든지 모두 반드시 민족적으로 일치단결하지 않으면 안 된다고 하는 것은 공상(空想)"[57)이라는 비

---

54) 조세현, 『동아시아 아나키즘, 그 반역의 역사』, 117쪽. 신채호가 아나키즘을 수용한 다음에도 여전히 전통문화에 대한 선별적인 비판을 통해 조선의 특색과 서양의 아나키즘을 결합하려 했다는 평가(같은 책, 121쪽)도 이같은 지적을 뒷받침한다.

55) 楊子秋, 「同志白貞基君을 回想함」, 『黑色新聞』 제26호(1928. 6. 1).

56) 李達, 「재중 조선민주주의운동의 객관적 해부」, 『黑色新聞』 제34호(1934. 12. 28).

57) 柳絮, 鎌田恙吉 역, 「東洋に於ける我等」, 『黑旗』 1930년 1월호.

판처럼, 아나키스트들은 좌우합작 즉 민족주의와 공산주의세력의 연합을 의미하는 민족협동전선운동에도 비판적인 입장이었다.

그러나 1935년 제7차 코민테른대회에서 국제 반파시즘 노선과 인민전선 전술이 채택되었고, 1936년에 들어 스페인과 프랑스에서 인민전선세력이 약진한 사실을 계기로, 재중 한인아나키스트들의 생각도 바뀌었다.

"유럽에서의 인민전선의 승리는 국제적인 반향을 일으켰으며, 식민지 혹은 반식민지에서는 민족의 총단결이 민족해방운동의 최선의 책략이라는 것을 계시하는 동시에, 각 당·각 파의 반성과 각오를 촉성하고 있다"[58]는 설명은 인민전선 정부의 수립 사실이 중국관내지역에서 활동하던 한인아나키스트들의 인식 전환에 상당한 영향을 끼쳤음을 일러준다.[59]

이 같은 1930년대 중반기 국제정치 환경을 배경으로 하고, 또 아나키즘운동의 부진을 극복하기 위한 시도의 일환으로, '민족전선론'이 제창되었다. 일제의 식민지배로부터 민족을 해방시키는 과제가 아나키즘사회 건설을 위한 선결조건이었기에, 항일민족운동세력의 연대가 불가피해졌다. 효율적인 항일투쟁을 위한 전제로서 대단결을 통한 항일투쟁 진용의 결집이 불가피하였던 조건을 감안한 결정이었다.

그러나 이는 국가와 정부 및 중앙집권적 조직 등의 존재를 인정하는 것으로써, 아나키즘의 본령에서 벗어나는 것이기도 하였다.[60] 일제 침략기

<hr>

58) 舟, 「민족전선의 가능성」, 『南華通訊』 제1권 10기(1936. 11), 社會問題資料研究會 편, 『思想情勢視察報告集』 3, 京都: 東洋文化社, 1976, 482쪽.
59) "조선민족의 독립운동을 하는 데 있어서도, 정치적·경제적·사회적 자유평등을 탈환하고, 萬人共榮의 이상적 사회를 건설하는 데에 있어서도, 먼저 최대의 적 일본제국주의를 타도하지 않고서는 어떠한 운동도 전개할 수 없다"(有, 「민족전선 결성을 촉구한다」, 『南華通訊』 제1권 11기, 1936. 12, 『思想情勢視察報告集』 3, 491쪽)는 인식 또한 그 예이다.
60) 이호룡, 『한국의 아나키즘: 사상편』, 294쪽.

중국관내지역을 무대로 전개된 한인아나키즘운동의 노선 전환과 성격 변화의 전기가 되었던 셈이다.

같은 시기 류자명의 아나키즘 이해에도 변화가 일어났다. 그에 따르면, 한국독립운동은 "일본제국주의의 정치압박과 경제착취가 중첩된 고통으로부터 해방을 요구하는 혁명"이기 때문에, 한인독립운동 진영은 계급·당파를 막론하고, 전민족이 단결해야 한다고 주장하였다.[61]

즉 항일독립의 문제는 독립운동세력간의 이념·노선의 상이함에 우선하는 민족 차원의 과제이므로, 협동전선 또한 민족적 과제를 해결하는 차원에서 접근되어야 한다는 것이었다. "현대에 있어서 세계 어느 민족의 존망안위(存亡安危) 문제는 모든 인류의 흥망성쇠와 상관관계가 있는 것이므로, 한국민족의 문제 역시 세계적 문제의 일환이며, 특히 한국문제는 중·일 및 러·일 관계라는 동아시아 국제관계의 측면에서 주요한 지위를 차지하고 있다"[62]는 인식이었다.

한국독립운동을 세계사적 관점에서 이해하고, 국제정치환경의 틀에서 살펴야 한다는 의미이다. 세계사적 보편성의 시야로 한국민족주의운동이라는 개별적이고 배타적인 가치를 보려는 것이다. 류자명의 아나키즘 이해가 민족주의와의 접목을 통해 의연을 확대하고 있었다.

2) 협동전선론의 내용과 의미

민족협동전선운동에 대한 그의 리더십은 조선민족전선연맹(朝鮮民族戰線聯盟)의 결성 과정에서 유감없이 발휘되었다. 그는 '민족혁명'을 통하여 일본제국주의를 타도하고, 조선민족의 자유독립을 완성해야 한다[63]고 주

---

61) 子明, 「創刊辭」, 『朝鮮民族戰線』 창간호(1938. 4. 10), 1쪽.
62) 子明, 「創刊辭」, 『朝鮮民族戰線』 창간호, 1쪽.

장하였다. 류자명은 조선민족전선연맹을 "주의와 사상을 달리하는 단체들이 자신의 입장과 조직을 견지하면서, 일정한 공동정강 아래 연합 형식으로 결성된" 협동전선으로 의미 부여하였다. 또 전선연맹을 전민족적 협동전선의 '출발점'으로 규정하였다.[64]

그런 다음, 한인독립운동세력의 단결을 토대로 규정하고, 중국항일전쟁을 발판으로 삼아, 한국독립운동을 국제 반파시즘투쟁의 차원으로 끌어올리는 것이 그가 구상한 협동전선론의 지향점이었다.

그는 조선민족전선연맹이 한인세력의 대표성을 견지하며 중국항일전쟁에 참가해야 한다고 역설하였다. 아울러 중국관내지역을 범위로 하는 협동전선운동의 외연을 확대하여 국내의 민중 및 독립운동세력까지 포괄하도록 요구하였다.[65]

그는 조선민족전선연맹을 구심점으로 하여, 중국내 한인독립운동세력의 통일과 단결을 완수하고, 한인세력의 대표로서 중국항일전쟁에 참가함으로서, 조선민족전선연맹을 국내외 독립운동세력의 총영도 기관으로 확대·발전시키고자 하였던 것이다. 그가 국내와의 연계관계를 중시한 사실은 그가 독립과 해방을 성취하는 관건으로써 국내의 민중세력 및 독립운동세력의 역량을 중시하였음을 일러 준다.

이 같은 사실은 그의 아나키즘에 기반한 국제주의적 관점이 재중 한인독립운동이 처하였던 시대적·정치적 환경 변화에 조응해 나아가는 과정으로 이해될 수 있으며, 그의 협동전선론은 한인독립운동세력의 세계관

---

63) 조선민족전선연맹의 창립선언문에서는 "조선혁명은 民族革命이고, 그 전선은 階級戰線이나 人民戰線이 아닐 뿐 아니라, 프랑스나 스페인의 이른바 國民戰線과도 엄격히 구별되는 …民族戰線"임을 천명하였다(「朝鮮民族戰線聯盟創立宣言」, 『朝鮮民族戰線』 창간호, 14~15쪽).

64) 子明, 「朝鮮民族戰線聯盟結成經過」, 『朝鮮民族戰線』 창간호, 3~5쪽.

65) 柳湜, 「爲朝鮮革命力量統一而鬪爭」, 『朝鮮民族戰線』 제4기(1938. 5. 25), 14쪽.

및 국제정치관의 이해 폭을 넓히고, 사고의 유연성을 더하는 데 보탬이
되었을 것이다.

또 그는 협동전선운동의 요체가 "어떠한 단체를 연합할 수 있는지"에
달려 있다고 하였다. 어떠한 독립운동단체라도 일본제국주의에 대항한다
는 민족적 명제를 거부할 수는 없다. 그렇기 때문에 마땅히 협력할 수 밖
에 없다고 전제한 다음, 인민전선론(人民戰線論)이 "코민테른의 사주에 의
한" 것이라는 비판을 반박하였다.

그에 의하면, 인민전선이 코민테른의 책동에 의한 것이라는 주장은 "3·
1운동이 윌슨의 민족자결 주장에 의해 일어났다"고 하는 것과 같은 피상
적인 논리라고 비판하면서, 인민전선의 결성은 프랑스나 스페인의 경우
처럼, 사회 민중내부의 조건이 성숙되었기 때문에 가능한 필연이라고 설
명하였다.

그는 "인민전선 자체가 조직 형식이자 통제 방법이며, 인민전선 정강
자체가 즉 일종의 신념이기 때문이다. … 누가 주의·주장을 불문하고, 공
동 일치해야 한다고 하였는가"라고 개탄하면서, '좌경소아병'이나 '우경
병' 따위의 상극적인 가치의 대립 갈등은 "주의·사상의 죄가 아니라, 그
민족의 (발전수준) 정도와 혁명역사의 깊이가 결정하는 것"이라고 강조하
였다.[66]

그가 제시하는 협동전선의 형태가 "일본제국주의에 대항한다는 민족적
명제"에 입각한 민족전선이며, 인민전선·국민전선·계급전선은 각기 그
민족이 처한 민족적 명제에 순응·부합하는 역사적 소산이라는 설명이었
다.[67]

---

66) 瑾,「民族問題에 대한 冷心君의 疑問에 답함」,『南華通訊』1937년 11월호,『思
想情勢視察報告集』3, 486~488쪽.
67) 이러한 설명은 "조선인민의 앞에는 일본제국주의의 침략을 반대하는 민족해방투쟁
이 중요한 과업으로 나섰으므로, 민족모순이 중요한 것이다"(『나의 회억』, 50쪽)라

그는 민족협동전선의 논리와 형태로써 인민전선·민족전선이 선택의 대상으로 인식되는 것을 경계하였다. 그것은 전 세계 각개 피압박민족이 직면한 정치·사회적 조건에 따른 선택의 여지이지, 옳고 그름의 배타적인 가치가 아니라는 설명이었다.

그런데 아나키즘의 원리라는 측면에서 보면, 모든 당파와 계급을 단결시켜 광범위한 대중적 기초 위에서 결성된 민족전선은 '혁명세력의 연합전선'이라는 점에서, 아나키즘의 '자유연합' 조직원리에 위배되지 않는다고 할 수 있었다. 민족전선이 구성단체의 해체를 요구하지 않는다는 점에서도, 자유연합의 원칙이 고수되었던 셈이다.[68]

민족운동노선과의 합류를 통해 범주를 확대한 그의 아나키즘 이해는 급기야 국가와 정부(政府)의 존재 뿐 만 아니라 사유재산제까지 인정하는 단계에 이르렀다. 또 협동전선의 형태로 '민주집권제(民主集權制)'를 채택한다는 조선민족전선연맹의 투쟁강령을 놓고 보면, 아나키즘의 조직원리인 자유연합주의(自由聯合主義)마저 폐기된 듯하다.

'조선혁명자연맹' 명의로 천명된 '민족혁명'은 "가장 광범한 민주주의 제도를 건립하는" 일이었고, '가장 광범한 민주주의제도'라 함은 자산계급의 민주가 아니며, 무산계급의 독재도 아니었으며, 공산주의자들의 '민주공화국' 구호와도 부합할 수 있는 여지를 남겨놓았다.[69]

이렇듯 한인아나키스트들이 아나키즘의 본령을 일탈하면서까지 협동전선운동에 참여한 것은 민족전선의 결성을 통해 민족혁명을 일차적으로 달성하고, 그 후 아나키즘사회를 건설한다는 단계론적 구상에서 비롯되었다고 볼 수 있다.

는 그의 사고로도 뒷받침된다.

68) 김성국, 「류자명과 한국 아나키즘의 형성」, 『한국사회사상사연구』, 311쪽.

69) 「韓國黨派之調査與分析」(1944. 4. 22), 추헌수 편, 『資料韓國獨立運動』 2, 연세대출판부, 1976, 77쪽.

하지만 '민족국가 수립'을 목표로 하는 민족혁명을 '제1차 혁명'으로
규정함에 따라, 국가와 정부의 존재를 인정할 수 밖에 없는 딜레마에 직
면하였다. 이들은 '정부와 국가'는 '전민족이 자율적으로 조직한 기관'으
로, '강권적 기구'를 의미하지 않는다[70]는 논리로 모순을 극복해 갔다.

3) 한·중 연대론과 연대활동

(1) 한·중 연합 공동 항일투쟁론

그에게 있어서 한·중 연대는 "한·중 양 민족의 공동투쟁은 역사가 우
리에게 부여한 결정적인 사명"[71]이었기에, "한국민족의 모든 운명이 중
일전쟁과 밀접한 관계가 있었다."[72] 따라서 중국항일전쟁은 "한국혁명에
순리적인 조건을 만들어 주었고, 한국혁명세력의 통일 기회를 조성한"[73]
계기였다.

그러기에 "중국항전이 실패하면 한국민족의 해방 또한 기약될 수 없게
될 것이며, 한국민족의 노력 여부 또한 중국민족의 최후승리에 영향을 끼
칠 수 있는"[74] 상관관계에 있었다.

비록 중국이 위기에 처해 있지만, 중국민이 일치단결하여 '항전 필승
(抗戰必勝)' '건국 필성(建國必成)'을 이룰 수 있을 것이며, 나아가 아시아

---

70) 이호룡, 『한국의 아나키즘: 사상편』, 311쪽.
71) 子明, 「創刊辭」, 『朝鮮民族戰線』 창간호, 1쪽.
72) 柳子明, 「朝鮮情勢一班」, 『朝鮮義勇隊通訊』 제23기(1939. 9. 1), 12쪽. 또 다른
    글에서 그는 "모든 한국인들은 특히 혁명분자들은 중국항일전쟁을 자신의 '생사의
    관건'으로 여기지 않는 이가 없기 때문에, 중국항일전쟁에 직접 참가하였다"고 강
    조하였다(子明, 「創刊辭」, 『朝鮮民族戰線』 창간호, 1쪽)
73) 柳湜, 「爲朝鮮革命力量統一而鬪爭」, 『朝鮮民族戰線』 제4기, 14쪽.
74) 子明, 「創刊辭」, 『朝鮮民族戰線』 창간호, 1쪽.

피압박민족을 '수심화열(水深火熱)'로부터 구해냄으로써, "진정한 평화를 실현시킬 수 있을 것"[75]이라는 믿음이 있었다.

그에 따르면, 중일전쟁 이후 일제의 전시동원체제는 한민족의 부담과 고통을 가중시켰으며, 중일전쟁이 장기화될 경우, 한국은 일본의 '심복지환(心腹之患)'이 될 것이었다.[76] 이 같은 전시동원체제 하에서 한인의 급선무는 민족의식을 잃지 말고, '민족적 생존의 욕구'를 잊어서는 아니 된다고 역설하였다.[77]

그의 한·중 연대를 통한 공동항일 주장은 동아시아 반일 국제연대 형성으로 발전하였다. "과거 중·한 양 민족이 당한 치욕과 손실은 마땅히 공동으로 책임져서, 공동의 적을 타도하고 동아시아 평화를 다져야 하는"[78] 것이 한·중 양 민족의 공동사명이라고 확인하면서, 중국민족을 중심으로 하고 한국·타이완 및 소련이 주요세력으로 참여한 동아시아 반일 국제통일전선의 결성을 제안하였다.

이러한 입장에서, 1938년 3월 9일 중국국민당 임시대표대회에서 공포된 「항전건국강령(抗戰建國綱領)」이 한국 및 타이완 민족의 앞길에 행운을 제시하며, 또한 동아시아 장래의 영구평화를 담보해 줄 것으로 기대하였다.[79]

그리하여 국제적 반일통일전선의 결성 방안으로 첫째, 중국국민당의 주도아래 일본제국주의에 반대하는 제민족의 연합기구를 수립하고, 모든 반일민족이 연합하여 국제적 반일운동을 확대한다. 둘째, 독자적인 한인 무장부대를 조직하고, 이를 '조선독립군의 기본세력'으로 양성한다는 의

---

75) 子明, 「革命的五月」, 『朝鮮民族戰線』 제3기(1938. 5. 10), 1쪽.
76) 柳子明, 「朝鮮情勢一斑」, 『朝鮮義勇隊通訊』 제23기, 1쪽.
77) 柳子明, 「朝鮮情勢一斑」, 『朝鮮義勇隊通訊』 제23기, 4쪽.
78) 子明, 「創刊辭」, 『朝鮮民族戰線』 창간호, 1쪽.
79) 子明, 「中國國民黨大會的歷史的意義」, 『朝鮮民族戰線』 제2기(1938. 4. 25), 1쪽.

견을 제시하였다.[80]

이렇듯 그가 구상한 한·중 연대는 한국독립운동의 전략·전술 차원에 머물지 않고, '세계 모든 피압박민족의 연합전선' 범주로 확대된 것이었다. 중국민족과 연합한 후에 "일본제국주의를 타도하여, 진정한 동아시아의 평화를 실현시켜야 하는 것이다. 이렇게 되면 이는 또한 세계평화 및 인류행복의 실현을 실천하게 되는 것"[81]이었다.

이렇게 보면, 그의 한·중 국제연대론은 아나키즘의 '개방적 민족주의' 이념에 입각한 민족 간의 연합주의를 통한 국제주의(國際主義) 혹은 사해동포주의(四海同胞主義, cosmopolitanism) 지향[82]에서 비롯하였다고 평가할 수 있겠다.

(2) 중국 농촌계몽활동 참여

그의 한·중 연대 활동의 또 다른 영역은 중국인 아나키스트들과의 우정·신뢰를 바탕으로 한 농촌계몽운동이었다. 아나키즘의 반강권(反强權) 논리는 종족주의(種族主義)의 틀을 넘어서 약소민족의 국제연대를 통해 반제국주의를 주장한다[83]는 점에서, 상호부조의 원리와 함께 류자명으로 하여금 중국인 아나키스트들과의 교류와 연대를 중시하도록 이끌었을 것이다.

---

80) 子明, 「中國國民黨大會的歷史的意義」, 『朝鮮民族戰線』 제2기, 1쪽.
81) 「朝鮮民族戰線聯盟創立宣言」, 『朝鮮民族戰線』 창간호, 15쪽. 같은 관점에서 그는 "중국의 독립이 보장되어야, 동아시아의 영구적인 평화가 비로소 가능한 것이다"(子明, 「中國國民黨大會的歷史的意義」, 『朝鮮民族戰線』 제2기, 1쪽)라고 주장하였다.
82) 김성국, 「류자명과 한국 아나키즘의 형성」, 『한국사회사상사연구』, 301쪽.
83) 조세현, 『동아시아 아나키즘, 그 반역의 역사』, 110쪽. 일반적으로 아나키스트들은 민족주의나 국수주의를 또 하나의 권력을 생산하려는 시도로 바라보기 때문에, 국제주의를 옹호한다(같은 책, 118쪽).

1927년 남창기의(南昌起義)와 광주기의(廣州起義)의 소용돌이를 피해 난징(南京)으로 옮긴 다음 중일전쟁 때까지, 그는 난징·상하이·취앤저우(泉州) 등지를 무대로 중국의 이상촌 건설운동에 몰두하였다.[84] 1929년에는 중국인 친구 위앤샤오시엔(袁紹先)의 요청으로 한복염열사기념농장(韓復炎烈士紀念農場)에서 농업생산을 지도하였고, 1930년에는 천판위(陳範豫)의 요청으로 푸젠성(福建省) 취앤저우의 여명고중(黎明高中)에서 생물학을 가르치는 한편, 취앤저우 지방의 열대식물을 연구하였다.

1930년부터 1935년까지 중국의 유명한 교육자인 쾅후성(匡互生)이 설립한 상하이 입달학원(立達學院)에서 농업과목과 일본어를 가르쳤으며, 이후에도 동류실험농장(東流實驗農場)·복건원예시험장(福建園藝試驗場)·광시성(廣西省)의 영조농장(靈棗農場) 등지에서 원예작물을 연구하였다.

1933년에 발표된 글을 통해, 그가 중국 농촌계몽활동에 참여하게 된 계기를 살필 수 있다. "자본주의 경제제도 하에서 농업은 쇠퇴할 수 밖에 없고, 농촌 역시 파산될 수 밖에 없다"는 전제 위에서, "중국처럼 왜적의 침입을 받아 국난에 처한 시기에 있어서는, 농촌부흥이 곧 구국의 근본방침이 되는 것"이라고 하였다.[85]

이렇듯 농촌을 부흥시키는 일이 나라를 구하는 길이라고 할 만큼 농촌사회와 농민에 대해 애정과 우려를 함께 갖고 있었다. 농학자로서의 세계관이 반영되었고, 당시 중국 및 한국이 농업사회 구조였던 사실에서 비롯된 것으로 유추된다.

더불어 이에는 농촌을 아나키즘이 실현하고자 하는 이상사회의 무대로 설정하고, 농민을 아나키즘혁명의 추동세력으로 기대하는 아나키즘 이해

---

84) 류자명의 중국 농촌계몽운동 참여는 이정규·이을규 등 여타 한인아나키스트들의 농촌계몽운동과 대비적으로 검토함으로써 보다 명확해 질 수 있을 것이다.
85) 子明, 「朝鮮農村破産的一斑」, 『革命公論』 제1호(1933. 7. 1), 15쪽.

가 반영된 결과였다고 하겠다.

1934년 봄 그는 쾅후성의 친구이자 호종남부대(胡宗南部隊) 참모장인 장싱보(張性伯)로부터 난징근교 칭룽산(靑龍山)에 있는 제일농장(第一農場) 관리를 요청받았다. 그는 입달학원 고등과정의 농촌청년과(農村靑年科) 3학년생 5명을 데리고, 1년여 동안 제일농장에서 농사를 지었다. 칭룽산에서 훈련 중이던 의열단이 운영하는 조선혁명군사정치간부학교 입교생들에게 강연하기도 하였다.

1935년에는 입달학원을 떠나 중국국민당정부(이하 '중국정부') 건설위원회(國民政府建設委員會)의 동류실험농장(東流實驗農場)으로 가서 원예를 지도하였다. 건설위원회 아래에 농촌부흥과가 있었고, 동류실험농장은 그 관할 하에 있었다. 류자명은 원예 생산을 확대하기 위하여 온실을 만들고, 일본으로부터 화분과 감상식물을 들여오기도 하였다.86)

1940년 3월 선중쥬(沈仲九) 등 중국인 친구들의 주선으로, 중국인 아내 류저중(劉則忠)과 더루(得櫓, 1939년생, 북경과학기술대학 재료물리학과 교수 정년퇴임)·잔훼이(展輝, 1942년생, 호남대학 건축학과 교수 정년퇴임) 두 아이를 데리고, 푸젠성정부 농업개진처(農業改進處)의 원예시험장 원예과 주임으로 부임하였다.

1941년 12월 충칭에 피난와 있던 푸단대학(復旦大學) 마종룽(馬宗融) 교수의 요청으로 꿰이린(桂林)으로 가서, 산지를 개간하여 회교구국협회(回教救國協會)가 주관하는 영조농장(靈棗農場)의 농업기술인력을 양성하였다. 이후 충칭과 꿰이린을 무대로 전개된 독립운동에도 참여하였다.87)

1944년 가을에는 푸젠성정부의 초청으로, 다시 푸젠성 용안(永安)으로 이사하였다. 당시 중국정부 요직에 있던 청싱링(程星齡)이 각지에 강락신

---

86) 『류자명 수기: 한 혁명자의 회억록』, 195~217쪽 참조.
87) 『류자명 수기: 한 혁명자의 회억록』, 239~264쪽 참조.

촌(康樂新村)을 개설하였는데, '제2촌'인 푸안현(福安縣) 계병농장(溪柄農場) 준비처의 주임에 류자명이 임명되었다.[88]

위의 행적으로 뒷받침되듯이, 1920년대 말 이래 그는 중국인 지인(아나키스트 포함)들과의 우의와 연대를 통해 농촌계몽운동에 적극 참여하였다. 그가 중국 농촌지역에 건설하고자 한 '이상촌'은 아나키즘이 지향하는 콤뮨의 이미지와도 부합될 수 있었을 것이다.

그런데 그의 이상촌 건설운동은 아나키즘의 '혁명근거지 건설론'[89]과 맥락을 같이 하였던 것으로 유추할 수 있다. 중국관내지역에서 활동한 한인아나키스트들은 '혁명근거지 건설론'에 입각하여, 중국정부나 한인독립운동세력과 연합하여 활동하였다.

'혁명근거지 건설론'의 주창자들은 -아나키스트사회로 이행하는 과도기에서는 국가의 존재를 인정할 수도 있다는 인식아래- 민족국가 수립을 목표로 설정하였다. 그 점에서 민족주의자들과 공감대를 형성하였고, 이를 기반으로 상호연합이 가능하였던 것이다.[90]

이와 함께 중국정부가 지휘하는 항일전쟁에 참여하고 있던 중국인 아나키스트들과 연계하여 활동한 사실 또한 민족주의자들과의 연합을 가능하도록 도왔다고 할 수 있다. 함께 중국정부의 지원을 받는다는 현실을 공유하며, 동류의식(同類意識)마저 갖게 되었고, 이는 민족주의자들에 대한 비판의식을 희석시켰을 것이다.[91]

---

88) 『류자명 수기: 한 혁명자의 회억록』, 309~323쪽 참조.
89) 이호룡은 '혁명근거지 건설론'을 "어느 한 지역에 아나키스트사회를 건설하고, 그 지역을 근거지로 하여 아나키즘을 전지역으로 확대시킨다"는 것으로 정의하고, '농민자위조직의 건설'과 '민족해방운동기지의 건설' 형태로 전개되었다고 하였다(이호룡, 「재중국 한국인 아나키스트들의 민족해방운동: 혁명근거지 건설을 위한 활동을 중심으로」, 『한국독립운동사연구』 16, 2001, 269~270쪽).
90) 이호룡, 『한국의 아나키즘: 사상편』, 213쪽.
91) 이호룡, 『한국의 아나키즘: 사상편』, 214쪽.

류자명이 참여하였던 중국농촌지역을 무대로 한 '이상촌 건설운동'은 자유합작의 이상농촌건설조합(理想農村建設組合)을 만들고, 이를 통해 공동경작·공동소유 형태의 마을을 건설하자는 것이었다. 애당초 이상촌 건설운동은 중국인 아나키스트나 중국정부와의 합작을 통해 아나키즘혁명의 근거지를 건설하기 위한 운동이었기에, '민족해방'이 주된 목표는 아니었다. 이는 아나키즘의 세계주의적 속성에서 기인하는 것이기도 하였다. 그러나 이에 참여하였던 한인 아나키스트들은 결코 민족독립운동을 부정하지 않았다.

반파시즘 국제통일전선의 결성이라는 국제정치의 역학관계를 배경으로, 아나키즘사회 건설을 위한 한 과정으로써 항일운동 및 한·중 연대의 공동항일은 필연적이었다. 또 중국농촌의 계몽과 농민의 생활수준을 향상시키는 일은 아나키즘운동의 인적·물적 기반을 확보하는 작업이기도 하였다.

한인 아나키스트들이 중국인 아나키스트들과의 인간적 연대를 중시하고, 중국 농촌지역을 무대로 한 이상촌 건설운동에 참여한 사실은 아나키즘운동과 항일독립운동의 근거지 및 기반 확보가 용이하지 않았던 재중 한인아나키스트들의 자구적인 노력의 측면과 더불어, 이들의 개방적이고 적극적인 비젼을 확인시켜 주었다.

7. 맺음말

1920년대 초반 류자명은 공산주의자 김한과의 만남이나 의열단 활동을 통해, 민족주의 및 공산주의 노선이 주도하는 근대민족운동의 패러다임을 뛰어넘으려 하였다. 그는 아나키즘을 통해 자신의 항일진로와 근대민족운동 방향을 찾고자 하였다.

그는 민족 단위의 좁고 배타적인 세계관을 극복하고, 아나키즘에 입각한 새로운 사회의 건설을 염원하였다. 부단히 중국농촌을 무대로 한 이상촌 건설운동에 동참하였던 사실이 이를 뒷받침한다. 그러면서도 항일민족운동을 아나키즘에 우선하는 가치로 받아들였다.

이는 식민지 상황의 한국사회를 해방하는 일이 아나키즘사회 건설의 선결과제라는 인식에서 비롯되었다. 이 같은 그의 사고는 재중 항일독립운동의 토양을 두텁게 하고, 외연을 확대하는 데 기여하였다.

1930년대 중반 이래 독립운동세력의 단결과 한·중 양 민족의 연대를 주장한 그의 사상적 기반은 아나키즘의 상호부조론에서 찾을 수 있을 것이다. 중국관내지역을 무대로 중국인들과의 연대와 협조 없이 독자적인 활동이 용이하지 못한 상황에서, 아나키즘에 호의적이고 자신에게 우호적인 중국인 지인들은 소중한 연대대상이자 지원자였다. 중국인 지인들과의 동지적 관계는 그 나름대로 상호부조 논리를 구현해 가는 과정이었던 것 같다.

조선민족전선연맹 결성 과정에서, 그는 국가의 존재를 일부 인정하였지만, 대한민국임시정부가 독립운동을 총괄해야 한다고는 생각하지 않았다. 그리하여 조선민족전선연맹이 임정에 통합하고, 그 또한 임시의정원 의원에 선출되기도 하였으나, 임정 활동에 적극 가담하지는 않았다.

그는 "조선민족전선연맹을 기초로 하여 조선 전민족의 각 당파를 포괄하는 하나의 통일된 조선혁명의 민족당을 만들고, 이 민족당에 한국민족해방운동의 영도를 맡기자"고 제안하였다.[92] 통일전선의 형태로 '민족당'을 상정한 데에는, 모든 세력을 아우르기 위한 절충과 합의의 의지가 엿보이지만, 아나키스트로서 '정부' 형태에 대한 거부감도 반영된 것으로

---

92) 柳湜,「爲朝鮮革命力量統一而鬪爭」,『朝鮮民族戰線』제4기, 14쪽.

유추된다.

　이는 그가 중국인 아나키스트들과 함께 이상촌 건설운동에 적극 참여하였고, 임정 활동에 유보적이었던 사실과 더불어, 자신의 정체성을 아나키즘의 가치에서 찾고 싶어 하였던[93] 류자명의 세계관을 반영하는 것일 터이다.

　끝으로 일제침략기 적지 않은 진보적인 지식인과 혁명가들이 근대민족운동의 좌표로 공산주의를 선택하였던 데 반하여, 그는 공산주의가 아닌 아나키즘 노선을 택하였다. 그 배경은 그의 혁명관 및 세계관을 이해하는 데 중요하다.

　일반적으로 공산주의는 세상을 '소유(所有)와 비소유(非所有)'의 문제로 보고, 아나키즘은 '지배(支配)와 피지배(被支配)'관계로 본다고 한다. 이 같은 명제를 전제로 할 경우, 멸망한 조선왕조가 남긴 신분제사회의 유산을 극복하는 과제는 '양반과 상놈'으로 대별되는 지배와 피지배 문제의 해결을 뜻하였다.

　양반제도라는 지배와 피지배 관계를 부정·극복함으로서, 반봉건이라는 근대민족운동의 과제 해결을 목표로 삼았던 근대민족운동세력의 입장에서 보면, 공산주의보다 아나키즘의 논리가 설득력이 컸을 것임은 상상이 된다. 또 공산주의가 '민족'의 가치를 부정한 사실은 항일독립운동의 주체적인 담당자로서 민족의 존재가치를 부정하는 궤변으로 치부될 수 있

---

93) 이같은 지향은 그의 일생을 꿰뚫는 인생관이 되었는지도 모르겠다. 1982년 11월 12일자로 李重之(李達의 아들)에게 보낸 편지에서, 류자명이 "1931년부터 1935년 사이에 南翔의 立達學園 농촌교육과에서 근무하고 있을 때, 너의 아버지와 알게 되었다. 그때 … 그와 나는 무정부주의의 동지였기에 사이가 친밀하여, 형제같이 지냈다"(류자명 자료집 간행위원회 편, 『류자명 자료집』 1(독립운동편), 충주시·충주MBC, 2006, 168쪽)라고 회상하고 있는 사실은 아나키스트로서 그의 正體性을 되짚어 보게 만든다.

었을 것이다. 이렇듯 그의 아나키즘에 대한 이해는 근대사회로의 이행이라는 세계사적 보편성에 대한 이해와, 외세 침략에 맞서야 하는 저항적 민족주의 의식이 합치하여 정제된 결과였던 것이다.

항일전쟁이 종료되었으나, 그는 귀국하지 못하고, 공산주의체제에서 자신의 삶을 영위할 수밖에 없었다. 항일투쟁기 아나키스트로서 공산주의에 거부감을 가졌던 그였기에, 이상과 현실의 엇갈림 속에서 자신의 정체성에 곤혹스러워 하였을 모습이 떠오른다.

1930년대 한중 아나키스트의
반파시즘 투쟁과 국제연대
- 巴金과 柳子明을 중심으로 -

조 세 현(曹世鉉)
부경대학교 사학과 교수

1. 들어가는 말

　동아시아 아나키즘운동의 쇠퇴 원인을 설명할 때 보통 아나키즘-볼세비즘 논쟁에서 패배하여 공산주의자와의 경쟁에서 밀렸기 때문이라고 설명한다. 19세기말 20세기초 전 세계적으로 전성기를 구가하던 아나키즘운동이 제1차 세계대전과 러시아 10월 혁명의 영향으로 세력이 위축된 것도 사실이고, 1920년대 초 중국과 일본에서 벌어진 이른바 아나볼 논쟁을 전후해 세력이 분화된 것도 사실이다. 중국의 경우는 아나볼 논쟁이 벌어진지 오래지 않아 國共合作이 이루어짐에 따라 아나키스트 진영 내에 분열이 일어났으며, 특히 蔣介石 정권의 수립으로 더욱 궁지에 몰렸다.

　일본의 경우도 논쟁을 전후하여 일본공산당이 창립하고 大杉榮의 죽음과 더불어 암살풍조가 일어나면서 대중들의 지지를 잃었다. 게다가 1920년대 후반 아나키즘 계열 노동운동의 분열이 나타났다. 중국과 일본의 정세에 영향을 받고 있었던 조선과 대만의 경우도 시기는 조금 달랐지만 상황은 마찬가지였다.

이 글에서는 위에서 언급한 내용에 덧붙여 전쟁에 따른 사상운동의 압살이라는 1930년대의 상황에 주목하고자 한다. 중국학계에서는 중국 아나키즘운동의 범주를 보통 1905년부터 1930년까지로 잡아 1930년대를 '몰락기'로 보는데 반하여, 한국학계에서는 1920년대를 한인 아나키즘운동의 조직기로 보고, 1930년대 이후를 '전투기'로 설정하여 적극적으로 평가하려는 경향이 있다. 이런 차이가 나타난 까닭은 중국학계의 경우 중국공산당사 중심의 시각에서, 한국학계의 경우 민족해방운동 차원에서 아나키즘운동을 바라보기 때문일 것이다. 전쟁이라는 극한적인 상황에서 아나키즘운동이 약화되었을지는 몰라도 여전히 적지 않은 아나키스트들이 전쟁의 와중에 더욱 격렬한 투쟁양상을 띠었다는 사실은 부인할 수 없다. 특히 중국 내 아나키스트들의 테러와 무장활동은 한중연합투쟁이란 국제 연대 활동의 맥락에서 이루어졌다.

여기서는 한중 아나키스트의 반파시즘 연합전선의 여러 가지 활동들을 양국의 대표적인 아나키스트, 巴金과 柳子明이란 두 인물을 중심으로 기술할 것이다. 파금과 류자명은 동아시아 아나키즘 역사의 후반부에 가장 오랫동안 변함없이 아나키스트로서 활동했던 인물일 뿐만 아니라, 다양한 저술들을 통해 反戰의 전통에서 벗어나 각자 나름의 항일전쟁관을 피력하고 있기에 주목할 만하다. 게다가 두 사람은 오랜 동지적 관계를 맺고 있었다. 필자는 이 글에서 두 사람의 개인적인 관계말고도 1930년대의 항일전쟁 시기에 한중 아나키스트들이 민족과 국가를 넘어선 연대 의식을 가진 사실을 기술하고자 한다.

2. 일본의 대륙 침략과 중국인 아나키스트

1) 파금: 혁명과 문학 사이에서

1927년 4·12 쿠데타 이후 장개석의 국민당 정부는 공산당원에 대한 대대적인 탄압을 전개하였다. 이 때 吳稚暉, 李石曾 등 원로 아나키스트와 劉石心, 區聲白, 黃凌霜 등을 비롯한 일부 아나키스트가 국민당에 협력했고, 이에 반대한 다수의 아나키스트들은 나름대로 독자적인 활동을 계속하였다. 이 시기는 5·4운동 이래 새롭게 성장한 젊은 아나키스트들이 출현하였다. 파금을 비롯해 衛惠林, 沈仲九, 畢修勺 등이 대표 인물들이다. 이들은 국민당과 공산당 양당 체제로 개편되면서 침체된 아나키즘운동을 활성화시키기 위해 노력했는데, 주로 국민당의 검열과 통제를 피해 국외 아나키즘 저작을 번역 출판하는 일에 심혈을 기울였다. 여기서는 이 시기의 상황을 저명한 문학가이자 아나키스트인 巴金을 중심으로 정리하고자 한다.[1]

파금은 중국 아나키즘 역사의 후반부에 가장 오랫동안 선전 활동을 전개했던 사람 가운데 하나로 여러 차례 자신이 변함없는 아나키스트임을 표명한 작가이다.[2] 그런데 대륙학계에서 나온 여러 가지 파금 관련 연구서에서는 그가 1930년대 이후에는 별로 아나키즘 활동을 하지 않은 것으

---

1) 파금의 아나키즘에 대한 대표 연구로는 陳思和·李輝, 「怎樣認識巴金早期的無政府主義思想」, 『文學評論』, 1983년제3기; (日)山口守·坂井洋史, 『巴金的世界』, 東方出版社, 1996년 등을 비롯해 매우 다양하다. 국내 단행본 연구로는 박난영, 『혁명과 문학의 경계에 선 아나키스트 바진』, 한울아카데미, 2005년이 있다.
2) 譚祖蔭은 중국에서 "아나키즘 이론을 연구한 사람은 황릉상과 파금이다. 그들은 적지 않은 아나키즘 관련 문장을 쓰고 번역하였다"고 회고하였다(路哲, 『中國無政府主義史稿』, 福建人民出版社, 1990년, 275쪽 재인용).

로 묘사하지만 실제로는 그렇지 않다.[3] 청년 파금이 처음 활동을 시작하던 1920년대 중반 무렵은 공산주의 노동운동의 급속한 발전에 따라 아나르코 생디칼리슴의 영향력이 쇠퇴하던 시기였다. 그래서인지 당시 파금은 원론적인 입장에 서서 아나키즘 이론을 선전하면서 테러행위와 같은 극단적인 방법에 막연한 동경을 가졌다. 프랑스 유학 시절(1927년 1월부터 1928년 12월까지)에는 좀 더 중국의 현실에 주목하는 경향을 보였지만 여전히 순수한 아나키스트임을 자부하였다. 그는 단편적인 논문 말고도 동료들과 함께 『아나키즘과 실제문제』와 같은 저서를 저술해 아나키즘과 국민혁명의 관계에 대해 자신의 견해를 밝혔다.

1928년 12월 말 프랑스에서 상해로 귀국한 파금은 아나키즘을 선전하던 자유서점[4]에서 일했는데, 첫 번째로 출판된 책이 파금 본인이 번역한 크로포트킨의 저서 『빵과 자유』였다. 이 책은 프랑스 유학가기 전에 이미 『빵의 약취』라는 제목으로 초벌 번역이 이루어졌는데, 본래 『전원·공장·작업장』, 『근세과학과 아나키즘』, 『호조론』 등과 더불어 크로포트킨의 대표작 가운데 하나였다. 파금은 크로포트킨주의자임을 자처했으며 자유서점에서 '크로포트킨전집'(10권)을 계획하고 '자유소총서' 출판을 준비하였다. 같은 시기 주목할 만한 또 다른 작업은 미국 아나키스트 버크만의 『아나키즘 ABC』에 근거해 『자본주의로부터 아나키즘에로』(1930년 7

---

3) 중국 문학계에서 『巴金全集』을 출판할 때 파금의 대표적인 아나키즘 저작인 『자본주의에서 아나키즘으로』를 전집에서 의도적으로 뺀 사실만 보더라도 파금과 아나키즘과의 관련성을 얼마나 불편해 하는가를 알 수 있다. 사실 이 책은 중국에서 가장 체계적으로 아나키즘을 선전한 책 가운데 하나였다. 그 밖에도 파금이 곽말약의 마르크스주의를 비판한 논문들도 빠져있다(陳思和, 「巴金的意義」, 『上海社會科學院學術季刊』, 2000년제4기).

4) 1927년 가을 상해에서 프랑스 유학생 출신인 朱永邦을 중심으로 아나키스트들이 모여 자유서점을 만들어 아나키즘 관련 서적들을 전문적으로 출판하였다(陳丹晨, 『巴金的 夢』, 中國靑年出版社, 1994년, 90쪽).

월)를 완성한 일이다. 이 책은 버크만이 미국의 노동자들에게 아나키즘의
기본원리를 설명하기 위해 평이하게 쓴 것으로, 파금은 프랑스 유학시절
부터 이 책을 원본으로 삼아 중국 현실에 맞추어 아나키즘 이론을 소개하
고자 준비하였다. 1929년 귀국 후 1930년 말까지 파금은 문학 창작보다는
번역에 심혈을 기울였다.5)

파금은 청년시절부터 柳絮, 沈茹秋, 류자명 등과 같은 한인 아나키스트
와 친밀한 관계를 가진 것으로도 유명하다.6) 대표적인 한두 가지 사례를
소개하면 아래와 같다.

우선 파금이 1925년경 북경대학 입시를 준비하기 위해 북경에 갔을 때
『學滙』의 편집자인 한인 아나키스트 심여추를 알게 되었는데, 그의 소개
로 유서도 알게 되었다. 그 후 폐병으로 말미암아 입시를 포기하고 상해
로 내려온 파금은 유서의 요청으로 「공개적 편지」(1926년 3월)를 쓴다.
여기서 그는 한인 아나키스트에 대한 우정과 함께 국가의 한계를 넘어서
세계의 민중이 연합해 정부와 자산계급을 타도하자는 내용을 담은 글을
실었다.7)

다음으로 상해에서 파금은 한중일 아나키스트들이 교류하던 鄧夢仙의
華光病院을 치료차 자주 찾았다. 화광병원을 중심으로 한국, 중국, 일본,
대만, 베트남, 인도, 필리핀 등 7개국 대표 200여명의 아나키스트들이
1928년 6월 동방무정부주의자연맹을 결성하고 기관지 『東方』을 간행한
사건은 유명하다. 여기서 파금과 류자명의 첫 만남이 이루어졌다고 전해
지지만 분명하지 않다.8) 그 후 파금은 立達學院에 정착한 류자명을 알게

---

5) 한 연구자의 통계에 따르면, (1933년 이전) 파금이 번역한 20여종의 단행본 가운데,
   무려 17종이 아나키즘과 관련이 있는 것이라고 한다(陳思和·李輝, 「怎樣認識巴
   金早期的無政府主義思想」, 『文學評論』, 1983년 제3기).
6) 박난영, 『혁명과 문학의 경계에 선 아나키스트 바진』, 403~434쪽 참고.
7) 巴金, 「공개적 편지」, 『파금전집』 18권, 人民文學出版社, 1993년.

되었는데, 어쩌면 파금은 한인 아나키스트 유서와 심여추 등을 통해 간접적으로 그를 알고 있었는지도 모른다. 어쨌든 당시 류자명은 같은 학교와 숙소에서 머물던 파금의 동생인 李采臣과 파금의 친구인 여류작가 羅世彌와 그의 남편 馬種融과 절친한 관계를 맺고 있었는데,9) 이채신이 류자명의 극적인 인생 이야기를 파금에게 전해주어 「머리칼 이야기」(1936년 6월)이라는 단편소설의 주인공으로 삼는 계기를 마련하였다.

파금은 1930년대로 들어와 본격적인 창작의 길로 나아가 문학가로서의 명성을 쌓아갔다. 그는 노동운동이나 농민운동에 직접 참여한 적은 없고, 아나키즘 계열의 비밀결사에 참여한 적도 없었다. 파금은 주로 저작과 번역 활동을 통한 사상 선전에 주력했는데, 중국 현대문학에서 테러리즘 활동에 관한 가장 많은 글을 쓴 작가라는 데에서도 알 수 있다. 하지만 그는 공개적으로는 테러리즘에 찬성하지 않아서 아나키즘과 테러리즘을 직접 연결시키는 시도에 반대하였다. 물론 소설 속 테러리스트의 영웅적 희생정신에 강한 애정과 동정심을 품은 것은 분명하다. 이로 인해 행동이 결여된 아나키스트라는 자책과 고통이 파금의 전반기 인생을 관통하고 있었다.

1931년부터 1945년까지 15년간은 전쟁 시기이다. 일본 파시즘은 1931년의 만주사변을 시작으로 1937년의 중일전쟁을 거쳐 1941년의 태평양전쟁까지 전쟁을 계속 확대해 나갔다. 일본의 식민지였던 조선이나 대만에서의 아나키즘 운동은 만주사변의 발발과 더불어 사실상 쇠퇴하였다. 조선 국내에 비밀리에 결성된 전국적 아나키스트 조직인 朝鮮共産無政府

---

8) 류자명이 쓴 『나의 회억』에는 화광병원에서 파금을 처음 알게 되었다고 하지만, 파금은 "등몽선의 병원에서 조선인 망명자를 만나지 않은 것 같다"고 하여 아마도 친구로서의 교류는 아닌 듯하다(嶋田恭子, 「巴金과 한국 아나키스트들」, 『한국아나키즘운동의 궤적과 21세기 전망』, 26쪽).

9) 류연산, 『류자명 평전』, 충주시 예성문화연구회, 2004년, 302~304쪽.

主義者同盟은 1931년 초 일경에 의해 동맹의 존재가 발각되면서 운동은 급속히 쇠퇴하였다. 1930년대 이후에는 아나키스트와 볼셰비키의 충돌이 일제 당국에게 탄압의 빌미로 작용했으며, 독서회 활동 및 출판활동 등으로 겨우 명맥을 유지하였다. 대만 섬 역시 대만총독부가 1931년 8월 30일 대만공산당을 일제히 검거할 때, 한 청년을 체포하면서 그에게서 권총과 아나키즘 관련 문서들을 발견하였다. 이때 일경은 臺灣勞動互助社 주요 인물을 일제히 검거하면서 사실상 대만 내 아나키즘 운동은 소멸되었다.10) 일본 본토의 경우에도 노동운동과 농민운동 및 日本無政府共産黨과 같은 활동이 1930년대 중반까지 전개되었으나 중일전쟁의 발발과 더불어 거의 자취를 감추었다. 이와 달리 중국 대륙에서는 비록 세력이 약화되었지만 꾸준한 활동이 이루어졌다.

러일전쟁 시기 일본의 사회주의자이자 아나키스트인 幸德秋水는 제국주의에 대한 놀라운 통찰력을 가지고 동아시아 최초의 반전론인 이른바 '非戰論'을 제기하여 큰 논란을 일으켰다. 그 후 반전운동의 전통은 구미지역뿐만 아니라 동아시아 아나키스트에서도 중요한 특색을 이루었다. 물론 크로포트킨 등이 제1차 세계대전 당시 연합국을 지지하며 전쟁에 참여할 것을 제안하면서 한 때 아나키스트 진영 내에 분열을 가져온 바 있지만, 기본적으로 아나키즘 이론체계에서 반전의식이 결정적인 구성요소임에는 의심의 여지가 없다. 그런 까닭에 전쟁을 수행하는 많은 나라의 위정자들에게 아나키스트는 달갑지 않은 존재였다.

전시상황에서 국민당 정권의 사상통제가 강화되자 대부분의 아나키즘 잡지들은 출판금지 처분을 받았다. 그럼에도 불구하고 1930년대의 아나키즘 운동은 "실과 같이 끊어지지 않은 채" 계속 이어졌다.11) 한 예를 들

---

10) 졸고, 「1920년대 대만 내 아나키즘운동에 대한 시론」, 『동북아문화연구』 제13집, 2007년, 293~294쪽.

자면 1930년 여름 정패강, 노검파, 파금, 위혜림 등 중국의 아나키스트 10~20여명은 항주 서호에 모여 아나키즘 선전 문제를 토론하였다. 이 회의를 통해『時代前』이라는 문학을 위주로 하되 아나키즘도 선전하는 월간지를 출간하기로 결정하고, 파금과 衛惠林이 주편을 담당하였다. 파금의 친구 위혜림은 산서 출신으로 일찍이 일본에 유학해 와세다 대학 문학부 사회철학과를 졸업한 인물로, 파금과 함께 프랑스에 유학 가서 아나키즘 이론과 실제 문제 토론에 참가했고 국제적인 아나키스트와 교류가 있었다.12) 이들이 편집한『시대전』은 1931년 초 상해에서 창간되어 불과 6호만을 출판하고 정지되었다.13)

파금의 활발한 문학 창작 활동은 이번 논문의 범주에 속하지 않기에 생략하겠지만 그의 대표작『가(家)』를 비롯한 대부분의 문학 작품 속에 아나키즘의 영향이 짙게 베인 것은 주지의 사실이다. 뿐만 아니라 그는 에스페란토 작품의 번역과 소개에도 많은 관심을 기울였다. 프랑스에서 귀국하자마자 상해 에스페란토학회에 가입한 파금은 얼마 후 이 학회의 이사로 선임되었다. 대표적인 에스페란토 잡지『綠光』에「에스페란토 문학론」을 발표한 바 있었던 그는 1932년 2월에 이 잡지의 출판을 맡았다. 이 시기에 에스페란토로 많은 글과 작품을 번역하여 발표했는데, 당시 에스

---

11) 1930년 8월 梁冰弦과 鄭佩剛은 상해에서『晦鳴月刊』이라는 사회문화 잡지를 출간했으나 곧 정간 당하였다. 이처럼 이 시기에 아나키즘을 선전했다는 이유로 금지된 서적이나 잡지로는『동방』,『최근 베를린에서 열린 제4인터내셔널에 대한 연구』,『무정부공산 월간』 등이 있다(胡慶雲,『中國無政府主義思想史』, 國防大學出版社, 1994년, 314쪽).

12) 위혜림은『학회』와『민봉』 등에 많은 글을 투고하였다. 1928년 복건성 천주의 여명고중에서 교편을 잡았으며, 1930년대 초 파금과『시대전』을 편집하였다. 그는 중앙대학 사회학과에 교수로 재직했고, 항일전쟁 시기에는 국민당 활동에 참여하는 한편 변정학 연구에 몰두하였다.

13) 鄭佩剛,「無政府主義在中國的若干史實」,『無政府主義思想資料選』(下册), 北京大學出版社, 1984년, 970쪽.

페란토운동은 아나키즘운동과 궤를 같이하고 있었다.

1920년대 후반 중국 사회에서 아나키즘의 영향력이 급속히 쇠퇴하면서 적지 않은 아나키스트들이 상해나 천주에서 교육 사업에 투신하였다. 그런데 상해의 노동대학과 입달학원이 1932년 상해사변 때 파괴되었다. 비록 잠시 복교가 되었지만 이전과 같지 않았는데, 이는 아나키스트의 집결지가 사라졌음을 의미하였다. 그럼에도 불구하고 복건성 천주의 黎明高中과 平民中學의 사례는 주목할 만하다. 1929년 秦望山과 梁龍光이 여명고중을 창립했는데, 여기에 중국 아나키스트 衛惠林, 陳范予, 朱洗 등과 한인 아나키스트 류자명, 유서 및 대만인 蔡孝乾, 鄭英伯 등이 교사로 있었다. 얼마 후 다시 蘇秋濤가 평민중학을 만들었는데, 이 학교는 여명고중과 교육이념이 같은 자매학교로 다수의 아나키스트들이 관련되어 있었다. 1930년 8월 파금 위혜림 등은 吳克剛이 교장으로 있던 천주의 여명고중을 방문한 바 있는데, 여기서 파금은 프루동의 『재산이란 무엇인가?』를 일부 번역했고 위혜림은 교사로 재직하였다. 파금은 천주의 교육운동에 깊은 감명을 받았다. 이 학교는 비록 1934년에 문을 닫았지만 천주에서 교육사업은 계속되었다.

1934년 11월 일본에 건너간 파금은 잠시 일본의 대표적인 아나키스트 石川三四郞을 만나기도 했다. 석천삼사랑은 이미 1927년 상해 노동대학의 초청으로 중국을 방문한 바 있었으며, 노동대학에서 山鹿泰治와 岩佐作太郞 등과 함께 강의를 하였다. 당시 부교장이었던 沈仲九[14]와의 인연으로 상해에 오게 되었는데, 노동대학에 단지 3개월가량 체류하면서 서양사회

---

14) 심중구는 5·4시기부터 절강 지역에서 활동하던 아나키스트였고, 국공합작 시절에는 아나키스트의 국민당 가입에 불만을 품고 오치휘와 논쟁을 한 바도 있다. 그는 일본과 독일을 유학한 후에 귀국해 상해대학, 상해노동대학, 입달학원 등에서 교편을 잡았다. 이석증이 지원하던 『革命週報』가 창간되었을 때 잠시 주편을 맡았다. 그는 류자명과도 친분이 깊었던 인물이다.

운동사를 가르쳤다. 당시 파금은 프랑스에 있었기에 그를 만나지 못하였다. 1933년 석천삼사랑이 두 번째 중국을 방문했을 때 파금은 처음 그를 만나 인연을 맺었다. 혹자는 중국의 양심을 대표하는 파금과 일본의 양심을 대표하는 석천삼사랑의 만남을 주목한다. 1935년 8월 일본에서 귀국한 파금은 문화생활출판사[15]의 편집을 맡아 '문학총간'과 '문화생활총간'을 출판하였다. 특히 문화생활총간 시리즈의 초기 책들은 아나키즘과 관련된 것이 많았다. 파금이 저술하거나 번역한 『옥중기』, 『러시아 사회운동사화』, 『러시아 허무주의운동사화』 등도 여기에 포함된다. 파금은 버크만의 『옥중기』를 번역하는 과정에서 그의 이야기를 자신의 행동 기준으로 삼았다. 즉 "진정한 혁명가의 일생은 그의 생명으로 인민의 희생을 대신하는 것 말고 다른 목적은 없다⋯그의 생명은 인민에게 속한 것이며, 다른 사람이 고통을 받을 때, 그는 생활과 향락을 즐길 권리는 없다"는 것이다. 파금은 버크만의 순교자적인 숭고한 희생정신과 인격에 크게 감화 받은 사실을 숨기지 않았다.

2) 중국인 아나키스트의 항일전쟁관

전 세계적으로 1930년대는 이데올로기의 시대였다. 그리고 이데올로기의 모순이 적나라하게 드러난 곳이 바로 1936년에 발발한 스페인 내전이었다. 이 내전의 특징이라면 아나키스트 사회주의자 및 공산주의자들이 함께 인민전선을 형성해 반파시즘 투쟁에 참가하면서 공화파 내각을 수립한 사실이다. 아나키스트 입장에서 보면 이 내전은 사상 최초로 대규모

---

15) 문화생활출판사는 항일전쟁 시기 광주, 계림, 중경, 성도 등지에 분사를 설립하고 주로 문예와 번역 작품을 출판하였다. 문화생활출판사에 대해서는 李濟生編著, 『巴金與文化生活出版社』, 上海文藝出版社, 2003年 참고.

로 아나키즘 이상을 실험해 볼 수 있었던 장이었다. 일반적으로 아나키스트들은 민족주의자와 공산주의자와의 연합을 의미하는 통일전선에 비판적이었다. 그러나 1935년 모스크바에서 열린 제7차 코민테른대회에서 국제 반파시즘 노선과 인민전선 전술이 채택되고, 1936년 2월 스페인에서 인민전선이 선거에 승리했을 뿐만 아니라, 6월 프랑스에서 인민전선 정부가 수립하자 사고에 변화가 일어났다. 특히 스페인 내전에서 아나키스트들이 인민전선에 참여해 결정적인 역할을 하는 것을 보면서 통일전선에 대한 인식의 변화가 일어났다. 스페인 아나키스트의 노선변화는 지구의 반대편에 있던 중국의 아나키스트들에게도 민족주의와 공산주의를 배격하던 태도를 바꾸는 전기를 마련하였다.

스페인에서 독일과 이탈리아의 지원 아래 프랑코가 군부쿠데타를 일으키자 내전으로 발전하였다. 이 내전에 다수의 아나키스트가 참가한 사실은 원론적으로 반전의 입장을 지지하던 중국의 아나키스트들이 항일전쟁에 참가하는데 영향을 미쳤다. 그들은 아나키스트는 전쟁에 반대하지만 약소민족의 제국주의에 대한 해방전쟁까지 반대하지는 않는다고 생각하게 되었다. 파금에게도 이러한 변화가 나타났다.

1937년 노구교사건이 발발하자, 파금은 "나는 아나키스트이다. 어떤 사람은 아나키스트가 전쟁에 반대하고 무력에 반대한다고 말한다. 이것은 반드시 옳은 것은 아니다. 이 전쟁이 강권에 반대하고 침략에 반대하기 위해 일어난 것이라면, 이 무력이 민중을 옹호하고 민중의 이익을 보호하기 위한 것이라면, 아나키스트도 이 전쟁에 참가하고, 이 무력을 사용해야 한다"[16]고 선언하였다. 이처럼 파금은 식민지가 제국주의로부터 해방되기 위한 전쟁, 약소민족이 강대국에 반항하는 전쟁에 대해서는 반대하지 않는다고 하면서, 일본의 민중들은 적을 분명하게 인식해야하며 중국의

---

16) 巴金, 「只有抗戰這一條路」, 『파금전집』 제12권, 544쪽.

형제와 전쟁을 해서는 안 되고 국내의 적을 타도해야 한다고 주장하였다.

　파금은 일본의 저명한 사회주의자 山川均이 1937년 9월 갑작스레 전향하여 석방된 뒤 발표한 「지나군의 야만성」을 읽고 분개하였다. 그는 「산천균선생에게」라는 비판의 글을 통해 일본군이 중국에서 일으킨 만행들을 열거하면서, 산천균이 사회주의의 외투를 벗고 낭인의 본모습을 드러내었다고 기술하였다. 또한 武田博에게 보내는 「일본친구에게」, 석천삼사랑에게 보내는 「존경하는 벗에게」 등의 글을 연달아 써서 일본지식인의 자기반성을 촉구하였다. 뿐만 아니라, 파금은 중국의 항전과 조선의 독립을 동일한 문제로 여겨 한인 아나키스트와 독립운동가들에게 아낌없는 성원을 보내었다.

　　"상해를 침략한 일본인은 '하나도 남김없이 중국을 타도하자'라고 했다. 그러나 우리는 침략자를 우리의 국경 밖으로 쫓아내기만 하면 된다. 또한 조선은 자유를 얻어야 하며 조선의 독립은 우리 항전의 결과 가운데 하나가 되어야 한다. 현재 조선의 형제들은 우리의 항전에 참가하고 있기 때문에 장차 우리도 그들이 자유를 얻는 것을 도와줘야 한다. 조선을 다시 중국의 보호에 두려고 생각하는 것은 극단적 국가주의자의 몽상이다. 극단적 국가주의자의 견해는 침략자나 다를 바 없기 때문에 우리는 그들의 관념을 바로잡아 주어야 한다."17)

　민족주의에 열광하는 전쟁의 와중에 나타난 파금의 냉정한 현실 인식은 그의 국제주의 정신을 보여주는 것이다.18) 파금이 쓴 '항전삼부곡'의 제1부인 『불』에서도 류자명을 비롯한 상해 한인 독립운동가의 잔영이 짙게 깔려있다. 이미 파금과 오랜 동지적 관계를 맺고 있었던 류자명도 파금이 항전간행물 『吶喊』과 『烽火』를 창간했을 때, 「중국동포에게 고하는

---

17) 巴金, 「國家主義者」, 『파금전집』 제13권, 240~243쪽.
18) 박난영, 『혁명과 문학의 경계에 선 아나키스트 바진』, 157쪽.

글」을 게재했고, 남화한인연맹의 간행물『南華通迅』의 내용들이 소개되었다.19) 파금은 중국이라는 국가의 경계를 넘어서 일제에 저항하던 한인 아나키스트들과 국제 연대를 도모하였다. 그는 1930년대의 국제정세를 파시즘 대 반파시즘의 구도로 읽고 있었다.

항일전쟁 시기 중국 아나키스트의 전쟁관을 알기 위해 파금말고도 주목할 만한 또 다른 아나키스트로는 盧劍波가 있다. 파금과 매우 절친했던 노검파는 사천성 출신으로 5·4시기에 아나키즘을 받아들인 후 남경에서 『民峰』(1923년)을 창간하였다. 남경 시절의『민봉』은 주로 국제 아나키즘을 선전하고 군벌정부를 비판하였다. 얼마 후 상해에 정착해 다시『민봉』(1926년)을 부활시켰는데, 이 시절의『민봉』은 아나키즘을 선전하면서도 정치적으로 국민당과 공산당으로부터 일정한 거리를 두었다. 노검파는 상해에서 민봉사말고도 中國少年無政府主義者聯盟과 工團主義硏究會를 조직했으며, 파금처럼 다수의 아나키즘 관련 저작들을 번역하였다.20)『민봉』이 장개석과 국민당에 대한 반대와 安國合作(아나키스트와 국민당의 합작) 비판으로 1928년 말 금지 당하자, 노검파는 성도로 이주하여 활동을 계속하였다.

노검파는 1937년 4월 사천성에서 항전시기 중국 아나키스트의 대표적 간행물인『驚蟄』을 張履謙과 毛一波 등과 함께 창간하였다. 이 잡지는 아나키스트의 정치적 관점의 변화를 읽을 수 있어 유용하다. 오랜 시간동안

---

19) 류연산,『류자명 평전』, 312쪽.
20) 민봉시절 노검파는 아나키스트들의 원칙주의를 겨냥해 "야심을 가진 정당들은 서로 정권을 투쟁하고 있는데, 그들(아나키스트)은 이른바 고답파로 정치를 묻지 않는다… 또한 정치 투쟁에도 참가하지 않는다. 실제로 정당들이 서로 정권을 다투는 시대에 그들은 여전히 한 무리의 방관자"일 뿐이라고 자기비판한 바 있다(「無政府黨人在時代中」,『民鋒』3권2기, 1928년(蔣俊,「盧劍波先生早年的無政府主義宣傳活動紀實」,『無政府主義思想資料選』(下冊), 1020쪽 재인용)).

아나키스트들은 그들의 이상을 현실에 어떻게 적용시킬 것인가에 대해 고민해 왔는데, 『경칩』의 내용을 살펴보면 이와 같은 논란에 대한 초보적인 결론을 발견할 수 있다. 노검파는 "아나키스트는 그들의 원칙을 사회 각 계층에 침투시키기 위해, 각 방면의 구사회의 세력을 일소하기 위해, 순수한 아나키스트 조직 내에서만 국한하여 공작해서는 안 된다. 아나키스트들은 반드시 암흑의 세상으로 나아가야하며, 반드시 대중에게로 나아가야한다"[21]고 주장하면서, 정치투쟁에 반대하는 구호를 거두어들이고 일체의 정치투쟁을 이용해 자유를 쟁취해야 한다고 선전하였다.[22] 이처럼 사천의 아나키스트들은 당면한 가장 절박한 문제가 민족의 생존이라는데 인식을 같이하면서, 과거의 순수한 태도를 버리고 현실투쟁에 투신할 것을 역설하였다.

『경칩』은 항일전쟁에 대해서도 적극적인 입장을 취하였다. 여기서 아나키스트는 일체의 전쟁과 군대에 반대하는 것이 아니라 단지 침략자와 압박자가 발동한 전쟁에 대해서만 반대할 뿐, 반침략 반압박의 전쟁에는 찬성한다고 하였다. 따라서 각 정파가 연합해 항전하는 것에 동의하면서, 전쟁으로 전쟁을 반대한다는 전략을 채용하였다. 이에 따라 『경칩』은 '抗戰第一'과 '全面抗戰'이라는 두 가지 구호를 제창하였다.

'항전제일'은 혁명전쟁으로 침략전쟁을 반대하자는 것이다. 그들은 자신들의 항전이 민족주의자의 항전과는 분명히 다르다고 구분하였다. "첫째, 우리들은 이번 일본의 중국에 대한 침략은 완전히 자본제국주의 사회발전의 필연적인 추세라고 인식한다. 따라서 우리들은 중국사회가 자본제국주의의 길로 나아가지 않도록 해야 한다. 우리들의 항전은 세계혁명

---

21) 盧劍波, 「工作的態度」, 『驚蟄』 3권1기, 1939년(蔣俊, 「盧劍波先生早年的無政府主義宣傳活動紀實」, 위의 자료집, 1021쪽 재인용).
22) 黎民, 「無政府主義與中國抗戰」, 『驚蟄』 3권5기(위의 자료집, 889~896쪽).

을 위한 항전인 것이다. 둘째, 우리들은 분명히 세계혁명을 위해 전쟁에 참여하므로 말할 필요도 없이 우리들은 전쟁 중에 약간의 '민족영웅'을 만들어 대중을 노예화하거나 대중을 압박하지 않을 것이다. 더욱이 일본 제국주의를 악마의 궁전에서 축출한 후에도, 중국의 마왕을 다시 제위에 올리고 대중들로 하여금 그에게 칭신하거나 공납하도록 하지 않을 것이다."[23] 이처럼 그들은 항일민족해방전쟁과 아나키즘혁명을 통일시켜 인식하였다.

'전면항전'은 전민이 항전을 실현해야만 전민이 자유로울 수 있다는 것이다. 이것을 항일 전쟁이 정부 간의 전쟁이 아니라 전 인민의 항전이라는 전제아래 "항전의 승리는 인민에게 자유를 주기 위한 것이며, 적어도 민주의 자유를 실현하는 것"[24]이라고 정의하였다. 그들은 전쟁 시기에는 "민권을 강화한 조직만이 험난한 혁명공작을 담당할 수 있으며, 이것이 우리 아나키스트들이 항전투쟁에서 투쟁의 일원으로서 최대의 임무"라고 말하였다. 어떠한 혁명공작도 민중으로부터 분리된다면 더욱이 무산의 노농민중으로부터 분리된다면 성공할 수 없다고 보아 조직 강화는 아나키스트의 최대의 임무라고 인식하였다. 『경칩』의 편집자들은 자신들이 국가주의자들과는 다르고 공산당의 정책에도 불만이 있다고 말하지만 항일민족통일전선의 일원임은 기꺼이 인정하였다.[25] 아울러 국민당도 정책을 바꾸어 항전을 촉진하라고 주장하였다.[26] 당시 일부 아나키스트들은

---

23) 尹立芝, 「以戰爭去反對戰爭」, 『驚蟄』 제2권제1기, 1938년 1월(위의 자료집, 877~878쪽).
24) 吳澐, 「抗戰諸局面」, 『驚蟄』 제2권제4기, 1938년 4월(위의 자료집, 879쪽).
25) 胡慶雲, 『中國無政府主義思想史』, 328~329쪽; 路哲, 『中國無政府主義史稿』, 327~333쪽 등 참고.
26) 『경칩』은 1939년에 정간되었다. 노검파는 성도에서 다시 『破曉』 잡지를 펴내어 1941년까지 출판하였다. 『경칩』이 주로 항전을 주장했다면, 『파효』는 사회개량 특히 부녀해방을 주장하였다. 『파효』에서는 아나키즘의 이론과 현실의 차이를 일부

여전히 반전 입장을 고수했고, 다른 일부 아나키스트들은 국민당과의 합
작을 견지하였다. 이와 달리 중국공산당은 코민테른의 지시아래 일관성
있게 일본 파시즘에 대항하기 위해 국공내전을 정지하고 통일전선을 형
성할 것을 제의하고 있었다.

한편 파금은 1937년 말부터 1939년 초까지 대여섯 종의 '스페인문제총
서'27)와 스페인 내전을 반영한 화보『스페인의 여명』,『스페인의 피』,『스
페인의 고난』,『스페인의 서광』28) 등을 집중적으로 번역 출판하였다. 파
금은 이 화보집의 그림 속에 자신의 의견을 달아 스페인에서 군부나 가톨
릭교회의 압제를 폭로하면서, 이에 대항하는 스페인 노동자 농민 지식인
의 끊임없는 투쟁과 희생을 찬양하였다. 한편으로는 전쟁으로 인한 일반
민중의 고통스런 삶을 마음속 깊이 동정하였다. 이처럼 스페인 문제에 주
목한 까닭은 당시의 국제정세와 관련이 있는 듯싶다. 즉 1936년 10월부터
1937년 11월 사이에 일본과 독일 및 이탈리아는 방공협정을 체결하였고,
스페인 내전에서 승리한 프랑코 정권도 이에 가세하면서 세계적인 차원
에서 파시즘의 결합관계가 나타났다. 따라서 스페인 내전은 이제 유럽뿐
만이 아니라 아시아의 문제이기도 했다.29) 파금은 스페인 전쟁을 보통 내

인정하면서, 아나키즘 혁명의 즉각적인 실행을 유보하고 사회개조와 정치자유를 주
장하였다.『경칩』과『파효』는 중국 아나키스트 최후의 영향력 있는 잡지로 알려져
있다(蔣俊·李興芝, 『中國近代的無政府主義思潮』, 山東人民出版社, 1991년,
384~387쪽).

27) 스페인문제총서에는『스페인의 투쟁』(1937년),『전사 투르티』(1938년),『스페인』
(1939년),『한 국제지원병의 일기』(1939년),『스페인의 일기』(1939년),『바르셀로
나의 5월사변』(1939년) 등이 있으며, 대부분 파금이 번역하였다(李濟生編著,『巴
金與文化生活出版社』, 82쪽).

28) (西)加斯特勞等,『巴金選編配文反法西斯畵册四種』, 上海社會科學院出版社,
2005年.

29) 프랑스에서의 인민전선내각은 1938년 11월에, 스페인에서의 인민전선은 1939년 3
월에 각각 붕괴하였다(齊藤孝編,『스페인내전연구』, 형성사, 1981년, 328쪽). 이

전이 아니라 파시스트의 전제에 대해 인민의 자유를 쟁취하기 위한 혁명 투쟁이라고 판단해 투르티와 같은 스페인 아나키스트의 영웅적 투쟁을 선전함으로써 중국인의 항일정신을 격려했을 뿐만 아니라 중국인들에게 어떻게 항전해야 하는지 그 방법을 제시하고자 했다.30)

그리고 전쟁의 와중에도 파금은 『크로포트킨 전집』과 바쿠닌의 저작 등을 출판하여 여전히 아나키즘 이론 소개에 열정을 쏟아 부었다. 1938년 에는 크로포트킨의 「청년에게 고함」과 「만인의 안락」을 번역했고, 1940년에는 『크로포트킨 자서전』, 『러시아 프랑스 옥중기』, 『빵과 자유』, 『전원 공장 작업장』, 『윤리학의 기원과 발전』 등을 출판하였다. 이 시기에 나온 '크로포트킨전집'(10권) 가운데 파금이 직접 번역한 책이 무려 다섯 권이라는 사실은 얼마나 그가 크로포트킨을 존경하고 자신을 '크로포트 킨주의자'라고 자부했는지를 알 수 있다.

1920년대의 청년 파금은 애국주의야말로 인류 진화의 장애이며 정부는 인민의 고난의 근원이라고 여겼다. 하지만 프랑스에서 귀국한 이후 1930년대에 들어와 점차 현실에 대한 객관적 인식을 하게 된 것으로 보인다. 특히 중일전쟁 8년 동안 중국의 각지를 전전하며 목격한 파괴와 살육은 국가와 전쟁에 대한 더욱 현실적이고 구체적인 인식을 갖게 하였다. 그러나 민족주의가 최고로 고양되던 전쟁의 와중에도 파금은 아나키스트로서 국제주의자의 면모를 잃지 않았고, 각 민족이 자유롭고 독립적인 삶을 향유하는 것이야말로 인류의 궁극적 이상이라 여겼다.31) 그는 인류역사의 발전은 정의를 위한 투쟁의 역사라는 인식아래 항전의 정당성을 역설하였다. 그래서 우리는 파금을 아나키즘의 보편성과 국제주의를 죽을 때까

시기 파금이 스페인 아나키스트들 사이에 유행하던 이른바 '이상소설'의 영향을 받았는지 여부는 주목할 만한 문제이다.
30) 박난영, 『혁명과 문학의 경계에 선 아나키스트 바진』, 169쪽.
31) 박난영, 위의 책, 177~178쪽.

지 유지한 인물로 평가한다.

3. 항일전쟁 중의 재중 한인 아나키스트

1) 류자명 : 테러활동에서 무장투쟁으로

1920년대 말 在滿韓人無政府主義者聯盟 및 韓族總聯合會의 활동이 좌절하여 만주에서의 이상촌 건설운동이 실패하자 관내에서는 급진적인 항일투쟁으로 노선 전환이 이루어졌다.[32] 그리고 만주사변이 터지자 한인 아나키스트들은 화북 지역에 항일투쟁근거지를 세울 계획을 준비하였다. 북경 민국대학 아나키스트 그룹의 활동이 주목할 만한데, 유서 등은 중국 동지들과 항일선전공작과 더불어 암살단을 조직해 활동을 벌였다고 전해지나 별다른 효과는 없었다고 한다.[33] 그리고 1932년 말 中韓義勇軍聯盟을 만들었으나 열하가 함락되자 성공을 이루지 못하였다. 당시 한인 운동가들은 사람을 파견해 부의를 암살하려 했으나 뜻을 이루지 못했다고 한다.[34] 1930년대에 들어오면서 한인 아나키스트는 민족주의 세력에 비해

---

32) 류자명의 아나키즘에 대해서는 김성국, 「류자명과 한국 아나키즘의 형성」, 『한국사회사상사연구』, 나남, 2003년; 이호룡, 「류자명의 아나키스트 활동」, 『역사와 현실』 53, 2004년; 한상도, 「류자명의 아나키즘 이해와 한중연대론」, 『동양정치사상사』 7-1, 2008년 등이 있다. 그리고 1930년대 한인 아나키스트의 반제 연대투쟁에 대해서는 오장환, 이호룡, 박환 등의 기존 아나키즘 연구서이외에도 최근 논문으로 김명섭, 「한일 아나키스트들의 사상교류와 반제 연대투쟁」, 『한국민족운동사연구』 제 49집, 2006년 등이 있다.
33) 무정부주의운동사편찬위원회편, 『한국아나키즘운동사』, 형설출판사, 1978년, 386~387쪽.
34) 「訪問范天均先生的紀錄」, 『無政府主義思想資料選』(下冊), 1046쪽.

소수였고 공산주의 세력에 의해 영향력이 약화되었지만 그럼에도 불구하고 일본의 미점령지에서 한중연합투쟁을 전개하였다. 여기서는 이 시기의 대표적인 한인 아나키스트인 柳子明[35])을 중심으로 정리하고자 한다.

1920년대 초에 아나키즘을 받아들인 류자명은 1924년 봄 義烈團에 가입해 의열단의 연락과 선전을 책임지는 이론가로 활동하였다. 그가 申采浩에게 부탁해 작성한 「朝鮮革命宣言」(의열단선언)은 대표적인 항일선언문으로 아나키즘적 급진이론을 의열단에 접목시켰다. 같은 시기 류자명은 중국 내 최초의 한인 아나키즘조직인 在中國朝鮮無政府主義者聯盟에도 참여하였다.[36]) 그런데 의열단의 테러활동은 다른 독립운동가의 반대에 직면했으며, 점차 공산주의 색채가 강화되었다. 의열단이 상해에서 광주로 이동하면서 개조 회의가 열렸지만, 류자명은 아나키스트의 입장을 견지하였다. 그는 광주에서 상해로 가는 배를 탔다가 해적을 만나 총상을 입기도 하였다. 상해에 잠시 머물다가 1927년 6월 무한으로 옮겨 중국, 인도, 한인이 참여한 동방피압박민족연합회[37])에 조선대표의 한 사람으로 참여하였다. 류자명은 인도인의 밀고로 한 때 무한감옥에 6개월간 억류되었다.

1928년 8월 남경으로 돌아온 류자명은 마침 이곳으로 옮겨온 동방피압

---

35) 중국에서 간행된 류자명의 『나의 회억』과 국내에서 원고로 간행된 『한 혁명자의 회억』은 약간의 차이를 제외하면 대략 1945년까지는 대동소이하다. 『나의 회억』은 독립운동관련 항일 활동만을 편집하여 발간한 것으로 1945년 이후 대만에서의 활동, 1950년 이후 대륙에서의 농학자로의 활동 등이 생략되었다(오장환, 「해제」, 『한 혁명자의 회억록』, 독립기념관 한국독립운동사연구소편, 1999년).
36) 한 연구자는 류자명이 당시 상해에 있어 가입하지 않았던 것으로 본다(이호룡, 「류자명의 아나키스트 활동」, 『역사와 현실』53, 231쪽).
37) 이 단체에 대해 국제적 아나키즘 단체라는 설(金柄珉·朱霞, 「國際友人柳子明的 生平與意識世界」, 『東疆學刊』, 2004년제3기, 2쪽)과 중국정부가 생활이 곤란한 외국인을 지원하기 위해 만든 난민단체라는 설(安奇, 「采寫柳子明傳」的緣起與 經過」, 『湖南省社會主義學院學報』, 2005년 제1기, 61쪽)이 있다.

박민족연합회에서 활동하면서 중국 인사들을 만났으며, 저명한 교육가인 匡互生[38]도 이곳에서 처음 만났다.[39] 그는 陳範預의 초청으로 천주에 가서 黎明中學에서 한 학기 정도 수업을 했는데, 여기에는 한중일 아나키스트들이 모여 있었다. 당시 천주에는 아나키스트들이 만든 '泉永二屬 民團 編練處'가 있었다. 민단편련처란 이 지방에 토비가 많아 이들을 막기 위해 청년들을 훈련시켜 자기 고향을 방어하기 위한 목표로 조직한 훈련 기구를 말한다. 다시 1930년 1월 광호생이 창립한 상해 입달학원으로 옮겨가 교육과 노동을 결합하는 아나키즘적 교육방식에 따라 학생들을 교육하였다. 앞서 잠시 언급한 입달학원은 오치휘, 이석증의 지지아래 운영되었으며, 다수의 아나키스트들이 연락 장소로 활용하고 있었다.[40]

중국 내 초창기 한인 아나키스트 지도자들이 다수 죽거나 체포된 상태에서 젊은 아나키스트들이 다시 일본이나 국내에서 중국, 특히 상해로 모였다. 북만주에 활동하던 중국의 한인 아나키스트들도 관내로 철수하였다. 그리고 재중국 한인아나키즘 운동의 분수령이 된 북경회의가 1930년에 개최되었다. 여기서는 점증하는 일제의 압력, 위기에 처한 운동의 진로, 민족주의자 및 공산주의자와의 관계 설정 등 한인 아나키즘운동의 주요 문제들을 중국 각지에서 모인 지도자 20여명이 장기간 논의하였다.

만주사변이 일어날 즈음 한인 아나키스트들은 상해에서 南華韓人靑年 聯盟[41]을 결성해 류자명을 의장으로 선출하였다.[42] 남화한인청년연맹은

---

38) 광호생은 호남성 출신으로 1915년 북경사범대학에 입학해 아나키즘 성격의 '工學 會'를 조직하고, 5·4운동에 참가해 조여림의 집을 담장을 넘어 이른바 '조가루 방 화사건'의 촉매제가 된 인물이다. 대학 졸업 후 장사에서 청년들을 교육하다 상해 강만에서 입달학원을 창립하였다.

39) 류자명, 『나의 회억』, 11쪽.

40) 류자명, 『한 혁명자의 회억록』, 145~146쪽.

41) 남화한인연맹에 대해서는 박환, 「남화한인청년연맹의 결성과 그 활동」, 『한민족독 립운동사총론』, 1992년; 이호룡, 「일제강점기 재중국 한국인 아나키스트들의 민족

1930년대 중국에서 한인 좌우익의 정당 활동이 활발한 가운데 만들어진 대표적인 아나키즘 단체로 "우리의 일체 조직은 자유연합의 원칙에 의거" 하며 "절대 자유, 평등의 이상사회를 건설"한다는 강령을 걸고 자유연합사회의 실현을 추구하였다. 남화연맹은 산하단체로 남화구락부를 두었다. 이때부터 북경에서 상해로 한인 아나키즘운동의 중심이 옮겨졌으며, 류자명이 일하던 입달학원이 연맹의 근거지 역할을 하였다.

남화한인청년연맹의 활동 중 주목되는 것은 국제연합전선 결성에 박차를 가한 점인데, 특히 한중연합투쟁이 두드러진다. 중국 아나키스트이자 동방무정부주의연맹 회원인 王亞樵, 華均實 등이 李會榮, 鄭華岩에게 항일공동전선을 제의해 왔다. 이에 호응해 1931년 10월 말 상해 프랑스 조계에서 한인 아나키스트 7명(이회영, 정화암, 백정기 등), 중국 아나키스트 7명(왕아초, 화균실 등) 및 일본 아나키스트(田華民(佐野), 吳秀民(伊藤) 등)들이 모여 抗日救國聯盟을 조직하였다. 항일구국연맹은 적 군경 기관 및 수용 기관의 조사 파괴, 적요인 암살, 중국인 친일분자 숙청; 중국 각지의 배일 선전을 위한 각 문화기관의 동원계획; 이상에 관한 인원 및 경비의 구체적 설계 등을 목적으로 삼았다. 항일구국연맹은 선전부, 연락부, 행동부, 기획부, 재정부의 5부를 설치하고 "전 세계에 대한 혁명수단에 의해 일체의 권력을 배격하고 자유평등의 사회를 건설할 목적으로" 우선 조선을 해방시킨 후 일본과 중국 각지에 아나키스트 사회건설을 위한다는 전망을 가지고 여러 가지 활동 계획을 세웠다.[43] 이 때 류자명은 연맹

해방운동-테러활동을 중심으로」,『한국민족운동사연구』제35집, 2003년 등의 연구가 있다.

42) 한 연구자에 따르면, 남화한인연맹은 1930년 4월 20일 결성되었고, 1931년 9월 만주사변이 일어나자 조직 개편작업을 벌였다고 한다(이호룡, 「류자명의 아나키스트 활동」,『역사와 현실』53, 235~237쪽).

43) 무정부주의운동사편찬위원회편,『한국아나키즘운동사』, 340쪽.

의 기관지『自由』발간에 참여했으며, 파금도 이를 도왔다고 하나 분명하지 않다.44)

항일구국연맹은 1931년 11월 중순 黑色恐怖團이라는 테러단체를 조직하였다. 흑색공포단은 "현 사회의 모든 권력을 부정하고 새로운 세계 전 인류가 인생의 모든 방면에서 자유와 평등을 향유할 수 있는 새로운 사회의 수립"을 강령으로 삼았다. 이 조직은 국제연대의 취지에 맞게 조선인부, 중국인부, 일본인부를 두고, 후에 대만인 林成材와 미국인 존슨이 합류하면서 국제적 연합조직으로의 확대를 꾀하였다.45) 흑색공포단은 잠시 사용한 명칭으로 비록 외국인들이 참가했으나 사실상 항일구국연맹과 같은 단체였으며 남화한인청년연맹의 멤버들이 다수를 구성하고 있었다. 한국 측의 정화암과 이회영이 지휘했으며, 중국 측의 왕아초가 경비를 담당하였다. 이들은 민족주의나 공산주의 계열보다 소수였으나 테러라는 방식을 통해 군사력이 우세한 일본에 저항하였다. 항일구국연맹은 하문과 천진의 일본영사관에 폭탄을 던졌으며, 일본의 대형선박을 공격하기도 했다. 그리고 일본에 유화적인 태도를 보이던 남경정부의 외교부장 王精衛에 대한 암살을 시도하였다. 하지만 1932년 2월 제1차 상해사변이 일어나고, 왕아초와 화균실이 장개석의 처남 宋子文 암살 미수 사건의 주모자임이 드러나 홍콩으로 도피하자 연맹은 무력화 되었다.

1932년 4월 29일 상해 홍구공원에서 열린 일본군의 천장절 경축행사에서 윤봉길의 폭탄테러가 있었다. 김구가 윤봉길을 시켜 홍구공원 폭파계

---

44) 항일전쟁이 한창이던 계림과 중경시절에도 두 사람의 교류는 이어졌고, 해방 이후에도 이들은 우정은 변함이 없었다. 훗날 류자명에게 자서전을 집필하도록 권유한 것도 파금이었다.
45) 박환,『식민지시대 한인아나키즘 운동사』, 선인, 2005년, 136쪽; 김명섭,「한일 아나키스트들의 사상교류와 반제 연대투쟁」,『한국민족운동사연구』49, 2006년 12월, 60쪽.

획을 준비하던 같은 시기에 남화한인청년연맹의 류자명과 정화암도 유사한 의거를 준비하였다. 그런데 이 일은 맡은 白貞基가 왕아초에게 비록 폭탄은 구입했으나 천장절 기념식장에 들어가는 입장권을 얻지 못하면서 불발로 끝났다. 홍구공원 거사 이후에도 류자명은 살벌한 상해에 그대로 남아 활동을 계속하였다. 그 해 말 한인 아나키즘운동의 지도자 이회영이 밀정의 밀고로 체포되어 고문 끝에 사망하였다. 이에 분노한 류자명의 남화한인청년연맹은 남은 여력으로 밀정들을 입달학원에 유인해 처형하였다. 그 후에도 한인 아나키스트들은 玉觀彬, 李容魯와 같은 친일부역자에 대한 처단 사업은 계속하였다. 다시 1933년 3월 17일 연맹은 일본대사 有吉明이 국민당 정부요인을 매수하려고 六三亭이라는 음식점에서 연회를 베푼다는 정보를 입수하고 암살계획을 세워 유길공사사건(이른바 육삼정 사건)을 일으켰다. 이 거사는 계획의 유출로 실패했으며 현장에서 체포된 백정기, 원심창 2명은 무기징역, 이강훈은 15년을 언도받았다. 金昌根, 吳冕植 등이 결성한 上海血盟團이란 조직도 아나키즘 계열의 단체로, 1936년 3월 6일 일본 요인을 암살하려다 발각되어 치열한 시가전 끝에 체포되어 주모자들이 처형되었다.[46]

　여기서 기억할 점은 일본 내의 사상운동과 노동운동이 한계에 부딪히자 일부 한인 아나키스트들은 적극적인 항일투쟁을 전개하기 위해 중국으로 진출한 사실이다. 당시 일본의 경우 日本無政府共産黨(1934년)이 건설되었다. 이들은 중앙집권적 조직을 결성하고, 조직의 지도 아래 정치투쟁을 전개하여 정치권력을 장악하고, 민중들이 이상사회를 건설할 동안 반혁명세력의 반격을 분쇄하기 위해 '민중독재'를 실시해야 한다는 논리를 폈다. 사실 이러한 주장은 공산주의의 민주집중제에 근거한 중앙집권식 조직과 프롤레타리아독재론의 일부를 수용한 것이다.[47] 이러한 원칙

---

46) 무정부주의운동사편찬위원회편, 『한국아나키즘운동사』, 363~376쪽.

에서 이탈한 최후의 자구책에도 불구하고 아나키즘계열 노동운동이나 농민운동 중일전쟁을 전후해 거의 괴멸되었다.

일본에서 중국으로 건너온 대표 한인 아나키스트로는 李達과 元心昌 등을 들 수 있다. 이달은 가장 먼저 중국에 진출한 인물로 이미 1920년대에 중국에 건너와, 1930년대에 남화한인청년연맹에 가입해 흑색공포단의 단원으로 활동했고, 뒤에서 언급할『南華通迅』의 주요 논객으로도 활약하였다. 그리고 원심창은 동경의 黑友會와 黑友聯盟, 朝鮮東興勞動同盟에서 활동한 대표적인 재일 한인 아나키스트였다. 그는 여러 차례 구속과 석방을 반복하다 1931년 4월 일본을 탈출해 상해로 망명하였다. 그 역시 남화한인청년연맹에 가입하고 흑색공포단의 단원으로 활동하였다. 원심창은 남화한인청년연맹에 의해 시도된 유길공사사건에 백정기, 이강훈 등과 함께 참가하여 재일 한인 아나키스트들을 흥분시켰다.[48] 이들의 중국 진출은 1930년대 항일 무장투쟁에 활기를 불어넣었다. 한편 1935년 5월 류자명은 5년 만에 상해의 입달학원을 떠나 남경으로 가서 새로운 사업을 준비하였다.

2) 한인 아나키스트의 민족전선 참가

1930년대 전반기의 한인 아나키즘 운동은 항일테러활동으로 규정할 수 있는데, 일제의 대륙침략이 본격화되자 투쟁의 방식에 변화가 찾아왔다. 1936년에 들어오면서 남화한인청년연맹은 기관지『남화통신』의 발간

---

47) 이호룡,『한국의 아나키즘(사상편)』, 지식산업사, 2001년, 296~297쪽.

48) 이달은 1932년에는 조선혁명간부학교의 교관으로 있었고, 1938년에는 조선혁명자연맹과 조선의용대에 가입해 중앙의원으로 활동하였다. 그리고 원심창은 이 사건으로 사형 판결을 받았으나 형무소 복역 중 해방을 맞이하였다(김명섭,『재일 한인아나키즘운동 연구』, 단국대학교 박사학위논문, 2001년, 197~198쪽).

을 통해 민족전선 문제를 제기하였다.[49] 『남화통신』은 1936년 1월에 창간되었으며, 류자명이 주요 기고자였다. 그는 이 잡지에 여러 편의 논문을 실어 자신의 정치 주장을 밝혔으며 이론가로서의 명성을 쌓아갔다. 앞장에서 이미 서술했듯이 『경칩』를 통해 중국인 아나키스트의 항일전쟁관의 변화추이를 읽을 수 있다면, 여기서는 『남화통신』을 통해 재중 한인 아나키스트의 항일전쟁관을 읽을 수 있다. 창간 초기의 『남화통신』은 민족주의자와 공산주의자를 모두 비판했고, 조선의 독립문제는 조선만의 문제가 아니라 전 세계의 문제이자 사회혁명의 하나라고 인식하였다.[50] 창간호에서는 "민족독립운동 그 자체의 정신이 고상하고 수단방법이 아무리 정당하다 해도 이것이 정치운동인 이상 정치의 근본적 모순과 오류를 범할 수밖에 없는 것이다. 정치운동가 제군! 사리사욕을 떠나 진실로 민족독립과 피압박 민중의 해방을 위해 운동하려 한다면 정치운동을 버리고 민중해방운동인 사회혁명운동으로 재출발하지 않으면 안 된다는 것을 명심하라"[51]고 주장하였다. 이처럼 남화한인청년연맹은 김구의 한인애국단과 합작한 사례가 있었음에도 불구하고 민족주의자와의 연합에 대체로 회의적인 입장을 보였다.

그런데 『남화통신』은 1936년 여름부터 민족전선 결성문제를 제기하기 시작했다.[52] 1936년 6월호에 게재된 글에서 "피압박 민족의 해방은 정치운동에 의한 것이 아니라 진정한 혁명운동(혁명적 수단으로 기성 제도를 무너뜨리고 전 민중을 기반으로 한 혁명적 건설)에 의해서만 달성할 수

---

49) 현재 『남화통신』은 1936년에 나온 불과 몇 호만이 남아있다.
50) 오장환, 『한국 아나키즘운동사 연구』, 국학자료원, 1998년, 219쪽.
51) 有何, 「정치운동의 오류」, 『남화통신』 1호, 1936년 1월.
52) 한 연구자는 민족전선 출현배경을 국제정세의 인식에 대한 변화, 스페인 등 인민전선의 승리, 조선의 내부 조건 성숙, 각 당파의 이해관계 등에서 찾고 있다(박환, 『식민지시대 한인아나키즘운동사』, 151~155쪽).

있다는 것, 식민지 운동에서는 내부의 세력 대립보다는 내부가 일치단결하여 외부의 적에게 대항하는 연합전선을 취하는 것이 당면 과제라는 새로운 인식을 가져야 한다"53)고 언급하였다. 그 해 11월호에 게재된 「민족전선의 가능성」에서는 "우리들 조선혁명운동의 현 단계에 있어서 민족전선의 필요와 확대에 통감한다. 그것은 민족전선만이 민족해방운동의 진로를 타개하는 지침이기 때문"이라고 시작하면서, "유럽에서의 인민전선의 승리는 국제적인 반향을 일으켰으며, 식민지 혹은 반식민지에서는 민족의 총단결이 민족해방운동의 최선의 책략이라는 것을 계시하는 동시에, 각 당 각 파의 반성과 각오를 촉성하고 있다"54)면서 민족전선의 가능성을 제기하였다.

곧이어 「민족전선 결성을 촉구한다」라는 글에서는 "현재 구라파에서는 파쇼독재를 타도하기 위해 인민전선의 신기운이 폭발하고 있다. 이 인민전선의 형태가 식민지 또는 반식민지에서는 민족전선 형식으로 표현되어 그 민족의 총역량을 연합 단결하여 투쟁하고 있다"고 분석하고 프랑스와 스페인 등지에서 인민전선이 승리를 거두고 민중 안에 뿌리를 내려 맹렬히 일어나고 있으므로 "이러한 실례를 봐도 인민전선 혹은 민족전선은 가장 현실에 적합한 투쟁방법이라 할 수 있다"고 주장하였다. 나아가 "조선민족의 독립운동을 하는 데에 있어서나 정치적, 경제적, 사회적 자유평등을 탈환하고 만인공영의 이상적 사회를 건설하는 데에 있어서도 먼저 최대의 적 일본 제국주의를 타도하지 않고서는 어떠한 운동도 전개할 수

---

53) 何, 「우리 청년의 책임과 사명」, 『남화통신』 6호, 1936년 6월.
54) 舟, 「민족전선의 가능성」, 『남화통신』 11호, 1936년 11월. 이 글에서는 "1) 민족전선은 최대의 역량집중으로써 대외적으로는 민족적 공동의 적 일본제국주의에 대항하고 대내적으로는 파쇼의 발생을 방지하여 일체의 반동세력과 항쟁한다. 2) 민족전선은 각 당, 각 파, 각 계급을 단결시켜 광범한 대중적 기초 위에 건립한다. 3) 민족전선은 민족해방역량의 현 단계에 적합한 강령을 지지한다"라고 설명하였다.

없다"[55]면서 민족전선 결성을 촉구하였다. 그리고 같은 호의 「민족전선에 관하여」라는 글에서도 김구가 이끄는 한국국민당과 김원봉 중심의 민족혁명당이 "구성체의 중요한 요소"가 될 것을 촉구하면서, 두 당의 통일전선에 걸림돌이 되는 "당파적 미몽", "각 정당의 배경문제" 그리고 "감정문제" 등을 거론하며 구체적인 해결책까지 제시하였다. 여기서 알 수 있듯이 스페인 아나키스트의 노선변화가 중국에 소개되면서 한인 아나키스트의 노선변화로 이어졌고, 민족해방을 달성한 후 아나키즘 사회혁명을 추구한다는 단계론적 발상을 수용하면서 민족전선의 필요성이 제기된 것으로 보인다.[56]

류자명을 비롯한 한인 아나키스트의 제국주의 비판은 반파시즘 투쟁을 위한 민족전선운동으로 나아갔으나, 국제 사회를 구성하는 단위 주체로서 민족을 인정한 것이지 배타적 민족주의에 대해서는 여전히 반대하였다. 그리고 단체중심이 아닌 개인본위의 민족전선을 지향한 것으로 보인다. 하지만 이런 행보는 아나키즘의 새로운 발전이냐? 아니면 변질이냐? 라는 문제를 남겼다. 어쨌든 류자명의 민족전선 결성주장에 대해 김원봉의 朝鮮民族革命黨이 동조하고 나섰다.[57] 사실 조선민족혁명당의 전신의 하나가 바로 류자명이 몸담았던 의열단이었으며, 이들은 코민테른의 통일전선론에 영향을 받고 있었다. 그 결과 1937년 남경에서 남화한인청년연맹은 朝鮮革命者聯盟으로 개조하고 일차적으로 조선민족혁명당과의 연합을 추진하였다.

한편 민족전선 움직임에 대해 한국국민당의 冷心君은 이를 아나키스

55) 「민족전선 결성을 촉구한다」, 『남화통신』 12호, 1936년 12월.
56) 최해성, 「1930년대 스페인 인민전선과 한국독립운동의 민족협동전선」, 『스페인어문학』 제42호, 307쪽, 310쪽.
57) 조선민족혁명당도 1936년에 간행된 기관지 『民族革命』 제3호에서 '櫓'라는 필자가 「우리 운동의 통일문제에 관하여」라는 논문을 통해 통일전선론을 개진하였다.

트가 지원해 스페인과 같은 인민전선을 만들려는 시도라고 인식하고 문제를 제기하자 류자명은 "인민전선이 결성되었다고 의심하는 것은 지나치게 신경이 과민한 의문이다. 왜냐하면 민족혁명당을 아나키스트가 원조했다고 말하기보다는, 양당이 연합한 것이라 하여, 이것만으로 인민전선의 요소가 될 수 없기 때문"이라고 하였다. 그렇다고 류자명이 인민전선에 대해 부정적인 입장을 가졌던 것은 아니다. 그는 "냉심군이 '혁명은 전투이고, 전투에는 조직 규율 통제 및 신념이 필요하다 그러나 현재 유럽의 인민전선에는 그것이 없다'고 말하고 있지만, 이를 인정할 수는 없다. 왜냐하면 인민전선 자체가 조직의 형식이고, 통제의 방법이며, 인민전선 정강 자체가 바로 일종의 신념이기 때문"이라면서, "인민전선운동이 코민테른의 책동에 의해 진전되고 있다는 듯이 단정하는 것도, 곧 3·1운동이 윌슨의 자결주의 주장에 의해서 일어난 것이라고 하는 것과 마찬가지로 피상론"이라고 답변하였다.[58]

때마침 중일전쟁이 발발하자 민족전선 결성의 요구가 더욱 강해졌다. 전쟁 발발 직후인 1937년 9월 중순 한중아나키스트들이 결성한 中韓靑年聯合會라는 단체는 『抗戰時報』를 창간하고 테러활동을 추구했으나 민족전선론이 제기되면서 점차 테러활동은 사라졌다. 같은 해 10월에 남화한인청년연맹은 조선혁명자연맹(일명 조선무정부주의자연맹)으로 개조하고 민족전선을 실행으로 옮기기 위해 여러 좌익계열 독립운동 세력과 협상을 시작하였다. 11월 조선혁명자연맹은 조선민족혁명당, 조선민족해방운동자동맹 등과 함께 대표자 대회를 열어 몇 차례의 회의를 거친 후에 마침내 12월 朝鮮民族戰線聯盟을 결성하였다. 류자명은 조선혁명자연맹의 대표로 선출되었고 기관지 『조선민족전선』의 주필 겸 편집인을 맡았는

58) 『남화통신』 11호, 1936년 11월(충주시, 충주mbc, 『류자명자료집(1)』, 耕慧舍, 2006년, 48~50쪽).

데, 「창간사」에서 "중국의 항전이 만약 실패한다면, 조선민족의 해방은 기대할 수 없을 정도로 막막하게 될 것이고, 조선민족의 노력 여하도 또한 중국민족의 최후 승리에 영향을 줄 것이다. 과거 중국과 조선 양 민족이 받은 치욕과 손실은 반드시 우리들이 공동으로 책임져야 하므로, 공동의 적을 타도하고 동아시아의 평화를 정립시켜야 하는 것도 중국과 조선 양 민족의 공동적인 사명"[59]이라고 주장하였다.

류자명은 같은 호에 실린 「조선민족전선연맹 결성과정」이란 글을 통해 "연맹의 성립배경을 민족의 총 단결을 강조하게 된 역사적 조건의 변화 때문"이라고 설명하면서, "이 연맹을 조선혁명대중의 상위 영도단체로 만들려는 것이 아니고, 단지 연맹을 가장 완전하고 만족할만한 통일전선의 한 출발점으로 만들 생각"이라고 하였다.[60] 그리고 「조선민족전선연맹 창립선언」에서는 "조선혁명은 민족혁명이고, 그 전선은 '계급전선'이나 '인민전선'이 아닐 뿐 아니라, 프랑스나 스페인의 이른바 '국민전선'과도 엄격히 구별되는 민족전선"이라면서, "조선민족은 자연적으로 특수한 형상을 갖고 있다. 그렇기 때문에 우리 조선의 혁명도 반드시 그 특수성이 있는 것이다. 이것은 누구도 부정할 수 없는 바이다. 그러나 조선 문제도 세계문제의 일환에 불과하다. 그래서 조선의 혁명에도 반드시 국제적인 공통성이 있다는 것이다. 이 또한 누구라도 부인할 수 없는 것"이며, "그렇기 때문에 모든 피압박 민족의 연합전선이 필요한 것이고, 필연적이어야 한다"[61]고 하였다. 류자명은 혁명운동은 시간과 지점과 조건에 따라 변화하기 때문에 1880년대의 러시아와 1920년대의 조선은 비교할 수 없으며, 같은 시대라도 일본의 아나키스트와 조선의 아나키스트는 다르다

59) 「창간사」, 『조선민족전선』(창간호), 1938년 4월 10일(위의 자료집, 56~58쪽).
60) 「조선민족전선연맹 결성과정」, 『조선민족전선』(창간호)(위의 자료집, 59~62쪽).
61) 「조선민족전선연맹 창립선언」, 『조선민족전선』(창간호)(위의 자료집, 51~55쪽).

고 생각하였다. 여기서 그가 한국사회의 모순을 계급모순보다는 민족모순으로 파악하고 있다는 사실을 알 수 있는데, 이런 태도 변화는 계급혁명보다는 파시즘에 대항하기 위한 광범위한 사회계층들의 연대를 중시하는 인민전선과 일맥상통하므로 주목할 만하다.62)

당시 류자명은 한인 독립운동 세력의 단결을 토대로, 중국항일전쟁을 발판으로 삼아, 한인 독립운동을 국제적 반파시즘 투쟁의 차원으로 끌어올리려 하였다.63) 이 과정에서 재중 한인 아나키스트의 국가관에 변화가 찾아왔다. 과거 타도대상으로만 삼았던 국가와 정부의 존재를 부분적으로 인정한 것이다. 뿐만 아니라 민족전선을 수용하면서 사유재산제와 중앙집권적 조직체를 일부 인정하였다. 이는 민족전선의 결성을 통해 민족혁명을 일차적으로 달성하고, 그 다음에 아나키즘사회를 건설한다는 단계론적 구상에 근거한 것이다. 이와 관련해 어떤 연구자는 이런 국가관의 변화를 아나키즘 본령에서의 일탈 현상으로 이해하며,64) 다른 연구자는 민족전선은 '혁명세력의 연합전선'이라는 측면에서 아나키즘의 '자유연합' 조직 원리에 위배되지 않는다고 해석하여 입장 차이를 보인다.65) 민족전선론은 일본과 조선에서는 거의 제기되지 않았다. 왜냐하면 중일전

---

62) 김규광은 「어떻게 전체 민족적 반일통일전선을 결성할 것인가」(『조선민족전선』제2호)에서, "우리의 민족전선이 유럽의 인민전선과 구별됨을 명백히 알아야 한다. 인민전선은 고도로 발달된 자본주의국가 안의 인민대중이 파시스트를 반대 혹은 방지하고 민주주의와 평화를 쟁취하기 위해 일정한 정치강령 아래 결합된 일종의 정치투쟁기구이나 우리의 민족전선은 그렇지 않다. 이것은 전체 민족이 어떤 사회계급이나 정치당파에 속하거나를 막론하고 모두 유일 공동의 적인 일본제국주의를 타도하고 전 민족적 자유해방을 쟁취하기 위해 일정한 정치강령 아래 단결하는 다른 일종의 정치기구이다"라고 설명하였다.
63) 한상도, 「류자명의 아나키즘 이해와 한중연대론」, 『동양정치사상사』 7-1호, 2008년, 152쪽.
64) 이호룡, 「류자명의 아나키스트 활동」, 『역사와 현실』 53, 245~246쪽.
65) 김성국, 「류자명과 한국 아나키즘의 형성」, 『한국사회사상사연구』, 311쪽.

쟁이 발발한 시점은 조선은 물론 일본에서의 한인 아나키즘 운동이 거의
궤멸한 상태였기 때문이다.

1938년 10월 조선민족전선연맹이 한구에서 군사조직인 朝鮮義勇隊를
조직하자 김원봉이 단장으로 선출되었다. 류자명은 지도원의 한 사람으
로 선출되어 전시 대일 선전공작 담당을 맡았다. 김원봉은 "외국 각지에
있는 민족무장부대를 연합하여 통일적인 민족혁명군대를 창건하여 민족
해방 전쟁을 실행한다"는 취지아래 국민정부에 계획안을 제시했으며, 이
것이 받아들여져 조선의용대 창건식이 열렸다. 조선의용대는『朝鮮義勇隊』
를 발행하여 각 전투 지역에서 활동하는 의용대의 소식을 전하였다. 한편
정화암 등 일부 한인 아나키스트들은 안휘성 남부로 이동해 한중합동 유
격대를 조직해 유격전을 폈다. 그들은 한간제거 공작, 학도병귀순 공작,
구미인 포로구출 공작 등 활발한 활동을 전개하였다. 류자명은 조선민족
전선연맹을 기초로 좀 더 민족통일전선을 확대하고자 했다. 민족주의자
와 공산주의자 사이를 부담 없이 왕래할 수 있는 위치에 있었던 그는
1939년 3월 중경에서 한국임시정부와 조선민족전선연맹과의 통일문제를
놓고 협상을 했으나 이견차이를 좁히지는 못하였다.

같은 시기 중국 관내에는 좌익계열의 조선의용대와 우익계열의 광복군
말고도 비록 소수이지만 아나키스트 중심의 韓國靑年戰地工作隊가 있었
다. 전지공작대는 羅月煥 등 아나키즘 계열의 청년이 중심이 되어 1939년
10월 중경에서 조직되었다.[66] 이 조직은『韓國靑年』을 간행했는데, 여기
서 한중 양 민족이 연합해 공동으로 항일의 기치를 걸고 공동의 적을 타
도하자고 주장하였다. 전지공작대의 주요 임무는 중국항전에의 협력, 선
전활동, 첩보활동, 무장부대의 조직, 혁명사상의 고취 등이었다. 얼마 후

---

66) 한국청년전지공작대에 대해서는 박환, 『식민지시대 한인아나키즘운동사』(5장),
    187~225쪽 참고.

나월환이 우파에게 피살당하는 비극이 있었으나 해체되지 않고 계속 활동하였다. 1940년 9월 한국광복군이 창설되면서 전지공작대는 한국광복군 제5지대로 편입되었다. 그리고 1941년에는 조선의용대가 한국광복군에 편입되어 우선 군사 면에서 통일전선이 이루어졌다.

대한민국 임시정부가 중경으로 옮겨가 전열을 정비할 즈음, 류자명과 柳林이 아나키스트를 대표해 임정에 참여했으며, 민족혁명당과 같은 좌익 진영도 임정에 참가하면서 정치면에서도 기본적인 통일전선이 이루어졌다. 그 후 1944년 9월 다시 중경에서 열린 각 혁명당파의 통일회의에서 최종적으로 좌우 모두 임시정부 밑으로 통합할 것을 합의하였다. 각 혁명당파가 임시정부를 중심으로 통합에 이르자 중국 국민당정부의 제안으로 中韓文化協會가 성립되었다. 이 때 국민당정부는 비로소 한국임시정부를 공식 승인하는 계기를 마련하였다.[67]

4. 나오는 말

파금과 류자명은 동아시아 아나키즘운동사에서 마지막 세대의 대표 인물이자 끝까지 아나키즘의 신앙을 지켰던 인물이다. 파금은 초기에 순수한 아나키스트임을 자부했지만 프랑스 유학과정을 거치면서 중국의 실제

---

67) 당시 류자명은 가족들과 중경을 떠나 복건성으로 가서 원예식물을 조사연구하며 농업시험장에서 일하고 있었다. 그러던 중 1945년 8월 일본의 갑작스런 항복을 맞이하였다. 그는 여러 가지 사정으로 말미암아 한국으로 귀국하지 않고, 1946년 3월 대만에 가서 식물원의 학자가 되었다. 그 후 1950년 6월 귀국 길에 올랐으나, 경유지인 홍콩에서 한국전쟁이 발발했다는 소식을 접하고 뜻하지 않게 중국대륙에 남았다. 결국 류자명은 중국 호남성에서 원예학자로서 제2의 인생을 시작했으며, '國際友人'이라는 칭호가 붙여져 주변 사람들의 존경을 한 몸에 받았다.

문제에 깊은 관심을 보이기 시작했고, 『자본주의에서 아나키즘에로』와 같은 이론서를 펴내기도 하였다. 하지만 그는 노동운동이나 농민운동 혹은 아나키스트의 비밀결사에 직접 참여하지는 않았다. 비록 행동이 결여된 아나키스트라는 자책과 고통이 뒤따랐지만 그의 아나키스트로서의 활동은 주로 번역과 창작을 통해 이루어졌다. 특히 그는 방대한 번역작업을 통해 서양의 아나키즘 경전들을 중국에 보급하였다. 이와 달리 류자명은 처음부터 의혈단과 같은 항일테러단체를 이끌면서 파금이 항상 부러워했던 영웅적인 순교자의 모습을 실행에 옮겼다. 사실 대중적 기반이 부재한 외국에서 한인 혁명가들이 항일투쟁을 할 수 있는 방법은 행동을 통한 선전이외에 별다른 방법은 없었다. 파금과 류자명이 평생 우정을 맺을 수 있었던 것도 시대의 양심에 충실했던 파금과 실천가로서의 의연한 모습을 보였던 류자명이 상호 영향을 주고받았기 때문일 것이다.

만주사변에서 중일전쟁으로 이어지는 장기간의 전쟁 상황은 이 두 사람에게 중요한 변화를 가져왔다. 원론적인 아나키스트의 반전노선에서 이탈해 적극적인 항전을 주장한 것이 그것이다. 중국 아나키스트들은 강권과 침략에 반대하기 위한 투쟁이라면 아나키스트도 전쟁에 참여해야 한다는 인식전환이 나타났으며, 혁명전쟁으로 침략전쟁을 반대하자는 주장이나 전민이 항전해야만 전민이 자유로워 질 수 있다는 주장으로 이어졌다. 한인 아나키스트들도 테러활동에서 무장투쟁으로 운동방식이 바뀌는 과정에서 과거에는 생각할 수 없었던 민족전선을 제기하면서 민족주의자와 공산주의자와의 통일전선을 주장하였다. 스페인 내전에서 아나키스트의 인민전선에의 참여가 이들의 노선변화에 결정적 영향을 미친 사실은 무척 흥미롭다. 『경칩』이나 『남화통신』의 여러 기사들은 스페인의 인민전선이 한중 아나키스트의 인식 변화에 어떤 이론적 근거를 제공했는지를 잘 보여준다.

한중아나키스트들은 국민당이나 공산당 혹은 민족주의자와의 결합을 통해 활로를 모색했으나, 전시동원 체제라는 극단적 상황은 자신들의 목소리를 분명하게 내지 못하도록 만들었다. 그들의 항전 주장이나 민족전선론은 항전승리를 통해 우선 민족혁명을 달성하고, 다음에 아나키스트 사회를 건설한다는 단계론적 사고에 근거하고 있었다. 하지만 통일전선 속에서 사상적 독자성을 확보하지 못한다면 민족혁명 자체에 매몰될 여지가 많았다. 그럼에도 불구하고 파금과 류자명은 애국주의에 열광하던 전쟁 시기에도 결코 아나키스트의 국제주의적 연대정신을 버리지는 않았다. 파금이 항일전쟁에 참여한 한인 독립운동가들을 성원하면서 각 민족의 자유로운 삶을 열망한 것이나, 류자명이 항일구국연맹의 활동을 통해 국제적 반파시즘 연대투쟁을 전개한 사실 등 크고 작은 많은 기록들에서 이를 충분히 확인할 수 있다.

류자명과 巴金
- 중국문학의 각도에서 -

김 양 수(金良守)
동국대학교 중문학과 교수

1. 파금은 누구인가

빠진(巴金, 1904~)은 중국현대문학을 대표하는 소설가의 한 사람으로, 쓰촨(四川)성 청뚜(成都) 출신이며, 본명은 리야오탕(李)이다. 봉건적 지주 가정에서 출생했으며, 1920년 청뚜(成都) 외국어전문학교에 입학했다. 그 무렵 5.4운동이 쓰촨성에도 파급되어, 빠진은 아나키즘의 영향을 받게된 다. 1923년 집을 떠나 상하이(上海), 난징(南京) 등지로 가서 아나키즘 활 동에 종사한다. 1927년에는 프랑스에 유학가서 여러 가지 사회사상을 접 하던 중, 인텔리 출신 테러리스트 청년의 고난에 찬 투쟁을 그린 처녀작 『멸망(滅亡)』을 썼다.

귀국 후에는 주로 상하이에 머물면서 창작에 종사했다. 『안개(霧)』(31), 『비(雨)』(33), 『번개(電)』(35)의 애정삼부작 및 대표적 장편소설 『집(家)』 (33)이 이때 씌어졌다. 『집(家)』은 구식 대가족제의 억압 하에서 고통받고 그에 반항하는 젊은이의 모습을 그려, 독자들로부터 커다란 반향을 불러 일으켰다. 고전소설 『홍루몽(紅樓夢)』에 있어 대가정 붕괴의 모티브와도

유사하다. 애초에 신문에 연재되던 때의 제목은『격류(激流)』였으나, 상하
이 카이밍서점(開明書店)에서 단행본으로 발행되면서는『집(家)』이라 이
름 붙여지게 되었고, 당시의 이 판본만으로도 총 32쇄를 인쇄했다고 한
다.1) 중국현대문학사에 있어 본격적인 장편소설이자, 당시의 베스트셀러
이기도 했다.2) 항일전쟁 시기에는 꾸이린(桂林)과 충칭(重慶) 등지를 전전
하며 중화전국문예계항적협회에서 선전활동에 종사하기도 했고, 한편으
로는 장편소설『봄(春)』(38),『가을(秋)』(40) 등을 출판하여,『집(家)』과 함
께 격류삼부작을 완성하였다. 또 국민당통치지역의 현실을 반영한 중편
소설『휴식의 뜰(園)』(44)과『제4병실(第四病室)』(46), 장편소설『추운밤
(寒夜)』(47)을 발표하였다.

중화인민공화국 건국 후에는 중국문학예술계연합회와 중국작가협회
부주석(84년부터는 주석)을 지냈고, 문화사절로 동유럽과 일본 등지를 방
문했다. 이 시기 창작으로는 한국전쟁 종군기「생활은 영웅들 사이에 있
다(生活在英雄們中間)」(53) 등이 있다. 문화대혁명 기간(1966~76)에는 정
치적 박해를 받았고, 77년 복귀한 후 78년 부터는『수상록(隨想錄)』150편
(42만자)을 집필, 마오쩌둥시대 자신의 문학과 생활에 대해 예리한 성찰
을 보여주었다. 당시 그는 문혁기념 박물관을 건설할 것을 제안하였지만,
실현되지는 않았다. 또 중국현대문학관 건설을 제안하였지만, 실현되지는
않았다. 또 중국현대문학관 건설을 제안하여 자신의 원고료와 장서, 잡지

1) 徐麗芳外,『中國百年暢銷書』, 陝西師範大學出版社, 2000, 217쪽
2) 1950년대 후반 北京師範大壑中文系巴金創作硏究小組 학생들의 독자반응조사
    에 의하면 당시 北京의 어느 여학교(女十二中)에서는 巴金의 激流三部曲을 소
    설로 읽거나 영화로 본 학생이 전체의 80%를 넘었다고 한다. 이상의 조사내용은
    北京師範大壑中文系巴金創作硏究小組『論巴金創作評論』을 참고.(애초에는
    『文學硏究』1958년 제3기에 실렸음. 필자는 홍콩 百靈出版社刊 reprint板 124면
    을 참고)

등을 기증하였고, 85년 마침내 완성하였다. 현재는 노환으로 병석에 누워 있는 상태다.

2. 류자명과 巴金의 교유

류자명은 『나의 회억』3)이라는 자서전에서 「파금과 『머리칼의 이야기』」라는 개별적 장을 구성하여 빠진과의 교유를 구체적으로 적은바 있다. 자서전의 내용에 따르면 류자명과 빠진의 교유를 구체적으로 적은바 있다. 자서전의 내용에 따르면 류자명과 빠진의 만남은 시공간상의 구분에 따라 크게 6회 가량 진행된 것으로 보인다. 자서전의 내용을 인용하여 만남의 경우들을 적어보기로 한다.

(1) 쓰촨사람인 덩멍시엔이 차린 상해 프랑스조계지의 화광병원은 무정부주의자들의 연락지점이었고 일본의 무정부주의자들과 통신연락을 하는 곳으로 되었다. 나는 화광병원에서 처음으로 빠진(巴金)을 알게 되었으며 빠진과 덩멍시엔을 통하여 중국의 무정부주의자들을 알게 되었다.(1930년 경으로 추정 : 인용자)

(2) 그후 1930~35년 기간 입달학원 농촌교육과에 있을 때 나는 빠진과 서로 친하게 되었다. 그 때 빠진은 상하이에서 문예창작을 하고 있었고, 그의 아우 리차이전은 입달학원 농촌교육과에서 공부를 하고 있었으며 빠진의 친밀한 벗들인 마종룽과 루어스미는 나와 한 숙사에서 공동생활을 하고 있었다.

---

3) 1984년 遼寧人民出版社刊, 한글본. 이하 『나의 회억』에서 인용하는 경우, 내용은 그대로 옮기되, 표기법은 한국의 상황이나 관례에 맞추어 조정하도록 함.

(3) 1938년 내가 한커우(漢口)에서 조선민족전선연맹과 조선의용대 조직사업에 참가하고 그 해 10월에 의용대를 따라 꾸이린(桂林)으로 가서 칠성암 부근에 있을 때 나는 자주 빠진의 거처를 찾아가곤 하였다. ……그 때 빠진은 샤오산·왕원타오와 함께 꾸이린 동강로 칠성암 부근에서 문화생활출판사를 세우고 문예작품을 출판하고 있었다.

(4) 1942년 내가 영조농장(靈棗農場)에서 일하고 있을 때, 유측충(劉側忠)이 해산을 하게 되어, 나는 세 살난 득로를 데리고 꾸이린 동강로 칠성암 부근의 문화생활출판사 가까이에서 한동안 살았다. 이때부터 빠진·샤오산과 우리의 관계는 더욱 친밀해졌다.

(5) 1944년 7월 나는 조선혁명 각 당파 통일회의에 참가하기 위하여 충칭(重慶)으로 갔다. 그때 빠진과 샤오산은 충칭시 민생로에서 신혼생활을 하고 있었다. 내가 그들의 결혼을 축하하기 위하여 그들의 집으로 찾아갔을 때 빠진은 충칭에서도 유명한 음식점에 가서 나를 초대한 것이었다. 그날 좌석에는 유명한 희곡가 차오위도 있었는데, 그들은 문학예술에 대한 이야기를 하였다.

(6) 일본제국주의가 무조건 투항한 후 내가 타이완에 가서 일하고 있을 때 빠진은 타이베이로 와서 나를 만나고 갔다. …… 한국전쟁이 끝난 후 빠진은 중안인민대표대회 대표로 되었다. 그때로부터 지금까지 나와 빠진 사이의 통신연계는 그칠 사이가 없었다.4)

이상은 류자명에 의한 두 사람의 교유의 기록이다. 빠진과 절친한 사이였던 또 다른 한국인 심용해(沈容海)의 동생 심용철(沈容撤)은 두 사람의 교유에 대해 다음과 같이 말한 바 있다.

류자명과 빠진의 교류가 비교적 많았던 시기는 1930년부터 1935년 사

---

4) 류자명, 『나의 회억』, 156~163쪽.

이였다. 그 무렵 자명은 난샹(南翔) 입달학원 농촌교육과에 있었고, 마종
룽·루어스미와 교사숙소에서 함께 지냈다. 빠진 역시 마종룽과 루어스미
의 친구로, 늘 상하이에서 입달에 왔다. 자명과 빠진은 무릎을 맞대고 이
야기를 나누는 기회가 많았다.[5]

　빠진의 글에는 두 사람의 교유가 어떻게 남아 있을까. 빠진은 중일전쟁
시기 이른바『항전삼부작』이라 불리는『불(火)』을 썼는데, 훗날 쓴 창작
노트「『불(火)』에 관하여」(80)에서 한국인들과의 관계를 자세히 적은 바
있다.

　나는『불』의 제 1부에서 쯔청(子成)·라오지우(老九)·밍성(鳴盛)·용이엔
(永言)과 같은 인물을 창조해 냈고, 그들과 조선인 밀정을 징벌하는 쾌거
를 이루어냈던 것이다. 소설속에서 쯔청은 조선의 민요「아리랑」을 기억
해냈다. 옛날 조선사람들이 우리나라(중국) 만주에서 유랑할 때, 아리랑산
을 넘으며 슬프게 이 노래를 불렀다는 것이다. 나는 1938년 제 4분기 꾸
이린에서 열린 시낭송회에서 김염동지의 여동생 김위여사가 이 유명한 곡
을 부르는 것을 듣고 매우 감동했다. 당시 나는 소설의 제 1장을 쓰고 있
었는데, 이걸 집어넣었던 것이다. 나는 이전에 그 노래에 대해 아는 게 하
나도 없어, 가사를 모두 소설속에 넣고 악보를『문총(文叢)』월간에 인쇄하
는데 있어, 전적으로 한 조선친구의 도움에 의지해야 했다.
　이 친구는 성이 류(柳)이고, 원예가로, 수십년간 학교와 농장에서 일해
왔고, 수많은 원예인재들을 배양해왔다. 그는 당시에 조선출신의 유랑자
들 중에서 명성이 높았다. 나는 상하이(上海)와 꾸이린(桂林 충칭(重慶)·타
이베이(臺北)에서 그를 만났다. 지금도 나는 그와 연락을 계속하고 있다,
그는 후난(湖南)학원에서 학생을 교편을 잡고 있는데, 때로는 인편에 내게
후난지역 토산품을 보내주기도 한다. 40여년 전 그가 일본인에게 쫓기다
상하이로 와서 마종룽의 집에 묵고있을 때, 몇 달 만에 머리가 완전히 하
얗게 세어버린 기억이 난다. 그 집의 주부가 나중에 단편소설「생인처(生
人妻)」를 발표한 작가 루어수(羅淑)이다. 항전초기 루어수는 병으로 사망

---

5) 福建泉州黎明大學, 『巴金文學硏究資料』, (編輯部) 『巴金文學硏究資料』
　 1989年 第2期所收

했고, 우리는 꾸이린과 충칭에서 만나서는 함께 고인을 추모했었다. 그가 몇 번이고 고개를 떨구며 눈가를 훔치던 기억이 난다. 친구 류(柳)는 이미 나이가 80이 넘었으나, 여전히 창사(長沙)에서 일을 하고 있다. 나는 그의 은발머리가 햇빛 아래 반짝이는 걸 보고 있는 듯한 착각이 든다.6)

작가 빠진의 한국에 대한 애정이 잘 드러나고 있다. 문장 속 김염(金焰, 1910~83)이라는 인물은 한국계로, 『대로(大路)』(1934), 『장지릉운(壯志凌雲)』(36) 등의 영화를 통해 1930년대 상하이 영화계에서 최고 스타의 반열에 올랐던 인물이다.7) 님웨일즈(Nym Wales)의 『아리랑(Song of Arirang)』(1941)에도 주인공 김산의 회상을 통해 김염이 등장했던 걸 보면, 이들은 모두 당시에 중국내 한국인 사회에서 상당한 명망을 얻고 있었던 것 같다. 위 글을 통해 보면, 빠진과 류자명 두 사람의 상하이·꾸이린·충칭·타이베이에서의 조우에 대한 기억은 완전히 일치한다. 기록을 보자면 두 사람은 일을 함께 하고 있었던 것 같지는 않고, 평생동안 꾸준히 연락해가면서 중국대륙을 주유(周遊)하다가 가까운 곳에 있으면 찾아가 만나곤 하는 아주 가까운 벗이었던 것 같다. 한편 두 사람의 기록에 공통적으로 등장하는 루어수(羅淑)라는 인물이 있다. 루어수(羅淑)는 앞서 류자명의 자서전에는 루어스미(羅世彌)라 표기되어 있는데, 동일인물이다. 류자명 자서전에 기록되어 있는 루어스미와 그녀의 남편 마종룽, 그리고 류자명 및 빠진의 관계에 대하여 좀 더 보도록 하자.

나(류자명: 인용자)와 마종룽, 루어스미의 우정은 일반 친우와 달라 사상이 서로 같고 투쟁목표도 서로 같았다. 게다가 우리는 전에 함께 사업했고 한집에 살았으므로 서로간의 감정이 몹시 깊었다. 나는 1933년 입달학원 농촌교육과에서 일할 때부터 그들을 알게 되었다. 그때 루어스미는 프랑스에서 마종룽과 함께 상하이로 돌아와 입달학원 농촌교육과에서 사회문제에 관한 과목을 담당하였고 마종룽은 상하이 푸단대학 교수로 있으

---

6) 巴金, 『巴金論創作』, 上海文藝,出版社 1982, 399~400쪽.
7) 김염에 관한 한글자료로는 스즈키 쓰네카쓰, 『상해의 조선인 영화황제』, 실천문학사, 1996과 박규원, 『상아이 올드데이스』, 민음사, 2003 등이 있다.

면서 한주일에 한번씩 입달학원 농촌교육과로 와서 우리와 함께 즐거운 하루를 보내곤 했다. 뿐만 아니라 그는 또 농촌교육과의 학생들에게 사회 문제에 관한 강연도 하곤 하였다. 그 때 마종룽과 루어스미는 우리 부부와 같이 한 숙사에서 함께 생활 하였다. …… 루어스미는 마종룽·빠진과 함께 활동하여온 사회혁명 투사로서 그들은 공통된 사상과 신념을 갖고 있었으며 조국과 인민을 사랑하고 정의와 진리를 위하여 싸웠다. 루어스미는 늘 루어수(羅淑)라는 필명으로 소설을 발표하였다. 그는 1936년부터 빠진과 함께 문예창작에 힘을 기울여 『생인처(生人妻)』, 『귤』 등 작품을 문예잡지에 발표함으로써 문예계의 중시와 독자들의 호평을 받았다.[8]

다음에는 빠진의 기록을 통해 보기로 하자. 「벗 스미를 기념하여(紀念友人世彌)」라는 글의 일부이다.

그녀는 일종의 흡인력이 있어 많은 친구들을 주위로 끌어들였으며, 그들로 하여금 서로 가까워지고 서로를 이해하도록 하였다. 한 조선 친구는 일본인의 추격이 심할 때 상하이에 오면 항상 그녀와 그녀 남편의 환대를 받았으며, 그들의 집에 묵었는데, 그녀가 그를 대신해서 편지를 전해주는 경우도 있었다. 그 친구(조선친구를 말함: 인용자)도 나의 친구였다. 험난한 환경으로 그는 머리카락이 수개월 내 완전히 흰색으로 변했지만, 그의 정신만은 노쇠하지 않았다.[9]

위 내용을 통하여 알 수 있는 것은 류자명-빠진-루어스미-마종룽 네 사람이 절친한 친구이자 동지애로 끈끈하게 결합되어 있었다고 하는 것이다. 특히 빠진은 내셔널리즘적 폭력에 반대하는 아나키스트로서의 입장을 확고히 하고 있었던 바, 당시로서 국가를 빼앗긴 한국인들에게 깊은 애정을 갖고 있었음을 알 수 있다.

---

8) 류자명, 『나의 회억』, 149~150쪽.
9) 巴金, 『懷念集』, 寧夏人民出版社, 1989, 11쪽

3. 巴金 작품 속의 류자명 형상

앞에서는 류자명과 빠진의 교유관계에 대해서 살펴보았다. 두 사람은 아나키즘적 동지애에 입각하여, 50년이라는 세월동안 중국대륙의 각지에서 만나고, 또 헤어지면 우정을 나누었다. 빠진은 1936년 「머리카락이야기(髮的故事)」라는 단편을 발표하는데, 작품속 주인공은 한국인이다. 우선 소설의 줄거리를 알아보기로 하자.

주인공 '나'는 어느날 책갈피에서 우연히 흰머리카락을 발견하고는 김(金)이라는 친구를 회상한다. 김(金)은 중국에서 독립운동을 하는 한국인으로, '나'는 박(朴)을 통해 김(金)을 알게 되었다. 김(金)은 한국독립운동가 4,5명과 함께 적5,60명에게 포위당한 채 저항하다가 동지들은 모두 희생당하고, 자신은 혼자 이틀동안 은신한 뒤 살아남았으나, 그 이틀동안 머리와 얼굴모양이 몰라보게 변해버린다. 작품 속에는 명(銘)이라는 중국 여인이 등장하는데, 명(銘)은 김(金)과 사랑하는 사이로, '나'는 둘이 결혼하기를 권유한다. 그러나 박(朴)은 그들 두 사람이 다른 환경과 다른 생각을 갖고 있으며, 게다가 독립운동을 하고 있는 김(金)으로서는 명(銘)과 결혼하면 분명 서로가 불행해질 거라고 충고한다. 그 때 나는 그런 국가주의적 관념을 가져선 안된다고 하며, 김(金)과 명(銘)이 결혼하도록 재차 권유한다. 두 사람은 결국 결혼을 했고, 명(銘)은 그와 고통을 함께 하겠다면 따라 나선다. 그 때 그녀는 이미 임신중이었다. 명(銘)은 김(金)에 대한 걱정 때문에 쇠약해져 갔고, 김(金)은 친구집에 명(銘)을 맡기고 또 집을 나선다. 그가 없는 동안 그녀는 아이를 출산하고, 김(金)은 집으로 향하지만, 가는 도중 적에게 포위당해 동지들은 모두 죽고 그만 살아남는다. 그리고 명(銘)은 아이를 출산하다 죽게 되고 아이도 함께 사산하였다는 소식을 듣게 된다. 이 일이 일어난 이틀 동안 김(金)의 머리카락과 얼굴모양이 변한 것이다.

빠진의 소설에는 혁명가의 고난에 찬 투쟁을 제재로 한 것이 많다. 이 작품에 등장하는 김(金)이라는 인물에게도 바로 그런 모습이 잘 만영되어 있다. 한국인 혁명가 김(金)은 힘든 항일운동과 부인의 죽음으로 고통스러워하다가 순식간에 머리카락이 하얗게 변하게 되는데, 고통과 시련의 강도를 머리카락을 통해 표현해내려 한 것이다.

다음으로 빠진은 이 작품에서 개인간의 유대와 아이덴터티적 차별성의 문제를 제기하고 있다. 김(金)과 '나'는 친구사이이다. '나'는 김(金)의 생활을 다 알고 있지만, 그들의 사상과 감정을 다 알 수는 없다. 두 개인이 처한 상황과 그들이 속한 국가의 상황이 다르기 때문이다. 작품 속에서 중국인이 편하고 안정된 생활을 하고 있는 동안 한국인은 극도로 불안정한 피신생활을 하며 투쟁을 계속해야 하는 것이다. 또 김(金)이라는 한국 남자와 명(銘)이라는 중국여자의 결혼이라는 상황을 설정한 것도 이와 유사한 맥락에서 파악할 수 있다. 이처럼 친구간에도 부부간에도 국가 아이덴터티의 차이는 존재하지만, 작가는 그 차이를 좁히려 애써 노력한다.

> 오늘 나는 이발을 하고 집에 돌아와서 무심결에 내 머리에도 흰머리가 꽤 많이 나있음을 발견하고는 뽑아냈다. 나는 그 흰머리들을 손에 쥐고서 잠시 들여다보기도 했다. 어제 펴 보았던 책을 펼쳐서 김(金)의 머리카락과 비교해 보았다. 머리카락은 완전히 똑같아, 나 자신도 구별할 수 없을 정도였다. 그러나 사람은 전혀 다른 부류라는 걸 나는 알고 있다. 그런 생각이 들자 괴로웠다. 나는 화가 나서 나와 그의 머리카락을 섞어버리고는 마음속으로 생각했다 : 이렇게 하면 절대 구별 못할 걸. 그러나 심리적 안정은 잠시 뿐, 다시 후회가 일기 시작했다. 내 머리카락과 그의 머리카락을 다시 나눠보고 싶었으나 아무리 애를 써도 되지 않았다.10)

---

10) 『巴金文集』 第9卷, 香港南國出版社, 1970, 13~14쪽

이 작품 「머리카락 이야기(髮的故事)」가 인간의 자유와 존엄을 지키기 위해 투쟁하는 동시대 한국인 혁명가를 모델로 하고 있는 것은, 작품을 일독해보면 누구라도 자연스럽게 알 수 있는 것이고, 또 이는 「『머리카락 이야기』에 대하여」에서는 류(柳)라는 성만 측면적으로 잠깐 언급되었을 뿐, 실명에 대한 언급은 전혀 없다. 류자명의 자서전에는 관련 부분이 있는데, 그 내용을 보기로 하자.

특히 나는 머리칼이 일찍 희어 사람들은 나를 '백발청년'이라고 불렀다. 나를 동정하는 학생들은 아무래도 내가 일제놈들의 압박을 너무 받고 간고한 생활을 하였기 때문에 머리칼이 일찍 흰 모양이라고 하였다. 그때 빠진 아우 리차이전(李柴臣)이 농촌교육과에서 공부를 하면서 이런 이야기를 얻어듣고 빠진에게 이야기해 주었다. 빠진은 동생에게서 들은 이야기를 소설화하여 1936년 4월에 「머리카락 이야기」라는 단편을 발표하였다. 빠진은 이 소설에서 루어스미의 사상성격과 나의 '백발청춘'의 특점을 결합시켜 루어스미의 국제주의 사상을 구가하였고 조선 혁명가들의 투쟁정신을 찬양하였다. 이 소설에서 김(金)의 모델은 나이고 명(銘)의 모델은 루어스미이다.[11]

김(金)의 모델이 류자명일 뿐 아니라, 명(銘)의 모델이 루어스미라는 내용은 다소 의외이다. 물론 두 사람의 사랑과 결혼이라는 상황의 설정은 국제주의적 상상력에 기인한 것이겠지만. 작중인물의 실제모델이 누구인가 라는 문제에 대하여는 일본 연구자 시마타교코(嶋田恭子)직접 의문을 제기했던 바 있다. 그는 빠진에게 직접 서신을 보내어, "「머리카락 이야기」의 주인공은 유서(柳絮: 빠진과 교유했던 또다른 한국인)인가?"라고 질문했고, 회신에서 빠진은 "류자명이다"고 답해주었다.[12] 분명히 작가 본인

11) 류자명, 전게서 159~160쪽.
12) 嶋田恭子, 「巴金と朝鮮人」, 『相浦果先生追悼中國文學論集』, 1992년 12月, 相浦果先生追悼中國文學論集刊行會, 203쪽

의 언급을 통하여 작중인물 김(金)의 모델이 류자명이었음이 밝혀진 것이다.

4. 맺는말

독립운동가 류자명의 중국대륙 내 활동을 중국문학의 시각에서 논하는 것이 본고의 목적이라면, 앞서 열거한 중국 작가 빠진과의 교유에 대하여, 그 성격과 의미 등을 짚어주는 것이 또한 본 절의 소임이 될 것이다.

류자명과 빠진은 1930년대 초반에 교유를 시작하였고, 50여 년에 걸쳐 지속적으로 연락하고 지냈던 것 같다. 본론에서 언급한 바와 같이, 작가 빠진은 류자명을 자신의 작품에 등장시키고 있는데, 이는 각별한 의미가 있는 것이다. 교유가 깊은 단계에 접어들게 되면 작가의 일기나 산문 등에 상대방의 이름이 등장하게 되지만, 소설속 인물로 형상화한 것은 또 다른 차원이라 생각한다.

기실(記實)과 허구(虛構)의 차이는 무엇인가. 상상(想像)이다. 상상이란 무엇인가. 작가가 작품에 자기의 염원을 담아내는 행위이다. 앞에서 두 종류의 자료를 통해 두 사람의 교유를 살펴보았는데, 기실적 성격의 글이 교유의 사실을 기록한 것이라면, 허구적 성격의 소설을 통해서는 두사람의 우정과 동지애의 주면까지도 상상을 통해 확장시키고 있는 것이다.

두 사람이 만났던 1930년대는 어떤 시대였나? 1930년대는 전쟁의 시대였다. 1930년대는 제국주의의 시대이자 민족해방운동의 시대였고, 파시즘의 시대이자 코뮤니즘 운동의 시대이기도 했다. 강자의 탐욕적 침략과 지배의 욕구, 이에 대한 약자의 슬픔·분노·저항과 이들 양자간의 투쟁이 전 세계적 규모로 확산해가던 시기에 빠진은 개인의 자유와 존엄을 위해 아나키스트의 길을 선택했고, 그에게 있어 당시 나라 잃은 한국인들의 독립운동은 숭고한 투쟁으로 받아들여졌던 것이다.

류자명과 빠진 두 사람의 교유는 정치적 이상과 우정의 결합이라는 점 외에도 20세기 전반 한중문학 교류사에 있어 의미있는 사례라 할 수 있다.

柳子明和巴金-中国文学的泰斗

김 양 수(金良守)

東國大學校 中文學科 教授

柳子明在『我的回憶』自傳中，將"巴金和(『發的故事』)"作爲單獨的一 章詳盡記述了和巴金的交友過程，根据自傳的內容來看，柳子明和巴金的見面，根据時間空間的區分大致有6次，但自傳中引用的見面次數并不多。

從兩人无政府主義同志的友情入手，記述了50年歲月中，他們在中國各地的相見又分手的友情，巴金在1936年發表了名爲『發的故事』的短篇小說，作品中 的主人公卽爲韓國人。

在巴金的小說中，革命者在困難中堅持斗爭的題材很多，在這一作品中出現的姓金的人物也是反映這种形象。韓國的革命者金氏，在艱辛的抗日斗爭中，在夫人离別的巨大痛苦中，一夜間頭發全白了，其痛苦和艱辛的程度從頭發表現出 來。

接着，巴金在這一作品中，將个人間的紐帶和整体的差別記述出來，作品講述了中國人過着和平安定的生活， 而韓國人却在极度的不安中過着到處躱藏的生 活，却依然堅持斗爭。另外從金氏韓國人与叫銘的中國女子相識結婚的場面中也体會到這一脉絡，盡管朋友間、夫妻間、國家間都存在着差异，但作者盡量將這 些差別避開了。

柳子明和巴金在1930初開始交友，此后50年間持續地交往着。本論中所提 到的作家巴金將柳子明作爲自己作品中的人物來寫，這中間有着特別的意義。当友情深至一定的階段，作家會在自己的回憶和散文中將對方的名字用在里面，但在小說中要考慮到人物的形象和其他因素。

作家在自己的作品中，浸透着自己的意愿，巴金一邊將2人的交友事實寫入作品，通過小說的虛构，將2人的友情、同志之情，以及對周邊环境進行了深入地 描述。

2个人相遇的1930年代，是个怎樣的年代呢？是个戰爭的年代，是帝國主義的時代，是民族解放運動的時代也是法西斯和共產主義運動的時代。强者貪婪的掠奪、侵略、支配，弱孝在痛苦中憤怒、抵抗兩者的斗爭在全世界展開。在這樣的時代里，巴金爲了个人的自由和尊嚴選擇了无政府主義，他從失去國家的韓國人的獨立運動中，看到了崇高的斗爭，通過柳子明這樣眞實的人物將自己對自由、自尊的認識表現出來。

從這点看，柳子明和巴金的交友，除了是政治上的理想和友誼的結合之外，也能說是20世紀上牛叶，中韓兩國文化交流史中的一段意義深刻的佳事。

한·중 연대의 국제주의자 류자명

한 상 도(韓相禱)
건국대학교 사학과 교수

1. 머리말

무정부주의 남화한인청년연맹(南華韓人靑年聯盟) 간부, 난징(南京) 동류
진(東流鎭) 동류농장(東流農場) 기사, 키는 158cm정도, 앞니 두 개가 금니,
난징에 거주하며 난샹(南翔) 입달농학원(立達農學院) 교사로 봉직하여, 월
3·4회 왕래하고 있다.[1]

위의 기록은 상하이 주재 일본총영사관 경찰부 제2과에서 조사한 ─
1937년 12월 12일 현재─ 류자명의 신상에 관한 내용이다.

류자명(柳子明, 1894. 1. 13~1985. 4. 17)은 임시의정원 의원·의열단 단
원·조선혁명자연맹 대표·조선민족전선연맹 이사·조선의용대지도위원회
위원 등으로 활동한, 중국관내지역 독립운동의 대표적인 지도자 중의 한
사람이었다.

1919년 상하이로 건너가 독립운동에 투신한 그는 근대사회과학 지식을
수용하여, 자신의 민족운동관을 체계화해 갔고, 중국의 진보적 지식인들

---

1) 社會問題資料硏究會 편, 『思想情勢視察報告集』 9, 京都: 東洋文化社, 1974,
   121쪽.

과 폭넓게 교류하였다. 그리하여 중국관내지역 한인독립운동 진영을 대표할 수 있는 이론가의 한 사람이 되었다.

특히 1937년 중일전쟁이 일어난 후에는 한인독립운동 진영의 통일운동을 이끄는 한편, 중국항일전쟁을 민족해방과 조국독립을 위한 절호의 기회로 파악하고, 한·중 연합 공동항일의 이론적 근거를 제시하였다.

그는 중국인사회로 들어가 그들과 함께 생활하며, 반제·반일이라는 정치적 지향 이전에, 인간으로서의 자유와 평등의 정의를 실현하고자 하는 삶에 대한 공감과 연민을 공유하였다. 이와 같은 면모는 지사(志士)적인 풍모를 보여준 인품과, 농학자 및 사회과학도로서의 수준 높은 지식과 학자적인 탐구자세 등이 밑받침되었기 때문에 가능한 일이었다.

일반적으로 중국대륙에서 활동한 대다수의 독립운동가들이 중국어에 능통하지 못하고, 중국인사회 속의 외국인으로서 고립적인 삶을 살아갔던 데 반하여, 류자명은 중국어 회화와 문장에 능숙하였고, 중국인 친구 및 동지들과 국적을 초월하여 인간적인 신뢰를 나눌 수 있었다. 청싱링·바진 등 거물급 인물들과의 우정과 신뢰는, 외국인이라는 제약을 딛고 중국사회 내에서도 지도적인 역할을 할 수 있는 힘이 되어 주었다.

이러한 류자명의 중국사회 적응력은 눈여겨보아야 할 대목이다. 아나키즘과의 만남, 중국측 인사들과 교류하고 그들과의 활동에 적극 동참함으로써 자신의 활동공간을 넓혀갔던 사실, 일제 패망 후 중국사회에서 새로운 자신의 삶의 궤적을 남길 수 있었던 사실 등은, 자신의 앞길에 펼쳐지는 새로운 상황에 적응하며 이를 앞질러 나가려 하기까지 한 그의 진취적이고 적극적인 세계관의 반영으로 해석될 수 있다. 이 같은 류자명의 면모는 '세계화·국제화' 시대로 일컬어지는 오늘의 우리에게 새롭게 다가오고 있다.

2. 독립운동 투신

류자명은 1894년 음력 1월 13일 충주군 이안면(利安面) 삼주리(三洲里, 현재의 영평리 이류면)에서, 부친 유종근(柳種根)과 모친 이씨(李綺魯)의 삼남매 중 막내로 태어났다. 어릴 때 이름은 홍갑(興甲)이며, 학생 때의 이름은 홍식(興湜)이었다. '자명'이란 이름으로 널리 알려져 있는데, 호는 우근(友槿)이었다. 우생(友生)·이청(李淸)·홍준(興俊)·홍근(興根)이란 이름도 사용하였다.

1910년 11월 이난영(李蘭永)과 혼인하였다. 슬하에 기용·기형 형제를 두었고, 손주 인광·인호·경자·인탁·인상·영희·인각·인문·인국·근식을 두었다. 1911년 충주공립보통학교(현재의 충주교현초등학교)를 졸업하고, 서울의 연정학원(硏精學院)을 거쳐, 1912년 수원농림학교(水原農林學校)에 입학하였다. 1916년 졸업 후 충주간이농업학교(현재의 충주농업고등학교) 교원으로 취직하여, 보통학교 4학년 농업과 담임을 맡았다. 3·1운동이 일어나자 만세운동을 계획하였으나, 충주경찰서에 탐지됨에 따라, 보통학교 동창 황인성(黃仁性)의 도움을 받아 서울로 피신하였다.

1919년 6월 신의주를 거쳐 상하이로 건너가, 여운형(呂運亨)의 소개로 신한청년당(新韓靑年黨) 비서로 활동하였다. 그는 신채호(申采浩)의「임진왜란과 이순신 장군에 관한 역사」강연을 듣고, 크게 감명 받고, 이후 신채호를 존경하며 친밀한 관계를 유지하였다.[2]

또 크로포트킨의『상호부조론(相互扶助論)』,『한 혁명가의 회억』『러시

---

2) 그는「朝鮮的愛國歷史學者申采浩」,『世界史硏究動態』1981년 제2기에서, "신채호는 역사를 연구하는 것이 애국주의사상을 드높이는 중요한 지름길이라고 생각"했으며, "개개인이 자기조국의 찬란한 역사를 인식하여야 비로소 애국주의사상을 발양할 수 있다고 강조하였다"고 평가하였다.

아 문학의 현실과 이상』 등을 읽으면서, 아나키즘에 공감하였다. 그는 크로포트킨의 상호부조론이 일제침략에 반대하는 근거가 된다고 생각하였으며, 당면한 한국사회는 계급모순보다 민족모순이 우선이라고 생각하였다.

1) 의열단 활동 참여

1922년 4월경 그는 베이징(北京)으로 가서 신채호·이회영(李會榮) 등과 교유하였으며, 그해 겨울 영어를 배우기 위해 톈진(天津)으로 갔다. 이 곳에서 의열단의 김원봉(金元鳳)·이종암(李鍾岩)과 인연을 맺게 되었다. 그는『의열단간사(義烈團簡史)』를 저술하여 의열단의 정체성 확보에 일조하는 한편, 통신연락 및 선전활동을 주관하였다.

이 시기 류자명의 의열단 활동에 대해, 김성숙(金星淑)은 "김원봉은 앞에 내세운 사람이고 실제 일을 한 사람은 그 사람"이라고 회고하였다.[3] 정화암(鄭華岩)도 이 무렵 의열단에서 발표한 문건은 대부분 류자명이 작성한 것이라고 증언함으로써,[4] 류자명의 역할과 영향력이 지대했음을 지적하였다.

그는 "일제가 한국을 식민지화하고, 인민을 탄압·학살함에 있어서는 국가권력에 대한 반대는 일제에 대한 반대를 의미하며, 일제 침략원흉의 암살과 일제 통치기관의 폭파는 곧 반일 애국행동"이라는 논리로, 의열단의 투쟁노선을 정당화하였다.

류자명은 의열단원의 진보적인 사고 형태를 아나키즘적인 것으로 이끌었다. 이는 「조선혁명선언(朝鮮革命宣言)」을 통해 그 일단이 드러난다. 1922년 겨울 김원봉은 베이징의 신채호를 방문하여, 의열단의 행동강령

---

3) 이정식 면담, 감학준 편집·해설,『혁명가의 항일회상』, 민음사, 1988, 80쪽.
4) 위의 책, 281쪽.

및 투쟁목표를 성문화해 주도록 요청하였다. 김원봉의 신채호 방문은 류
자명의 조언이 주효했던 것으로 알려진다. 류자명은 신채호의 「조선혁명
선언」 집필도 도왔다.

1924년 1월 중국국민당의 제1차 전국대표대회가 개최되어, 김원봉이
광둥성(廣東省)에서 의열단원의 황포군관학교(黃埔軍官學校) 및 중산대학
(中山大學) 입학을 모색하던 무렵에는, 그가 의열단의 의열투쟁을 주도하
였다. 1925년 3월의 일제밀정 김달하(金達河) 처단과 1926년 12월의 나석
주의거(羅錫疇義擧)는 그의 지도하에 결행되었다.

2) 중국국민혁명 체험

「광주(廣州)를 떠나면서」(二)(三)[5]에 따르면, 그는 1924년 1월 중국의
제1차 국공합작(國共合作)의 성립과, 그 소산으로 설립된 황포군관학교(黃
埔軍官學校)의 개교에 기대감을 가졌다. 그는 "북벌(北伐)을 시작한 뒤로
혁명군이 일사천리의 세(勢)로 장강(長江) 이북까지 승승장구하고, 강남
각지에 청천백일기(靑天白日旗)가 휘날리며, 도처에서 민중이 환호하게
된 것은 북벌군이 '황포정신(黃埔精神)'을 발휘한" 결과라고 평가하였다.

그는 황포정신을 "죽기를 무서워하지 않고, 돈을 사랑하지 않고, 사람
을 강제로 징발하지 않고, 군량미를 징수하지 않고, 민가에 들어가지 않
고, 하나로써 백을 대적하는 정신"이라고 설명하였다.

그러나 1927년 4월 12일 중국국민당 우파세력이 좌파 및 공산당 세력
을 제거하는 정변을 일으키고 남경국민정부(南京國民政府)를 수립하자,
당시 김원봉(金元鳳)과 함께 광저우(廣州)에 머물던 그는 "맑게 개었던 하

---

5) 『조선일보』 1927년 6월 5·6일, 석(夕).

늘에 돌연히 검은 구름이 감돌고, 천지가 암흑으로 변하는 것을 본 나는 비통한 감정을" 품었다고 하였다. 또 "어제 날의 동지가 오늘은 원수로 변하고, 어제 날의 혁명자가 오늘은 반혁명자로 되었다"6)고, 제1차 국공합작의 파국과 중국국민혁명의 동족상잔을 안타까워하였다.

"계엄은 연일 계속되고 백색테러는 날로 농후하여진다. 계엄사령부의 포고와 공안국(公安局, 경찰국)의 포고는 하루에도 두 세 번씩 갈아 붙고, 신문지·게시판·벽·전주·가로수에는 '타도 공산당' '숙청 공산당'의 표어·구호가 '타도 장작림' '타도 제국주의'의 표어·구호에 대체되고, 어느 대학 기숙사에서는 학생이 얼마 잡히고, 어느 공회(工會, 노동조합)에서는 공인(工人, 노동자)이 몇 십 명·몇 백 명이 죽었고, 어느 농민군은 반항을 어떻게 하고, 스추안(四川)에서는 공산당을 어떻게 숙청하고, 쥬쟝(九江)·난창(南昌)에서는 공산당을 어떻게 처치하였다는 소식이 날마다 들린다."

"중국의 혁명은 이것이 정(正)히 위기에 있다. 어제에 공동 협력하여 적을 대하던 혁명군은 오늘 벌써 서로 반혁명으로써 죄를 가하게 되고, 총부리를 서로 마주대게 된다."7)는 소회처럼, 국민당 우파의 공산당 탄압을 목도한 그는 심한 좌절감과 비통함을 느꼈던 것 같다.

기대가 컸던 만큼 실망도 컸으리라. "혁명세력이 정당으로써 분할되는 때에 혁명 그것은 좌절되고, 정권을 잃은 정당은 구세력 아래에서보다도 더욱 참화(慘禍)를 당하는 것은 역사가 가르치는 사실이다"8)라는 지적은 동족상잔의 현장에서 느낄 수 있는 센티멘탈리즘을 뛰어넘어, '혁명이 곧 정치'였다는 사실을 일깨워 주는 듯하다.

그의 비통함은 중국국민당에 대한 신랄한 비판으로 이어졌다. 그러하

---

6) 류자명, 『나의 회억』, 심양: 료녕민족출판사, 1988, 98쪽.
7) 광동(廣東)에서 류자명(柳子明), 「적색(赤色)의 비통(悲痛): 명 15일(明十五日) 이후(以後) 사실(事實)」상(上), 『조선일보』 1927년 5월 12일 석(夕).
8) 위와 같음.

기에 "국민당에 들어가는 것으로 일종의 승관발재(陞官發財)의 길로 삼고, 삼민주의(三民主義)를 문무관 시험의 하나의 과제로 학습하는 당원이 다수인 것은 사실이다. 지도자의 열(列)에 있는 자까지도 혁명이 어떠한 것인지를 모르고, 민중을 위하고 혁명을 위한다는 구실 하에서 기실은 민중과 혁명을 자기의 이익을 위하여 희생시키려는 자가 있는 것이다"9)라고 분노하였던 것이다.

3) 중국의 이상촌 건설운동 참여

이후 그는 우한(武漢)으로 이동하였는데, 1927년 여름 우한에는 류자명·김원봉·이검운(李檢雲)·권준(權晙)·안재환(安載煥) 등의 의열단원 및 진보적 인물들이 집결해 있었다. 그는 중국·인도·한국의 반제·반일민족운동가들이 결성한 동방피압박민족연합회(東方被壓迫民族聯合會)에, 김규식(金奎植)·이검운과 함께 '한국대표'로 참가하였다.10)

1928년 2월 28일 이튿날로 다가 온 '3·1운동 기념'을 위한 회의 도중, 그는 우한경찰국에 체포되었다. 무한주재 일본영사관에서 "공산당들이 회의를 하고 있다"고 거짓 신고하였다고 한다. 8월 말 임정과 한인교민단체의 노력으로 석방된 그는 곧 난징(南京)으로 옮겼다.11)

이후 중일전쟁 발발 때까지, 그는 난징·상하이·취앤저우(泉州) 등지를 무대로 아나키즘운동의 일환으로서 중국의 '이상촌(理想村) 건설운동'에 몰두하였다. 1929년에는 중국인 친구 위앤샤오시엔(袁紹先)의 요청으로

---

9) 위와 같음.
10) 『나의 회억』, 101~102쪽.
11) 류전휘, 「나의 아버지 류자명에 대한 회억: 한 한국인사가 호남과 맺은 인연」, 『중원문화연구』 14, 충북대 중원문화연구소, 2010, 310쪽.

'한복염열사기념농장(韓復炎士紀念農場)'에서 농업생산을 지도하였고, 1930년에는 천판위(陳範豫)의 요청으로 푸젠성(福建省) 취앤저우의 여명고중(黎明高中)에서 생물학을 가르치는 한편, 취앤저우지방의 열대식물에 대하여 연구하였다.

1931년 봄부터는 유명한 교육자 쾅후성(匡互生)이 상하이에 설립한 입달학원(立達學院)에서 농업과목과 일본어를 가르쳤다. 당시 입달학원에는 주광치앤(朱光潛)·저우웨이췬(周爲群)·류쉰위(劉薰豫)·펑즈카이(豊子愷)·샤가이준(夏丏尊)·예성타오(葉聖陶)·샤옌(夏衍)·후위즈(胡愈之)·저우위통(周豫同)·류다바이(劉大白)·천즈포(陳之佛)·주즈칭(朱子淸)·선옌빙(沈雁冰)·정전두어(鄭振鐸)·선중쥬(沈仲九)·천판위 등의 저명인사들이 교편을 잡고 있었는데, 이들과의 동지적 연대관계는 이후 류자명의 중국생활에 큰 도움이 되었다고 한다.12)

입달학원 시기 그의 모습을 전하는 내용으로, 「巴金과 '머리칼의 이야기'」에는 다음과 같은 대목이 있다.

> 입달학원 농촌교육과 학생들은 나를 '신비한 사람'이라고 하였다. 특히 나는 머리칼이 일찍 희어져 사람들은 나를 '백발청년'이라고 불렀다. 나를 동정하는 학생들은 아무래도 내가 일제놈들의 압박을 너무 받고 간고한 생활을 하였기에 머리칼이 일찍 흰 모양이라고 하였다.13)

입달학원에 근무하며, 그는 류기석(柳基石)·정해리(鄭海理)·안공근(安恭根) 등과 함께 남화한인청년연맹(南華韓人靑年聯盟)을 결성하였다. 류자명은 남화한인청년연맹의 의장 겸 대외책임자로 선출되었다. 1931년 11월 중순에는 동방무정부주의자연맹(東方無政府主義者聯盟) 간부 왕야차오

---

12) 위의 글, 311~312쪽.
13) 『나의 회억』, 159쪽.

(王亞樵)와 화쥔스(華均實)의 제안으로 결성된 항일구국연맹(抗日救國聯
盟)에도 참가하였다.

1934년 봄 그는 쾅후성의 친구이자 호종남(胡宗南)부대 참모장인 장성
보(張性伯)로부터 난징근교 칭롱산(靑龍山)에 있는 제일농장(第一農場) 관
리를 요청받고, 입달학원 고등학교 교육과정의 농촌청년과 3학년생 5명
을 데리고, 1년여 동안 제일농장에서 농사를 지었다. 이때 칭롱산에서 훈
련 중이던 의열단이 운영하는 조선혁명군사정치간부학교(朝鮮革命軍事政
治幹部學校) 입교생들을 상대로 강연을 하기도 하였다. 1935년 6월 입달
학원을 떠나 난징으로 가서, 중국정부 건설위원회(建設委員會) 산하의 농
촌위원회에서 마련한 동류실험농장(東流實驗農場)으로 옮겨 원예를 지도
하였다.

3. 중일전쟁기 독립운동과 한·중 연대활동

1937년 7월 7일 중일전쟁이 발발하자, 한인들은 이를 민족해방과 조국
광복의 '호기(好機)'로 판단하였다. 그들은 중국의 승전이 한국의 독립을
담보해 줄 것으로 믿었다. 한인독립운동 진영에서는 중국 측에 대해 항일
투쟁의 성과 및 혁명역량 등을 선전하며, 한·중 연대의 항일투쟁을 역설
하였다. 같은 시기 중국정부 측에서도 중일전쟁의 확대와 장기화에 대비
하여 한인들의 항일투쟁 역량을 수용하기로 결정하였다.

한인 진영 내부에서는 협동과 단결의 통일운동이 시도되었고, 새로운
협동전선의 조직을 추진한 결과, 조선민족혁명당(朝鮮民族革命黨)·조선민
족해방동맹(朝鮮民族解放同盟)·조선혁명자연맹(朝鮮革命者聯盟)의 좌파 민
족주의자그룹은 12월 초순 한커우(漢口)에서 조선민족전선연맹(朝鮮民族

戰線聯盟)을 창립하였다.

같은 시기 한국국민당(韓國國民黨)·'재건' 한국독립당(韓國獨立黨)·조선혁명당(朝鮮革命黨) 등 우파 민족주의자그룹은 한국광복운동단체연합회(韓國光復運動團體聯合會)를 결성하였다.

류자명은 자신이 쓴 조선민족전선연맹 창립선언문에서 "조선혁명은 민족혁명이고, 그 전선은 '계급전선(階級戰線)'이나 '인민전선(人民戰線)'이 아닐 뿐 아니라, 프랑스나 스페인의 이른바 '국민전선(國民戰線)'과도 엄격히 구별되는… 민족전선(民族戰線)"14)임을 천명하고, 한·중 연대를 통한 항일투쟁역량의 집중, 국제적 반일세력과의 연대를 강조하였다.

조선민족전선연맹의 최고기구는 이사회였는데, 김원봉이 자금과 지휘를 맡았고, 류자명(선전부)·한빈(韓斌, 정치부)·이춘암(李春岩, 경제부) 등이 중심역할을 하였다. 또 중국군사위원회 정치부 인원 4명과 조선민족전선연맹 대표 김원봉·김학무·김성숙·류자명으로 구성된 조선의용대 지도위원회(朝鮮義勇隊指導委員會)의 일원으로서, 조선의용대 활동 전반에 대해 기획하고 결정하였다.

그는 독립운동세력 간에 반목·대립하는 현실을 지적하여, "혁명운동의 확대에 수반되는 이러한 현상도 점차 감소할 것으로 확신한다. 다만 이같은 과도기적 현상이 전혁명에 미치는 영향이 적지 아니하므로 이 과도기를 단축시키기에 노력해야 할"15) 것이라고 촉구하며, 그 자신 민족협동전선운동에 적극 참여하였다. 그리고 이를 위한 방안으로써 한·중 연대에 기반한 항일역량의 집중, 국제적 반일세력과의 연대를 강조하였다.

『조선민족전선』「창간사」의, "조선민족의 문제도 또한 전세계 문제의 일환이다. 더구나 중·일 양국 간과 러·일 양국 간의 국제관계에서, 이는

---

14) 「朝鮮民族戰線聯盟創立宣言」, 『朝鮮民族戰線』 창간호, 1938. 4. 10, 14쪽.
15) 위의 글, 15쪽.

특별하고도 중요한 지위를 차지하는 것이다. 1894년의 중일전쟁 및 1904
년의 러일전쟁은 모두가 조선 문제가 도화선이 되었다. 그리고 중국과 러
시아의 패배는 조선이 일본에게 병합되는 결정적인 조건이 되었다."16)

"중국의 항전이 만약 실패한다면, 조선민족의 해방은 기대할 수 없을
정도로 막막하게 될 것이고, 조선민족의 노력 여하도 또한 중국민족의 최
후 승리에 영향을 줄 것이다. 과거 중국과 조선 양 민족이 받은 치욕과
손실은 반드시 우리들이 공동으로 책임져야 하므로, 공동의 적을 타도하
고 동아시아의 평화를 정립시켜야 하는 것도 중국과 조선 양 민족의 공동
적인 사명이다"라는 내용은 그의 국제정세 인식의 일단을 보여준다.

중국·일본·러시아로 대표되는 동북아시아 강대국 간의 이해관계가 '조
선 문제(朝鮮問題)' 즉 한반도의 정치상황과 밀접한 관계가 있음을 간파
한 그의 식견은 성리학적 지식체계에 기반한 지식인이나 농학자의 면모
를 뛰어넘고 있다.

제국주의 침략 및 강대국 간의 영토 분할이라는 국제질서의 기본이치
를 깨닫고 있었던 그는 중국항일전쟁 승리를 한국의 해방과 독립을 담보
해줄 수 있는 결정적인 요인으로 설정하였다. 따라서 한·중 연대의 공동
항일 투쟁노선에 입각한 한인 진영의 통일과 중국항일전쟁에의 적극 참
여는 곧 중일전쟁 이후 일제 말기 재중 한인독립운동이 나아가야 할 방향
이었던 것이다.

이와 함께 "절대로 이 연맹을 조선 혁명대중의 상위 영도단체로 만들
려는 것이 아니고, 단지 연맹을 가장 완전하고 만족할만한 통일전선의 한
출발점으로 만들 생각이며, 이로써 장차 전선의 통일운동에 더욱 노력하
고자 하는 것이다. 그리하여 가장 원만한 통일전선을 실현하기를 기대하
는 것이다."17)

---

16) 「創刊辭」, 『조선민족전선』 창간호, 1938. 4. 10, 1쪽.

"다른 하나는 우리는 이러한 통일전선이 일본제국주의를 타도하는 투쟁과정 속에서 지지를 얻어낼 수 있다고 깊이 믿을 뿐만 아니라, 장차 독립·자유·행복한 국가를 건립할 때, 또한 각 당·각 파의 공동노력이 필요하다고 본다. 왜냐하면 이렇게 함으로써 비로소 조선민족의 진정한 자유와 행복한 생활을 가져올 수 있다고 보기 때문"[18]이라는 견해는 협동전선운동관의 핵심을 잘 보여주었다.

독립운동세력의 단결과 협동은 일본제국주의를 물리치고, 자주적인 민족국가를 건설하기 위한 관건(關鍵)과도 같은 조건이었던 셈이다.

1938년 겨울 헝산(衡山)·헝양(衡陽)·사오양(邵陽)을 거쳐 궤이린(桂林)에 도착한 다음, 1940년 3월 다시 아내 류저중(劉則忠)과 더루(得櫓, 1939년생, 북경과학기술대학 재료물리학과 교수 정년퇴임)·잔훼이(展輝, 1942년생, 호남대학 건축학과 교수 정년퇴임) 두 아이를 데리고, 선중쥬(沈仲九) 등 중국인 친구들이 있는 푸젠성(福建省)으로 갔다. 그리하여 푸젠성정부 농업개진처(農業改進處)의 원예시험장 원예과 주임으로 근무하였다.

1941년 12월 충칭(重慶)의 푸단대학(復旦大學) 교수 마종룽(馬宗融)으로부터, 회교구국협회(回敎救國協會)에서 농업기술원을 양성하기 위해, 궤이린(桂林)의 산지를 개간하여 영조농장(靈棗農場)을 만들려 하는데, 이를 지도해달라는 요청을 받고, 다시 궤이린으로 갔다. 이후 충칭을 무대로 전개된 독립운동에도 참여하였다.

1944년 가을 궤이린이 함락될 위기에 처하자, 푸젠성정부 비서장으로 있던 청싱링이 푸젠성은행 궤이린지점 측에 류자명 가족을 데리고 나올 것을 부탁하여, 간신히 위기에서 벗어날 수 있었다고 한다.[19]

---

17) 위와 같음.
18) 「朝鮮民族戰線聯盟結成經過」, 『조선민족전선』 창간호, 1938. 4. 10, 2쪽.
19) 류전휘, 앞의 글, 314~314쪽.

당시 청싱링(程星齡)이 강락신촌(康樂新村)을 각지에 개설하여 푸안현 (福安縣) 계병농장(溪柄農場)을 '제2촌'으로 삼고, 류자명을 그 준비처 주임으로 임명하였다. 당시 주민들의 기억에 의하면,

> 누구도 유 선생이 화를 내거나 한 마디라도 큰 소리 치는 것을 본 적이 없다. '焱'이라는 이름의 어린아이가 있었는데, 일찍이 유 선생의 방문을 두드리며 '할아버지, 할아버지'(당시 유 선생의 머리는 이미 전체가 은실과 같아서, 아이들은 습관적으로 그를 그렇게 불렀다)하고는 부르면, 그는 문을 열고 어린아이를 안고 들어가 요람에 뉘였다. '할아버지 흔들어 주세요' 하고 재촉하면, 유 선생은 '허허' 웃으며 흔들어 주었다. 그는 언제나 아이들을 그렇게 대하였다.
>
> 또 사람들은 그의 부인 류저중을 '사모님'이라고 불렀고, 아이들은 그녀를 '큰 사모님'이라고 불렀다. 그녀는 광동인으로 유 선생과 함께 동분서주하였다. 어릴 때부터 그녀는 아주 민첩하고 꼼꼼하게 일하였다. 그녀와 유 선생은 모두 순박하게 손님들을 맞이하였는데, 오랫동안 만나지 못했던 친구가 찾아오면 친히 향기롭고 달콤한 케익을 만들어 대접하였다.[20]

이렇듯 류자명은 고상한 인격의 소유자로서 늘 성실하였으며, 인도주의 정신으로 중국인민을 사랑하였고, 그 또한 중국 인민의 사랑을 받았다. 어려웠을 때 그와 교류했던 청싱링은 "그는 중국인민의 가장 친밀한 벗이었다." "류자명 선생의 숭고한 애국주의정신과 국제주의정신은 영원히 우리들이 배워야 할 가치가 있다"고 평가하였다.

---

20) 謝眞, 「深切懷念柳子明先生」, 載蔣剛·王江水 主編, 『懷念集選編』, 泉州平民中學, 民生農校校友會, 1995, 66쪽.

4. 일제 패망 후 원예학 연구와 망향의 세월

1945년 8월 그는 푸안현에서 광복을 맞이하였다. 그때의 심정을 "나는 비록 동포들과 한자리에서 해방의 기쁨을 나누지 못하였지만 서울에서, 나의 고향에서 해방의 기쁨을 이기지 못하여 감격의 눈물을 흘릴 나의 동지들, 나의 동포 형제들을 생각하면 가슴이 뜨거웠다"고 회고하였다.

1978년 심극추(沈克秋)에게 보낸 편지21)에서, 그는 "일본이 투항할 때 중경의 동포들과 함께 귀국하지 못했습니다"라고 하면서, 자신이 모국으로 돌아가지 못하였음을 가슴 아파하였다. 일제패망 시, 그는 푸젠성에 있었기 때문에 귀국 노선을 찾을 수 없었고, 부득불 동지들과 함께 타이완(臺灣)으로 떠났던 것이다.

절친한 친구인 선중쥬(沈仲九)가 타이완 행정장관공서의 고문으로 발령이 나면서, 류자명도 천이(陳儀) 행정장관으로부터 타이완 농림처 농사실험장 원예학과 주임으로 초청받아, 타이완으로 건너가게 되었던 것이다.22)

1946년부터 1950년 6월까지 대만성 농림처 기술실주임·합작농장관리소 주임 등으로 근무하면서 타이완의 농업개혁 방안을 모색하였다. 이 시기 그는 「합작농장과 농업합작의 여러 가지 형식」23) 등의 논문을 발표하였다.

타이완 체류 시절 류자명은 한국영사관 총영사 민석린(閔石麟, 민필호)과 자주 접촉을 가졌고, 1950년 1월 정화암과 함께 귀국 신청을 하였다. 하지만 원적이 '난징(南京)'으로 되어있는 관계로, 반년 후에야 비자를 발

---

21) 류자명 자료집 간행위원회 편, 『류자명 자료집』1, 독립운동편, 충주시·충주MBC, 2006, 175쪽.
22) 류전휘, 앞의 글, 315쪽.
23) 「合作農場與農業合作的種種形式」, 『臺灣農林』제1기.

급받을 수 있었다.

당시 타이완에서는 5호연보제(五戶聯保制)를 실시하여, 가정마다 '국민신분증(國民身分證)'이 있어야 했기에, 류자명은 '중국인' 신분으로 신청하여 신분증을 수령하였다. 그러기에 한국으로의 귀국을 위해서는 국민신분증을 취소하고 출국증을 받아야 했는데, 이 수속을 밟는데 무려 반년이 소요되었다고 한다.[24]

1950년 6월 25일 저녁, 천신만고 끝에 그의 가족은 서울로 들어가는 비행기를 타기 위해 홍콩에 도착하였다. 하지만 한국전쟁이 이들의 귀국을 가로막았다. 조국과 고향을 가슴속에 묻을 수 밖에 없었던 그는 세 가지 선택의 기로에 섰다. 타이완으로 돌아가는 것, 홍콩에 눌러앉는 것, 그리고 중국대륙으로 돌아가는 것 중에서, 그는 중국대륙으로 돌아가는 길을 택하였다.

후난성 부성장을 지내는 청싱링 등의 도움으로, 7월 그의 가족은 창사(長沙)에 도착하였다. 이후 그는 호남농학원(湖南農學院) 교수로 새로운 삶을 시작하여, 저명한 농학자로 다방면에서 커다란 연구성과를 거두었다. 그의 '벼의 기원에 대한 연구'는 세계농학계의 인정을 받았다. 1972년 그는 농학부와 원예학부 교수들을 거느리고 창사 마왕퇴한묘(馬王堆漢墓)에서 출토한 벼의 종자를 고증하는 한편, 중국 벼 재배의 기원에 대하여 여러 측면에서 분석하였다.

그는 또한 저명한 원예전문가였다. 1942년에는 「항일전쟁과 원예」[25]란 글을 발표한 바 있었고, 「중국의 장미와 세계의 장미」[26]에서는 중국 장미의 유럽전파, 중국장미와 유럽장미의 교잡 과정 등에 대하여 논술하

---

24) 류전휘, 앞의 글, 316쪽.
25) 「抗戰與園藝」, 『福建農業』 1942년판.
26) 「中國的薔薇和世界的薔薇」, 『中國園藝學報』 제3권 제4기, 1964.

였다. 또한 그는 중국의 남방은 포도를 재배할 수 없다는 견해를 극복하고자 심혈을 기울여 놀라운 성과를 거두었다. 그가 재배한 포도는 베이징 박람회에서 호평을 받았고, 우수한 품종으로 뽑혔다. 그의 연구성과에 따라 포도 생산이 중국남방의 여러 지역에 보급되었고, 특히 후난성 지역에서는 대단위 재배를 시작하여 경제발전에 이바지하였다.

1957년 그는 또한번 선택의 순간을 맞이하였다. "한국전쟁 후 회복과 나라 건설에 대량인력을 필요"로 한 북한정권이 그를 비롯한 해외한인의 귀국을 종용하였다. 즉시 귀국 준비에 착수한 그를 후난성 당국과 호남농학원에서 만류하고 나섰다. 청싱링 후난성 부성장이 나서서 중국정부의 외교경로를 통해 북한정부의 양해를 얻어냈다. 류자명도 고심 끝에 창사에 머물러, "본인과 한국, 조선인민의 은인인 중국인민을 위하여 복무하고, 아울러 이미 진행 중이던 농업교육과 농업과학 연구사업을 계속하기로" 결정하였다.[27]

하지만 나이가 들수록 고향에 대한 그리움은 더하였다. 1979년 5월 8일 심극추에게 보낸 편지에서 그는 "3·1운동 그 해에 나라를 떠나서 이젠 60년이 됩니다. 집이 남조선에 있기에 줄곧 고향에 편지를 못해 봅니다. 만일에 남북이 민족 대단결 회의를 열게 되면 나도 돌아가서 참가하고 싶습니다"[28]라고 적었다. 그의 딸 유더루의 회상에 의하면, 명절이 되면 술을 한잔 마시고 혼자서 '아리랑'을 조용히 불렀다고 한다.[29]

1983년 2월 25일 그의 90세 생일날 호남농학원에서 성대한 축하잔치가 열렸으며, 후난성의 주요 지도자들이 참석하였다. 호남성인민정부 부성장·제5기 인민대의원·호남성정치협상회의 주석이며, 류자명의 생사지교

---

27) 류전휘, 앞의 글, 318쪽.
28) 『류자명 자료집』 1, 176쪽.
29) 위의 책, 368쪽.

(生死之交)인 청싱링은 "류자명의 숭고한 애국주의 정신과 국제주의 정신은 영원토록 우리의 훌륭한 본보기가 될 것이다"라고 칭송하였다.

중국 중앙국제방송국에서 이 사실을 뉴스로 방송하였는데, 이 소식을 들은 한국의 후손들이 방송국에 류자명의 연락주소를 문의하였다고 한다. 이리하여 그는 한국의 후손에 대해 알게 되었다. 그때 그는 집에서 안절부절하며, 한국에 가야겠다고 자주 말했다고 한다.

1977년 그는 심극추에게 보낸 편지에서 "나는 조국을 사랑하고 중화인민공화국을 사랑합니다. 우리 집의 네 식구 중에서 나 혼자 국제우호인사이고, 자식들과 외손자는 모두 중국인민입니다"[30]라고 하였듯이, 그는 끝내 중국국적을 갖지 않고 '조선인'으로 살았다.

1985년 4월 17일 후난성 창사(長沙)에서 일생을 마쳤다. 1968년 대한민국정부는 대통령 표창을 수여하였고, 1991년에는 건국훈장 애국장을 추서하였다. 1978년 북한정부도 3급 국기훈장을 수여하였다.

5. 중국인들의 마음속에 살아 있는 류자명

그에게는 중국인 지기(知己)가 많았다. 저명한 교육자 쾅후성(匡互生)·마종룽(馬宗融)·천판위(陳範豫) 등과, 정치가 청싱링(程星齡)·선중쥬(沈仲九), 작가 바진(巴金)·뤄스미(羅世彌), 제자 수퉁(粟同)·리류화(李毓華) 등을 꼽을 수 있다.

특히 바진과 류자명은 60여 년 동안 우정을 나누었다. 늘 서로의 속마음을 얘기하였고, 서로를 보살피며 지냈다. 심용철(沈容澈, 심용해의 동생)은 "류자명과 바진의 교류가 비교적 많았던 시기는 1930년부터 1935년

---

30) 위의 책, 172쪽.

사이였다. 그 무렵 자명은 난샹(南翔) 입달학원 농촌교육과에 있었고, 마종룽·뤄스미와 교사 숙소에서 함께 지냈다. 바진 역시 마종룽과 뤄스미의 친구로, 늘 상하이에서 리다(立達)에 왔다. 자명과 바진은 무릎을 맞대고 이야기를 나누는 기회가 많았다"[31]라고 회고하였다.

바진은 "난징 부자묘(夫子廟)의 어느 찻집에서 점심 겸 뭘 조금 먹었다. 모인 사람은 다섯이었는데, 상해전쟁의 앞날에 대한 얘기에 이르자, 나와 한국인친구는 격렬하게 논쟁을 시작하였다. 이 논쟁은 나로 하여금 주위의 모든 것을 잊어버리게 만들었다"[32]고 하였다.

또 다른 작품에서는 "내가 작은 배에 나는 듯이 올라탔을 때, 우연히 옆에 정박해 있는 목선의 남색 중국옷을 입은 중년남성이 눈에 띄었다. 그 사람은 내 친구와 몹시 닮았다. … 그는 지금 한국인 친구들과 함께 활동하고 있다고 하였다. 그 목선에는 여러 명의 한국인 남녀의 그림자가 보였다. … 나는 몸을 흔들거리며 작은 배에 서서, 놀랍고 기쁜 마음으로 친구의 이름을 불렀다. 식사를 하고 있던 사람들은 모두 놀란 것 같았다. 중년부인 한 사람이 대나무 의자에서 일어나며, 깜작 놀라며 '바진!'하고 외쳤다. 그녀는 그 친구의 아내였다"[33]고 적었다.

위의 두 대목에서 말하는 한국인 친구는 류자명을 가리킨다. 또

"이 친구는 성이 유(柳)이고, 원예가이고 수십 년이래 여러 학교와 농장에서 일하고, 중국을 위하여 많은 원예가를 길렀다. 그는 당시 한국인 유망객(流亡客) 가운데에서도 위엄과 인망이 있었다. 내가 상하이나 궤이린·충칭·타이베이에 있을 때, 늘 그와 만났다. 지금도(1980년 1월 당시) 연락이 끊어지지 않고 있다. 그는 호남농학원(湖南農學院)에서 가르치고 있으

---

31) 沈容澈(克秋), 『我的回顧』, 미출간.
32) 「從南京回上海」, 1932.
33) 「民富渡上」, 1938.

며, 때때로 사람을 시켜 나에게 호남의 명산물을 보내준다.

나는 40수년전 그가 일본인의 추격이 엄하여 상하이에 오면 언제나 마종롱의 집에 은거하였는데, (이러한 불안한 생활을 하는 것이)여러 달 지남에 따라, 그의 머리카락은 완전히 하얗게 되어버렸다고 생각하고 있다. 그 집의 주부가 나중에 단편소설 「생인처(生人妻)」를 발표한 작가 뤄수(羅淑)이다. 항전 초기 뤄수가 병으로 죽어, 우리들이 꿰이린과 충칭에서 만났을 때, 함께 죽은 친구를 그리워하였다. 나는 그가 몇 번이나 머리를 숙여 눈물을 닦는 것을 보았다.

친구 유는 이미 80세를 넘겼지만, 그는 아직 창사(長沙)에서 일을 하고 있다. 나는 그의 은발 머리가 태양 아래에서 번쩍번쩍 빛나고 있는 것을 보는 것 같다.[34]

고 회고하였다. 1983년 류자명은 그의 자서전에서 "지금까지 나와 바진 사이의 통신연계는 그칠 사이가 없었다"라고 적었다.[35] 그런가 하면 바진은 늘 류자명을 형님으로 모셨다. 류자명은 자신의 한문 회고록을 바진에게 보내 수정을 부탁했으며, 바진은 열심히 읽고 수정의견을 제시하였다. 류자명이 타계하자 바진은 즉각 조문을 보내기도 하였다.

이와 함께, 문화대혁명(文化大革命) 시기 학생 및 제자들이 류자명의 집 방문에 "국제우인(國際友人) 류자명 선생 댁이므로, 들어가 소동을 피우지 말라"는 표어를 붙여놓았던 사실이나, 1983년인가 84년인지 중국의 '인민작가(人民作家)'로 추앙받는 바진(巴金)이 베이징에 왔을 때, "아버지가 그 얘기를 듣고 바진 선생한테 전화를 했대요. '네가 북경에 왔으니까 내가 당연히 너를 찾아보겠다' 했더니, 바진 선생님이 그러셨대요. '내가 동생인데, 어떻게 형이 우리 집에 올 수 있겠느냐' 그러면서 직접 찾아 왔대요"[36]하는 딸의 얘기를 통해서는, 중국인사회 속에서 당당하게 살아 갈

---

34) 「關於火」, 1980.
35) 『나의 회억』, 163쪽.
36) 『류자명 자료집』 1, 371쪽.

수 있었던 그의 인품과 신망(信望)을 헤아릴 수 있을 것이다.

또 "굉장히 엄격한 아버지셨어요. 하지만 때리거나 욕설을 하지는 않았어요. 굉장히 엄격하셨어요. 그러한 엄격한 중에서도 성장의 기틀을 마련해 주셨어요. 어렸을 때, 장난감 같은 것을 사준 적은 없어요. 아버지가 외출을 하시면 가는 데가 서점 밖에 없었어요. 서점에서 돌아오실 때에는 책을 몇 권씩 사다주신 기억이 납니다"[37]라는 딸의 말로 미루어 보면, 그는 영락없는 한국의 아버지였다.

아들 류잔훼이는 한국이 광복한 이후에도 항상 부친이 조국과 고향에 대해 그리움 같은 것을 지니고 있었고, 그리고 분단된 조국이 언젠가는 꼭 통일되기를 바라는 마음뿐이었다고 하였다.

호남농과대학의 제자인 뤄저민(羅澤民)은 "류자명 선생은 농업은 입으로 말만하는 것이 아니라고 했습니다. … 선생님이 수업하실 때는 말하는 학생이 한 명도 없었고, 결석하는 학생도 없었습니다. 류자명 선생이 학교에서 강의하시는 것은 얻기 어려운 기회였고, 진실되었습니다."

"선생님은 비교적 낡은 한국어로 된 지도를 갖고 계셨습니다. 지도를 가리키면서 저에게 알려주셨습니다. 그때 평양의 상황은 별로였고, 부산이나 대구보다 못하다고 하셨습니다. 저는 왜 여러 해 동안 한국으로 안 돌아 가시냐고 물었습니다. 나는 한국인이지만 우매한 중국을 사랑한다고 하셨습니다"[38]라는 증언은, 중국 국적의 취득을 거부하고 끝내 '한국인과 조선인'으로 살았지만, 중국인보다 더 중국을 사랑한 '외국인 선생님'의 교육에 대한 열정과 조국사랑을 전해준다.

끝으로 오랜 시간 그의 곁에서 회고와 증언을 듣는 기회를 가졌던 전기(『훈장을 단 원예학자』) 작가[39]의 "류자명 선생은 자기감정을 쉽게 표현

---

37) 위의 책, 373~374쪽.
38) 위의 책, 230쪽.

하지 않았지만, 애국열정이 넘쳐났습니다. 선생님이 감격하셨을 때는, 목소리는 평범하시지만 얼굴이 붉어졌습니다. 그는 항상 지나간 생각을 더듬으셨는데, 제가 살며시 문을 열고 들어갔을 때, 창가에 서서 멀리 바라보시면서 고향생각을 하신다는 것을 저는 압니다. 때로는 선생님께서 가족들을 생각하시면서 눈물을 머금으실 때도 있으셨습니다"[40]라는 증언은, 남몰래 조국과 고향에 두고 온 얼굴을 떠올리며 살다간 '민족주의자이며 국제주의자'인 그의 참모습을 알려주는 것일게다.

6. 맺음말

한국인으로서, 농촌 출신의 유교지식인으로서, 그리고 아나키스트로서의 정체성을 견지하며, 아나키즘의 상호부조와 자유연합의 원리에 토대하여, 한·중 연합이라는 시대적 과제를 헌신으로 보여주었던 그의 민족운동관이 갖는 현재적 의미는 대체로 다음과 같이 정리할 수 있다.

첫째, 류자명에게 있어서, '민족'은 그가 존경했던 신채호나 의열단 등의 예에서 보이는 것처럼, 자신의 삶을 담보해주는 가장 근원적인 가치였다. 즉 민족이라는 울타리가 무너진 상황에서, 울타리(즉 민족)를 되살리고 지켜 나가는 일은 곧 자신의 생존과 삶의 가치를 지켜나가는 일이 되는 것이다. 때문에 민족의 해방과 자유의 확보는 다른 어느 것과도 바꿀 수 없는, 반드시 도달해야 하는 최고의 최후의 목표였던 것이다.

그리고 류자명의 민족관은 폐쇄적이고 고립적인 가치로 한정되지 않았다. 일반적으로 아나키즘은 민족이라는 개별성을 부정하는데 반해, 그는

---

39) 安奇, 『戴勳章的園藝學家 - 柳子明傳』, 中國農業出版社, 1994.
40) 『류자명 자료집』 1, 304쪽.

민족의 가치를 지키고 다듬어 나가는 방편으로써 아나키즘을 수용하였다.

둘째, 그는 전통적인 중화관념의 틀을 뛰어넘어 우리민족의 독립과 해방을 도와줄 수 있는 유력한 국제적 동반자로서 중국과 중국민족을 바라보았다. 즉 한·중 관계를 서로 보탬이 되고, 도움을 줄 수 있는 동반자적인 관계로 파악하였다.

청싱링 후난성 부성장과의 우정이나, 유명한 소설가 바진이 그를 소재로 한 소설을 쓴 사실 등은, 중국인들이 류자명을 어떻게 평가하였는지 뒷받침해 주고 있다.

셋째, 그의 항일역정은 "국제주의(國際主義)와 더불어 걸어 간 민족주의(民族主義)의 길"이라고 할 수 있다. 요컨대 민족주의라는 감성적이고 방어적인 닫힌 공간을 뛰어넘어, 한·중 양 민족의 우호협력 나아가 동아시아 피압박민족의 국제적 연대를 통해 민족주의의 진로를 모색하였다고 평가할 수 있을 것이다.

제2편

중국인이 기억하는 국제주의자
류자명 : 한·중 연대 활동

류자명의 생애와 의식세계

김 병 민(金柄珉)
전 중국 延邊大學校 총장

1. 머리말

류자명¹⁾은 근대 한민족이 낳은 열렬한 독립투사이며 저명한 교육가이며 농학전문가이다. 그의 파란만장한 일생은 해외로 망명했던 애국지사들의 투쟁노정의 축소판으로 된다. 일찍 농학자의 꿈으로부터 시작된 그의 생애는 시대적인 요청 속에서 독립투사의 길을 선택하게 되었고 또한 어쩔 수 없는 운명의 기로에서 농학자로서의 생활을 영위하다가 나중엔 저명한 농학교수로 되었다.

그는 일생 동안 보통학교, 중학교, 대학교 교원 등을 두루 경유하였고 농장의 기술원, 정부의 관원 겸 농업전문가로 활약하였는가 하면 심지어는 자선사업도 도와 나서기도 했다. 그의 일생에서 독립투사로서의 활약은 너무나 눈부시다. 그는 선후로 외교청년단(1919), 상해대한임시정부(1919), 신한청년당(1919), 조선인거류민단(1923), 의열단(1924), 조선민족

---

1) 류자명의 어릴 때 이름은 興甲이고, 학생 때 이름은 興植이였으며, 중국 망명을 앞두고 임시정부의 책임자의 한사람이었던 홍진이 자명이라고 고쳐줌. 그 뒤 투쟁의 필요에 따라 友槿, 友生등을 씀. 그는 선후로 호남대학 농학원 농학부 학부장, 호남농학원 원예학부 명예학부장, 호남성원예학회 명예회장 등 역임.

혁명당(1926), 동방피압박민족연합회(1927), 조선인무정부주의자연맹(1932), 조선민족전선연맹(1937), 조선의용대 (1938) 등 민족단체에 참가하여 핵심적 역할을 하였다. 눈물겨운 곡절로 얼룩진 투쟁의 나달에도 그는 문필활동을 통해 자신의 견해와 의지를 피력하였고 중국에서 대학교수 생활 시기에는 수많은 논저를 발표하여 학자로서의 높은 지위를 확보하였다.

류자명의 생애와 그의 사상을 연구하는 것은 지목 의의 있는 일이다. 90평생의 그의 생애 노정에는 투철한 민족관, 열렬한 애국관, 탐구적인 과학관, 성실, 믿음, 사랑, 존경으로 일관된 인도주의와 국제주의 등이 잘 반영되어 있다. 류자명의 인생체험은 그대로 근대 한 민족의 정신사적체험이기도 하다. 그러므로 류자명의 생애와 의식세계를 올바로 이해하는 것은 근대한민족의 독립사 내지는 정신사를 정립하는데 일정한 의미가 있다고 믿어마지 않는다.

2. 독립투쟁의 나날과 투철한 민족관

류자명의 광복 전 생애는 기본상 한민족의 독립투쟁과 직결되어 있었다. 그는 일찍 충주보통학교시절에 스승인 심상덕에게서 애국주의 교육을 받았고 학교를 찾아온 애국자 안창호를 만나 애국계몽사상가들의 옥중고형을 듣고 몹시 격분하기도 했다.[2] 그런가 하면 망국의 운명을 두고 "형님들이 울면 나도 따라 울" 준비가 되어 있었다. 이처럼 청소년 시절의 류자명의 마음에는 애국의 불씨가 묻혀있었다. 하기에 그는 수원농립

---

2) 심상덕은 충주공립보통학교 3학년담임선생으로서 부학급장인 류자명은 그의 언행에서 애국주의 교양을 받았다고 하면서 나이는 어렸지만 조국의 운명과 자기의 장래에 대하여 늘 걱정했다고 회억하였다.(「나의 회억」), 요녕민족출판사, 1985년

학교 시절에는 농학가가 되어 나라를 구할 꿈을 키웠고 3.1운동당시에는 충주간이농업학교 교원이었던 그는 학생들과 함께 시위단행을 획책하기도 했다.

시위단행이 경찰서의 감시로 무산되자 그는 직업적인 독립투사로 나서게 된 것이다. 서울에서 그는 외교청년단,[3] 신한청년당[4])에 가입하였으며 단체의 공개집회, 모금활동 들을 통해 즉 여성해방, 남녀평등 등 새로운 근대사상에 접하게 되었으며 아울러 민족을 위하여 무거운 짐을 짊어져야 함을 절감하게 된 것이다. 그는 드디어 결단을 대리고 망명의 길에 오른 것이다. 1919년 6월 류자명은 상해임시정부를 찾아가 임시의회 의원으로 있었고 상해 임정에 있는 기간 그는 안창호, 신채호의 영향을 많이 받았다. 특히 신채호의 주체적인 민족적 입장은 그로 하여금 그 뒤 초지를 버리지 않고 독립운동의 길에서 꿋꿋이 걸어가게 하였다.

상해시절 그는 김한의 영향을 받아 상당한 흥미를 가지고 공산주의사상과 접촉하게 되었고 아울러 무정부주의 사상과도 접촉하게 되었다. 당시 그는 상해의 우찌야마서점에서 『개조』, 『해방』 등 잡지를 사다가 김한과 함께 보고 토론했으며,[5] 당년 12월 서울에 온뒤에도 김한과 함께 있으면서 「공산당선언」을 상호 토론하였다. 한편 끄로뽀뜨낀의 「상호부조론」, 「한 혁명가의 회억」, 「로시아문학의 현실과 이상」 등을 읽으면서 점차 무정부주의에 경도 되었다. 말하자면 그는 끄로뽀드낀의 상호부조론은 침략을 반대하는 근거로 된다고 생각했으며 당면한 한국은 계급모순 보다 민족모순이 더욱 선차적이라 생각하였으며 "일제가 조선을 저들의 식민

---

3) 외교청년단은 1919년 빠리에서 열린 강화회의에 파견된 외교대표단을 지원하기 위하여 조직된 비밀조직이였음. 류자명은 이병철의 소개로 가입함
4) 신한청년당은 신규식, 여운형 등이 조직한 단체로 류자명은 여운형의 소개로 가입했으며 비서로 반년간 있었음.
5) 류자명의 『나의 회억』을 참조

지로 만들고 인민을 탄압, 학살하는 당시에 있어서 국가권력을 반대하는
것은 일제를 반대하는 것으로 되며 일제의 우두머리를 암살하고 일제의
통치기관을 폭파하는 것은 반일 애국행동"6)으로 간주하게 된 것이다.

이 시기 류자명은 수많은 이론 도서들을 탐독하였는바 무정부주의 이
론가로 될 준비가 되어 있었다.7) 1924년 봄, 그는 중국의 천진에서 의열
단 단장 김약산을 만난 뒤로 본격적으로 의열단 단체활동에 참여하게 되
었는데 초기에는 주로 통신연락과 선전을 맡았다. 그는 무정부주의 단체
인 의열단의 '선언' 집필을 위하여 직접 북경에 가서 신채호 선생을 상해
로 모셔왔으며 신채호의 조선혁명선언 집필을 계기로 의열단은 자기의
명확한 주장과 이념을 가지게 되었던 것이다. 류자명은 상해에 가서 의열
단의 선전과 통신연락을 맡았으며 행동적인 투사로서의 그는 김창숙과
함께 폭탄과 권총을 구해 거사에 나선 나석주를 위해 위해위까지 바래주
기도 했었다.

류자명은 의열단활동을 계기로 조선인 무정부주의단체의 지도자격으
로 있었는바, 1925년 무한에서 세계적인 무정부주의단체인 동방피압박민
족연합회가 성립되자 조선대표로 참가하였으며8) 1932년에는 상해에서
조선인무정부주의연맹에 참가하여 핵심요원으로 있었고9) 1937년에는 조
선민족전선연맹이 성립될 당시에는 무정부주의단체 대표로 참가했고,
1938년 이 연맹에서 조선의용대를 건립 할 당시에는 의용대지도원에 추
대되기도 하였다.

6) 류자명 저『나의 회억』, 요녕민족출판사, 1985년.
7) 동상서
8) 류자명은 당시 김규식, 이검운 등과 함께 상기 단체에 참가했다. 류자명은 이 단체
에 참가한 것으로 하여 1928년에 무한공안국에 체포당하여 6개월의 철창생활을 하
였다.
9) 류자명은 당시『남화통신』이란 간물에 여러 편의 글을 발표하여 자신의 정치주장
을 표명하여 지도자이며 이론가인 위치를 굳혔다.

한편 류자명은 중국의 무정부주의 단체의 지도자들과도 밀접한 연계를 가졌는데 특히 무정부주의자들의 보금자리인 남경의 입달학원에서 교원으로 있은 4년간 그는 중국의 무정부주의자들인 저명한 인사들과 진지한 교분을 쌓았는바 광호생, 진범예, 마종용, 나세미, 등몽선, 파금 등과 다방면의 교류를 진행하였다. 하여 조선의 무정부주의 단체활동은 중국인사들의 지지와 성원을 받게 되었고 합법화되었다.

이와 같이 류자명은 무정부주의 단체활동에 몸을 담구면서 민족독립운동을 힘차게 추진시켜 나갔다. 무정부주의자로서의 그는 이념의 차이로 하여 여타의 민족단체를 반목해 본적이 없었고 오히려 각 단체들의 통일을 위하여 동분서주했고 자신의 이론을 펼치였다. 하여 류자명은 전투적인 민족주의자로 되기에 조금도 손색이 없다 하겠다.

3. 이역만리의 생활체험과 열렬한 애국관

진정한 애국자는 해외에서 살고 있는 사람들 속에 있다고 어느 한 정치인이 말한바 있거니와 우리는 류자명의 이역만리의 체험 속에는 열렬한 애국사상이 자리 잡고 있었음을 쉽게 발견하게 되며 그 위대한 넋에 스스로 머리가 숙여진다.

자기의 조국을 떠나 장장 60여년간 류자명은 조상의 뼈가 묻혀있고 처자가 있는 고향을 한시도 잊어 본적이 없었다. 하기에 그는 90세가 넘어선 나이에 일생을 회억하면서

"내 머리위에 흰서리가 내리고 쌓여 은빛으로 되었건만, 흘러간 나날은 바로 엊그저께 일인 듯 나의 머리 속에 떠오른다. '조선독립만세'를 가슴

이 터지도록 부르짖던 3·1의 광장, 정처 없는 망명의 배 전우에서 눈물 젖은 눈길로 하염없이 바라보던 애달픈 황혼, 폭탄을 품고, 총독부로 돌진한 의열단 동지들의 장렬한 최후, 야자수 우거진 대만의 개척농장에 뿌린 방울방울의 구슬땀… 이제는 이것들이 아스라이 사라져 버리고 오늘은 이국 땅 포도넝쿨 아래서 부채를 부치는 노옹이 되어 흘러간 세월을 더듬으며 팔을 든다."

고 회억록을 쓸 때의 심경을 고백하였다. 그가 세상을 떠나기 직전에 집필한 자서전적인 저서 『나의회억』10)은 실상 그의 강렬한 애국사상의 승화이고 결정체라고 말해야 할 것이다.

류자명의 광복 전의 모든 독립투쟁활동은 그 모두가 그의 애국주의사상과 직결된 것이며 조국을 되찾는 것은 그의 전부의 소망이라고 말해야 할 것이다. 그의 조국관의 민족과 국토에 대한 사랑으로 일관되었다. 1940년 류자명은 생활난으로 하여 중경을 떠나 중국의 복건성으로 가서 성 정부 농업개진처의 농업시험장과 원예시험장에서 농업기술직에 종사했고 1942년에는 광서성의 영조농장에 가서 농장장으로 있었고, 그 뒤 1944년에는 일제의 침략으로 계림의 사태가 위험하게 되자 그는 복건성 정부의 초천을 받고 복건성으로 가서 성정부에 꾸린 강락신촌 제2촌 준비위원회주임을 맡았다.11)

류자명은 1945년 8월 복건성 복안현의 한 농촌에서 조국의 광복을 맞이하였다. 그때의 심정을 그는 다음과 같이 감명 깊게 회고한다. "나는 비

---

10) 『나의회억』은 본인이 먼저 한문으로 써서 파금 선생한테 보여주고, 후에 요녕민족출판사에서 원고에 근거하여 번역 혹은 보충한 것임. 심극추, 『나의회고』 (연변인민출판사)를 참조.

11) 『강락신촌』은 성정부에서 전쟁고아를 교양하기 위하여 꾸린 것으로 복건성 복안현에 있었으며 당시 성정부 비서장으로 있던 정성령이 직접 맡긴 임무였다. 정성령비서장은 해방 후 호남성부성장으로 있었는데 류자명과는 둘도 없는 생사지교로 되었다.

록 동포들과 한자리에서 해방의 기쁨을 나누지 못하였지만 서울에서, 나의 고향에서 해방의 기쁨을 이기지 못하여 감격의 눈물을 흘릴 나의 동지들, 나의 동포형제들을 생각하면 가슴이 뜨거웠다." 실로 한 애국자의 심장을 그대로 보여주듯 싶다.

류자명은 1978년 심극추12)에게 보낸 편지에서 "일본이 투항 할 때 중경의 동초들과 함께 귀국하지 못했습니다."13)라고 하면서, 자신이 모국으로 가지 못함을 가슴하게 생각하였다. 일본이 투항한 후 류자명은 복건에 있었으므로 귀국 노선을 찾을 수 없었고 이런 형편에서 부득불 자기의 동사자들과 함께 대만으로 떠났던 것이다.

1946년으로부터 1950년 6월까지 류자명은 대만성 농림처 기술실주임, 합작농작관리소 주임등 직에 있으면서 대만의 농업문제개혁방안을 적극적으로 모색하였다. 그러나 당시 그의 생활은 극히 어려웠었는데 제자들의 도움이 적지 않았다고 한다. 대만시절 류자명은 대북한국영사관 주재영사 閔石麟과 자주 접촉을 가지게 되었고 후에 대만 주재 한국대사 申錫雨가 대북으로 오게되었는데, 1950년 1월 그의 동지였던 정화암과 함께 귀국 신청을 하였던 것이다. 원적이 남경으로 되었으므로 반복적인 교섭을 거쳐 반년 후에야 비자가 나오게 된 것이다.

여기서 반드시 짚고 넘어가야 될 점은 그의 귀국선택은 그리 쉬운 것이 아니라는 점이다. 중국인 부인에 어린자식도 한국어를 모르는 중국인이 아닌가? 아울러 한국에는 두고 온 처자들이 있으니 설사 귀국한다 해도 정신적 부담이 크다. 이런 형편에서의 그의 구국 선택은 불타는 애국심이 아니고서는 불가능하다고 해야 할 것이다. 조국에 처자가 있다는 것은 잠

---

12) 심극추(1914-2000)는 반일투사이며 무정부주의자인 심여추의 동생으로서, 광복 전에 류자명 선생과 밀접한 관계가 있으며, 중화인민공화국이 성립된 후 연변에 와서 역사연구소에서 임직함.
13) 동상서

깐 부인에게 속일 수는 있어도 조국을 사랑하는 일편단심만은 속일 수가 없다. 사생활의 실속말을 귀국 한 다음의 일이다. 이처럼 류자명에게 있어서 조국에게 하고 싶은 말은 부모처자에게 하고 싶은 말에 못지 않았다. 이것이 바로 애국자 류자명의 애국심이다.

그러나 류자명의 귀국의 꿈은 한국전쟁으로 박살나고야 말았다.. 홍콩을 경유하여 귀국해야 하는데 1950년 6월 25일 저녁 홍콩에 도착했을 때는 뱃길이 차단 된 것이다. 귀국의 꿈은 박살나고 오히려 그는 가도 오도 못하는 처지가 된 것이다. 다행히 옛 벗인 호남성 부성장으로 있던 정성령의 초빙서를 받게 되어 호남대학 농학원 교수로서의 새로운 운명이 시작 된 것이다. 하여 류자명은 장장 30여년 간 대학의 농학교수의 삶을 보람있게 영위하게 된 것이다.

그사이 1957년 조선정부에서 귀국하라는 통지를 받은 일도 있다. 그 당시 그는 대학교수의 만족스러운 생활과 이미 대학을 눈앞에 둔 아들딸을 데리고 귀국하려고 준비한 것이다. 이처럼 그는 조국의 부름을 도저히 거절할 용기가 없는 마음이었다. 그 당시 한국과의 교류가 전혀 불가능한 형편에서 류자명은 조선적을 가진 교민 신분이었으며, 조선정부에서도 류자명을 아주 중시하였다. 농학연구에서 뛰어난 연구 업적을 이룬데 대하여 조선정부에서는 1978년 국가훈장 3급을 수여하였는데 중국에서는 '가슴에 훈장을 단 원예가'[14]라고 그를 높이 칭송하였다. 그는 자기 조국에서 준 영예를 아주 소중하게 여겼고, 그의 친우들도 축하하였던 것이다. 그의 동지이고 친밀한 벗인 유수인은 심극추에게 보낸 편지에서 다음과 같이 쓰고 있다.

"조선정부에서는 자명 형한테 훈장을 발급했다고 한다. 각 사업 분야에

---

14) 安奇 저, 『가슴에 훈장을 단 원예가 – 류자명전』, 중국농업출판사, 1994년

서 성과를 따낸 사람들이 모두 받는다고 하는데 자명 형은 과학연구 사업
에서 중외에 이름을 날렸으니 받아도 당연한 것이다."

그의 조국에 대한 그리움은 나이가 들수록 한결 더 하였고 애국심은 더
욱 작열하였다. 그는 1977년 10월 심극추에게 보낸 편지에서 "나는 3·1운
동 그해에 나라를 떠나서 이젠 60년이 됩니다, 집이 남조선에 있기에 줄
곧 고향에 편지를 못해 봅니다. 만일에 남북이 민족 대 단결 회의를 열게
되면 나도 돌아가서 참가하고 싶습니다."[15]

이처럼 그는 조국에 대한 그리움으로 마음을 달랬고 조국통일을 갈망
했던 것이다. 1993년 2월 25일은 그의 90세 탄생일이어서 호남농학원에
서 성대한 祝壽茶菓會를 열었는데, 호남성의 주요지도자들이 참석하였다.
중국 중앙국제방송국에서 이 뉴스를 방송하였는데 이 소식을 접한 한국
의 후손들이 국제방송국에 편지하여 연락주소를 문의하였으나, 당시의
형편에서 알려주기 불가능하였으나 류자명 선생에게는 한국에 후손이 있
음을 알리게 되었는데, 그때 그는 집에서 안절부절했고 집 식구들과 한국
에 가야겠다고 자주 말씀했다고 한다.[16]

또한 그의 딸인 유득로 교수의 회억에 의하면 혹시 명절이 되면 약주
한 잔 드시고는 아리랑을 홀로 조용히 불렀다고 한다. 아마 조국에 대한
그리움과 귀국 못 한 한을 아리랑 곡에 부쳐 불려고 했었을 것이다.

1983년 『나의 회억』을 편집한 김형직 선생이 류자명 선생을 찾아갔을
때 류자명 선생은 밤하늘에 높이 걸린 달을 가리키면서 "나는 달이 하나
인 줄 알았습니다. 그런데 그게 아니더군요. 이 세상에 달은 두 개랍니

---

15) 류자명:『심극추에게 보낸편지』, 1979년 5월 8일 (『중국조선족역사자료집』에 수록
    된 심극추의 회고록 나의 회고에 수록, 상기 자료집은 2002년 연변인민출판사에서
    간행』
16) 류자명의 딸 유득로 교수는 1998년 필자와의 대담에서 이야기함

다."라고 말했다.

달에 대한 깨달음, 그것은 조국에 대한 높은 차원의 깨달음일 것이며 아울러 탯줄을 묻은 조상의 땅에 가지 못하고 이역 땅에 묻혀야만 하는 한 애국지사의 아픔의 발로 일 것이다. 또한 민족과 처자와 친지, 고향의 산과 들, 이 모든 것에 대한 그리움을 달을 보는 것으로 안위했던 애국지사의 아픔의 발로 일 것이다.

또한 민족과 처자와 친지, 고향의 산과 들, 이 모든 것에 대한 그리움을 달을 보는 것으로 안위했던 애국지사의 가슴 처절한 사연이다. 그것은 한 애국자의 이역만리에서의 정신적 체험이라 하겠다. 이처럼 류자명의 조국애는 60여 년의 이국생활에서 조금도 흔들리지 않았고 그것은 민족애와 직결된 것으로 하여 더없이 숭고하였으며 시간이 갈수록 날에 따라 승화하였다.

4. 교육가, 농학자의 품위와 탐구적 과학관

류자명은 열렬한 애국 투사일 뿐만 아니라 저명한 교육가였고 농학전문가였다. 그는 어려서부터 농학가가 되려는 꿈을 가졌고 망명 전에는 충주간이농업학교와 보통학교에서 농업과를 가르쳤고 중국 망명 후에는 농장과 학교에서 농학연구와 농업교육을 진행했고 나중에 호남농학원 교수로서 당당한 학자, 전문가로서 명성을 날리었다.

그는 1929년 중국 친구였던 원소선의 요천으로 한복염열사기념농장에 가서 농업생산을 지도했고 1930년에서는 진범예의 요청으로 복선 성 천주의 사립여명고중에서 생물학을 가르치는 한편 천주지방의 열대식물에 대하여 연구하였고 1930년으로부터 1935년까지는 중국의 유명한 민주혁명가이며 교육가인 광호생이 꾸린 신형의 중학교인 상해입달학원에서 농업과와 일본어를 가르쳤으며 그 뒤에도 동류농장, 복건원예시험장, 광서성의 영조농장 등에서 농업 기술원으로 있는 한편 원예식물에 대한 조사연구를 전개하였으며 그 뒤 대만에 있는 기간에도 합작농장의 설립방안을 제기하였다. 그가 쓴 「농업 건설과 합작농장의 사명」(대만일보), 「합작농장과 농업합작의 여러 가지 형식」(대만농림) 등 논문은 이미 풍부한 농학실천에 기초한 과학연구의 깊이를 과시하였다.

류자명은 1950년으로부터 장장 30여년간 대학의 저명한 농학교수로 그리고 교육가로 활약하여 중국정부와 학술계의 주목을 받아왔다. 아울러 학자로서의 그의 과학관과 교수로서의 교육관은 실로 높은 경지에 오른 것이다.

농학자로서의 류자명은 과학연구에서 다방면의 연구성과를 이룩하였다. 그는 "지대한 흥취를 가지고 농업에 관한 중국의 고전서적들을 참답게 연구하였는데 수많은 연구 팔기장들만 보아도 그가 얼마나 고심히 연찬하였는가를 알 수 있다."[17] 그의 '벼 기원에 대한 연구'는 세계농학계의 승인을 받고 있다. 1972년 그는 농학부와 원예학부 교수들을 거느리고 長沙 馬王堆漢墓에서 출토한 농업식물에 대하여 고증하였는데, 특히 벼종자를 고증하는 한편 중국 재배벼의 기원에 대하여 고고학, 지질학, 지리학, 역사학, 언어학 등 여러각도에서 논증하였다. 그의 논문 「중국 재배벼의 기원에 대하여」는 벼의 기원이 중국의 雲貴高原이라고 제기하였다. 이 논문이 발표되자 국내외학자들의 관심을 모으게 되었는데 일본의 한 유전연구소에서는 생물유전분석법으로 그의 결론을 진일보 증명하기도 했다.[18]

---

17) 류자명의 저서 『나의회억』에 쓴 정령령의 '머리말'을 참조
18) 『호남일보』, 1979년 5월 14일, 제 3면

그는 또한 저명한 원예전문가이다. 그는 일찍 광복 전에 열대 식물에 대하여 큰 관심을 가지고 연구하였고 1940년에는 「항일전쟁과 원예」란 글을 발표한 바 있다.[19] 그가 집필한 논문 「중국의 장미와 세계의 장미」(『중국원예학보』, 1964년)는 "중국장미에 관한 가장 계통적이며 권위성적인 논저로서 비단 국내의 원예계의 보편적인 중시를 불러 일으켰을 뿐만 아니라 중국장미에 응당 가져야 할 국제적 위치를 부여하였다."[20]

이 논문에서 작자는 중국장미의 가라파로의 전파 그리고 중국장미와 구라파 장미와의 교잡 과정과 새로운 품종의 출현 등에 대하여 중요한 논술을 하였다. 류자명은 또한 포도 전문가이기도 하다. 그는 중국의 남방은 포도를 재배 할 수 없다는 논조를 물리치고 포도재배실험에 실혈을 기울려 기꺼운 성과를 올렸다. 그는 끝내 1년에 6차례나 달리는 포도를 연구해냈으며 그가 재배한 이 포도는 북경박람회(1958)에서 호평을 받았고, 전국의 우질 품종으로 평선 되었다. 그의 연구에 뜬른 포도생산은 남방의 여러 지역에 보급되었고 특히 당시 중국의 호남지역에서는 대면적의 재배를 시작하여 경제발전을 크게 추진하였다. 그의 논문 「포도가 1년에 여러 차례 달리게 하는 기술」(1958) 「호남의 포도생산은 전망이 밝다」(1976)는 그의 연구성과에 기초한 것으로서 사회경제발전에 지도적 의의가 있다.

그는 선후하여 『중국의 저명한 몇 가지 花卉』, 『園林花卉』 등 저서와 수십 편의 가치 있는 학술논문을 발표하였다. 그의 논저들은 당시는 물론 지금까지도 국내외 학자들의 주목과 인정을 받고 있다.

류자명의 학문적 사상을 유물변증법에 기초하고 있다고 말해야 할 것이다. 그의 논문 「중국 재배 벼의 기원과 발전」은 유문변증법사상이 시종

---

19) 『복건농업』, 1권 4기, 1940년
20) 류자명의 『나의회억』에 쓴 정성령의 '머리말'을 참조

일관된 대표적인 논문이다. 아울러 그의 학문여구는 강렬한 응용성을 띠고 있는바 포도에 대한 연구는 당시 호남지역의 경제발전의 요구에 밀접하게 연결 되어 있었다. 원예가로서의 그는 시종 중국 호남 성 지역의 원예 발전을 이끌어 나감으로서 사회의 전폭적인 지지와 존경을 받았다. 아울러 농학교수로서의 그는 학생들을 사랑하고 관심하였으며 언제나 쓸모 있는 학문을 가르쳤다.

일찍 1951년에 그는 학생들의 창의성을 키우기 위하여 학생들이 해당 과목과 관련된 토론 내용을 준비하여 강단에 올라 자기의 관점을 내놓게 하여 교육자로서의 특색을 보였으며 또한 사회를 위하여 수많을 기술인재를 양성하였는바 호남성의 원예전문가, 포도전문가들 중 류자명이 직접 키운 사람이 상당수가 되며 그들은 지금도 잊지 못하고 있다고 한다. 저명한 농민원예전문가인 유송복은 바로 류자명의 직접적인 지도 밑에서 성장하였고 그의 과학적 성과는 이미 중국에 널리 알려져 있다.

5. 성실, 믿음, 사랑, 존경으로 일관된 인도주의과 국제주의

류자명 교수는 열렬한 인도주의의 소유자였으며 동시에 충실한 국제주의자였다. 항일투사로서의 그는 애국투쟁의 노정에서 수많은 애국지사들과 운명을 같이하였으며 그러한 어려운 역경속에서 진지한 우정을 다져갔다. 아울러 수많은 知己를 얻었던 것이다. 이러한知己들속에서 한국의 저명한 애국투사들인 신채호, 안창호, 김구, 나석주, 유수인, 정화암 등이 있다. 뿐만아니라 그에게는 중국인의 知己도 상당수가 있어 특히 주목되는바 저명한 교육가들인 광호생, 마종융, 진범예 등이 있으며 애국적 장령인, 정성령, 심중구, 일류작가로서의 파금, 라세미, 그리고 이외에도 제자들로 속동, 이유화, 유송복 등이 있다. 그가 이처럼 훌륭한 사람들을 생사지교로 사귈 수 있는 것은 그가 소유하고 있는 성실, 믿음, 사랑, 존경으로 일관된 인도주의 정신과 갈라놓을 수 없다.

신채호는 류자명 교수가 높이 모시고 숭배한 애국투사로서 일찍 상해임시정부시절 류자명 교수는 신채호의 역사 강연을 들은 뒤로 그의 애국정신에 감명을 받아 평생 스승으로 모시였다. 하여 그는 의열단의 선언문 작성을 위하여 직접 북경에 가서 단재선생을 상해에 모셔온 후 유명한 조선혁명선언을 탄생시키었으며 그런가 하면 북경에서 독숙하면서 서로 진지하게 속심을 나누었다. 그는 처자를 그리는 단재선생을 몹시 가슴 아프게 생각하였다.

또한 그는 신채호에게 중국고대사와 모르간의 「고대사회」를 배웠으며 그를 모시고 함께 강연회에 참가하기도 하였다. 류자명 교수는 단재선생이 옥중에서 사망 되었다는 소식에 접하자 슬픔을 이길 수 없어 즉시로 「단재선생을 추모하여」[21]란 글을 발표하였다. 단재선생에 대한 류자명 교수의 존경과 신뢰는 평생 변함이 없었다. 하기에 그는 90 고령에 가까운 나날에도 친히 「조선의 애국사학가 신채호」란 글을 중국의 유명한 역사 학술지인 '세계사동태'에 발표하여 단재정신을 영원히 기렸던 것이다.

그의 성실과 믿음, 사랑과 존경은 애국자들인 안창호, 김구, 나석주, 유수인, 정화함 등에 대해서도 마찬가지였다.

류자명 교수의 진지한 인간적 자세는 중국의 동지와 벗들에 대해서 마찬가지였다. 중국의 저명한 작가인 파금과 류자명 선생은 60여년 동안의 생사지교로 그들 사이의 우정은 한중문화교류사에서 특기할 만하다 하겠다.

류자명 교수는 일찍 1920년대 북경에서 무정부주의에 대한 지향으로 파금과 의기투합되었고 그 뒤 남경, 계림, 중경, 대만 등지에서 늘상 서로

---

21) 1936년 남화청년연맹의 기관지인 『남화통신』에 발표함

만나 속심을 나누며 뜻을 같이 하였고 어려운 역경 속에서 서로 보살피며
지냈다. 하기에 일찍 1936년 8월에 파금은 류자명의 애국정신과 그의 인
격에 감동 되어 소설「머리칼의 이야기」를 써서 류자명을 모델로 형상화
하였으며 그 뒤에도 조선애국청년들의 정신을 그의 장편소설「불」제1부
에 반영하기도 했다. 해방 후에 그들 사이의 우정은 더욱 깊어졌는데,
1983년 류자명 교수는 그의 자서전인『나의 회억』에서 "지금까지 나와
파금사이의 통신연계는 그칠사이가 없었다."라고 쓰고 있다.

그런가하면 파금은 늘상 류자명 교수를 '형님'으로 모셨던 것이다.22)
류자명 교수는 자신의 한문 회고록을 파금에게 보내어 수정을 부탁했는
데, 파금은 열심히 읽고 수정의견도 준 바 있다. 류자명 교수가 타계하자
파금은 즉각 조문을 보내기도 했다.

이외에도 류자명 교수와 중국인 벗들 사이에는 수많은 심금을 울려주
는 아름다운 이야기가 있다. 일개의 외국인으로서 이처럼 많은 중국인과
진지하고도 깊은 우정을 맺을 수 있고 그들의 믿음과 신뢰, 사랑과 존경
을 받을 수 있다는 것은 그대로 그의 인격의 아름다움이요, 마음가짐의
산물이라고 하겠다. 중한교류가 활성화 되어 수많은 한국인이 중국에서
체류하고 있는 시점에서 류자명의 우정관은 좋은 귀감으로 될 것이다.

류자명 교수의 인격의 바탕에는 성실한 인간성, 변함없는 믿음, 인간에
대한 존경과 사랑이 두텁게 깔려 있었으며 그것은 그대로 인도주의자로
서의 류자명의 의식의 특질일 것이다. 하기에 그는 어려운 역경 속에서
남의 도움을 얼마든지 받을 수 있었고, 순경 속에서는 남을 위해 모든 것

---

22) 유득로는 1999년 필자와의 담화에서 다음과 같이 증언한바 있다. 1984년 류자명
교수는 북경에 있는 딸 유득로의 집에 머물게 되었는데 파금도 상해에서 북경에 오
게 되었으므로 류자명 교수는 파금에게 방문가련다고 전화하자 ,파금은 "형님이 어
찌 먼저 동생을 방문할 수 있습니까, 동생이 형님을 먼저 방문하는 것이 마땅한 도
리입니다"』라고 하면서, 기자와 함께 류자명 교수를 방문하고 기념사진을 남겼다.

을 바칠 수 있었다. 그의 이러한 삶은 그대로 살아있는 우리에는 생생한 생활의 교과서가 되기에 손색이 없다.

중국에는 '국제주의'란 용어가 자주 사용되는데 부동한 나라의 사람들 사이에 인류의 보편적인 이익원칙을 기초로 하고 상호지지, 공동발전함을 지향한다. 항일전쟁 시기 캐나다의 의사인 빼쥰이란 의사는 중국에 와서 중국의 항일투쟁을 적극 도와 일하다가 희생되였는데 모택동은 글을 발표하여 '위대한 국제주의 전사'라고 칭송한바 있다.

류자명 선생은 중국에 와서 장장 60여년간이나 생활하였는데 그는 "실로 중국 인민의 가장 치밀한 벗들 중의 한 사람이다."[23] 근대 중국의 역사에서 류자명 선생처럼 중국인의 크나큰 사랑과 존경을 받은 사람은 그리 많은 것은 아니다. 그의 90세 탄생일에 대학에서는 성대한 축수다과회를 열었고, 호남서의 지도자들과 각계 지명인사 수백 명이나 참가하여 그의 건강장수를 진심으로 축하하였으니, 중국에서는 최고의 잔치였다고 할 수 있다.

중국 호남성 정치협상회의 주석이며 류자명의 생사지교인 정성령은 류자명의 "숭고한 애국주의 정신과 국제주의 정신은 영원토록 우리의 훌륭한 본보기로 될 것이다."[24]라고 지적한 바 있다. 류자명이 이처럼 중국인의 존경과 사랑을 받을 수 있게 된 것은 그 자신이 진심으로 중국과 중국인 사랑했으며 중국의 발전을 위하여 자신의 전부의 심혈과 지혜를 바쳐 공헌했기 때문이다. 그는 일찍 광복 전에는 입달학원 등 교육기관에서 학생들을 열심히 가르쳤고, 영안원예농장 농장장으로 있으면서 농업기술의 발전을 위하여 심혈을 기울였고, 또한 강락신촌의 주임으로 있으면서 전쟁고아수용을 위하여 헌신적으로 일하여 왔다.

---

23) 류자명의 회억록인 『나의회억』에 쓴 정성령의 서문을 참조
24) 류자명의 회억록인 『나의 회억』에 쓴 정성령의 서문을 참조

해방 후에는 대학에서 학생 양성을 위하여 그리고 과학연구와 사회의 경제발전을 위하여 "수십년을 하루와 같이 간고분투하여 탁월한 기여"[25]를 했던 것이다. 그가 조선 민주주의공화국으로부터 국기훈장을 받았는데 그가 받은 훈장은 그의 탁월한 과학연구 성과와 중조친선에 대한 기여가 너무나 다대함으로 하여 차례 진 것이라 하겠다.

이처럼 류자명은 한국을 사랑했을 뿐만 아니라 중국도 더없이 사랑했다. 1977년 그는 심극추에게 보낸 편지에서 "나는 조국을 사랑하고 중화인민공화국을 사랑합니다. 우리 집의 네 식구 중에나 혼자 국제우호인사이고 자식들과 외손자는 모두 중국인민입니다." 라고 말하였는데, 이러한 감회 속에는 그의 조국에 대한 사랑과 더불어 중국에 대한 사랑이 그대로 비끼여 있다.

물론 그의 아들은 한족으로, 그의 딸은 조선족으로 되어 있으며 외손자는 한족으로, 외손녀는 조선족으로 되었으니 그와 그의 후손들에게는 중국과 한국의 친선의 피가 대를 이어 흐르고 있다. 국제우호 인사로서의 류자명의 조국의식과 국제관이 우리들에게 주는 계시는 실로 큰 것이다.

6. 맺음말

류자명은 "탁월한 성취를 거둔 농학자일뿐더러 또한 조선의 정치활동가이며 혁명가"라고 중국에서는 평가한다.[26] 류자명의 생애는 망명투사의 축소판인 동시에 그대로 근대 한민족역사의 일부로 된다. 그의 투철한 민족관과 애국관, 명석한 과학과, 그리고 열렬한 인도주의와 진지한 국제

25) 동상서
26) 동상서

주의 등으로 특징 되는 그의 의식세계는 민족의 정신사적인 체험의 승화 이기도 하다. 그의 보람찬 삶과 심각한 의식세계는 한민족의 정신적 재산으로 역사와 함께 영원 할 것이다.

그는 1978년에는 조선민주주의인민공화국으로부터 3급국기훈장, 1991년에는 한국으로부터 건국훈장을 수여받았다. 아마 류자명처럼 정치적 차원에서 분단된 조국 양쪽의 인정을 받은 사람은 아직은 없을 것이다. 이것은 민족공동의 이름으로 그에게 수여한 훈장일 것이다. 한민족과 중화민족은 이러한 애국자, 이러한 학자가 있으므로 하여 긍지감을 느낄 것이며 영원히 기념할 것이다.

류자명의 항일역정과 조선혁명운동
- 그의 회고록을 중심으로 -

최 봉 춘(崔风春)
중국 杭州師範大學 교수

1. 머리말

한글본 수기『한 혁명자의 회억록』[1]은 중국 湖南農業大學 교수 류자명 선생이 만년에 쓴 자서전이다. 1984년 선생의 수기는 편집자의 수정을 거쳐『나의 회억』[2]이라는 書名으로 출판되었으나, 문법상 그릇된 부분과 표현상 어색한 부분 및 틀린 글자들이 기본상 다 고쳐지고, 일생의 후반 부분 즉 호남농학원 교수 시절의 내용은 전부 삭제되었다.

그는 또 중문본 수기『회억록』[3]을 집필하다가 마무리짓지 못하고, 1985년 4월 17일 92세를 일기로 세상을 하직하였다. 친필원고『회억록』의 한글본과 중문본은 목차와 그 내용이 꼭 일치하는 것은 아니다. 그 중 적지 않은 부분들이 선생의 새로운 思惟에 의해 보태졌거나 줄여졌다.

그리고 그는 대개 20세기 70년대 초반에『自敍傳』[4]이라는 제목으로,

---

1) 독립기념관 한국독립운동사연구소 편,『한 혁명자의 회억록』, 國學資料院, 1999
   (이하『한글본 수기』로 약칭한다.)
2) 류자명,『나의 회억』, 료녕인민출판사, 1984
3) 柳子明 中文本 手記『回’憶錄』, 미발표(이하『중문본 수기』로 약칭한다.)

12매 정도의 중문 친필 이력서를 작성한 바 있다. 출생해서부터 20세기 60년대까지의 경력을 요약 소개하고, 필요한 부분은 주석을 달아 설명하였다. 『이력서』 중에서 일반상황을 발췌하여, 한글로 번역하면 아래의 표와 같다.

성명	류자명(柳子明) / 興湜(조선에서의 이름)
출생 시간	1894년1월13일 생
조선 본적	조선 충청북도 忠州郡 利柳面 永平里
현재 국적	조선
여권 번호	10647158호(중국주재 조선대사관에서 발급)
교육 정도	조선수원농림학교 졸업
언어 수준	조중일 삼국언어(의사표현 가능)/영어(문장일독 가능)
신체 특징	키(1.64cm)/피부(黃)/머리털(白), 눈(黑)/신체(無缺點)
특수 기능	원예 재배기술
현재 직업	호남농학원 교원
현재 주소	호남농업원 숙사
경제 상황	월급 265원(중국돈)
종교신앙	없음
도락 취미	없음
수상 상황	없음
책벌 상황	없음

『이력서』에는 중국에 온 시간 및 사유, 중국에 온 후 편력한 지역, 중국에 정착하게 된 이유, 직계 친족의 일반상황(성명, 생년월일, 약력, 현주소), 당파 단체와의 관계, 본인의 이력 등이 자세히 기재되어 있다. 외국인이므로 정치심사 때 필요한 사항들이었다. 그는 『이력서』에서 자신이

---

4) 柳子明 中文本 手記 『自敍傳』, 미발표(이하 『이력서』로 약칭한다.)

중국에 온 시간 및 사유를 다음과 같이 밝혔다.

　　시간: 제1차 1919년 6월 상해 도착. 동년 12월 귀국. 제2차 1921년 3월
북경 도착.
　　사유: 조선독립운동에 참가하고자, 서울을 떠나 북경에 왔음.

또 『이력서』에서 중국에 온 후 편력한 지역을 다음과 같이 열거하였다.

　　北京2년, 天津 1년, 上海 7년, 南京 2년, 武漢 2년, 重慶 2년, 桂林 2년,
福建 3년, 臺灣 5년, 長沙 20년 거류하였음. 이밖에 廣州, 杭州, 山東, 貴州,
江西, 安徽 등 지역도 통과하였거나 또는 일시 거류하였음.

　　그는 1950년 8월부터 長沙의 호남대학 농학원에서 교편을 잡았다. 장사
에서 20년을 거류하였다면, 이 『이력서』는 1970년경에 작성된 것이다. 『
이력서』에서 자신이 중국에 정착하게 된 이유를 다음과 같이 설명하였다.

　　1957년 3월에 중국주재 조선대사관에서는 나에게 귀국하라는 통지서
를 보내왔다. 나는 대사관 통지서의 내용에 좇아 귀국 준비를 다 한 다음,
그해 7월 20일 장사를 떠나 귀국하기로 결정하였다. 그런데 그해 6월 말
에 대사관에서 또 나에게 통지서를 보내어 "중국 고등교육부의 요구이니,
그대로 본 직장에 남아 몇 해 더 봉사하라"고 하므로, 나는 귀국하지 않고
지금까지 남아있다.

　　가령 귀국이 허용되었더라면, 그는 반도 북쪽으로 갈 수 있었을 것이
다. 그러나 진짜 더 가보고 싶었던 곳은 거기가 아니라 혈육들이 살고있
는 반도 남쪽이었을 것이다. 그는 『이력서』에서 직계친족의 일반 상황을
다음과 같이 소개하였다.

관계	성명	생년	비교(약력 현주소)
부친	柳春湖	1854년생	이미 사망
모친	李氏	1853년생	이미 사망
아내	劉則忠	1910년생	본적 廣東/家務管理(현주소 湖南農學院 숙사)
차녀	柳得櫓	1939년생	중국국적 취득/1964년 北京鋼鐵學院 졸업/교원
차남	柳展輝	1942년생	중국국적 취득/1966년 湖南大學 졸업/회사원

기실 이전에도 귀국할 기회가 두 번이나 있었다. 그 한번은 광복 직후일 것이고, 다른 한번은 "6.25"직전일 것이다. 광복 직후 그는 의례 대한민국임시정부 환국 팀에 끼어 조국으로 돌아가야 할 텐데, 엉뚱하게도 대륙에서 패망한 국민정부를 따라 대만으로 갔다. 중국아내와 중국말밖에 모르는 아들딸을 거느리고 스무해 하고도 몇 해 더 보지 못했던 고향의 처자를 정작 보러 가자면, 어딘가 말 못 할 고민이 있었을 수도 있다.

"6.25"직전 대만주에 한국영사관의 귀국여행 비자를 받았으나, 중국국적을 취소하는 문제로 시간이 지체되어 끝내 귀국을 못하고, 꿈에도 생각 못했던 옛 楚나라 땅에서 여생을 마치게 되었다.

이 글은 『이력서』에 쓰인 거류 지역에 따라 선생의 경력을 일일이 검토하는 동시에 그와 관련되는 해외조선혁명운동의 구체적 과정을 사실에 비추어 서술할 것이다. 뿐만 아니라 이 글에서는 『중문본 수기』의 내용을 위주로 하되, 『한글본 수기』에서 언급된 부분들은 될수록 삭감하고, 문제시되는 부분들만 찾아서 거듭 논의하게 된다. 그리고 이 글의 범위는 주제에 비추어, 조선혁명이 승리하는 시점에서까지 국한시킬 수밖에 없다.

그는 생애의 대부분을 중국에서 보냈던 만큼 발표한 글들도 거의 다 중국글로 씌어져 있다. 그의 수기는 중문본이든 한글본이든 할 것 없이, 문법과 표현상 그리고 논리상에서 그릇된 부분들이 적지 않다. 그러나 구십고령에 이른 노인이 수많은 역사인물과 오래된 연대를 그렇듯 잘 기억하고, 또 친필로 자서전까지 작성하였다는 데는 깜짝 놀라지 않을 수가 없다. 비록 화려한 문자로 엮어지지는 않았으나, 오히려 진실하고 소박하고 담담하여 읽으면 읽을수록 느껴지는 바가 많아진다.

그의 수기를 읽게 되면 조선의 역사를 알 수 있고, 일본침략자의 야만성과 조선민족의 용감성을 알 수 있고, 조선의 영웅들과 선비들과 혁명자들을 알 수 있고, 조선독립운동사와 중국현대사와 중·한 양국의 아나키스트와 중한일 삼국의 현대역사 인물들을 알 수 있다.

2. 國內에서

류자명은 1894년(甲子) 정월 13일, 지금의 한국 忠淸北道 忠州郡 利安面 三洲里의 농가에서 아버지 柳種根(春湖)과 어머니 李氏의 차남으로 태어났다.[5] 유년시절의 이름은 興甲이요, 학생시절의 이름은 湜이다. 중국에서는 보통 柳子明이라는 가명을 썼으나, 가끔 필요에 따라 다른 가명들을 쓰기도 했는데, 이를테면 興植, 興俊, 興根, 友槿, 友生, 李淸 등이 바로 그 것이다. 그는 『한글본 수기』에서 자신의 家系를 다음과 같이 소개하였다.

> 柳仁根(첫째 큰아버지)
> 柳義根(둘째 큰아버지)
> 柳種根(부친) → 柳興洙(형), 柳興順(누나), 柳興甲(본인)
> 柳完根(숙부)

---

5) 在上海日本總領事館 警察部 第2課, 「要手醅 不逞鮮人名簿」, 社會問題資料研究會 編, 『思想情勢視察報告集』 3, 京都: 東洋文化社, 1976, 449쪽에는 本籍이 '忠北 忠州郡 利柳面 永平洞 436'으로 되어 있다.

그는 7살 때부터 한학자이며 유교신자인 아버지에게서 『天字文』,『童蒙先習』,『小學』,『大學』,『孟子』,『中庸』6) 따위의 한문을 배워 익혔는데, 이는 선생이 나중 대륙에 건너가서 무수한 중국 친구들을 사귀고, 아울러 혁명과 학문에 관한 수많은 글들을 막힘없이 쓸 수 있었던 좋은 바탕이 되었다.

1910년(庚戌)은 조선이 "國恥"를 당한 해로서 그는 아직도 16세의 소년에 불과하였으며, 忠州公立普通學校 학생이었다. 그 무렵 조선의 학제를 보면, 보통학교·고등보통학교와 전문학교가 있었을 뿐 대학교는 없었다. 학교의 모든 학과목의 설계와 교과서의 편집 그리고 교수방법의 선택 따위는 죄다 일본인의 감독을 받았고 모든 학교들에는 조선의 역사와 지리에 관한 학과목이 없었으며, 모든 교과서에는 "애국"이라는 두 글자가 없었다. 깨끗이 日本化 되었던 것이다. 그러나 다행스럽게도 그후 오래지 않아 선생이 대륙에서 항일전쟁에 투신하여 활동할 때 일본어는 선생의 특기로 이용되었다.

1912년(壬子) 봄에 전문학교 입시에 합격이 되어 경기도 水原郡 西湖 부근에 자리한 水原農林學校에 들어갔다. 이 농림학교는 農業試驗場 및 蠶絲研究所와7) 병립해 있었고, 학제는 4년제이었으며, 교사들의 소질도 꽤 높았다. 그때 조선에는 농림학교 외에 사범학교·공업학교와 의학교가 있었다. 이 네 곳의 전문학교는 조선총독부 학무국에 직속되어 있었고, 학생들은 전부 公費生으로서 매달 일본돈 오원씩 지급받았다.

일본이 조선을 통치하자면 이러한 기술인재들을 도구로 삼아야 했고, 또 이런 학생들은 졸업후 반드시 총독부의 배치에 복종해야 했다. 여하튼 여기에서 정규적인 일본식 교육을 받았다. 먼 훗날 대륙에서 농학·원예학

---

6) 『한글본 수기』에서는 『中庸』 대신 『通鑑』으로 써놓았다.
7) 『한글본 수기』에서는 "勸業模範場"과 "蠶絲試驗所"로 씌어 있다.

의 전문가로 유명해진 데는 여러 가지 원인이 있을 테지만, 무엇보다 국내에서 참답게 배운 학창시절이 아주 중요했을 것이다.

그 무렵 조선 13道에는 道마다 보통농업학교가 하나 있었고, 또 중점적인 郡에는 簡易農業學校가 설립되어 있었다. 1916년(丙辰) 봄에 수원농림학교를 졸업하고, 곧 忠州簡易農業學校에 배치되어 訓導 겸 教務主任으로 있으면서, 3년동안 농업과를 가르쳤다.

1919년(己未) 3월 1일 서울 탑골공원에서 조선독립운동의 서막이 열렸다. 마침 충주간이농업학교 학생들이 졸업할 무렵이었다. 이 기회를 타서 졸업생들과 더불어 교외의 어느 한 佛寺에서 환송모임을 가지고, 목전 독립운동발전정세와 전도에 관해 연설하였다. 이것이 문제가 되어 일본경찰서에서 곧 마수를 뻗칠 형편이므로, 충주를 떠나 서울로 올라갔다. 이로써 그는 혁명운동의 첫 발자국을 내디딘 셈이었다.

서울에 체류하는 동안 靑年外國交團의 성원으로 되어 본격적인 혁명활동에 종사하기 시작했다. 특히 그해 6월초에는 忠淸北道 代議員에 보선되어 "서울임시정부"의 성립 활동에 참여하였고, 아울러 "상해임시정부"로 파견될 대표로도 선임되었다.

1919년 6월에는 趙素昻(鏞殷)의 아우 趙鏞周와 함께, 처음으로 상해에 가서 약 반년 동안 활동하다가 그해 12월에 귀국하였다. 처음에 서울에서 金翰 선생과 더불어 마르크스주의를 선전하였으나, 조선의 당면한 과업은 일본제국주의 침략을 반대하는 민족해방투쟁이었으므로, 마르크스가 「공산당선언」에서 제기한 계급투쟁 학설이 잘 이해가 되지 않았거나, 그것에 동의할 수가 없었다.

그래서 점차 무정부주의사상에 흥미를 느끼게 되었던 것이다. 특히 일본의 무정부주의자 森戶辰男·大杉榮 등의 검거사건이 있은 후부터, 무정부주의에 대하여 더욱 흥미를 가지게 되었으며, 무정부주의에 관한 서적들도 읽기 시작하였다.

이 무렵 상해·安東(丹東)과 서울을 직선으로 하는 대한민국임시정부의
聯通制가 실시되고 있었는데, 그는 임시정부 직원의 위탁을 받고 안동의
怡隆洋行(통신연락처)에 가서, 임시정부 비밀문서를 몰래 서울로 가져오
기도 하였다. 뿐만 아니라 김한과 더불어 글을 써서, 『共濟』(노동공제회
기관지)·『동아일보』·『조선일보』등에 발표한 적도 있었다. 이로 말미암아
1921년 3월 서울고등경찰에게 검거되었다가, 독립운동투사들과 몰래 연
락을 가지고 있던 조선총독부 고급간첩 金泰錫의 도움을 받아 한달만에
풀려 나왔다.

3. 北京에서

1921년 봄 큰아버지가 여비로 주는 돈 2백원을 받아가지고, 남대문정
거장에 나가 중국으로 가는 차표를 끊었다. 기실 그 돈은 큰아버지가 해
외로 망명하는 조카를 위해 밭을 전당잡혀 마련한 것이었건만,[8] 그는 미
처 알지 못하였다. 또 이것이 영별이 될 줄은 누구도 몰랐다.

북경역에 도착한 후 金應龍·金誠煥·李載誠 등 조선사람들이 들어있는
東城根 人和公寓(아파트)를 찾아가서 잠시 그곳에 거처하였다. 그 무렵 북
경에는 申采浩(丹齋)·李會榮(友堂)·曺成煥晴蓑)·金昌淑(心山)·李光(誠庵)·朴
崇秉(澗松)·李完植(古狂)·成俊用·李海山·韓鎭山 등을 비롯한 조선애국지
사들과, 高光寅·金相勳·金炳玉·林有棟 등을 비롯한 조선유학생들이 거류
하고 있었다.[9]

---

8) 류연산, 『행동하는 지식인 류자명 평전』, 예성문화연구회, 2004, 122쪽.
9) 『중문본 수기』에는 성준용과 임유동의 이름이 제외되어 있다.

그 무렵 신채호·김창숙 등은 북경에서 중국문 잡지 『天鼓』를 창간하여, 중국인들에게 조선문제에 관해 선전하였으며, 중국신문 『中華日報』에 논설도 발표하였다. 북경 시절에는 늘 단재 선생의 처소로 찾아가서 역사 지식을 배우기도 하였다. 그래서 단재와 선생 사이에는 자연히 사제관계가 맺어졌다. 조국을 뒤에 남기고 북으로 압록강을 건너면서 남긴 단재 선생의 칠언시가 생각나서 그것을 『중문본 수기』에 굳이 써 넣었다.

인생 사십이 하도 지리한데, 가난과 병은 떠나지를 않네.(人生四十太支離, 貧病相隨暫不離)
막다른 곳이 정말 싫어서, 울고불고 해도 소용이 없구나.(最恨山窮水盡處, 任情歌哭亦難爲)

북경의 조선동포들 중에서 경제적으로 단재 선생을 후원해준 사람은 오로지 간송 박숭병 뿐이었다고, 그는 회고하였다.

어느 날 조선유학생들이 북경대학 회의실을 빌어 북경조선동포들이 자리를 같이 한 강연회를 조직하고, 조선역사에 관한 단재 선생의 연설을 들었다. 그도 상해 대한민국임시정부와 임시의정원에 관한 상황을 소개하였다. 이번 강연회를 통하여 북경의 조선동포들은 한결 단합이 되고 친선이 강화되었다.

북경시절 조선유학생 고광인과 김상훈이 많은 도움을 주었다. 그들은 류자명의 형편이 곤란한 것을 보고, 자기들이 들어있는 아파트로 옮겨가서 같이 생활하도록 하였다. 경제적 후원이 없는 선생이 곤경에 처할 때가 한 두 번이 아니었을 것이다.

북경 시절에 중국친구들과도 가깝게 지냈다. 언젠가 彭述之라고 하는 중국청년이 선생을 보러와서, 두 사람은 친구 사이가 되었다. 팽씨는 또 그의 친구들을 선생에게 소개하였는데, 그들은 다 북경에서 활동하는 중국공산당 당원들이었다.

중국에서 활동하자면 북경말을 배우는 것이 매우 중요했다. 그래서 청사 조성환 선생에게서 북경말을 열심히 배우기 시작하였는데, 교과서는 『官話類編』이었다. 청사는 "국치"후 북경에 망명하여 장기간 생활했으므로, 북경말을 유창하게 할 수 있었다.

1921년(辛酉) 여름 고광인·김상훈·김병옥 등이 天津으로 영어를 배우러 가게 되자, 단재 선생과 같이 朴崇秉 댁에 기거하였으며, 그해 가을에는 또 우당 선생 댁으로 옮겨 일시 거처한 적도 있었다. 단재와 우당 두 사람은 조선무정부주의자의 首領이기도 하였다.

이후 朝鮮義烈團에 가입하여 북경·천진과 상해 사이를 넘나들면서, 의열단의 통신연락을 담당하였다. 특히 의열단 단장 金若山과 같이 단재 선생을 모시고 상해로 가서 「조선혁명선언」을 작성하도록 위탁한 것은 선생의 공로이었건만, 수기에서는 다만 단재 선생의 위대함을 역설하였을 뿐이다.

1924년(甲子) 4월말 李會榮·李乙奎·李丁奎·白貞基·鄭華岩 등과 더불어, 북경에서 "재중국조선무정부주의자연맹"을 결성하고, 기관지 『正義公報』를 石版으로 간행하였다. 이 旬刊 잡지는 제 9호까지 발행하고 자금 부족으로 부득이 휴간되었다.[10)]

그 무렵 북경에서 대만의 무정부주의자 任炳文과 范本梁을 사귀었다. 임병문 北京郵務管理局에 근무하면서 前門外 泉州會館에 기숙하고 있었다. 그는 생활이 어려울 때 임병문의 임병문의 도움을 받아 천주회관에서 한동안 같이 생활하였다. 그래서 단재 선생과 李會榮은 선생을 통해 임병문을 알게 되었다. 이들은 그후 선생이 武漢衛戌司令部 간수소에 갇혀있을 때, "國際爲替僞造事件"에 연루되어 천진 일본영사관 경찰에게 잡혀서

---

10) 李丁奎·李觀植, 『友堂李會榮略傳』, 乙酉文化社, 1985, 80~81쪽.

大連 일본감옥에 투옥된다.

4. 天津에서

1921년 겨울에 고광인을 따라 천진 프랑스조계에 가서, 미국 여사가 꾸리는 "영어학습반"에 들어가 영어를 배우기 시작하였다. 천진에는 프랑스·일본·영국·이태리 등의 租界가 있어, 외국어를 배우는데 아주 편리했다. 그때 프랑스조계에는 십여명의 조선유학생(주로 혁명자)들이 거류하였고, 일본조계에도 상업에 종사하는 조선동포들이 살고 있었다. 그리고 南開大學에도 조선유학생이 있었다.

그 무렵까지도 천진에는 조선동포들의 정치활동이 거의 없었다. 그는 金政과 상론하여, 조선동포들의 친목과 단합을 목적으로 朝鮮人居留民團을 조직하였다. 선거를 통해 김정이 민단장이 되고, 선생도 理事會에 참여하였다. 그 후 1922년(壬戌) 3월 1일에는 동포들이 "3·1"절기념모임을 가지기도 하였다. 또 언젠가 安昌浩(島山) 선생이 북경으로 가는 길에 천진을 거치게 되어, 민단에서는 환영모임을 가지고 도산선생더러 혁명운동에 관한 연설을 발표하게 하였다. 천진의 조선교민들에게 있어서, 이것은 "정치사상교육"이기도 하였다.

1922년(壬戌) 6월의 어느 날, 의열단원 南廷珏의 소개로 천진의 中和旅館에서 의열단 간부 金若山과 梁根浩를 만났다. 서울에 있는 金翰 선생이 양근호를 만나서 그를 소개하였고 그의 천진 주소도 알려주었던 것이다. 양근호는 상해에 돌아와서 그 사연을 단장 김약산에게 보고하였다. 그후 김약산과 양근호는 천진에 가서 의열단의 통신연락 과업을 그에게 의뢰하였다. 그래서 처음으로 의열단의 과업을 맡고, 남정각과 같이 안동으로 갔다오게 되었고, 동시에 의열단원이 되었던 것이다. 수기에는 의열단의 눈물겨운 의열투쟁사를 보는 듯이 생동하게 묘사하였다.

수기에서는 최경학의 밀양경찰서 투탄사건을 제외하고, 전부 소개하였다. 김익상의 2차 의거는 그가 입단 전에 발생하였으나, 들어서 잘 기억하고 있었다. 그래서 그로부터 17년이 지난 1938년 6월에 무한에서 활동할 때 「朝鮮革命軼事」라는 글을 써서 『朝鮮民族戰線』 제5·6기(合刊)에 발표함으로써, 김익상의 조선총독부 투탄 사건을 소개하였다.

북벌전쟁시기에 金昌淑과 더불어 羅錫疇의 朝鮮殖産銀行 및 東洋拓植會社 투탄 의거를 직접 계획하고 지도하였다. 일찍 북경에서 단재 선생과 같이 있을 때부터 그는 나석주를 알고 있었으며, 나석주도 선생의 소개를 거쳐 의열단에 입단하였다. 나석주는 폭탄과 권총을 가지고 서울에 가서 일본원수들과 결판을 짓고 자살하는 것이 숙원이었다.

1926년말 나석주는 천진에서 활동하고 있었다. 그래서 김창숙과 함께 폭탄과 권총을 구해가지고 상해에서 배를 타고 천진으로 가서 나석주와 더불어 거사계획을 의논하였다. 김창숙은 무기와 여비를 나석주에게 넘겨준 후 곧 북경으로 갔고, 그는 그대로 천진에 남아서 나석주를 도와 여행준비를 하였다.

준비가 끝난 다음 나석주와 같이 威海衛로 가서 中和棧이라는 여인숙에 투숙하였다. 조선 황해도 출신인 나석주는 이전에 어선을 타고 황해도 長山串과 중국 위해위 사이를 다녀온 경험이 있어서, 이번에도 어선을 타고 仁川을 거쳐 서울에 가기로 작정하였다. 여인숙 주인 叢景海는 나석주와 전부터 아는 사이였다. 그래서 류자명과 나석주는 그에게 부탁하여 배값을 주고 어선 한 척을 겨우 마련하였다. 모든 준비가 끝나자 그는 상해로 돌아가고, 나석주는 예정대로 어선을 타고 인천에 이르러 하룻밤을 묵고 이튿날 아침 서울행 열차에 올랐다.

1926년 12월 28일 나석주는 서울 식산은행과 동양척식회사에 폭탄을 던지고 추격하는 일본경찰들과 맞서 총격전을 벌이다가 나중에 자결하였다. 그후 조선신문을 통해 나석주가 장렬히 희생된 소식을 알게 되었으며, 그는 나석주를 기념하는 글을 써서 의열단의 선전물을 발표하였다.

5. 上海에서

(1)

1919년 6월 그는 처음으로 상해에 도착하여 일시 조용주와 같이 생활하면서, 그의 안내 하에 대한민국임시정부 청사를 찾아가, 여러 애국선배들을 만나 뵈었다. 그 후 임시 의정원 비서장 趙德津의 천거로 임시의정원 議員으로 되었고, 비서를 겸직하게 되었다. 조덕진은 1919년 9월 16일에 임시의정원 비서장으로[11] 임명되었으므로, 류자명이 의원직을 맡은 것은 아마 그 후의 일일 것이다.

또 上海復旦大學校의 조선인 체육교사인 呂運亨의 소개로 新韓靑年黨에 가입하여, 약 반년동안 활동하였다. 그 무렵 조선의 저명한 역사학자 丹齋 申采浩도 상해에 있었다. 그는 단재의 「壬辰倭亂과 李舜臣대장」이라는 강연을 들은 후부터 단재를 우러르게 되었고, 나중 제자로 자처하게 되었다. 여운형은 조선공산주의자의 수령이고, 신채호는 조선무정부주의자의 거두이었음은 말할 필요도 없다. 이들은 사상적으로 류자명에게 많은 영향을 주었다.

---

11) 「朝鮮民族運動年鑑(1919年)」, 金正明 編, 『朝鮮獨立運動』 II, 東京: みすず 書房, 1967, 205쪽.

또 金翰을 스승으로 모시고 매우 존경하였다. 그의 『한글본 수기』에 따르면, 그 무렵 김한은 상해 프랑스조계의 중국여관에 거처를 정하고, 「우리는 무엇을 할 것인가?」라는 주제로 조선혁명의 방향에 관해 글을 쓰고 있었다고 한다. 일본어가 능숙한 김한이 직접 일본어로 글을 쓰게 되면, 그는 그것을 다시 한글로 번역하였다. 그래서 김한과 그는 자연 사제간처럼 생각하게 되었던 것이다.

김한의 글에는 공산주의사상이 내포되어 있었다. 그는 김한의 영향을 받아 점차 공산주의에 대하여 흥미를 가지게 되었으며, 일부러 상해 北四川路의 일본인서점 內山書店에 가서 『改造』·『解放』·『批評』 따위의 일본 잡지를 사다가, 김한 선생과 더불어 그속의 공산주의 또는 무정부주의에 관한 내용을 읽어보기도 하였다.

또 『한글본 수기』에 따르면, 의열단에 가입한 후 상해에서 러시아 크로포트킨의 저서인 『告少年』·『한 혁명자의 회고』·『互助論』·『러시아문학의 현실과 이상』·『人生哲學』·『무정부주의철학: 전원, 수공작업소와 공장』등을 열독하고, 무정부주의에 대해 더욱 신심을 가지게 되었다고 한다.

그가 자서전의 제목을 『한 혁명자의 회억록』이라고 정한 것만 보더라도, 크로포트킨의 저서가 준 영향이 얼마나 컸던가를 능히 짐작을 할 수 있다. 또 당시 일본어로 번역 출판된 러시아의 소설 『처녀지』·『아버지와 아들』·『新潮』·『부활』·『전쟁과 평화』 따위도 읽어 보았다. 여하튼 이 시기 그는 사상적으로 전환을 가져왔으며, 입장이 확고한 무정부주의자로 되었다.

(2)

『한글본 수기』에서 그는 의열단이 「조선혁명선언」을 발표하게 된 동기에 대하여, 다음과 같이 이야기 하였다.

　　의열단이 성립된 뒤로부터 5년동안에 투쟁을 계속하였으나 의열단 본
　체의 혁명적 목표와 정치적 주장은 발표한 적이 없어서 의열단의 이름까
　지도 세상에 들어나지 못했던 것이다. 당시에 조선에서는 공산주의단체가
　생겨서 상해에서도 玄正根, 尹滋榮, 趙德津들이 공산주의단체를 조직하여
　가지고 暴力적혁명운동에 대하여서 批判하는 글을 발표하였었다. 그래서
　의열단은 宣言書로써 자기의 주장을 발표하게 되었다.

「조선혁명선언」은 일명 「의열단선언」이라고도 하는데, 1923(癸亥) 1월
에 발표되었다. 의열단은 1919년 11월에 성립되었으므로, 선언을 발표하
기까지 금방 세해가 지난 셈이다. 그는 김약산과 같이 북경에 가서 신채
호 선생에게 의열단의 선언을 작성해줄 데 대하여 간절히 요청하였고, 또
한 단재도 선뜻 응낙한 후, 그들을 따라 상해 의열단 본부에 와서 선언
작성에 착수하였다. 물론 단재 자신은 의열단원이 아니었다.

"상해에서 玄正根(鼎健)·尹滋榮(英)·趙德津들이 조직했다"는 공산주의
단체란 아마 공산주의적 색채가 짙은 "靑年同盟會"를 가리킬 것이다. 이
단체는 「의열단선언」이 발표된 후의 1924년 4월 5일 상해 프랑스조계 八
仙橋 三一禮拜堂에서 창립되었는데, 그 회원들은 대부분 원 의열단 단원
들이었다. 그 무렵 청년동맹회는 상해에서 유력한 조선혁명단체로 부상
하여, 세력이 오히려 의열단을 초월할 형편이었다.

더욱이 1924년 10월 4일 청년동맹회대회에서 발표한 선언서 중에는 의
열단의 파괴 암살에 의한 테러주의를 비난하는 것 같은 어구가 들어있어,
의열단측과 직접 모순충돌이 발생하기에 이르렀다.[12] 여하튼 의열단이
선언을 발표하게 된 동기는 결코 청년동맹회의 활약에 있은 것이 아니다.

---

12) 대한민국국회도서관 편, 『韓國民族運動史料: 中國篇』 1976, 543쪽.

1981년에 그가 제자와 더불어 신채호 선생의 약전을 정리할 때, 의열단이 선언을 작성하게 된 동기를 수기에서와는 좀 다르게 서술하였다.[13]

> 1923년 일본 關東에서 대지진이 일어나자 일본반동통치자들은 야만적이고 가혹한 행동을 취하여 일본에 거류하는 2천여명의 조선인민을 학살하였다. 이것은 기가 막히는 대참살사건이었다. 이 무렵 상해에 있던 의열단은 일제의 정치 경제 기관에 대한 파괴를 준비하는 한편 선언서를 발표함으로써 실제적 행동으로 일제의 야만적 학살에 반격을 가하고자 하였다. 이를 위해 단재 선생을 상해에 모셔다 「조선의열단선언」을 작성하도록 하였다.

일본 관동 대지진은 「의열단선언」이 발표된 후인 1923년 9월 1일에 발생하였으므로, 의열단이 선언을 작성하게 된 동기와는 역시 아무 상관도 없을 것이다. 이로부터 볼 수 있는 바, 의열단이 선언을 발표하게 된 동기는 실제상 자기의 투쟁목표와 정치주장과 조직명칭을 처음으로 세상에 공표함으로써, 일제로 하여금 의열단의 테러수단 앞에서 전율케 하고, 조선민중으로 하여금 의열단의 존재를 알게 하는데 있었다.

이전부터 서로 연락을 가지고 있던 대한민국임시정부의 성원들인 李東寧·金九·趙琬九 등에게 「조선혁명선언」을 보내주었다. 그들은 선언을 받아보고 나서 "이 글은 단재가 쓴 것이 아닌가?"라고 지레 짐작하면서 감탄을 금치 못했다.

류자명이 상해에서 의열단의 통신연락을 하고 있을 때, 金祉燮(秋崗)의 "일본황궁폭탄사건"이 발생하였다. 김지섭은 의열단에 가입한 후 관동대지진 때 학살된 동포들의 원수를 갚고자 자원하여 상해서 기선을 타고 일본 長崎에 도착하였으니, 바로 1923년 섣달 그믐 밤이었다. 그는 "七言律

---

13) 柳子明, 「朝鮮的愛國史學家申采浩」, 『世界史研究動態』, 1981년 第2期

詩" 한 수를 지어 의열단 통신처인 上海四川路 中國郵局信箱으로 부쳐 보냈는데, 마침 류자명이 우편함의 열쇠를 가지고 있어 그것을 받아볼 수 있었다. 시 전문을 한글로 번역하면 대개 다음과 같다.

> 만리 창해에 이 몸 외로운데, 선실에는 죄다 원수들 뿐이구나.
> (萬里飄然一粟身, 舟中皆敵有誰親)
> 張良鐵槌 荊軻寶劍 품은지 오래어, 魯仲連 屈原을 본받고 싶네.
> (張椎荊劍胸藏久, 魯海屈湘思入頻)
> 오늘 몰래 바다를 건너는 나그네는 예전 원수 갚고자 하던 이라.
> (今日腐心潛水客 昔年償膽臥薪人)
> 이번 길에 평생 뜻 결했으니, 下關으로 가지 않고 나루터를 묻네.
> (此行己決平生志 不向關門更間津)[14]

선생이 『중국문 수기』에서 보충한 시의 주석은 다음과 같다.

> "張椎"는 張良이 秦始皇을 습격할 때의 철퇴를 가리키고, "荊劍"은 荊軻가 진시황을 찌르던 보검을 가리킨다.
> "魯海"는 동해로 가는[15] "魯仲連"을 가리키고, 屈湘은 湘江 지류 汨羅江에 뛰어들어 자살한 "屈原"을 가리킨다.
> "臥薪嘗膽"은 越王 句踐이 吳王 夫差에게 패하여 나라가 망한 후 치욕을 씻고자 쓸개를 핥으며 보복을 잊지 않았다는 故事이고, "關門"은 일본에서 조선으로 가는 馬關을 말한다.

---

14) 韓國光復軍總司令部 政訓處, 『光復』 第1卷 第4期(1941년 6월 20일)에 김지섭 지사의 遺詩가 실려 있는데, 거기에는 "張椎荊劍胸藏久, 魯海屈湘夢入頻"으로 되어 있다.
15) 『한글본 수기』에 잘 소개되어 있다. 즉 "동해물에 빠져 죽을지언정 진나라 백성이 되지 않겠다"고 말한 노중연을 가리킨다.

(3)

20세기 20년대 후반기에 그는 상해·북경·천진·廣州·武·漢·南京·泉州 등 지역을 전전하였으며, 30년대에 들어선 후 다시 상해로 돌아왔다.

북벌전쟁(1926-1927) 이래 조선혁명자들은 민족주의와 공산주의를 막론하고 모두 중국의 國共合作의 영향을 받아, "唯一獨立黨促成運動"을 전개함으로써 대동단결을 도모하였다. 조선무정부주의자들도 마찬가지로 지난날의 침체상태에서 다시 수습하여 독자적인 혁명의 길을 개척하기 위해 분투하였으며, 1927년 10월 경에는 상해지역의 조선무정부주의자들이 먼저 나서서 여러 지역에 산재한 동지들에게 「재중국조선무정부공산주의자연맹 발기문 및 연맹강령」을 발송하여, 함께 大計를 상론할 것을 제의하였다. 그래서 1928년 새해가 지난후 각 지방의 조선무정부공산주의자들은 육속상해 프랑스조계 李梅路 和平坊의 華光病院에 모여들었다.

사천사람 鄧夢仙이 꾸린 화광병원은 당시 중국무정부주의자들의 통신 연락지점이었을 뿐만 아니라, 조선을 비롯한 동방 여러 나라 무정부주의자들의 활동무대이기도 하였다. 그는 화광병원을 통하여 등몽선·巴金·毛一波·盧劍波 등을 비롯한 중국무정부주의자들을 알게 되었다.

1930년 1월에는 중국친구 袁志伊의 소개를 받고, 泉州私立黎明高級中學校를 떠나 上海立達學園으로 갔다. 입달학원은 1925년 봄에 호남사람 匡互生이 창설한 신식학교로서, 처음에 상해 虹口의 민가를 빌어 개교하고 校名을 입달중학교라고 지었으며, 후에 江灣鎭으로 본부를 이동하면서 교명을 立達學園으로 개칭하였다. 학교를 學園이라고 부른 것은 고대 희랍의 철학가 柏拉圖의 Academia(學園)에서 유래하였다고 한다.[16]

---

16) 察瑞, 「匡互生和立達學園」, 『文史資料選輯』, 第26卷 第83輯.

입달학원은 교장을 두지 않고 또 아무 校規도 없었으나, 독특한 校訓이 있었으니 바로 "立己立人,達己達人"이라는 여덟 글자이다. "立達"은 "立己立人,達己達人"를17) 약기한 것이다. 『중문본 수기』에 의하면, 광호생은 孔夫子의 "입달" 교육사상을 하도 숭상하여, 자기의 세 딸 이름마저 각각 "立人" "達人" "價人"이라 지었다고 한다.

1929년에 입달학원에서는 산하에 농촌교육과를 증설하여 학생을 모집하고, 南翔에 농장을 꾸려 학생들의 실습기지로 삼았다. 그는 수기에서 "立達學園의 본부는 江灣에 있었고, 高中部農村教育科는 京滬線 南翔站 附近村 柴塘에 있었다"고 회고하였는데, 그 무렵의 경호선 南翔站은 상해시 嘉定區 동남쪽에 자리하고 있으며, 上海－嘉定行 고속도로가 개통되어 있다.

『한글본 수기』에서 그는 "나는 농촌교육과에서 農業課程과 일본글을 가르치게 되었다"고 회고하였다. 그 무렵 상해 각 중학교의 과목은 모두 국민정부 교육부의 통일적인 규정에 좇아 부서를 정했으며, 외국어 과목은 보통 영어만 개설하였다. 그러나 입달학원에서는 영어뿐만 아니라 세계어·프랑스어·이태리어·일본어 등 과목도 증설하였는데, 그는 일본어 과목을 담당하였다. 그밖에 농업과를 가르치기도 하였다.

1932년 "1·28" 松滬抗戰 때 강만이 전장으로 되자, 입달학원의 교직원들은 광호생의 지휘하에 중요한 설비들만 걷어가지고 浙江省 嘉興으로 이전하였으며, 남상의 농촌교육과도 잠시 방학을 하게 되어, 그는 상해시내로 가서 鄭華岩·李何有들과 같이 있었다.

그동안 광호생은 일부러 찾아와서 조선동지들을 만나보기도 하고, 또한 선생에게 노임도 가져다 주었으며,18) 생활형편이 어려운 것을 보고 프

---

17) 『論語』, '雍也', "夫仁者,己欲立而立人,己欲達人"(무릇 어진 이는 남을 교육함으로써 자기를 양성하는 목적에 이르고, 남을 성취시킴으로써 자기가 성공하는 목적에 이른다).

18) 『중문본 수기』에 의하면, 입달학원 교사들의 월급은 광호생까지 포함하여 모두 60

랑스조계에서 살고있는 上海勞動大學[19]) 교장 易培基에게 선생을 소개해
줌으로써, 경제적으로 도움을 받도록 하였다.

그는 농촌교육과의 교사로 취직하면서부터 입달학원의 책임자 광호생
뿐만 아니라 농촌교육과의 교무주임 陳範予, 교사 馬宗融과 羅世彌부부,
譚祖蔭, 張曉天 등 중국무정부주의자들을 사귀게 되었다. 그들 중 마종융·
나세미 부부는 선생의 가장 가까운 중국친구이기도 하였다.[20] 『한글본
수기』에서 그는 다음과 같이 회고하였다.

> 조선무정부주의자 李晦觀, 李又觀, 鄭華岩, 白鷗波, 朱烈, 李何有, 朴基成,
> 羅月寒 등은 "무정부주의연맹"을 조직하고 『南華通訊』이라는 刊物을 발행
> 했었다. 그리고 나는 조선혁명운동의 통일에 대한 글을 써서 『남화통신』
> 에 발표했었는데 그때 공산주의단체인 "해방동맹"을 조직하고 있는 金奎
> 光과 朴建雄이 남상 농촌교육과로 와서 나를 만나보고 그들도 나의 주장
> 을 찬성한다고 했었다.

선생이 수기에서 언급한 "무정부주의연맹"은 기실 南華韓人靑年聯盟을
가리킨다. 조선무정부주의운동이 잠시 저조기에 처해있던 1930년 2월에

원이었으나, 선생의 월급만은 우대하여 80원이었다고 한다.
19) 상해노동대학은 1927년 초에 중국의 고참 아나키스트들인 吳稚輝·李石曾·蔡元
培 등의 발기에 의해 창립되었다. 설립준비위원 중에는 沈仲九와 吳克剛을 비롯
한 교수들도 있었다. 그리고 조선아나키스트 이을규·이정규형제가 객원으로서 참
여하였다.
20) 吳嘉陵, 「翻譯家馬宗融」, 『四川近現代文化人物續編』, 四川人民出版社, 1989,
94~100쪽. 마종융(1890~1949)은 四川省 成都市의 回族 출신이다. 1919년 李石
曾·吳玉章 등이 상해에서 프랑스 유학을 조직할 때, 마종융은 동창생 羅世安과
같이 학생모집에 응하여 프랑스로 갔다. 후에 마종융은 나세안의 여동생 羅世彌
(羅淑)와 파리에서 결혼하여 딸 小彌를 낳았다. 1933년 그들 부부는 귀국하여, 입
달학원 농촌교육과의 교원으로 초빙되었다. 그 후 마종융은 복단대학교수로 초빙
되었고, 나세미는 1938년 아들 紹彌를 낳고 産褥熱로 말미암아 사망하였다.

는 조선청년 申鉉商·崔錫榮 등이 忠南 天安邑 湖西銀行에서 현금 5만7천
원을 편취해가지고, 북경으로 도망해온 바 있었다. 이를 계기로 류자명과
柳基石·鄭鐘華·張道善 등은 그 자금을 무정부주의운동에 사용하기로 상
논하였으며, 뒤이어 그해 4월20일에 상해 프랑스조계 金神父路133號에서
남화한인청년연맹의 창립식을 거행하고 규약·강령·선언 등을 발표하였
다. 그런데 그해 5월1일에 신현상·최석영을 비롯한 10여명의 조선인들이
공교롭게 北平衛戌司令部의 수색망에 걸려들어 일시에 체포됐으며, 신과
최는 돈과 함께 조선으로 압송되었다.

　1931년 11월 중순에 중국·대만·조선·일본 등 민족의 무정부주의자들
은 상해 프랑스조계 疎斐德路의 어느 중국인집 2층에서 "抗日救國聯盟"을
조직하였는데, 보통 黑色恐怖團(Black Terrorism Party, 약칭BTP)이라고 불
렀다. 이 國際反日테러단체에는 선생을 비롯한 조선무정부주의자들과 중
국인 王亞焦·華均實·毛一波, 대만인 林成材, 일본인 田化民(佐野一郞)·吳世
民(失田部勇司) 등이 가입해 있었다. 왕아초는 무정부주의선전을 목적으
로 상해 프랑스조계 聖門路의 公道印刷所內에 黑色同盟事務所를 설치하고,
기관지 『自由』 周刊을 창간 발행하였는데, 주필은 선생이었고 巴金이 그
를 도왔으며 吳冕植과 鄭種華가 발행을 담당하였다. 이후 흑색공포단은
왕아초와 화균실이 汪精衛저격사건 때문에 잠시 홍콩에 피신한 탓으로,
경제적 후원이 두절되어 곧 마비상태에 빠지고 말았다.

　1932년 11월에 柳基石이 北平東北義勇軍後援會로부터 자금원조를 받아
가지고 상해 남상으로 왔다. 그래서 그와 더불어 천진의 일본 각 기관에
대한 투탄계획을 세웠다. 그해 12월 중순에 柳基文(류기석의 동색)이 天津
부두에서 적의 군수물자 및 육군을 수송하여 入港한 만천톤급 日淸汽船에
폭탄을 던졌는데, 미치지 못해 바다속에 떨어졌고, 같은 시각에 李容俊(千
里芳)은 천진일본총영사관에 폭탄을 던져 영사관 건물의 일부를 파괴하

였다. 그리고 적의 병영에도 폭탄을 던졌으나 불발이었다.

1933년 2월 초순에 남화연맹에서는 중국주재 일본공사 有吉明을 목표로 한 암살계획을 세우고, 연맹 서기 元心昌, 맹원 白貞基·李康勳 및 흑생공포단원 吳世民 등 네 사람을 실행자로 선발하였다. 그후 결행일인 3월 17일까지 그는 鄭華岩·李圭虎(李會榮의 아들) 등과 서로 긴밀한 연락을 취하여 이번 거사에 대한 모든 준비를 서둘렀다.

이날 저녁에 선생을 비롯한 남화연맹의 성원들은 상해 프랑스조계 "大世界" 부근의 靑萍菜館에서 실행자들을 위해 특히 송별연을 베풀었다. 또 그날밤 9시경에 백정기·이강훈 및 원심창과 같이 택시를 타고 프랑스조계의 隣接地에 있는 津津菜館에까지 와서, 후일 지하에서 서로 만날 것을 약속하고 그들과 헤어졌다.[21] 실행자들은 共同租界 武昌路271號 중국요리점인 松江春에 이르러 有吉公使가 일본요리점 六三亭에서 나와 차에 오를 때 손을 쓸 작정으로 대기하고 있던 중, 비밀계획이 누설된 탓으로 사전에 다 체포되고 말았다. 이것이 유명한 "六三亭義擧"이다.

류자명이 상해에서 중국여성 劉則忠과 결혼한 것은 1933년의 일이다.[22] 이로부터 두 해가 지나서 유칙충은 선생에게 사내아이를 낳아주었으니, 이름은 小明이었다. 그는 수기에서 조국에 있는 처자에 대하여 전혀 언급을 하지 않았다.

남화연맹에서는 南華俱樂部라는 맹원들의 활동기관을 설치하여 정보수집·자금조달·테러계획 등에 관해 토론하였으며, 가끔 무정부주의 연구회도 개최하였다. 특히 1936년 1월부터 남화연맹에서는 기관지 『南華通訊』 月刊을 창간 발행하여, 중국 관내지역 뿐만 아니라 만주와 조선국내에도

---

21) 無政府主義運動史編纂委員會 編, 『韓國아나키즘運動史』, 螢雪出版社, 1994, 346~347쪽.
22) 류연산, 앞의 책, 280~285쪽.

송부함으로써 무정부주의사상 선전에 주력하였다. 『남화통신』은 1936년 12월호까지 발행된 것으로 알려지고 있으나, 지금 전해지고 있는 것은 그 중 일본어로 번역된 불완전한 몇 개호뿐이다.

그는 일찍 "瑾"이라는 필명으로 『남화통신』 제1권 제10기 11호에 「민족전선 문제에 대하여 冷心君의 의문에 대답한다」라는 글을 발표한 바 있다. 그는 이 글에서 前期 『남화통신』 10월호에 「朝鮮民族戰線의 中心問題」라는 제목으로 실린 글의 일부 관점을 설명하였는데, 선생의 글임은 의심할 바 없다. 그리고 「農民問題片談(농민문제 토막이야기)」라는 글의 (四)와 (五)가 각각 『남화통신』 11월호와 12월호에 연재되어있는 것을 보면, 이보다 먼저 이미 3期에 나누어 발표되었음을 추측할 수 있다.23) 저자는 "明"이라는 필명을 사용했으나, 역시 류자명 선생일 것이다. 『한글본 수기』에서는 다음과 같이 회고하였다.

> 당시에 상해법국조계지에서는 조선사람이 수백명이나 살았으며 조선무정부주의 동지들도 조직적활동을 하고 있었는데 그때 상해에 있는 日本領事館에서는 조선 혁명자들의 행동을 정찰하기 의하여 特務網을 벌려 놓고 있었으며 내가 입달학원에 있는 것 까지도 알게 되었던 것이다. 그래서 나는 모든 행동을 특별 주의했기 때문에 농촌교육과의 학생들은 나를 "신비한 사람"이라고 했으며 그리고 나는 머리털이 일찍이 희게 되어서 "백발청년"이라고 했는데 나의 행동을 동정하고 있는 학생들은 내가 일본놈들 압박을 받으면서 간고한 생활을 겪었기 때문에 머리털이 일직 하게 되었다고 보았던 것이다. 그리고 그때 빠김의 아우 李采臣이 농촌교육과의 학생이었는데 빠김은 그의 아우를 통해서 이러한 정형을 알게 되면서 「머리털의 이야기」라는 소설을 써서 발표했던 것이다.

일제정보기관에서는 선생이 南翔 立達農學園 교사로 봉직하면서 매월

---

23) 『思想情勢觀察報告集』 5, 481~498쪽.

3·4회씩 왕래하고, 남경 東流鎭 東流農場 技士로서 남경에 거주하는 사실을 이미 파악하고 있었으며, 심지어 키가 "丈五尺二寸"가량 되고 "前齒 二枚 金義齒"라는 인상특징까지 추정하고 있었다.[24)]

그는 신분상 확실히 특수했으므로, 학생들에게 "신비한 사람"으로 보였을 것만은 사실이다. 그러나 머리털이 희게 된 것은 "간고한 생활"때문이었는지 그 의학적 원인을 잠시 찾아내기 어렵다. 여하튼 젊어서부터 머리털이 세어서 "백발청년"이라는 별호를 가지게 되었고, 또 그로 말미암아 파금의 단편소설 「머리털 이야기(髮的故事)」가 창작되었다.[25)]

선생과 파금은 아주 자별한 사이였다. 파금은 조선혁명자들을 매우 동정하였다. 그의 작품 가운데는 조선과 조선혁명자들에 관한 글들이 적지않다. "6.25"때는 중국인민지원군의 종군작가이기도 하였다.

6. 廣東에서

류자명이 처음 광동으로 남하한 것은 1925년 "5.30"上海反帝運動이 끝난 후의 일이다. 『韓國아나키즘運動史』에는 다음과 같은 내용이 들어있다.

제네스트가 끝난 후 臨政 義烈團 無聯 三者가 協力하여 日帝의 密偵 金昌洙를 제거 하기로 했다. 그러나 臨政側 邊某의 違約으로 이 工作은 失敗로 돌아가고 말았다. 鷗波와 同伴한 젊은 義烈團員 한 사람이 그의 不言에 격분하여 가슴을 찔렀다. 이것이 말썽을 일으켜 臨政과의 관계가 악화되었으므로 그 일에 관계했던 義烈團員들과 鷗波 友槿 등은 廣東으로 갔다.

---

24) 『思想情勢視察報告集』5, 121쪽.
25) 劉慧英 編, 『巴金 － 從煉獄走來』, 北京中國工人出版社, 2002, 121~123쪽. 이 소설은 1936년 5월 15일 『作家』제1권 제2호 최초로 발표되었다.

그러나 鷗波는 義烈團員들과 뜻이 맞지 않아 數萬里길을 걸어서 上海로 돌아왔다.

이 글은 중국대혁명 시기 대한민국임시정부·조선의열단·조선무정부주의자연맹 삼자의 관계를 설명하였다. "구파"는 白貞基의 별호요, "우근"은 선생의 별명이다. 그가 의열단의 통신연락원으로서 상해에서의 활동을 잠시 중지하고, 의열단 본부를 찾아 광동행을 하게 된 데는 상술한 문제보다 더 중요한 원인이 있었을 가능성이 크다. 그것은 혹시 무정부주의자와 의열단과의 합작을 시도했을 수도 있다. 순수한 무정부주의자인 백구파가 선생을 따라 일부러 광동까지 갔다가 오래 체류하지 못하고 곧 상해로 돌아온 것은 양자의 합작이 실패하였기 때문일 것이다. 수기에서는 중국대혁명시기 광주에서 개최된 의열단의 재조직 회의에 대하여 다음과 같이 언급하였다.

『중문본 수기』
1925년 겨울 나는 상해로부터 광주에 가서 의열단 재조직 회의에 참가하였다. 그 때 의열단단원들은 다수가 황포군관학교에서 공부하고 소수가 중산대학에서 공부했으므로 일요일에 회의를 열고 모든 문제를 상론할 수밖에 없었다.
그때 여러 사람들은 의열단에서 종래로 사용해온 운동방식이 이미 때가 지났으므로 마땅히 재조직하여 하나의 정당으로 되게 해야 한다고 인정하였다. 그래서 수차 연구를 거쳐 "조선민족혁명당"으로 고치고 정치강령과 행동방침을 제정하였다. 의열단의 과도적인 운동은 이로써 끝났다.

『한글본 수기』
당시에 "의열단" 단원들은 "황포군교"와 "중산대학"에서 학습한 결과 정치적사상수평이 제고되었고 중국에서는 孫中山이 聯俄容共정책을 采納하고 중국공산당과 합작하여 "황포군사정치학교"를 성립하였으며 周恩來

동지가 "황포군교"의 敎務長으로 되어서 공산주의사상이 학생중에서 선전되고 있었다. 그래서 "의열단" 단원들은 과거와 가튼 단순한 폭력운동으로는 혁명을 성공할 수 없다고 認識하고 혁명적 政黨을 성립하게 된 것이다. 그래서 "의열단"을 개조하여 혁명적 정당으로 되게 한 것이다. 그래서 여러번 회의를 열고 토론한 결과 당명을 "조선민족혁명당"이라고 하고 당의 강령과 정책을 결정하였다. 그래서 "의열단"은 이와 같이 "민족혁명당"으로 전변되었다.

중국대혁명시기 의열단의 재조직에 관한 문제는 일제정보자료에도 언급되어 있다. 그것을 한글로 번역하면 대체로 다음과 같다.

本團은 次種客觀情勢가 指示하는 規則的方針을 基礎로 하여 1926年 組織改選을 斷行하고 章程을 改訂하고 具體的 綱領을 作成하였으며, 暗殺·暴動의 部門的事業을 進行하되 全力을 大衆的革命組織에 傾注하며, 또 多數의 同志를 蘇聯邦과 中國軍事政治學校에 派遣하며 中國北伐戰爭에 參加시킴으로써, 革命戰爭의 實地經驗을 習得하고, 國內國外의 勞農團體로 하여금 언제든 遊擊戰爭을 進行할수 있는 基礎를 確立시키도록 한다. 이것은 本團이 超民衆的組織體를 汎民衆化하는 一時期라고 말할 수 있다.

김산·님웨일즈의 공저 『아리랑』에도 1926년 늦봄 통일된 민족주의 정당을 조직할 필요에 의해 의열단의 명칭을 조선민족독립당으로 고치고, 새로 11명의 위원을 선출했다는 내용이 들어있다.[26]

상술한 자료들을 종합적으로 분석해보면, 의열단에서 재조직회의를 개최한 것은 1926년 7월 1일 북벌동원령이 선포되기 전의 일이다. 그런데 의열단이 재조직회의에서 그 조직 명칭을 류자명 선생의 수기에서처럼 "조선민족혁명당"으로 규정했는지, 아니면 『아리랑』에서처럼 "조선민족

---

26) 김산·님 웨일즈 지음(조우화 옮김), 『아리랑』, 동녘, 1998, 130~131쪽.

독립당"으로 규정했는지, 이 글에서는 잠시 확인할 수가 없다. 1935년 7월 5일에 의열단을 비롯한 여러 조선혁명단체가 통합되어 새로 "조선민족혁명당"을 창립하였지만, 분명 이와는 관계가 없는 듯하다.

『한글본 수기』든 『중문본 수기』든 모두 20세기 80년대 초반에 작성되었음은 다 아는 사실이다. 진술한 바와 같이 선생의 『이력서』는 1970년경에 작성되었으므로, 시간상에서 수기에 비하면 적어도 십년 이상 앞섰다. 『이력서』에서도 의열단의 재조직 문제를 언급하였는데, 수기와는 내용상 일정한 차이가 있다. 아래에 발췌하여 소개한다.

> 1924년 여름 김원봉을 비롯한 의열단 성원 다수가 광주황포군사정치학교의 학습에 참가하였으며, 중국혁명운동의 영향하에 1925년 광주에서 의열단대표회의를 개최하고, 정치상과 조직상에서 의열단을 혁명단으로 改造하였으며, 종래 전문적으로 폭력운동을 진행하던 偏向을 改正하였다.
>
> 의열단 성원들은 황포군사정치학교를 졸업한 후 모두 북벌전쟁에 참가하였고, 1927년 上半期에는 모두 武漢에 집결하였으며, 국민당이 무한에서 "淸黨"을 시작할 때 의열단의 부분적 성원들은 "8.1" 南昌봉기에 참가하였다.
>
> 1931년 "9.18" 사변 후 의열단과 기타 몇 개의 혁명단체는 연합하여 "조선민족혁명당"을 성립하였다.

보다시피 『이력서』의 내용이 신빙성이 있다는 것은 자명한 사실이다. 그러므로 수기에서 의열단을 조선민족혁명당으로 재조직했다는 것은 분명 잘못된 기록이다. 그러나 의열단이 광동으로 남하한 시간이 1924년 여름이면 황포군관학교 입교시간보다 거의 일년 앞선 셈이다. 김약산이 편입된 제4기는 1925년 7월부터 1926년 1월까지 사이에 그룹으로 나누어 입교했으며, 1926년 3월 入伍生 升學시험을 거쳐 학생으로 바뀌어졌다.[27]

---

27) 『黃埔軍校史料(續編)』, 廣東人民出版社, 1994, 536쪽.

이들은 1926년 10월에 졸업하였다.

의열단원들은 황포군관학교 제5기와 제6기에도 입학하였으나, 제4기처럼 인수가 많지 않았다. 그리고 주목되는 것은 "종래 전문적으로 폭력운동을 진행하던 偏向을 改正"했다는 점이다. 이 점은 "暗殺·破壞·暴動의 部門的事業을 進行하되, 全力을 大衆的革命組織에 傾注"한다는 것과 어느 정도 합치된다. 여하튼 이후 의열단의 반일테러에 의한 폭력투쟁은 다소 조용해졌으나 그렇다고 완전히 끝난 것은 아니다. 羅錫疇의 朝鮮殖產銀行 및 東拓 투탄 의거는 바로 조용하던 하늘에서 벼락이 떨어진 것과 같다. 그는 수기에서 광동으로 남하한 일부 의열단원들의 성명도 지적하였다.

> 『중문본 수기』
> 1925년 의열단원 金若山, 李敬守, 李集中, 權駿, 李春岩, 韓逢根, 朱烈(金之江) 등이 황포군관학교에 가서 공부하였다. 그들은 학습을 거쳐 정치사상과 군사지식 (수준)을 제고하였으며 의열단이 광주에서 "조선민족혁명당"으로 재조직된 것도 황포군관학교에서 공부한 결과이다. 그리고 황포군관학교에서 공부했거나 사업에 참가한 자들로는 李劍雲, 李智善, 韓昌烈, 姜波, 崔承年 등이 있었다.

> 『한글본 수기』
> 그때에 의열단 단원 중의 金若山, 李集中, 李敬守, 朱烈, 崔承年 등은 황포군교에서 공부하였고 崔園과 李英俊은 중산대학에서 공부하고 있었다. 吳成輪은 蘇聯에서 공부하다가 광주에로 돌아와서 황포군교 俄語를 가르치고 있었다. 당시에 蘇聯代表團이 "황포군교"를 방문했었는데 그들은 오성륜을 통하여 의열단 단원들이 황포군교에서 공부하는 것을 알고 "의열단 동지들을 만나보기를 원한다"해서 의열단 단원들은 소련대표단이 있는 여관에 가서 그들을 맛나보고 기념사진을 찍었다.

1926년 3월에 崔林(金若山)·李集中·楊儉 등을 비롯한 24명의 조선청년들이 황포군관학교 제4기에 입학하였는데, 그 다수가 의열단원이었다.[28] 그리고 1926년도 『國立中山大學同姓學生名冊』에는 적어도 47명의 조선학생 명단이 수록되어 있는데, 그 중에도 李英俊(理本三)·崔圓(文本二)·鄭有隣(法本二)·金星淑(法本二)·姜世宇(理本一)·張志樂(醫本二)·崔承年(醫本一)·李活(醫一) 등을 비롯한 적잖은 의열단원들이 들어있었다.[29] 그러나 이경수·주열·한봉근 등은 입교할 때 어떤 가명을 사용했는지 잠시 확인할 수가 없다.

오성륜은 일찍 1921년 9월 21일 조선총독부에 폭탄을 던진 적이 있는 의열단원 金益湘과 같이, 1922년 3월 28일에 상해 黃浦灘 稅關 부두에서 일본 육군대장 田中義一을 저격하였으나 성공하지 못하고, 다같이 上海工務局 경찰에 의해 체포되었다.[30] 그후 오성륜은 상해일본총영사관 부속 監獄에 갇혀있다가 그해 5월 2일에 성공적으로 파옥 도주하였고, 김익상은 5월 3일에 日本長崎地方裁判所로 압송되어 나중 무기징역을 언도받았다. 탈옥후 오성륜은 모스크바에 가서 東方大學에 들어가 공부하다가, 중국대혁명이 시작되자 蘇聯顧問團을 따라 광주에 와서 황포군관학교 第5期(1926년3월~1927년8월) 俄文敎官으로 취직하였다.

선생이 수기에서 언급한 이른바 "소련대표단"은 기실 보로딘·카륜 등을 비롯한 "소련고문단"을 가리키는데, 오성륜이 그 통역을 담당했었다. 중국대혁명시기에 중국국민당의 李濟深·古應芬 등이 광주에서 반공쿠데타를 일으켰는데, 그는 그것을 직접 목격하고 『중문본 수기』에서 다음과 같이 회고하였다.

---

28) 湖南省檔案館 校編, 『黃埔軍校同學錄』, 湖南人民出版社, 1989.
29) 廣東省檔案館 所藏, 『中山大學同姓學生名冊』, 全宗 20號, 案卷 546號, 1926年度.
30) 『韓國民族運動史料: 中國篇』, 389~406쪽.

"4.12"반혁명쿠데타가 발생할 때 나와 김약산은 광주에서 국민당반동파가 공산당원들을 학살하는 정형을 집접 목격하였다. 공산당원 肖楚女는 체포되던 그날에 살해되었으며 아울러 廣州警備司令部에서는 고시문을 내붙이었다. 당시 광주경비 사령은 이제심이었다. 나는 조선문으로 글 한편을 써서 서울의 조선일보사에 붙혀보냈다. 후에 그 신문은 「赤色의 悲哀」라는 제목으로 그것을 실었다.

중국역사에서는 이 사건을 일러 1927년 "4.15" 廣州慘案이라고 한다. 이 사건에서 희생된 肖楚女는 중국공산당 초기청년운동의 지도자로서, 그 무렵에는 황포군관학교 정치교관이었다.

그는 1925년 겨울에 광주로 가서 활동하다가, 1927년 5월 4일에 비로소 광주를 떠난 것이 아니다. 그는 의열단 재조직회의 후 상해로 돌아와 여전히 의열단의 통신연락을 맡고 있다가, 1926년말 김창숙 선생과 같이 平津에 가서 "나석주 투탄 의거"를 협조한 후, 상해를 거쳐 제2차로 광동행을 한 것이다. 광주에서는 중산대학교에 거처를 정하고,31) 주로 의열단의 활동에 참여하였다. 물론 황포군관학교 또는 중산대학에 學籍을 둔 것은 아니다.

1927년 5월 초순에 김약산과 같이 광주에서 기선을 타고 상해로 떠났다. 광주를 떠나게 된 동기는 광주에서 반공쿠데타가 일어나고, 또한 다수 의열단원들이 북벌에 투신하여 이미 광주를 떠났기 때문이었다.

---

31) 安奇, 『戴勳章的園藝學家-柳子明傳』, 中國農業出版社, 2004, 19쪽.

7. 武漢에서

(1)

상해에 이르러 대한민국 임시정부의 李東寧 선생의 거처를 찾아가서 약 한 달 동안 체류하였다. 그때 김약산은 이미 상해를 거쳐 무한으로 가고 없었다. 『중문본 수기』에서는 다음과 같이 회고하였다.

나는 상해로 온 후 잠시 石吾선생(李東寧)의 숙사에 거처하였다. 같은해 6월 중순 武漢으로 갔다. 당시 무한에는 의열단의 동지로는 김약산, 李劍雲, 權駿, 楊儉, 安東晩, 崔園, 崔承年 등이 있었다. 북벌군 제6군 砲兵營 營長 李劍雲 副營長 權駿도 무한에 있었다.

『이력서』에는 선생이 1927년 6월 의열단회의에 참가하고자 무한으로 갔다고 씌어있다. 상기 명단 중에서 이동녕 선생을 내놓고 그 나머지는 전부가 의열단원이었다.

『한글본수기』에 따르면, 북벌군 제2군의 砲兵 連長(중대장) 姜波는 南昌 전투에서 기관총으로 孫傳芳(直系軍閥) 부대 한 개 중대의 병력을 막아 싸우다가 남창 丁家橋에서 희생되었으며, 제 6군의 砲兵 連長(中隊長) 이검운은 1926년 가을 江西省 九江전투에서 손전방 부대를 소멸하고 포병 營長(大隊長)으로 승급하였다고 한다.

그해 7월 15일 무한국민정부내의 汪精衛 그룹은 공산당과 완전히 결별하였다. 따라서 7월 하순에 중국공산당은 남창에서 봉기를 일으키기로 계획하였다. 그 무렵 남창지역에서 공산당이 장악한 주요 무력으로 葉挺의 第24師, 賀龍의 第20軍, 朱德의 第3軍(軍長 朱培德) 軍官教育團과 南昌公安局의 2개 保安隊, 葉挺獨立團을 골간으로 편성한 제25사, 蔡廷개의 第10師

등이 있었다. 그리고 盧德銘의 國民政府 警衛團과 陳毅의 中央軍政學校 武漢分校 등 부대도 한창 무한에서 남창으로 집결하고 있었다.[32]

무한에 온 후 북벌군(이검운의 포병영)에 소속되어 있는 의열단원들의 경제적 도움을 받아 생활하였다. 1927년 1월 한구의 英國租界를 회수하던 무렵 東方被壓迫民族聯合會가 성립되자, 金奎植·李劍雲·安東晩 등과 더불어 동 연합회의 조선대표로 활동하였다. 이 연합회는 제일 먼저 광주에서 성립되었고, 그 후 北伐戰爭이 승기를 잡고 진행될 무렵 무한에서 재차 성립되었으며, 중국대혁명이 종료되자 그 소재지를 남경으로 이전하였다. 그는 수기에서 또 다음과 같이 회고하였다.

『한글본 수기』

金若山, 成俊用 등 조선혁명자가 이번 起義에 참가했다. 그리고 1927년 12월 11일에 있은 廣州起義에도 崔鏞建, 金奎光, 朴建雄, 張志略 등 조선동지들이 참가했었다.

남창기의와 광주기의가 발생되고 있는 동시에 무한에서는 리금운을 제6군 사령부에서 잡어다가 武昌監獄에 가두었다. 그리고 제6군 포병영은 부영장 권준이가 거느리고 호남에로 갔었다. 그때에 나는 리금운이 있는 숙사에서 있으면서 리금운의 먹을 것과 의복을 가지고 리금운이 갇혀있는 감옥에로 가서 식물과 의복을 보내주고 또 그를 만나 보았었다.

『중문본 수기』

북벌군에 참가한 조선청년들은 모두 부대를 따라 구강을 거쳐 남창으로 가서 "8·1" 봉기에 참가하였다. 그리고 제6군 포병영이 蕪湖로 파견되었다가 다시 무창으로 돌아온 후 그 영장 이검운은 軍長(군단장) 程潛에 의해 면직하여 죄상을 조사한 후 처벌하게 되어 武漢監獄에 갇히었다. 동시에 포병영의 副官 安東晩(志青)도 체포 투옥되었다. 나처럼 부대에 참가

---

32) 國防大學 '戰史簡編' 編寫組, 『中國人民解放軍戰史簡編』, 解放軍出版社, 2001年 修訂版.

하지 않은 사람들은 여전히 무한에 남아 방황하면서 불안한 생활을 할 수밖에 없었다.

이검운 즉 李劍雲(李哲浩)은 원래 雲南陸軍講武學校 출신으로, 河南省 開封에서 馮玉祥의 국민군 제2군 敎導團 敎官으로 일년 동안 근무하다가, 제2차 直奉戰爭후 광주로 가서 砲兵 少尉 계급을 가지고 황포군관학교 助敎로 임직하였다. 북벌전쟁시기 그는 무한에서 제1군 포병 第6連長 上尉 連長으로 있었다. 체포된 원인은 그가 공산당 혐의가 있었기 때문일 것이다. 그는 후에 풀려나와 남경으로 가서 조선혁명간부학교 제1기 교관으로 임직한다.

황포군관학교 제4기 보병과 졸업생 權駿(晙)은 1927년 3월까지도 여전히 중앙군정학교 무한분교 훈련부에서 근무하고 있었다. 安東晩(載煥)은 원래 중앙군정학교 무한분교 정치과 학생이었으며 동방피압박민족연합회에서도 활동한 바 있었다. 무한시절 그는 옹근 반년 동안이나 철창생활을 하였다. 『이력서』의 내용에 따라 그 경과를 소개하면, 대체로 다음과 같다.

1927년 여름 국민당과 공산당이 결별하게 되자, 북벌에 참가했던 의열단원들은 부대를 따라 무한을 떠났으나 부대에 참가하지 않은 단원들은 일시 떠날 수가 없었다. 그래서 선생을 비롯한 몇몇 의열단원들은 그대로 무한에 남아있었다. 한구주재 일본총영사관에서는 이 기회를 타서 직접 特務(간첩)들을 파견하여, 무한공안국 경찰들과 같이 무한에 거류하는 조선인들을 체포하도록 하였다. 1928년2월28일 아침 3·1독립운동을 기념하기 위하여 한구에 모였던 십명의 조선인들은 갑자기 뛰어든 무한공안국 경찰과 일본특무들에 의해 공산당의 혐의범이라는 죄명으로 전부 체포되었다. 그들의 명단은 柳子明·曹國棟·安東晩·宋旭東·崔承淵·韓昌烈·李允

海·孫聖善·李枝善·崔園이다.

그들은 대부분 중앙군정학교 무한분교 폐교후 그대로 무한에 남아있던 의열단원들이었다. 曺國棟·安東晚·宋旭東은 무한분교 政治科 학생이었고, 崔承淵은 砲兵科 학생이었으며, 韓昌烈·李允海·孫聖善은 무한에 거류하고 있었다.[33] 李枝善은 원래 북벌군에서 무기 수리를 하였으며 중앙군정학교 무한분교에서는 砲兵科 의 기술교관으로 있었다. 그리고 崔園은 무창 소재 중산대학 학생이었을 것이다.

曺國棟은 본명이 金餠泰이고 가명이 金斌·曺斌·趙國棟 등이며, 日本早稻田大學 政經科 출신이다. 상해에서 의열단에 가입하였고, 늘 상해 江灣의 중국의사 曺氏 댁의 養子로 행세하였다. 孫聖善은 孫聖禮·孫善이라고도 부르는데 李枝善의 아내다. 그리고 韓昌烈의 부인 김의사는 한구에서 博愛病院을 차리고 있었다.

조선인들은 한구공안국 간수소 감방(원래는 화장실)에 갇힌 후, 간수에게 돈 60전을 주고 죄수가 처형될 때 남겨놓은 담요를 빌어 하룻밤을 지새웠다. 다음날 즉 3월 1일에 그들 10명은 다시 武漢衛戍司令部 看守所로 이감되었다.[34] 위수사령부 간수소에서는 이 조선인들에게 優待政策을 베풀었고, 또 큰방 하나를 내주어 열사람이 다같이 들 수 있게 하였다.

언젠가 한번은 孫聖善이 갑자기 앓게 되어, 간수소 소장 韓聯和의 허락을 받고 박애병원의 김 의사를 청해 병을 본 적이 있었다. 그후 소장의 처가 앓을 때도 김의사가 와서 병을 봐주어 서로 사이에 인연이 맺어졌다. 이로부터 수감되어있는 조선인들은 박애병원을 통신처로 삼아 여러 지역의 친구들과 서로 연락도 할 수 있고, 조선신문도 받아볼 수 있었다.

---

33) 水野直樹, 「黃埔軍官學校と朝鮮の革命運動」, 『朝鮮民族運動史研究』 6, 1989, 58쪽.
34) 南京 中國 第二歷史檔案館 所藏, 『韓國獨立黨照會請譯留漢被拘黨員及其往來函件』, 全宗號(臨一), 目錄號(2), 案卷號(1556).

간수소에 갇혀있는 동안 두 가지 가혹한 사실이 류자명 선생을 몹시 괴롭혔다. 그 하나는 삼백여명의 중국청년들이 공산당원이라는 죄명으로 간수소에서 後城馬路로 끌려나가 처형되는 모습을 직접 목격한 것이고, 또 하나는 『조선일보』를 통하여 신채호가 일본경찰에게 체포되어 大連監獄에서 옥사했다는 소식을 알게 된 것이다.

선생이 무한위수사령부 간수소에서 철창생활을 하고 있을 때인 1928년 4월에, 신채호는 북경에서 조선무정부주의자 북경회의를 개최하여 선언문을 채택하고, 다시 대만동지 임병문과 협의하여 천진에서 동방무정부주의자연맹 대회를 개최하고, 선전기관지를 발행하기로 결의하였다. 이 결의를 실행하자면 무엇보다 먼저 자금이 필요했다.

당시 임병문은 北京郵務管理局에 근무하고 있었다. 그래서 연맹에서는 國際爲替를 위조하여 자금을 만들 계획을 세웠다. 신채호는 중국인으로 변장하고 일본 神戶를 거쳐 恒春丸편으로 그해 5월 8일 대만에 도착하여 基隆港 상륙 직전에, 日警水上署에 체포되어 大連으로 호송되었다. 李志永 (弼鉉), 의열단원 李鉽R元(黃埔軍官學校 第4期 졸업), 임병문 세 사람도 같이 체포되었다. 그중 임병문은 그해 8월에 옥중에서 폐병으로 사망하였고, 신채호는 그로부터 8년이 지나 1936년 2월 21일 旅順監獄에서 뇌출혈로 옥사하였다.

무한위수사령부 간수소에서 풀려나온 때로부터 반세기가 지난 1981년에 그는 신채호를 종시 잊지 못하여, 제자와 더불어 「조선의 애국사학자 신채호」라는 제목으로 약전을 써서 잡지에 발표하였다.35) 그는 약전에서 신채호가 일찍 글을 쓰기 위해 "거짓 出家했다가 미구에 다시 歸家"한 이야기도 새삼스레 언급하였다.

조선인들이 체포되던 그날부터 일본총영사관에서는 그들을 인도할 데

---

35)『世界史研究動態』, 1981年 第3期.

관해 요구하였지만, 한구공안국 측에서는 감히 그렇게 하지 못하고 무한 위수사령부로 이송하였다. 일본총영사관에서는 또 "무한위수사령부에서 십명의 조선공산당원을 검거하였는데 그들은 다 코민테른의 지도를 받고 있다"는 따위의 요언을 날조하면서, 조선인 인도문제를 거듭 제기하였다.

문제가 점점 확대되자 위수사령부에서는 조선인들을 풀어놓지도 못하고 일본영사관에 넘겨주지도 못하게 되어, 남경정부에 보고하는 수밖에 없었다. 그후 한국유일독립당 상해촉성회의 조소앙과 중국본부한인청년동맹 상해지부의 朴建雄 등이 나서서, 무한위수사령부 및 남경국민정부 外交部에 거듭 교섭한 결과 옹근 6개월만에 10명중에 8명이 석방되었다.

그동안 李允海(福燁, 觀海)는 한구의 박애병원에서 치료를 받다가 사망하였고, 이지선은 폭탄제조 기술이 있다는 혐의로 뒤늦게 석방되었다. 崔園(圓)과 崔承淵(年)은 석방된 이튿날 즉 8월 29일 영국 기선을 타고 상해 黃埔灘 부두에 도착하자마자, 이미 밀정의 연락을 받고 대기중이던 상해 일본총영사관 경찰의 마수에 다시 걸려들고 말았다.

이밖에 조국동과 송욱동은 호남으로 가고, 류자명은 무창에서 추석을 쇠고 안동만과 같이 남경으로 갔다.

(2)

무한위수사령부 간수소에서 풀려나온 후 그는 남경·천주·상해 등 지방을 전전하다가, 옹근 10년만인 1937년 12월에 다시 한구로 돌아왔다.『한글본 수기』에서는 다음과 같이 이야기하였다.

내가 한구로 간 뒤에 조선민족전선의 맹원들도 한구에 모여서 원래의 일본조계에서 큰 집 一棟을 구해가지고 전선연맹을 성립했으며 연맹의 맹원들도 거기서 일하면서 공동생활을 하고 있었다.

　당시에 金若山, 朴正愛, 金奎光, 杜君慧, 崔昌益, 許貞淑, 李春岩, 李英俊, 文正一 등이 한구에서 활동하고 있었다.

　나는 한구로 간 뒤에 리유화에게 부탁하여 邵陽에 가서 나의 아내와 자녀를 한구로 다리고 와서 전선련맹에서 가치 있었다.

1927년 11월 12일에 조선민족혁명당·조선민족해방동맹·조선혁명자연맹 등 세 개 단체는 남경에서 대표대회를 개최하여 조선민족전선연맹을 결성하고, 선언·강령·규약 등을 채택하였다. 그해 11월 15일에 상술한 세 개 단체가 작성한 민족전선연맹의 창립선언은 12월초에 한구에서 정식을 발표되었다.

　민족전선연맹은 처음에 한구 日本租界八一三街(지금의 勝利街) 15號에 사무소를 설치하였으며, 구성원들도 대부분 거기서 합숙을 하였다. 민족혁명당의 김약산과 朴次貞 부부, 전위동맹의 최창익과 허정숙 부부, 해방동맹의 김규광과 두군혜 부부, 혁명자연맹의 류자명과 劉則忠 부부도 모두 한구에서 생활하고 있었다. 박정애는 박차정의 별명일 것이다. 그리고 문정일은 이 무렵 한구에 있은 것이 아니라, 중앙군관학교 星子分校 또는 江陵分校에 있었을 것이다.

　『한글본 수기』에서는 또 다음과 같이 이야기하였다.

　　조선민족전선연맹은 정치부 第3廳 廳長 郭沫若의 지도를 받게 되었다.
　　그리고 1938년에 조선민족연맹 밑에 朝鮮義勇隊를 조직하고 김약산이 의용대의 대장으로 되었으며 또 의용대의 지도위원이 6인으로 되어서 지도위원은 보통군대의 참모부에 내가 지도위원으로 되었고 정치부에서도 두 사람을 지도위원으로 任命했었다.
　　그리고 우리는 정치부의 통일령도하에서 중국글, 일본글과 조선글로써 宣傳刊物과 표어를 발표했었다. 그리고 또 각종 군중대회에서도 대표를 보내서 참가하였었다.

　　김규광의 부인 두군혜는 정치부 직접 영도하에서 戰時孤兒院을 성립하고 한전쟁중에서 부모를 잃어버리고 집이 없는 孤兒와 貧兒들을 收容해서 교양하고 있었다. 그래서 나는 김규광과 가치 고아원에서 선전간물을 편집했었다.

　　"정치부"는 1938년 2월 1일 중국국민정부 군사위원회 산하에 설치되었으며, 제3청은 같은해 4월 1일 武昌에서 성립되었다. 그 조직계통은 위원장: 蔣中正, 정치부 부장: 陳誠, 부부장: 周恩來·黃琪翔(후임 張勵生), 비서처 비서장: 張勵生(후임 賀衷寒), 제2청 청장: 康澤, 제3청 청장: 郭沫若 등이다.

　　1938년 10월 10일 조선의용대는 조선민족전선연맹 산하의 군사조직으로서 한구에서 성립되었으며, 군사위원회 정치부의 대표와 민족전선연맹의 대표로써 조선의용대 지도위원회를 구성하였다. 지도위원회는 주임: 賀衷寒, 위원: 周咸堂·潘文治·矯漢治·簡伯邨(이상 중국측 동지)·陳國斌(金若山)·金奎光(金星淑)·金學武(金元吉)·柳子明(이상 한국측 동지) 등이었다.[36]

　　민족혁명당 내의 비밀조직인 "공산주의자전위동맹(공산주의혁명동지회의 후신)"은 1938년 6월 10일에 공개적으로 脫黨을 聲明하고, 7월 4일 한구에서 별도로 朝鮮靑年戰時服務團을 조직하였으며, 9월에 이르러 선언을 발표하여 조직명칭을 朝鮮靑年前衛同盟으로 고친 동시에, 정식으로 조선민족전선연맹에 가입하였다. 그리고 최창익은 이른바 "東北進出"을 주장하다가 실패하고, 전위동맹의 실권을 김학무에게 부득이 넘겨주었던 것이다.

　　한구에서 발행한 조선민족전선연맹의 기관지『朝鮮民族戰線』창간호에

---

36) 南京 中國 第二歷史檔案館 所藏, 全宗 772號, 案卷 13號, 1939年.

조선민족전선연맹의 공작상황이 상세 소개되어 있다. 특히 그는 김규광과 더불어 기관지 『조선민족전선』의 편집을 담당하였을 뿐만 아니라, 무려 10편의 글들을 발표하였다. 지금 그것을 소개하면 다음과 같다.

　　ㅇ 창간호
　　　1. 창간사 ……………………………………………… 子明
　　　2. 조선민족전선연맹 결성결과 ……………………… 子明

　　ㅇ 제2기
　　　1. 중국국민당대회의 역사적 의의 ………………… 子明
　　　2. 台兒莊 승리의 의의 ……………………………… 瑾

　　ㅇ 제3기
　　　1. 혁명의 5월 ………………………………………… 子明
　　　2. 장기적 전쟁이 일본국민의 생활에 준 反映 ……… 柳湜

　　ㅇ 제4기
　　　1. 세계학생연합회 대표단을 환영한다 …………… 子明
　　　2. 조선혁명역량의 통일을 위해 투쟁하자 ………… 柳湜

　류자명이 김규광과 같이 전시고아원에서 편집한 선전간행물들은 어떠한 것이었는지 지금 잠시 확인할 길이 없다. 그가 수기에서 언급한 것은 기관지 『조선민족전선』일 가능성이 크다. 선생의 『한글본 수기』는 아래와 같이 계속되고 있다.

　　1938년 10월에 적군이 무한을 점령하기 전에 조선의용대는 제1分隊와 제2분대로 분별해서 제1분대는 남쪽으로 撤退하여 長沙, 衡山, 衡陽을 거쳐서桂林에로 갔었으며 제2분대는 洛河를 거쳐서 혁명성지인 延安에로 갔었다. 그리고 의용대는 무한을 철퇴할 때에 武漢2鎭의 거리거리에 침략전쟁을 반대하는 표어를 일본말로 써서 붙혀놓고 무한을 찰퇴하는 도중에서도 도처에서 중국인민 대중에 대해서 抗日戰爭에 대한 선전운동을 했었다.

성립초기 조선의용대는 隊本部 외에 第1區隊와 제2구대가 있었고, 매개 구대는 각각 3개 분대로 나뉘어 있었다. 제1구대는 1938년 10월 23일에 한구를 출발하여, 장거리 행군으로 岳陽·白家拗를 거처 11월 12일에 黃華市에 도착하였으며, 미구에 衡山으로 가서 며칠동안 선전공작을 진행한 후, 11월 28일에 平江縣 梅山鎮으로 가서 對敵宣傳工作을 진행하고, 그 이튿날 배를 타고 북상하여 12월 3일에 長沙에 도착하였다. 제1구대는 제9전구 정치부에 소속되어 장사를 소재지로 삼았다.

제2구대는 平漢線(北平一漢口)를 따라 서북쪽을 바라고 도보로 행군하여 花園을 거처 제5전구 사령부 소재지인 湖北省 老河口에 도착하였으며, 그 중 한 개 분대는 계속 북진하여 제1전구사령부 소재지인 河南省 洛陽으로 가고, 다른 일부는 제2구대를 떠나 西安을 거처 延安으로 들어갔다.

그가 수기에서 언급한 武漢3鎮이란 漢口·武昌과 漢陽을 가리키는데, 1938년 10월 25·26·27일에 일본침략군에 의해 차례로 함락되었다. 한구을 철수하기 전야까지도 조선의용대는 끈질긴 항일선전을 진행함으로써, 중국인민들에게 지울 수 없는 인상을 남기었다.

먼 훗날 곽말약은 저서 『洪波曲』에서 「조선의용대」라는 소제목으로 조선의용대가 일본문 반전표어들을 한구의 거리마다에 써붙인 정형을 자상히 묘사하고 나서, 다음과 같이 탄식 섞인 이야기를 하였다.

이는 내가 가장 감동을 받은 한 장면이고, 또한 내가 가장 부끄러움을 느낀 한 장면이기도 하였음을 나는 인정하지 않을 수가 없다. 그들은 모두 조선의용대의 벗들이었고, 그들 속에는 분명 하나의 중국사람도 없었다. 우리 중국에는 일본문을 아는 인재들이 당연히 적지 않았을 것인 바,

일본에서 유학을 한 학생들이 적어도 몇십만은 될 것이 아닌가? 하지만 무한이 이렇듯 위기에 직면했음에도 불구하고, 우리를 위해 적들에 대한 표어를 쓴 것은 이러한 조선의 친구들뿐이었다!

일본군은 무한을 점령한 후 옹근 사흘 품을 들여 비로소 표어들을 씻어버렸다고 한다.37)

8. 南京에서

(1)

무한을 떠나 남경에 도착한 후 그와 안동만은 동방피압박민족연합회에서 활동하였다. 그 무렵 南京憲兵司令部에는 권준과 李春岩(潘海亮)이 있었고, 鼓樓旅館에는 延秉浩가 있었다. 그는 남경에서 朴贊翊·趙素昂·李寬鎔·李星容·朱耀翰을 비롯한 많은 조선사람들을 만나보았고, 중국국민당 중앙당부선전부장 葉楚傖, 상해 立達學園의 창시자 匡互生 등을 비롯한 중국의 적잖은 지명인사들도 만나보았다.

또 남경에서 중국친구들도 많이 사귀었다. 그들 중에는 남경 中央通訊社를 운영하는 袁紹先과 袁正義 형제, 南京乙巳俱樂部의 주임 葉正叔, 남경 花牌樓書店 경리 陳光國, 남경 侯家塘實驗農場 농장장 韋警秋 등도 있었다. 그리고 을사구락부에서 南京貧兒院 원장 黃宗漢(廣興의 부인), 빈아원 교무주임 蔡乾九(蔡鄂의 아들), 빈아원 일본어교사 田和民(일본무정부주의자) 등도 만나보았다.

---

37) 郭沫若, 『洪波曲』, 百花文藝出版社, 1959, 179~181쪽.

1928년 겨울의 어느날, 남경국민정부에서 일하는 박찬익이 동방피압력 민족연합회를 찾아와서 선생에게 「孫文學說」을 한글로 번역하도록 위탁하였다. 번역하는 가운데서 그는 손중산이 제기한 三民主義에 대하여 어느정도 이해할 수 있었다. 번역이 끝나자 박찬익은 선생에게 葉楚傖을 소개하는 편지를 써주었다. 류자명 그 편지와 「손문학설」 번역원고를 가지고 중국국민당중앙당부를 찾아가서 엽초창에게 넘겨주었다. 그때 엽초창은 번역요금으로 150원을 주었는데, 그중에서 50원을 갈라서 안동만에게 주었다.

1929년 봄에 원소선의 요청을 받고 남경 中山門外 孝陵衛 남쪽에 자리한 韓復炎烈士紀念農場에 가서 농업생산을 지도하였다. 그후 언젠가 광호생이 원소선의 아우 袁志伊의 부탁을 받고 꿀벌 두통을 가지고 한복염기념농장으로 왔다가, 류자명이 조선사람으로서 초가집에 거처를 정하고 중국농민들과 같이 농사를 짓고 있는 것을 보고 몹시 동정하였으며, 선생에게 꿀벌을 치는 기술을 배워주기도 하였다.

이관용과 조소앙이 상해로부터 남경에 와서 그를 만나본 것은 아마 1929년의 일일 것이다. 그때 그들은 어느 중국여관에 거처를 정하고 중국국민정부와 국민당 중앙당부를 방문하였다. 이관용은 조선의 신문 기자로서 선생에게 중국북벌전쟁의 경과와 북벌전쟁에 참가한 조선청년들의 정형과 중국 각 당 각 파들의 관계에 대하여 글 한편을 쓰도록 부탁하였다. 그의 요구에 따라 보고 들은 대로 글 한 편을 써주었다. 이관용은 그 글을 보고나서 "이러한 신문자료는 얻기 어려운 것"이라고 말하였다.

같은 해 여름에 안동만과 같이 남경에서 멀지 않은 곳에 자리한 曉莊農村師範學校를 견학하였다. 유명한 교육가 陶知行이 창설한 이 학교는 "교수와 로동을 결부시키고 이론과 실천을 결부시키는" 신식 학교이었다. 돌아온 후 한글로 「曉莊師範參觀記」를 써서 『조선일보』에 발표하였다.

그후 조선의 신문기자 朱耀翰은 신문에서 선생이 쓴 글을 보고 서울에
서 남경으로 와서 류자명을 만나보기도 하였다. 그와 서로 알게 된 것은
십여년 전 상해 프랑스조계에서 그가 李光洙 등과 더불어 獨立新聞을 꾸
리던 때였다.

(2)

한복염기념농장에서 수박농사를 끝나고 나서, 福建省 泉州黎明中學校
교사 陳範予에게서 온 편지를 받았는데, 그 내용은 여명중학교에 와서 학
생들에게 생물학을 가르쳐달라는 사연이었다. 그래서 남경을 떠나 상해
를 거쳐 廈門에 이른 다음, 목선을 타고 安海를 거쳐 泉州에 도착하였다.

그때 여명중학교에는 조선무정부주의자들인 柳基石·許烈秋 등이 교사
로 있었다. 그는 여명중학교에서 한 학기를 강의하고, 1930년 1월에 중국
친구 袁志伊의 소개를 받아 상해 立達學園 高中部 농촌교육과의 일본어교
사로 전근하였다.

1934년 봄에 이르러, 농촌교육과의 3학년 학생들인 金言·平智盛·方施
先·李毓華·郭得慶을 데리고 남경으로 가서 靑龍山農場에서 실습하게 되었
다. 수기에서는 다음과 같이 기록하였다.

　　당시 조선민족혁명당의 책임자인 金若山은 청룡산 남쪽에서 軍事訓練班
　을 열어놓고 조선청년들의 군사훈련을 시키고 있었다. 그래서 김약산은
　나를 찾아와서 나는 그를 따라서 군사훈련반을 방문하고 또 학생들에 대
　하여 조선의열단과 조신민족혁명당에 관한 혁명운동의 과정을 설명해 주
　었다.
　　그때 훈련반에는 의열단 시대의 동지들 중에 尹石胄, 李敬守, 李春岩 등
　이 군사훈련반에서 일하고 있었다. 나는 그때 그들로부터 심각한 鼓舞를

받았으며 또는 멀지 않은 장래에 또다시 단결하여 투쟁하기를 기다리게
되었던 것이다.

기실 1934년 봄이면 조선민족혁명당이 아직 결성되지 않았었다. 따라
서 이 무렵의 김약산은 분명 조선의열단의 책임자이었을 것이다. 靑龍山
은 남경시 中華門外 江寧區 上坊鎭 동쪽에 있다. 이른바 '군사훈련반'이란
30년대 전반기에 조선의열단이 남경 교외에서 비밀리에 꾸린 조선혁명간
부학교를 가리킨다.

이 간부학교의 소재지에 관하여 여러 가지 설이 있다. 일제정보자료에
따르면, 간부학교 제1기 훈련장소를 남경교외 湯山 동쪽의 善壽庵으로, 제
2기의 훈련장소를 남경中華門外에서 약60리 되는 江寧鎭으로, 제3기 훈련
장소를 남경城外 동남쪽 上坊鎭 黃龍山 天寧寺로 각각 파악하고 있다. 류
자명의 회고와 같이 '군사훈련반'이 청룡산 남쪽에 있었다면, 그것은 아
마 제3기 훈련장소이었을 것이다. 왜냐하면 청룡산 남쪽에 자리한 것이
바로 황룡산(지금의 長山) 天寧寺이기 때문이다.

그가 열거한 동지들 중, 尹石胄란 石正 尹世胄의 誤記이고, 이경수는 제
3기 담당교관들 가운데서 전에 선생과 같이 활동했던 황포군관학교 출신
의 의열단원일 것이다. 그가 회고한 황포군관학교출신의 의열단 단원으
로는 김약산·李集中·李敬守·朱烈 네 사람이 있었다는 것을 앞에서 이미
언급하였다.

일제정보자료에 따르면, 조선혁명간부학교 제3기 교관들중 황포군관학
교 출신의 의열단원으로는 金鐘·申岳·李春岩 세 사람이 있었다. 김종은
황포군관학교 제4기, 신악은 제5기, 이춘암은 제6기를 졸업하였다. 그러
므로 이경수는 김종과 신악 두 사람 중의 한 사람일 것이다. 물론 주열도
이 두 사람 중의 한 사람일 가능성이 크기는 하지만, 잠시 분별하기 어려

운 실정이다.

남경과 천주에서 활동하던 시기 그는 조선혁명운동을 기본상 이탈하고 주로 생계를 위해 동분서주하였다. 청룡산 남쪽에서 군사훈련을 진행하고 있는 조선혁명간부학교 학생들의 씩씩한 모습을 보고 크게 감동을 받은 끝에, 다시금 혁명대오에 돌아올 것을 굳게 다짐하였던 것이다. 농촌교육과의 학생들과 더불어 한 해 동안 청룡산농장에서 실습을 하고, 학생들이 이제 곧 졸업하게 되므로, 그도 상해 농촌교육과로 돌아갔다.

(3)

1935년 5월 중국친구 章警秋의 소개를 받고 상해 입달학원 농촌교육과를 떠나, 南京建設委員會소속 東流實驗農場에 가서 원예기술을 지도하였다. 제자 李毓華도 입달학원 농촌교육과를 졸업하고, 동류실험농장에 와서 같이 일하였다.

1937년에 "7.7"중일전쟁이 일어나고 뒤이어 "8.13"상해항전이 시작되자, 적기는 남경지역에도 폭탄을 투하하였으며, 동류농장 상공에도 가끔 적기가 날아지났다. 그래서 선생과 농장원들은 남경성안에서 경보소리가 울리기만 하면, 즉각 防空洞(공습을 막기 위해 만든 동굴)에 들어가 숨었다. 『한글본 수기』에서 다음과 같이 이야기하였다.

나는 그때 농장에서 家屬과 함께 살았는데 전쟁이 시작된 뒤에 나는 가속을 리유화에게 부탁하여 湖南邵陽에 있는 친구 鍾濤龍의 집으로 보냈었다.

그때에 남경성안에는 朝鮮民族革命黨, 解放同盟과 前衛同盟 등의 혁명단체들이 활동하고 있었다. 그 3단체의 대표들은 통일을 실현하기 위하여 매주일에 한 번씩 모여 앉아서 통일의 방안을 연구하고 있었다. 그래서 나도 매주일에 한 번씩 남경성안에 가서 통일회의에 참가했다.

우리는 여러번 연구하고 토론한 결과 남경을 철퇴하기전에 朝鮮民族戰線聯盟을 결성했다. 그 연맹에 참가한 단위는 朝鮮民族革命黨, 解放同盟, 前衛同盟, 朝鮮無政府主義聯盟 등 네 단체로서 조선민족혁명당 대표는 金若山, 해방동맹의 대표는 金奎光, 전위동맹의 대표는 崔昌益이였고 조선무정부주의는 내가 대표로 되였다.

당시에 남경에서 거주하는 조선동포는 가속을 합하여 100여명이나 되였는데 남경을 撤退할 대에 木船2隻을 타고 長江으로 물세를 거슬러서 올라가게 되여서 四川重慶까지 두달동안이나 水上에서 생활하게 된 것이다.

1933년에 상해 南翔에서 중국여인 劉則忠과 결혼하였다. 1935년에 선생 부부는 아들 小明을 낳았고, 이듬해에는 또 딸애까지 낳았다. 상해항전이후 남경의 위기가 날로 심해지자, 그는 제자 이육화에게 부탁하여 가족을 호남성 소양의 중국친구 종도룡 댁으로 보냈다.

그 무렵 남경 성안에는 조선혁명좌익단체로서 조선민족혁명당 및 당내의 비밀조직 – "共産主義革命同志會(즉"十月會")", 朝鮮民族解放同盟과 朝鮮革命者聯盟이 활동하고 있었다. 김약산을 총서기로 하는 조선민족혁명당은 1935년 7월 남경에서 성립되었고, 조선민족해방동맹은 그해 12월에 상해에서 성립되었는데, 주요 조직자는 김규광·박건웅·張志樂 등이었다.

최창익 등을 비롯한 조선청년전위동맹은 조선민족혁명당 내의 비밀조직 – 공산주의혁명동지회의 후신으로서, 이때는 아직 공개적으로 활동하지 않고 있었다. 류자명이 수기에서 언급한 조선무정부주의연맹이란 南華韓人靑年聯盟의 후신인 朝鮮革命者聯盟을 가리킨다.

그 무렵 남경에 거류하는 조선혁명좌익단체의 성원은 그 가족까지 도합 백여명에 불과하였고, 金九를 수반으로 하는 조선독립운동 우익단체는 이미 남경을 떠나 江蘇省 鎭江을 거쳐 호남성 長沙로 이동하였다. 좌익단체의 가족은 남경에서 목선을 타고 楊子江을 거슬러 중국의 전시 수도 重慶으로 이동하였고, 간부들은 직접 武漢으로 이동하였다.

그해 12월 남경이 곧 함락될 무렵, 그는 제자 이육화와 더불어 남경에서 기차를 타고 安徽省 蕪湖에 도착한 후, 다시 기선을 타고 양자강을 거슬러 湖北省 漢口로 갔다.

9. 桂林에서

(1)

『한글본 수기』에서는 무한을 철수하여 계림으로 이동할 때의 정형을 다음과 같이 이야기하였다.

나는 의용대 제1분대를 따라서 장사를 거쳐서 형상에 가서 한동안 머물러 있었는데 그때에 정치부도 무한으로부터 철거하여 南岳에서 회의를 열었던 것이다. 그래서 南岳에는 날마도 형산에 폭탄을 던졌다.

그래서 장사에서 大火가 발생한 뒤에 나는 의용대를 따라서 보행으로 衡陽에로 가서 또 한동안 있다가 형양으로부터 목선을 타고 湘江으로 올라가서 2주일만에 零陵에 도착한 뒤에 거기서 또 보행으로 冷水灘에로 가서 기차를 타고 그 이튿날 계림에 도착했다.

그리고 그날 桂林城 동편에 있는 七星岩 부근에서 民房 두 집을 빌려 가지고 항일 선전 공작을 개시했다.

조선의용대 대본부 성원들과 더불어, 1938년 10월 23일에 漢口를 철수한 후 남쪽으로 長沙를 거쳐 衡山에 가서 한동안 체류하였다. 그동안 적기는 방어시설이 구비되지 못한 형산을 날마다 폭격하였으나, 조선의용대 대본부의 성원들은 끝내 어려운 고비를 이겨내고 다시 형양으로 이동하였다.

"南岳會議"는 정치부에서 주최한 것이 아니고, 또 선생 일행이 형산에 체류할 때 개최된 것이 아니다. 국민정부 군사위원회는 1938년 11월 25~28일에 호남 南岳에서 군사회의를 개최하여 전투구역을 다시 나누고 부서를 조절했던 것이다.[38] "장사에서 大火가 발생"한 것은 1938년 11월 12일의 일이다. 장개석이 일본군대의 진공을 저지시키기 위해 이른바 "焦土抗戰"을 실시함으로써 하루 새에 長沙市를 잿더미로 만들었던 것이다.

일제정보자료는 조선의용대 대본부 및 조선민족전선연맹의 漢口 철수에 대하여 다음과 같이 기재하였다.[39]

> 皇軍의 점령직전 金元鳳·金成淑·李春岩·李海鳴·石正·王志延·韓再洙·韓一來·崔敬洙·李明俊·李景山·柳子明·朴利淳 등 14명은 漢口를 탈출한 후 鐵路를 이용하여 廣西省 桂林으로 피난하였고, 金枓奉·尹琦燮·成周寬·金永洲·楊民山·陳嘉明·李貞浩·王海公·崔錫淳 등을 비롯한 노인·병약자·부녀자들은 四川省 重慶으로 피난하였으며, 김원봉 일행은 계림 도착 후 11월 중순에 桂林城 水東門外 東靈街 1號에 연맹의 사무소를 설치하였다.

조선민족전선연맹의 사무소는 기실 조선의용대 대본부의 사무소이기도 하였다. 지금의 계림시 解放橋에서 동쪽으로 七星公園 정문을 들어가면 바로 이강 지류에 놓인 花橋가 나타나는데, 그 다리를 건너 오른편이 바로 東靈街 1號가 있었던 곳이다. 조선의용대 대본부는 약 아홉달 동안 여기에 사무소를 두고 있다가 1939년 8월 하순에 다시 桂林市 水東門外 施家園 거리가 나타나는데, 施家園 53號는 龍隱路와 施家園 거리의 교차점에서 멀지 않다. 대본부는 여기서 1940년 3월까지 주재하였다.

---

38) 軍事科學院 軍事歷史研究部, 『中國抗日戰爭史』中卷, 解放軍出版社, 1994, 423~426쪽.
39) 內務省警保局保安課, 『特高月報』昭和 十四年 二月分, 118~119쪽.

조선의용대 대본부를 따라 계림으로 와서 칠성암 근처에 거처를 잡았는데, 가족은 부부에다 아들딸까지 도합 네 식구이었다. 수기에서는 계림 시기의 정형을 다음과 같이 회고하였다.

계림의 산수의 풍경은 세계적으로 "桂林山水甲天下"이라고 했었고 그중에서도 칠성암은 거대한 자연적 岩洞으로 유명했었다. 그래서 상해전쟁이 개시된 뒤에 戰爭地區 各省의 학교들이 계림에 집중되었다.

당시에 조선의용대의 대원중의 金若山, 李春岩, 石正, 金奎光, 朴建雄, 朴正愛와 내가 계림에 있었다.

그리고 일본사람 鹿地亘도 계림에 와서 조선의용대와 연락하고 있으면서 우리와 가치 한자리에 앉아서 회의도 했었는데 그의 보도에 의하면 武漢保衛戰 중에서 중국군대의 俘虜로 된 일본군대를 위하여 중국정치부에서는 湖南省 常德地區에 俘虜集中營을 만들어 놓고 일본의 俘虜들을 거기에 집중시켰으며 정치부제3청에서 鹿地亘을 포로집중영으로 보내서 포로들에게 대하여 反戰思想을 선전했었던 것이다.

계림은 국제적인 풍경유람도시로서 "산이 푸르고 물이 맑고 동굴이 기이하고 돌이 아름다워 유명"하며 이전부터 "계림의 산수는 천하의 으뜸"이라고 불려지고 있다. 기실 "桂林山水甲天下"는 민국시기의 유명한 변호사인 吳邁가 1935년 봄에 이강을 따라 陽朔을 유람하고 지은 칠언절구에서 따온 것이다. 이를 일부러 소개하면 다음과 같다.

계림의 산수는 천하의 으뜸이요,(桂林山水甲天下)
양삭은 계림의 으뜸일세.(陽朔堪稱甲桂林)
뭇 봉우리 거꾸로 비쳐 산이 물에 뜨는데,(群峰倒影山浮水)
산이 없고 물이 없으면 도취되지 않는다네.(無水無山不入神)

칠성암은 일곱 개의 산봉우리가 잇닿아있어 그렇게 불려지고 있으며,

아울러 땅속에는 자연적인 카르스트동굴이 있어 아주 유명하다. 지금은 칠성공원으로 되어 유람객이 그칠 새 없다.

항일전쟁시기 계림은 항전의 대후방이기도 하였다. 수많은 학자 문인들이 이곳으로 철수하여 마침내 저명한 文化城을 이루었다. 그러나 岩洞이 유명해서 "각 성의 학교들이 집중"된 것은 아니었다. 일본군의 마수가 아직 미치지 않은 대후방이었기 때문이다.

1939년 10월 10일에 계림 칠성암 근처에서 찍은 조선의용대 창립 첫돌 기념사진에는 60여명 관련인물들의 모습이 보인다. 그들 중에는 9명의 여성들도 끼어있는데, 부녀복무단의 단원들로서 군복차림을 한 모습이다. 그가 수기에서 언급한 박정애는 김약산의 부인 朴次貞을 가리킨다.

일본인 鹿地亘은 원래 우수한 문예평론가이었고 시인이었으며, 일찍 일본에서 일본프로문화동맹 서기로 활약하던 중 검거되어 2년동안 징역살이를 하고 풀려 나온 후 아내 池田幸子(여류작가)와 더불어 靑島를 거쳐 상해로 가서 魯迅 선생과도 거래하였다. 1937년 "8.13"사변 후 그들 부부는 이리저리 피난하다가 이듬해 3월에 무한으로 가서 국민정부 정치부 設計委員으로 임직하였으며, 정치부 제3청 제7처를 협조하여 일본어 방송, 일본군포로 교양사업에 종사하였다.

그의 수기에서 언급한 "常德지구 포로집중영"은 기실 湖南省 常德에 있었던 軍政部 소속 第二俘虜收容所이다. 이 포로수용소는 1939년 봄에 호남성 辰溪·貴州省 鎭遠을 거쳐 중경으로 이전하였는데 그속에는 "조선인 포로"도 31명이나 수용되어 있었다. 조선의용대 대본부에서는 石正과 康弘久를 수용소로 파견하여, 그들을 교양시켜 조선의용대에 참가하도록 하였다.

조선의용대 대본부는 계림에서 기관지 『朝鮮義勇隊通訊』을 제33기까지 발행하고, 제34기부터는 중경에서 발행하였다. 선생이 「朝鮮情勢一斑」이

라는 제목으로 쓴 글이 旬刊 제23기(1939년 9월 1일)와 半月刊 제29기
(1939년 11월 15일)에 발표되었다. 『조선의용대통신』의 처음 몇 기는 낙
장이 많고 오손되어 불완전하다. 그러므로 그가 그 이상 더 발표하였는지
미상이다.

1939년 3월에 가족을 데리고 김약산 박차정 부부와 더불어 계림을 떠
나, 서쪽으로 貴州省 貴陽을 거쳐 重慶으로 갔다. 조선혁명 각 단체의 통
일회의에 참가하기 위해서이다.

(2)

그가 두 번째로 계림에 온 것은 1941년 말이다. 그의 가족은 東江路 七
星岩 부근에 거처를 잡았다. 선생이 계림에 온 목적은 中國回敎救國協會에
서 계림에 꾸린 농장의 농업생산기술을 지도하는 것이었다. 『한글본 수기』
에서는 다음과 같이 회고하였다.

> 회교구국협회는 중국의 항일전쟁이 개시된 뒤에 회교민족을 단결해서
> 항전역량을 가강하기 위하여 조직된 단체로서 白崇禧가 위원장으로 되었
> 고 馬宗融, 馬松亭 등이 위원으로 되었다.
>
> 그리고 복단대학 교수인 마종융의 제의에 의하여, 회교구국협회는 회교
> 청년들을 복단대학에서 농업기술을 훈련해가지고 계림에로 보내서 황지
> 를 개간해서 농업생산을 발전시키기로 계획했던 것이다.
>
> 그래서 내가 계림에로 간 뒤에 馬毓英, 馬康廉, 高雲程, 楊明睿 등 10명
> 의 회교 청년이 계림에로 왔었다.
>
> 그리고 백숭희 위원장의 지시에 의하여 桂江연안에 있는 大圩 對岸 潛
> 經村에 농장을 세우기로 하고 농장의 이름을 "영조농장"이라고 했다. 잠
> 경촌은 백위원장의 고향으로서 전 촌의 인민이 모도다 백시였으며 모도다
> 회교를 신앙했었다.

그리고 그들은 한집안사람같이 친밀하게 단결하였으며 백숭희위원장을 그들의 진정한 수령으로 생각하고 있었다. 그래서 영조농장을 자기의 농장으로 생각하고 모든 공작을 친밀하게 협조했었다.

중국회교구국협회는 1938년에 무한에서 성립되었으며, 후에 重慶으로 이동하여 兩路口에 사무실을 두었다. 白崇禧 장군이 그 理事長에 취임하여 20여년을 연임하였다. 백장군은 이슬람世系 출신이며 回族이다. 그는 항전시기에 국민정부군사위원회 副參謀長 겸 軍訓部長으로서 항전계획 제정에 참여하였고, 松滬戰爭·台兒莊戰爭·武漢戰爭과 桂南戰爭에 참가했거나 직접 지휘하였다. 백장군의 고향은 잠경촌이 아니라, 廣西 臨桂縣 會仙鎭 山尾村에는 백장군의 옛집이 남아있다.

1938년에 백장군의 요청에 의해, 중국의 유명한 이슬람교학교인 成達師範學校가 북평에서 계림으로 이동하여 西門外 淸眞寺에 터를 잡았다. 초빙된 겸직교사들 중에는 저명한 학자와 문인과 사회명류들도 많았다. 선생도 계림시기에 成達師範學校의 敎師로 초빙되었다.[40]

大圩鎭 潛經村은 계림시 동남쪽으로 약20km되는 곳에 자리하고 있는데,[41] 지금은 계림시 雁山區 草坪回族鄕에 소속되어있다. 촌민들은 절대다수가 白氏 回族이며 이슬람교도들이다. 그들은 예나 지금이나 잘 단합되어 있다.

복단대학이 重慶 北碚에 있을 때, 마종용은 교내에 "回族先修班"을 꾸리고, 우대조건으로 甘肅·寧夏 지역의 회족청년들을 받아들여 문화지식을 배우도록 하였다.[42] "회교청년들을 복단대학에서 농업기술을 훈련"했

---

40) 重慶市 檔案館 所藏, 『重慶韓僑名册』, 全宗 重慶市警察局, 目錄 1, 卷宗 24.
41) 賈援, 「潛經村傳敎始末記(上)」, 『月華』 第11卷 第22~7期, 12~18쪽.
42) 吳嘉陵, 「翻譯家馬宗融」, 『四川近現代文化人物續編』, 四川人民出版社, 1989, 162~167쪽.

다는 것은 아마 이 일을 가리킬 것이다.

1940년에 중국회교구국협회에서는 잠경촌 뒤산에 靈棗農場을 개척하고, 회족청년들을 받아들여 농업과 림업과 목축업생산에 종사시켰다. 또한 복단대학 농업과를 나온 馬毓英·高雲程 부부를 초빙하여 농장을 관리하도록 하였다. "10명의 회교 청년이 계림에 왔었다"는 것은 모름지기 이 일과 관련이 될 것이다. 농장에서는 사무실과 살림집을 짓고 황무지 수백무를 개간하였으며, 주로 벼·과수·밀·담배 등 농작물과 경제작물을 재배하고, 소·양·닭 등 가축을 사양하였다.43)

선생이 영조농장에서 농업기술을 지도하고 있을 때인 1942년 5월에, 유칙충은 계림시 칠성암 곁에 있는 廣西醫學院 부속병원에서 아들 展輝를 낳았다. 그래서 선생의 가족은 또 네 식구로 되었다. 그 무렵 湖南 邵陽의 중국친구 鍾濤龍과 蘚抱樵가 계림으로 와서, 칠성암 북쪽 기슭에 自生農場 分場을 꾸리고 柑橘苗木을 키우게 되어, 그들의 친구 蔣鶴之가 농장을 관리하고, 그는 기술지도를 하였다.

그는 수기에서 종도룡에 대하여 여러번 이야기하였다. 종도룡은 광호생의 제자이자 동향이며 沈仲九와 같이 독일에 가서 유학하였다. 귀국한 후 그는 상해 『立達通訊』과 천주 『福建日報』를 편집하였으며, 선생과는 10여년 동안 상종해온 가까운 친구이었다. 그는 1943년에 폐병으로 사망하였다.

영조농장 기초건설 작업을 기본상 마무리고 나서, 농장의 사업정형을 회보하고자 1943년 여름에 중경으로 갔다. 중경에서 마종융과 백숭희를 만나서 사업정형을 회보한 다음, 행정원 비서실장 陳儀의 고문으로 있는 심중구를 만나 보았으며, 또 重慶南岸 孫家花園에 가서 조선민족전선연맹의 동지들도 만나 보았다.

---

43) 馬明龍, 『廣西回敎歷史與文化』, 廣西民族出版社, 1998, 162~167쪽.

계림에 돌아온 후, 가족과 같이 自生農場 分場으로 옮겨가서 득로를 東
江幼兒園에 보내고, 아들 展輝는 아내가 집에서 데리고 있었다.

10. 重慶에서

(1)

1939년 3월에 가족과 더불어 중경에 도착하였다. 『한글본 수기』에서
그 무렵 중경 조선동포들의 상황을 다음과 같이 소개하였다.

> 그때에 조선민족전선연맹과 그의 가족들은 重慶南岸 彈子石 鵝公堡 孫
> 家花園에서 공동생활을 하고 있었다. 거기에는 石正, 尹蛟雲, 崔友江, 崔一,
> 金洪敍, 金白淵, 朴南坡, 李英俊, 李鉌, 金相德, 韓一來, 韓錦雲, 金奎光, 朴建
> 雄 등이 가치 활동하고 있었다.
> 그리고 한국임시정부는 綦江에서 공동생활을 하고 있었는데 거기에는
> 金九, 李東寧, 李時榮, 趙琬九, 閔炳吉, 趙素昻, 金奎植 등 혁명 로선배들이
> 있었다.
> 당시에 한국임시정부와 조선민족전선연맹 사이에 통일문제가 아직 해
> 결되지 못했었다. 그래서 조선민족전선련맹에서는 석정과 나를 연맹의 대
> 표로 하고 임시정부의 대표 조완구, 嚴恒燮과 가치 통일문제를 토론했다.

중경시는 남쪽의 揚子江과 북쪽의 嘉陵江이 합류하는 지점에 자리하고
있는데, 남안은 바로 양자강 남안을 가리킨다. 탄자석 아공보는 중경시
거리지명이다. 손가화원은 원래 별장이었으나, 그 무렵 조선민족혁명당과
조선민족전선연맹의 본부소재지로 사용되고 있었으며, 지금은 중경시 南
岸區苗背沱81號 소재 四川儲備物資管理局四三五處 소재지다. 명단 중 그릇

된 글자를 고쳐 쓰면 尹蛟雲(虯雲), 金洪敍(弘敍), 金相德(尙德), 韓錦雲(錦源), 李時榮(始榮), 閔炳吉(丙吉)이다.

중경시 남안구에서 자동차를 타고 남쪽으로 약 한 시간 가면 기강현 소재지이다. 그 무렵 김구는 중경시 儲奇門 鴻賓旅社에 잠시 거처를 정하였고, 曹成煥·이동녕·이시영·조완구·차리석 등은 綦江縣 沱灣 臨江街 43號에 조소앙·洪震 등은 新街子 三臺莊에, 李靑天·孫逸民· 黃學秀·李復源 등은 上升街 30號, 金學奎 등은 菊坡路 15號에, 韓國國民黨靑年工作隊 대원들은 觀音岩(사찰)에 거처를 잡았었다.44)

이른바 "통일문제"란 1939년 8월 27일 韓國光復陣線의 한국국민당·한국독립당·조선혁명당과 조선민족전선연맹의 조석민족혁명당·조선청년전위동맹·조선민족해방동맹·조선혁명자연맹이 중경시 綦江 縣城 내의 瀛山賓館에서 개최한 "7당통일회의"를 카리킨다.

이번 회의에는 한국국민당의 대표 조완구의 嚴大街, 한국독립당의 대표 홍진과 조소앙, 조선혁명당의 대표 이청천과 崔東旿, 조선민족혁명당의 대표 成周寔과 석정, 조선청년전위동맹의 대표 王海公과 金海岳, 조선민족해방동맹의 대표 김규광과 박건웅, 조선혁명자연맹의 대표 류자명과 李何有 등 도합 14명이 참석하였다. 이 통일회의는 대표들 사이의 의견분기로 말미암아 결국 실패로 끝나고 말았다.

통일회의 후 김구로부터 기강 북안의 수림 속에서 임정 사무 청사 및 임정 가족들을 용납할만한 기지를 찾아 건축설계도를 만들어달라는 위탁을 받고, 엄항섭과 같이 平板測量機로 기지를 측량한 다음, 新村 건축 설계도를 작성하여 김구에게 바쳤다. 그런데 김구와 임정에서는 무엇 때문에 처음부터 중경에 그 소재지를 정하지 않고, 하필 중경에서 60여km 나 떨어져 있는 기강을 소재지로 선택했는가가 의문이다.

44) 綦江文史資料專輯,『西遷重慶綦江的韓國臨時政府』, 1998, 229쪽.

이에 대하여 김구는 자서전『백범일지』에서 "食口安接地를 어듸로 하랴느냐 問하는데, 貴陽서 重慶오면서 沿路에 보든 中에는 綦江이 좋아보임으로 綦江으로 定하고, 晴蓑兄을 派遣하여 房屋과 若干 家具 等物을 準備케"하였다고[45] 언급했을 뿐이다.

다행히 선생의 수기는 이 수수께끼 같은 문제를 다음과 같이 알뜰히 풀어주었다.

> 당시의 항일전쟁은 갈수록 엄중하게 되어서 언제 끝날 것인지 알수도 없었으며 綦江은 중경 밑 기타 큰성시와 멀리 떨어져 전쟁시기에 비교적으로 안전하였으나 조고만 시골 성시로 되어서 임시정부의 활동할 장소와 그 가족들을 용납할 집도 구할 수 없었던 것이다. 그래서 김구 그는 綦江北岸의 叢林속에 新村을 건설하기로 계획했던 것이다.

선생이 작성한 "건축설계서"는 그 후 김구가 중국정부에 "건축비"를 청구함에 있어서 중요한 의거로 된 듯하다. 중국정부는 그때 건축준비에 필요한 자금 2만원을 임정에 주었고, 김구는 그 이듬해에 그가 중경을 떠나 복건으로 갈 때 여비로 2백원을 주었다고 한다. 그 무렵 물가가 나날이 높아지는 중경에서 조선동포들은 매달 천원씩 지급되는 중국정부의 원조금에 의해 간신히 살아가고 있는 실정이었다.

중경에서 선생을 몹시 슬프게 한 것은 1939년 가을에 세 살 된 딸애가 吐瀉病으로 요절한 것이다. 어디서나 병원이 파괴되고 약품이 결핍하여 일반 질병마저 치료하기 어려웠던 항일전쟁시기에 수많은 어린이들이 그와같이 목숨을 잃었다. 침략전쟁이 초래한 죄악적 후과임은 구태여 말할 필요가 없다. 그해 류자명 부부는 또 천금을 얻었는데, 이름은 得櫓라고 지었다. 기구한 인생의 길에서 이제야 비로소 노를 잡았다는 의미다.

---

45) 金九,『白凡逸志』, 集文堂, 1994, 208쪽.

(2)

1940년 3월에 가족을 데리고 중경을 떠나, 福建省 永安으로 가서 복건성 農業改進處 農業試驗場 場長으로 근무하였고, 이듬해 12월에는 계림으로 가서 靈--農場의 技士로 근무하였다.

수기에서는 1944년 "7월에 朝鮮革命各黨派統一會議에 참가하기 위하여 중경에로 갓섯다"고 언급하고 나서, 그 뒤에 "조선혁명 각 당파 통일회의 경과"에 대하여 기억에 떠오르는대로 서술하였다. 지금 그중에서 필요한 부분만을 발췌하여 아래에 소개한 다음 다시 살펴보고자 한다.

1944년 9월에 나는 중경에서 조선혁명각당패동일회의에 참가했다. 당시에 중경에 있는 조선혁명단체는 2대 집단으로 분립했었다. 한 방면에는 韓國臨時政府, 韓國獨立黨과 戰時服務團이엿고 또 한 방면에는 朝鮮民族革命黨, 解放同盟, 前衛同盟과 朝鮮無政府主義聯盟의 4단체가 연합하여 조선민족전선연맹을 결성하고 그 연맹 밑에 朝鮮義勇隊를 성립했었다.

통일회의의 방법은 임시정부에서 臨時會議를 열어놓고 각당 각패가 대표를 선출해서 臨時議員으로 하고 통일의 방안을 제출해가지고 전체 의원이 충분히 토론한 결과 다음과 같이 결정된 것이다.

한국임시정부의 령도 밑에 韓國光復軍을 건립하고 원래의 조선의용대를 광복군 제1대로 하고, 원래의 전시복무단을 광복군제2대로 했다.

여기서 이른바 "전시복무단"이란 羅月寒이 隊長으로 있는 "韓國靑年戰地工作隊"를 가리킨다. 한국광복군은 1940년 9월에 성립되었고, 조선의용대가 한국광복군 제1지대로 개편된 것은 1942년 5월이었으며, 한국청년전지공작대는 1941년 원단에 한국광복군 제5지대로 편입되었다가, 이듬해 4월경에 다시 한국광복군 제2지대로 재편성되었다.

선생이 참가한 "통일회의"는 기실 1942년 10월 25일 重慶市 和平路 吳

師爺巷第1號 임시정부청사에서 개최된 제34차 임시의정원회의일 것이
다.46) 이번 의회에 그는 조선혁명자연맹과 충청도 대표의 자격으로 참석
하였고, 회의에서는 제1분과(법제·청원·징계)위원으로 선출되었으며, 또
臨時約憲修正起草委員으로도 선임되었다.47) 이번 회의 결과 조선혁명 각
당파들의 단결·합작이 초보적으로 이루어졌었다.

　이보다 좀 앞선 1942년 10월 11일 중경시 廣播大廈에서 中韓文化協會
성립대회가 개최되어, 중한문화협회 理事로 선거되었으며,48) 이어서 또
10월17일 제1차 理監事會議에서는 중한문화협회 硏究組 副主任으로 선출
되었다.49)

　다음의 자료는 1942년7월14일 重慶市警察局에서 작성한 『重慶韓僑名冊』
에서 발취한 것이다.

姓名	柳子明
性別	男
年齡	44
國籍	韓國
職業	桂林成達師師範學校敎師
住址	重慶和平路吳師爺巷一號
來渝日期	民國十二年一月
來渝日期	民國三十一年七月十四號
	韓僑登記證
	韓證渝警外字一四六號
	重慶市警察局

---

46) 馮開文·楊昭全 主編, 『大韓民國臨時政府在重慶』, 重慶出版社, 1998, 1187쪽.
47) 독립운동사편찬위원회 편, 『독립운동사』 제4권, 963~996쪽.
48) 成都 『中央日報』 1942년 10월 12일.
49) 重慶 『新華日報』 1942년 10월 18일.

『重慶韓僑名冊』에서 볼 수 있듯이, 中華民國 31년 즉 1942년 7월 14일
에 중경으로 와서 임시정부 청사인 重慶 和平路 吳師爺巷一號에 거처를
정하고 있었다. 그리고 선생의 나이와 중국에 온 시간은 사실에 맞지 않
는 것 같다.

1943년 11월에 개최된 제35차 의회에는 조선무정부주의자연맹의 유림
이 참석하였다. 이듬해 4월 제36차 의회에 참석한 조선무정부주의자연맹
의 대표는 류자명과 柳基石·鄭華岩·朴基成·李周錄 등이었다. 비록 의원명
단에 그의 이름이 들어있기는 하지만, "중경에 있지 않다(不在渝)"라고 밝
혀져 있다.[50] 그러므로 그는 이 두 차례의 의회에 결석한 것이 분명하다.
수기에서는 1944년 7월 "朝鮮革命各黨派統一會議"에 참가하기 위해 중경
으로 갔다고 회고하였다. 기실 그는 "통일호의"가 끝난 후 비로소 중경
에 도착했을 것이다.

11. 福建에서

(1)

福建은 그와 인연이 깊은 곳이다.

1927년 5월 초순 김약산과 같이 광주를 떠나 상해를 가던 도중, 광동성
汕頭 부근에 이르러 갑자기 해적들의 기습을 받아 왼쪽 다리에 총상을 입
었다. 기선이 廈門에 이르러, 그는 鼓浪嶼의 救世病院에 입원하였다. 다행
히 선장이 두 주일 동안의 치료비 30원을 병원에 지불하였다. 김약산은
선생을 홀로 두고 상해로 갔다. 그 병원은 미국 교회에서 개업한 것으로

---

50) 秋憲樹 編, 『資料韓國獨立運動』 1, 연세대출판부, 1971, 336~338쪽.

의료설비와 의술이 보잘 것 없었다. 그래서 입원한지 보름이 지나 무릎 밑에 박힌 탄알을 빼낸 후에 비로소 상처가 아물었다.

그 무렵 하문대학교에 김씨 성을 가진 조선유학생 한 사람 있었고, 하문시내에도 "高麗人蔘" 장사를 하는 조선동포 한 집 있었다. 그 김씨 유학생은 조선동포한테서 꾼 돈으로 배표를 끊어 선생에게 주고, 또 부두까지 전송하였다. 이국 땅에서 그것도 危難中에 동포를 만나 도움을 받았으니, 잊혀지지 않아 그 일을 90 고령까지 내내 기억하고 있었다.

(2)

복건성의 廈門·泉州·福州 등 지역은 중국대혁명 후기부터 아나키즘 운동이 활발히 전개되었으며, 조선아나키스트들도 처음부터 이에 참획하였다. 그 중 비교적 돌출한 것은 "泉永二屬民團編練處" 조직 활동이었다.

다 아는 바와 같이, 중국대혁명 후기에 蔣介石 汪精衛가 먼저 國共合作을 파괴하고 혁명을 배반하자, 毛澤東·朱德을 수반으로 하는 중국공산당인들은 1927년에 "8·1"南昌봉기와 秋收봉기를 일으켜, 江西省 井岡山에 첫 根據地를 창설하고 土地革命을 진행하여 紅軍을 창건하고, 공산당의 역량을 보존하였다.

이와 같은 紅色割據는 아나키스트들에게 매우 큰 계시를 주었다. 이들도 공산당처럼 자기에게 속하는 지역과 무장을 만들고 싶었던 것이다. 중국아나키스트 秦望山·梁龍光 등과 조선아나키스트 李丁奎·柳絮 등과 일본 아나키스트 岩佐作太郎·赤川啓來(秦希同) 등은 그중의 대표적인 인물들이었다. 이들은 복건사람이며 국민당 원로인 許卓然과의 관계를 이용하는 동시에, 郭祺祥을 내세워 남경정부에 "泉永二屬民團編練處"[51])의 건립을 청구한 결과 비준이 되었다. 편련처 조직에 배치된 조선동지로는 비서장

이정규, 회계 이을규, 선전교육부 柳絮, 훈련지도부 李箕煥·劉志淸 등이 있었다.

유서는 南京東南大學校 교수이고, 이기환은 황포군관학교 제4기 보병과 출신이며 의열단 단원이다. 유지청은 김약산과 같이 강서에서 남창봉기에 참가한 후 부대를 따라 복건으로 왔다. 얼마 후 김약산은 광동으로 떠나고, 유지청은 남아서 당지의 아나키스트들과 합류하였다.

1928년 봄에 이르러 위원장 진망산이 관절염으로 입원한데다, 南洋華僑들의 경제적 후원이 잠시 중단되어 민단편련처 조직은 일단 종결하는 수밖에 없었다.

(3)

천주에는 원래 南洋華僑들이 경제적 후원을 맡고있는 두 개의 중학교가 있었으니, 하나는 黎明高級中學校이고, 다른 하나는 平民中學校이었다. 이 두 학교의 董事長은 秦望山이었고, 여명중학교의 교장은 梁龍光이었으며, 교무주임은 吳克剛이었다(후에 韋惠林이 계임).

1929년 여름 그는 남경 한복염기념농장에서 수박농사를 끝내고나서, 천주여명중학교의 교원 陳范予의 편지를 받았는데, 내용은 자기가 병치료 대문에 집으로 돌아가야 하니 류자명더러 천주에 와서 대신 생물학을 가르쳐달라는 사연이었다. 이를 계기로 그는 한평생 중국의 교육사업에 몸을 담게 되었다.

그는 남경을 떠나 상해를 거쳐 廈門으로 갔다가, 거기서 마침 여명중학

---

51) 『福建文史資料』 第24期, 1990, 186~189쪽. 원래는 "閩南二十五縣民團編練處"이었으나, 후에 범위를 줄여 "泉永二屬民團編練處"이라고 개칭하였다. "泉(州)永(春)二屬"은 泉州, 晉江, 惠安, 永春, 德化, 安溪, 南安 등 8개 縣을 가리킨다.

교로 가는 韋惠林을 만나 같이 목선을 타고 安海를 거쳐 천주에 도착하였
다. 그 무렵 조선아나키스트 柳樹人과 許烈秋가 여명중학교에 있었고, 류
자명은 중국친구 葉非英·袁志伊와 田英은 평민중학교에 있었다. 그는 여
명중학교에서 한 학기 동안 생물학을 강의하는 한편, 천주 지역의 열대식
물들을 조사 연구하였다.

1930년 1월에 여명중학교를 떠나, 상해로 가서 남상입달학원의 교사로
취직하였다. 그로부터 10년 세월이 지난 1940년 3월에 복건에 와서 같이
일하기를 바란다는 제자 粟同의 편지를 받았다. 이 무렵 중경의 조선동포
들은 누구나 다 가난살이를 하고 있었다. 선생 가족도 예외가 아니었다.
가족들의 생활을 위해 조선혁명 대오를 떠나지 않으면 안 되었다. 그리고
沈仲九와 陳范予도 복건에 있었으므로, 가게 되면 도움을 받을 수가 있었
다. 그래서 부부는 다섯 살에 나는 아들 소명과 낳은 지 백일밖에 안 되는
딸 득로를 데리고 중경을 떠나 다시 복건으로 가게 되었다.

그의 가족은 그때 마침 공무로 중경에 왔다가 돌아가는 福建軍區 李良
榮 師長(사단장)의 전용차를 같이 탑승할 수 있게 되었다. 이량영의 처 李
愛蓮은 천주여명학교 시절 류자명의 제자이었다. 중경에서 복건의 목적지
까지 가는 데는 중간에 기구한 산길들이 많았다. 하도 인상이 깊은 여행
이어서, 만년까지도 똑똑히 기억하고 있었다. 경과 지역을 화살표로 표시
하면, 重慶→大婁山→貴州 烏江→桐梓→婁山關→遵義→湖南 芷江→黔陽
(安江)→雪峰山→洞口→邵陽→ 衡陽→耒陽→茶陵→江西 蓮花→福建 光澤
→南平→沙縣→永安→西洋坂와 같다.

그의 일행은 가는 도중 호남 소양에 이르러 鐘濤龍 댁에서 하루 휴식하
였다. 몇해 전 송호전쟁 때 제자 이육화에게 부탁하여 가족을 종도룡 댁
으로 피난시킨 적도 있었으므로, 두 집 사이가 아주 화목했다. 종도룡은
鮮抱樵(광호생과 같이 입달학원에 있었음)와 같이 소양 북쪽에 自生農場

을 꾸려 균재배시험을 하고 있었다. 광호생과 류자명의 제자들인 粟同·粟
寶國은 모두 소양사람이었다. 속보국은 후에 광호생의 장녀 匡春濤와 결
혼하였다.

　그의 일행은 복건 沙縣에 이르러, 또 하루를 휴식하였다. 그는 사현에
있는 성정부 고문 심중구댁을 방문하였다. 사현에는 福建省干部訓練班이
있었는데, 심중구의 처 胡琬如가 주임을 맡고 있었고, 또 무한위수사령부
간수소 소장을 지냈던 韓聯和가 우연하게도 그 훈련반에 일하고 있었다.
그리고 입달학원 농촌교육과를 나온 李德洪은 사현으로 이동한 福建醫學
院에서 공부하고 있었다.

　다음날 선생 일행은 복건성 전시 소재지 永安에 무사히 도착하였다. 곧
복건성 農業改進處(處長宋增渠) 農業實驗場 園藝系 主任으로 임직하였다.
농촌교육과 제자들인 속동과 이육화가 원예계에서 선생을 협조하였다.
그 후 원예계는 선생의 노력에 의해 원예시험장으로 확대하였고, 그는 원
예시험장 場長으로 되었다. 그 동안 또 복건 지역의 원예식물을 조사·연
구하는 한편, 속동을 漳州로 파견하여 농민들에게서 水仙 재배 전문기술을
배워오게 함으로써, 그 기술에 관한 글을 써서『福建農業』잡지에 발표하
였다. 이 무렵에 또 중국 고대 農書와 원예저서들을 연구하기 시작하였다.

　복건시절 그를 가장 슬프게 한 것은 1940년 여름 다섯 살인 아들 小明
이가 악성학질에 걸려 죽은 것이었다. 그 이듬해 여름에는 또 농촌교육과
시절의 동료 진범여가 폐병에 걸려 한동안 선생의 숙사에 있으면서 치료
하다가, 나중 武夷山療養所에서 세상을 떠났다.

　그 무렵 복주를 점령하고 있던 일본군은 古田을 진공하는 한편, 비행기
로 영안에 폭탄을 던지기도 하였다. 그래서 원예시험장에서도 선생의 지
휘하에 防空洞을 파놓고 적기가 뜨면 곧 들어가 피신하였다. 몇해 전 남
경동류 농장에 있을 때와 꼭 같은 경우이었다.

그는 복건에서 軍政界의 고위층 인물들도 만나보았다. 福建軍區 참모장 陳裕新의 아들 陳學知는 長沙농업전문학교를 졸업하고, 복건원예시험장에 와서 선생과 같이 일하였다. 1941년 여름 이량영 사단장이 古田에서 일본 군을 물리친 후, 그는 진학지와 함께 南平으로 가서 진유신 참모장을 만나보았고, 진유신은 또 선생을 안내하여 복건성정부 주석 陳儀를 만나보게 하였다. 그리고 진학지와 함께 閩江에서 목선을 타고 水口鎭까지 간 다음 도보로 古田으로 가서 이량영 부부를 만나보았고, 또 고전의 명승지와 거리도 구경하였다.

1941년 가을 진의 주석은 行政院 비서장에 임명되어 중경으로 가고, 심중구 고문도 복건을 떠나게 되어, 출발 전 그의 숙사에 와서 한동안 같이 지냈다. 얼마 후 복건성정부 신임주석 劉建緖와 비서장 程星齡이 영안으로 왔다. 정성령은 심중구를 찾아 선생의 숙사로 왔다가, 선생과 서로 알게 되었다. 해방 후 정성령은 중국인민정치협상회의 호남성위원회 주석이 되었으며, 1983년 9월에는 선생의 자서전 『나의 회억』의 출판을 앞두고, 그 머리말을 썼다.

(4)

1941년 12월에 그는 重慶 北碚의 復旦大學 교수 馬宗融이 부쳐온 편지와 동봉한 여비 이백원을 함께 받았다. 中國回敎救國協會에서 복단대학에 위탁하여 양성한 농업기술원으로 廣西 桂林市 大圩鎭 潛經村에 농장을 꾸릴 계획이니, 선생더러 기술지도를 맡아달라는 것이었다. 그래서 가족과 더불어 그해 12월 하순에 자동차를 타고 복건 永安을 떠나 南平·光澤·江西·南豊·廣東·大庾嶺과 南雄을 차례로 거쳐, 韶關에서 기차를 갈아타고 湖南 衡陽을 지나, 닷새만에 桂林에 도착하였다.

그의 가족은 1944년 여름까지 계림에 거류하였다. 일본군의 진공에 의해 계림의 정세는 날로 위급해지고 있었다. 이들은 그해 8~9월 사이에, 정성령 비서장의 도움을 받아 복건성은행의 전용차에 탑승하여 계림을 떠나 복건으로 이동하였다. 그 이동 코스는 桂林→陽朔→平樂→鍾山→廣東 連縣→樂昌→韶關→南雄→江西 大庾嶺→瑞金→福建 長汀→永安→西洋坂 였다.

가족이 복건성 영안에 도착하자, 제자들인 속동과 이육화가 마중나왔다. 계림을 탈출하기 전에도 속동이 선생의 전보를 받고 정성령에게 연락을 하였었다. 가족과 더불어 西洋坂원예시험장 기숙사에서 하루밤을 묵고, 이튿날 속동과 같이 복건성정부에 가서 정성령 비서장을 만나보았다. 정성령은 선생더러 康樂新村第二村의 건설준비 사업을 맡아보도록 지시하고, 또 성정부 주석 劉建緖에게 선생을 소개하였다.

강락신촌은 전시고아들을 수용하여 교양시키는 곳이었다. 그는 제2촌 籌備處 主任으로 임명되었다. 그는 가족을 잠시 영안에 남겨두고, 총무조장 謝眞과 같이 강락신촌 소재지 복건성 福安縣으로 떠났다. 그 이동 코스는 永安 沙縣→南平→水口→古田→連江→羅源→寧德→下白石→賽岐→福安溪柄이었다.

일행은 부임하러 가는 도중, 謝眞이 전에 현장을 지냈던 連江에 이르러 榮館에서 그의 동료들의 대접을 받기도 하였고, 溪柄에 도착한 후에는 또 계병鄕 대표들의 환영을 받기도 하였다.

향간부들의 도움을 받아 원 陳家茶葉加工공장 건물을 강락신촌의 사무실과 기숙사로 사용하고, 원 溪柄小學校를 아동교양원으로 사용하였다. 그는 복건 여러 지방에 산재한 60여명의 전시고아들을 강락신촌에 수용하여 교양하는 한편, 강락신촌 소속 과수원과 목장도 관리하였다. 영안에 남아있던 선생의 가족은 그 이듬해 봄에 계병으로 옮겨왔다.

그는 복건에서 항일전쟁의 승리를 맞이하였다. 1946년 3월에 가족을 데리고 강락신촌을 떠나 福州로 가서 臺北行 기선에 올랐다. 왜서 그토록 사무치게 그리운 조국으로 가지 않고 대만으로 갔는지, 수기에서도 그 까닭을 수수께끼로 남겨놓았다.

12. 맺음말

류자명은 사상적으로 무정부주의자에 속한다. 나라의 독립과 민족의 자유를 찾기 위한 독립운동의 길에서 무정부주의자들이 이룩한 성과는 공산주의자나 민족주의자들이 거둔 성과에 못지않다. 1920년대 사선을 넘나들던 그의 모습은 너무나 거룩하다. 그를 비롯한 의열단원들이 한국 독립운동사에 남겨놓은 업적은 길이 빛날 것이다.

그는 의식형태도 독특하거니와 생활방식도 특이하였다. 그는 중국에 망명한 처음 십여년은 직업혁명가로 활동하였고, 그후에는 반직업적인 혁명가로서 중국의 학교 또는 농장의 교사와 기사로 취직하여 교육사업과 과학연구에 종사하는 한편, 한인독립운동단체의 활동에도 참가하였다.

1930년대 및 40년대 전반기, 그는 한인동포들과 떨어져 중국인사회 속으로 들어가, 가정을 이루고 취직도 하였다. 자식을 거느린 아버지로서 혁명에만 종사할 수는 없었다. 하지만 학교에서의 교육이든 농장에서의 연구든 결국에는 중국인민의 해방사업에 대한 간접적인 지원이었으며, 또한 항일전쟁이 한·중 연합전선의 성격을 띠었던 만큼 그의 행동 양식은 합리적인 것이었다.

특히 그는 중국인민의 '국제 친구'로서 항일전쟁시기 전쟁고아 수용 및 교육활동을 맡아 함으로써, 중국항일전쟁의 승리를 위해 이바지한 바가 적지 않았다. 사실 중국항일전쟁의 승리는 한국민족의 해방과도 밀접한 관계를 갖고 있었다. 그는 비록 한국혁명대오에서 벗어나 중국인들 속에 끼어 있었지만, 그의 활동자체가 한·중 연대의 성격을 띠었다.

그는 원수에 대해서는 서리처럼 차가웠지만, 동지들에 대해서는 봄날처럼 따뜻했다. 그는 한인 혁명진영내의 좌우익 동지들과의 단합에서 모범적인 역할을 하였으며, 중국의 상하층 인물들과도 잘 어울려, 잊을 수 없는 인상들을 남겨놓았다. 그는 한국이 낳은 훌륭한 아들이었다.

류자명과 상해 입달학원

셰쥔메이(謝俊美)

중국 上海華東師範大學 교수

류자명 선생은 한국 현대 및 당대의 저명한 학자, 교수, 농학가이며, 또한 한국독립운동사상 저명한 활동가이기도 하다. 1919년 3.1운동이 실패하자, 그는 조국을 구하기 위하여 상해에 와 대한민국임시정부에 참가하였다. 그러는 한편 김원봉이 영도하는 의열단의 투쟁활동에도 가담하였다. 민족독립운동을 실현할 수 있는 길을 찾기 위해 그는 부단히 연구를 하였을 뿐만 아니라, 공산주의와 무정부주의 사상과도 접촉하였다. 그리하여 중국에서의 조선 무정부주의자 활동에 참가하게 되었다.

더불어 중국의 한인 무정부주의자들과도 교류하였다. 1930년 그는 쾅후성(匡互生) 등의 초청으로 상해 입달학원의 교수로 초빙되어, 농촌교육과에서 가르침과 연구활동을 주도하였다. 원예 재배와 인재 양성 등의 방면에서 그는 뛰어난 성과를 거두었으며, 중국의 교육과 농촌의 부흥을 위해 크게 공헌하였다.

류자명과 바진(巴金)의 교류는 중 한 문화교류사 상에서의 아름다운 이야기로써 한 중 역사의 우호관계를 증명해 주고 있다. 류자명은 자신의 일생을 대부분 중국의 농업과학과 교육사업에 헌신하였고, 그는 중국 인민의 좋은 벗이었으며, 중국인민은 영원히 그의 이름을 기억 속에 새겨둘 것이다.

1. 머리말

대다수의 중국인은 류자명의 이름과 그가 한국 현대 및 당대의 저명한 교수, 농학자이며, 걸출한 독립운동지사인 동시에, 활동가라는 사실, 그리고 그가 오래도록 중국에 살면서 중국 인민과 깊은 우의를 나누었다는 점, 또한 위대한 국제주의 전사이며, 중국인민의 좋은 벗이었다는 사실을 모르고 있다.

류자명은 조국을 구하겠다는 대업에 몸을 던졌기 때문에 일찍이 상해에 왔다. 더불어 상해 입달학원에서 교수를 하며, 이 학교 농학과에서 교육과 과학연구 활동을 진행하였으며, 1930년대 중국 지식분자들이 발기한 향촌건설운동과 농촌부흥운동에도 참여하여, 중국의 고등교육과 농촌사회의 개혁을 위해 크게 공헌하였다. 본문에서는 유관 자료와 사회 조사를 근거로 하여 류자명 선생이 상해에서 한 독립활동과 입달학원에서의 교육, 바진과 교류하던 상황에 대해서 서술하고자 한다.

2. 조국을 구하기 위해 상해로 오다

류자명 선생은 일찍이 수원농림전문학교를 졸업했는데, 농학과 원예과목을 전공하였다. 어렸을 때 그는 이상과 포부로 충만해 있어, 장래 유명한 농학가가 되기를 희망하였고, 조국을 위해 농업 발전에 공헌하고자 하였다. 그러나 제국주의의 식민지 침략은 조국에 보답코자 농림사업에 들어서려는 그의 길을 막았다. 1910년 일본이 조선을 병탄하여 조선은 일본의 식민지가 되어버렸다. 조국이 없어지자 그의 아름다운 이상은 공상이될 수밖에 없었다.

민족의 독립 실현은 전민족이 최우선적으로 수행해야 할 임무가 되었다. 아직 학교에서 선생님으로부터 의병운동에 관한 소식과 일부 조정 대신들이 일본에 반대하여 자결하였다는 이야기를 들으면서 크게 감동하였다. 그리고 한국 독립운동 영도자의 한 사람인 안창호 선생으로부터 애국지사들의 옥중고행 이야기를 들은 이후부터 서서히 애국사상이 싹트기시작하였다. 그는 회고록에서 "형들은 눈물을 흘렸다. 그리고 나도 눈물을 흘렸다"고 하였다.[1] 뜻을 세워 이전의 현인들을 따르기로 작정한 그는 조국광복을 실현하기 위한 독립투쟁의 길로 나아갔다.

1919년 3월 1일 조선에서는 세계를 놀라게 한 3 1독립만세운동이 폭발하였다. 교원의 신분이었던 류자명은 학생들을 이끌고 함께 반일 시위행진 계획을 세웠다. 그러나 3·1운동은 일본 식민당국의 잔혹한 탄압을 받았고, 류자명도 일본군경의 추적을 받았다. 같은 해 4월 그는 비밀리 외교청년단(外交靑年団)에 참가하여 김규식을 수석으로 한 한국대표단이 파리평화회의에서 벌이고 있는, 조선이 일본으로부터 벗어나 독립 자주국이될 수 있도록 도와달라는 외교 청원 활동을 성원하였다.

그러나 국내에서 독립활동을 전개하는 데에는 곤란한 점이 많았다. 그리하여 부득불 해외로 망명하지 않을 수 없게 되었다. 그때 여운형, 이동녕, 이시영, 신규식 등 많은 지사들은 이미 상해 프랑스 조계 김신부로(金神父路, 현재의 瑞金二路) 22호에 대한민국임시정부를 수립해 놓고 반일독립투쟁을 전개하고 있었다. 6월 상해에 도착한 지 얼마되지 않아, 그는 임시의정원 위원에 피선되어 임시정부에 참가하여 독립운동을 영도하게

---

1) 柳子明, 『我的回憶(나의 회억)』, 遼宇民族出版社, 1985.

되었다.

대한민국임시정부가 상해에 성립된 후 김약산(金若山, 金元鳳)이 이끄는 조선의열단도 성립하였다. 이 단체는 "왜놈을 구축하고, 조국을 광복하며, 계급을 타파하고, 평균지권을 실현한다"등의 강령을 내세웠다.[2]

1921년 그는 북경에 있는 신채호와 김창숙과 함께 있으면서, 신채호에게서 한국역사를 배웠다. 그 후 류자명은 천진에서 김약산을 알았다. "조선민족의 적인 일본 제국주의 통치를 몰아내고" "조선민족의 자유독립을 실현시키고" "진정한 민주국가를 건립한다"는 이상이 부합함을 깨닫고,[3] 의열단에 가입하여 상해지구에서의 선전, 연락 책임자가 되었다. 더불어 김창숙(金昌淑)과 함께 나석주(羅錫疇)의거에 필요한 총과 탄약을 준비하기도 하였다.[4]

1920년대 중국은 아직 반봉건 반식민지 국가였다. 선진적인 중국지사들은 조국의 독립, 민족해방을 위해 구국구민(救國救民)의 진리를 탐색하고 추구하였다. 그러한 가운데 그들은 마르크스주의를 찾아내게 되었고, 1921년 상해에서 중국공산당을 창립하였다. 그와 동시에 무정부주의도 일종의 사조(思潮)가 되어 중국 전역에 널리 전파되었다. 1920년대의 상해는 중국에서 각종 사조가 모이는 곳이었을 뿐만 아니라, 각종 출판물, 신문과 잡지 등이 가장 많았던 도시였다.

예를 들면 중국공산당 중앙이 발간한 『신청년』『향도(嚮導)』『해방』『개조(改造)』및 『열혈일보(熱血日報)』『볼쉐비키』『태양』『문화비판등』이 그것이다. 그 외에도 각각 특색 있는 크고 작은 신문들이 나타나 각종 주의를 선전하고 있었다.[5] 류자명이 상해에 있는 기간 동안 반일독립의 이

---

2) 石原華, 『韓國獨立運動与中國』, 上海人民出版社, 1995年版 第38, 148頁

3) 『朝鮮義烈團綱領』同 [2] 引, 第39頁

4) 柳子明, 『我的回憶(나의회억), 遼宇民族出版社,1985

5) 鄭超麟, 『鄭超麟回憶彔』(上), 東方出版社, 1995年版, 第38, 148頁

론을 찾기 위해 그는 사회주의사상과 무정부주의 사상을 접하게 되었다. 그는 개조 해방 등의 잡지를 열심히 읽었고 김한과 함께『공산당선언』을 읽고 토론하였으며, 또한 무정부주의자 크로포트킨의 저서인『상호부조론』『한 혁명가의 회억』『러시아 문학의 현실과 의혹』등을 열심히 읽었다.

류자명은 그의『상호부조론』의 이론이 당시의 조선에 가장 적합하다고 생각하게 되었다. 당시 조선이 직면한 주요 민족적 모순은 일본의 식민통치라고 생각하였다. 일본의 식민통치를 반대하고 일본의 식민통치자를 암살하여 일본이 조선에서의 식민통치를 반대하고 일본의 식민통치자를 암살하여 일본이 조선에서의 식민통치 기구를 물리쳐 쫓아내기 위한 애국적인 장거를 도모하였다.

그는 자신의 생각과 관점을 문장으로 만들어 독립운동의 간행물인『남화조선청년통신(南華朝鮮青年通汛)』에 발표하기도 하였다.

무정부주의는 하나의 국제주의 사조였다. 일찍이 20세기 초에 무정부주의 사상은 프랑스와 러시아에서 퍼졌다가 중국에 전해졌다. 그 대표적인 인물은 리스정(李煜瀛 즉, 李石曾), 쾅후성(匡互生), 천판위(陳范予), 이페이지(易培基), 우즈훼이(吳雉暉), 장징장(張靜江), 장시전(章錫)探, 정홍니앤(鄭洪年), 샤가이준(夏丏尊), 마종롱(馬宗融), 후위즈(胡愈之), 저우위통(周予同), 뤄스미(羅世彌), 정멍시엔(鄭夢仙), 바진(巴金) 등이었다. 류자명은 중국 무정부주의자들과 교류를 했을 뿐만 아니라, 중국 무정부주의자 활동에도 참가하였다. 1927년 그는 조선대표로서 무한에서 열린 동방피압박민족연합회에 출석하여, 그와 월남지사가 "강연대에 올라가 연설하자 비분강개함에 격앙되었다"고 하였다.[6] 이후 그는 무한 경찰에 체포되어 반년 이상을 감옥에서 지내야 하였다.[7]

---

6) 石源華,『韓國獨立運動与中國』, 上海人民出版社, 1995年版 第38, 148頁
7) 柳子明, 我的回憶(나의회억), 遼宇民族出版社, 1985

중국 무정부주의자 중에는 많은 학자 교육가들이 있었는데, 그들은 국가의 전제적 폭정을 반대하였고, 민주, 자유, 평등, 박애 등을 실현하여, 반드시 인민의 어리석음을 제거하고 민지(民智)를 열게 하고, 서로 돕고 사랑하는 정신을 창도하기 위해 교육을 실시하고 학회를 설립하며, 인재를 육성하고자 하였다. 따라서 그들은 교육을 아주 중시하였다. 그들의 관심과 연락 하에서 류자명 선생은 중국무정부주의자들의 교육계몽활동에 참여했던 것이다.

3. 상해 입달학원의 창건에 참여하다

입달학원(立達學園)은 중국 입달학회가 1925년 3월(민국14년 2월) 남경에서 창립하였다. 설립에 참가한 사람은 중국에서 저명한 학자, 교수인 리스정, 쾅후성, 이페이지, 장시성(章錫生) 등이었다. 그들 대부분이 무정부주의를 믿었으므로, 많은 중국역사서에는 이 학교가 무정부주의자들이 창설한 학교라고 말하고 있다.

입달학회 회원은 중국 각지에 흩어져 있었지만, 대부분은 남경과 상해에 집중되어 있었다. 1930년 8월(민국19년 7월)에 이들은 상해에서 회의를 열고 입달학원 고중부(高中部)를 설립키로 결정하고, 이페이지, 리스정, 정홍니앤, 샤가이준, 쾅후성, 장시전, 후위즈, 저우위퉁, 저우웨이친, 타오자이량, 류신위 등을 이사로 하여 학교이사회를 조직하였고, 12월 이사회에서는 쾅후성, 천요우송(陳友松) 등 9명에게 학교행정위원회를 조직하였으며, 류쉰위를 학교장으로 선출, 류씨는 임명된 지 1년이 안 되어 개인사정으로 사직하고, 쾅후성이 대신 교장직을 받았다.

입달학원 고중부의 공식명칭은 '사립입달학원중학부'이고, 대외적으로는 이 입달학원으로 불렸다. 학교는 영의리(永義理) 입달로와 체육회 서로 (西路, 이전에는 중앙 대학 상학원, 지금은 홍구구 상농신촌(上農新村), 상해외국어대학 일대)에 설립되었고, 면적은 500여 무(畝)였다. 당시 중국의 많은 지식인들은 농촌부흥운동의 중심이 되어 향촌 건설운동을 전개하였으며, 학식 있는 청년을 교육시켜 졸업 후에는 농촌 사업에 전력케 하고, 더불어 농촌개량에 필요한 중견요원이 되게 하였다.[8]

농촌교육과는 책임있는 전문 지도자가 필요하였다. 류자명은 이 방면의 전문가였기에 곧바로 선임되었다. 그는 쾅후성의 친한 친구였으므로 쾅후성의 추천과 이사회의 결정을 거쳐 류자명 선생을 초빙하자는 결정을 내렸다. 그러나 당시 류자명 선생은 상해에 없었다. 그는 마침 천판위의 초청으로 복건 천주사립여명중학교에서 교장을 맡고 있었으며, 생물학과 열대식물을 연구하고 있었다. 입달학원의 초빙서를 받자마자, 그는 천주의 일을 다른사람에게 인계하고 곧바로 상해로 와서 상해입달학원 농촌교육과를 창설하는 일에 몰두하였다.

류자명은 이사회와 행정위원회가 그를 위하여 마련한 환영회에 출석하였는데. 그는 회의석상에서, 자신이 다년간 학교 설립 과정에서 체험한 바를 토대로 농촌교육과의 운영방침을 설명하였다. 입달학원의 농촌교육과는 교육과 생산을 위한 노동, 책을 통한 지식배양과 사회적인 실천노선과 결합하는 '공학(工學)의 합일(合一)' '실습과 연구의 합일'을 주장하였다. "학생들은 노동과 노동에 대한 마음을 함께 가져야 하고, 독서와 일을 함께 해야 한다"는 것이었다. 교육과정은 기초교학(基礎敎學)과 농업학과, 교육학과 등 세 부분으로 나누어 설치해야 한다고 하였다. 기초학과는 국문, 역사 중외농사(中外農史), 농업학과는 농업상식, 농업기술, 농작물재

---

8) 上海市檔案館藏未刊檔案資料, 「私立立達學園中學部呈請准該校高中農村教育科繼續招生案」, 上海市敎育局. 第268次 局務會議決議

배, 토양개량, 화과(花果)개량, 동물 및 가축사육 개량 등을, 교육학과는
농촌교육, 교육실습활동 등을 포함해야 한다고 하였다.9) 그의 의견은 현
실적으로 매우 타당해 곧바로 이행될 수 있었으므로 양 회의의 전체 성원
들의 동의를 얻었다. 이어서 그는 쾅후성과 협의하여 구체적인 교육계획
을 제정하였다. 기초과학 방면에서 그는 스스로 농학과정과 일어과를 맡
기로 하였다.

여기서 중요한 것은 그가 비록 일본의 식민통치를 반대하였지만, 교육
하는 중에는 자신이 말할 수 있는 일본어를 잘 이용하여 일본근대 농업과
학 방면의 성과를 소개하였다는 점이다. 이는 민족독립과 외국의 선진기
술을 배워야 한다는 생각에서 한 일이었고, 자신을 발전시키고자 하는 목
표와 그다지 모순되는 바가 없고, 오히려 그 목적에 일치시켰다는 점이
다. 후에 중국에서 항전이 폭발하자 1940년 그는 「항일전쟁과 원예」라는
논문을 발표하여 자신의 이러한 관점을 더욱 명확하게 설명하였다.10) 오
늘에 이르러 그의 생각을 보면 그의 관점이 틀리지 않았음을 알 수 있다.

농촌교육과의 교육방침을 관철시키기 위해 류자명 선생이 노력하여 일
을 창도해가는 가운데, 입달학원은 거금을 투자하여 부근인 가정현(嘉定
縣, 지금의 상해시 가정구) 남상진(南翔鎭) 시당(柴塘) 일대의 땅을 매입하
여 농촌교육과의 농업과학연구의 기지로 만들었다. 류자명은 교직원들
중 이 방면의 전공자들의 도움과 지식을 결합시켜 몇 개의 시험농장을 개
설하였다.

우량 닭 사육장: 중국 강남지구의 가축인 닭은 비록 맛은 있었으나 몸

9) 上海市檔案館藏未刊檔案資料,「立達學園爲特准該校高中農村敎育科永得招
生續辦呈敎育部核示文」
10)『湖南日報』1979年5月14日。轉引延邊大學『東疆學刊』2004年第三期金柄民
等：『國際友人柳子明的生平与意識世界』。

집이 작고 가벼우며 양계비용이 많이 들었다. 상업적인 이익을 고려 할 때 합리적으로 계산이 되지를 않았다. 류자명 선생의 지도하에 양식장은 레그호온과 일본닭을 수천 마리 들여와, 상해와 소상지역의 토종닭을 시험적으로 개량하기 시작하였다.

양봉장: 낭방에서는 양봉이 유행했는데, 새로운 벌을 배양하기 위해서 양봉장은 수백무리의 대리봉을 길렀다.

과목립장(果木林場): 수 천 그루의 이름 있고 귀한 화목(花木)을 들여와 길렀다. 주목할 것은 류자명 선생이 포도재배 방면에서의 공헌을 들 수 있다. 이전 상해 사람들이 먹던 포도는 대부분 북방과 신강(新疆) 등지에서 들여온 것으로 알이 작고 맛이 시었다. 류자명 선생은 먼저 상해지구의 포도 품종에 대한 개량을 시작하였다. 비록 이 방면의 자료를 찾을 수 없어 증명을 못하지만, 현재 가정지구에서 많이 생산되고 있는 포도와 복숭아, 그리고 일본의 누에고치는 입달학원 시당시험장과 관계가 있다고 할 수 있다.11) 류자명은 이곳에서의 연구성과를 토대로 호남에서 이를 더욱 확대시켰다. 그리하여 중국 남방에서는 포도를 재매할 수 없다는 전통적 주장을 뒤집어 버렸다. 만년에 류자명은 호남농학원에서 두 종의 새로운 포도품종을 배양하였고, 1958년 북경(北京)에서 열린 박람회에 참가하여 호평을 받았다.

화훼묘포(花卉苗圃): 류자명 선생은 일생동안 꽃 여눆에 정성을 바친 사람이다. 그는 각종 꽃을 들여와 길렀다. 예를 들면, 난, 모란, 욱금향(郁金香), 장주(章州)수선화 등이 그것이다. 이를 통해 상해 시장에서 수요되는 꽃을 충족시켰을 뿐만 아니라, 일부는 소주, 항주, 남경등지로도 보냈다. 만년에 그는 많은 농학잡지에 관련 논문을 많이 발표하였다. 이들 논문은 수 십년간 체득한 연구 결과였다.12) 특히 주목할 것은 그가 과학을 위한

---

11) 作者爲此專門赴嘉定馬陸、南翔、徐行等鎭進行調査, 訪間'당地老農, 他們 都說당地 有這些東西多在四五十年前。就時間上來說, 与柳子明先生主持立 達學園農村教育科 柴塘基地大致吻合。因无确鑿資料, 不能斷言下結論。
12) 安奇:『胸前佩戴勛章的園藝師─柳子明』, 中國農業出版社1994年版。同[10] 引。

과학 연구만을 하지 않았다는 점이다. 자연과학에 대한 연구를 그는 당시의 항일운동과 연계해서 연구했는데, 그가 영안 원예농장을 담당하고 있을 때 발표한 「항일 전쟁과 원예」라는 논문은 그러한 예를 증명하고 있다.

채소작물 종식장: 시당 기지의 넓이는 40무에 이르렀고, 10여 종이 넘는 중국 및 외국의 품종을 길렀는데, 고추, 강낭콩, 가지, 나무, 수세미, 감자 등이 그것이다.

가축사육장: 돼지, 소, 양, 말 , 토끼, 집비둘기, 북경 오리 등 가축을 사육했는데, 이 농장의 설립은 교육과 학생에게 실험 대상을 제공하고 동시에 학생들의 부식을 조달하는데 도움이 되었다.

제조창: 교육 도구와 각 시험장에서 필요한 생산공구를 제작하는 곳이었다.

상술한 각종 시험기지의 설립과 내용을 보면 입달학원 농촌교육과 시당(柴塘) 기지는 하나의 소형 농장으로서의 규모를 갖추고 있었다. 이들의 산업연구 활동은 류자명이 추구하였던 농업의 근대화적 발전을 추구하려는 관점을 집중적으로 반영해 주고 있다.

류자명 선생은 망국의 통한이 자신에게만 해당하는 것이 아니라, 모든 민족에게 미치는 것으로 생각하였다. 그리하여 진심으로 중국의 농업 발전을 희망하였고, 이를 통해 능히 독립을 하여 강대한 국가가 되기를 바랐다. 그리하여 입달학원 농촌교육과를 주관하게 되었을 때, 학생들에 대한 교육을 강조하였을 뿐만이 아니라, 학생들의 인격배양에도 깊은 관심을 두었다. 교육과의 학생 대부분은 농촌의 빈곤한 가정 출신들이었다. 그렇기 때문에 그들이 공부하기란 매우 어려웠다. 이러한 그들의 생활상 곤궁함을 해결해 주기 위해, 그들로부터 받는 학비를 최대한 적게 하였다. 일을 하는 것으로써 학비를 대신하는 방법을 실시하였고, 일상생활

중의 음식, 숙소, 기타 잡무는 학생들이 분담하거나 교대로 맡도록 함으로써 노동이 아닌 모름지기 생산에 종사토록 하였던 것이다. 예를 들면 양계, 양봉, 원예 등을 통해 얻어지는 잉여 소득을 학교에서의 개인생활비에 충당하도록 하였다. 그리하여 학생들이 집에 의존하지 않고 공부할 수 있도록 조처하였던 것이다.[13]

학생들이 스스로 자립할 수 있는 능력과 독립정신을 배양시키기 위하여 류자명선생은 교육과의 일상관리를 교사와 학생이 자주적으로 하는 규정을 마련하였다. 그 결과 잡일이 필요 없어졌고, 스스로 해결해야 하였다. 평상시 생산되는 닭, 오리, 채소 등은 교육에 소용되는 것 이외에는 대부분 시장에 내다 팔았다. 교사와 학생들은 추위 더위에도 쉴 틈이 없었다. 교사들의 월급도 강의시간에 따라 주어지지 않았는데, 이러한 것들은 당시 중국 학교의 일반적인 상황과는 구분되는 특별한 것이었다. 그야말로 개혁과 고행의 색채가 충만하게 표현되는 특별한 예였던 것이다.

학생들의 업무 능력을 제고시키기 위해서, 농촌교육과 학생들은 졸업 전에 반드시 자신이 배운 과정에 근거하여 외지에 나가 실습고찰을 해야 하였다. 실습시 교사는 이들을 부대원처럼 데리고 다녔다. 일체의 비용은 학교에서 부담하였다. 이러한 방법은 학생들의 학습의 질을 높이고 학원이 사회에 좋은 영향을 미치게 하는 방법이었다.

또한 농업교육과를 잘 관리하고, 학원과 시당(柴塘)의 농업과학기술 수준을 제고시키기 위하여, 류자명은 여러 차례 학원을 대표하여 상해시 원예장, 포동중앙면업시험장, 상해 상품검사국 등 여러 부문과 협의하여 공동으로 연구를 전개하였다. 입달학원 각 시험장이 생산한 물건을 사회에 팔기 위해, 그는 상해시 상회에 소속되어 있는 유관 사업협회와도 관계를

---

13) 上海市檔等館藏末刊檔案資料 :『丁其仁有癸立達學園農村教育科開辦情況向南京國 民政府教育部的匯報』。

유지하였다. 이러한 것은 오늘날 중국의 교육개혁 가운데에서도 모범적인 모델이 될 수 있는 것이다.

중국의 농촌은 낙후되어 자금이 없었을 뿐만 아니라, 더욱 중요한 것은 인재가 부족하였다는 점이다. 입달학원은 '노력과 노력하는 마음'의 결합을 제창하였고 '생산과 교육'을 결합 시켰다. 그 뜻은 농촌사업에 온 힘을 쏟아 넣고, 농촌을 개량하는 중견 인재를 배양하여 농촌부흥을 촉진하고자 하는 데 있었다.

류자명은 인재 배양과 농업지식, 기술의 보급과 이를 널리 확대시키는 데 특히 중점을 두었다. 그는 각종 시험장을 조직하여 개설하는 동시에, 홍구(虹口) 교본부의 소재지인 강만(江灣)과 시당(柴塘) 기지에 '농예 및 가사(家事) 직업 보습학교'를 개설하였다. 그리하여 인근의 농민자녀들을 받아들여 그들에게 농업지식과 생산기술을 가르쳤다. 교사와 학생들은 시당 부근에 학생이 주관하는 농민야학을 개설하여 물과 토양의 보호 유지와 개량, 작물재배 기술 등을 지도하였다. 또한 순수한 농촌 소학교를 창립하여 당지의 농민자녀들을 입학시켰다.[14]

그의 신분은 비록 외국인 교사였으나, 중국 농민에 대해 깊은 관심을 가졌다. 당시 상해 교외 지역에서는 미국식 면화 재배를 널리 보급하고 있었는데, 류자명은 학생들을 데리고 강만(江灣)지역이나 시당(柴塘) 부근의 농촌까지 깊이 들어가 농민들에게 생산기술 방면에 대한 지도와 도움을 주었다.

류자명 선생은 입달학원에서 농촌교육과를 주재하는 가운데, 학자로서의 업무에 대한 경외정신과 진취적인 정신을 용감히 개척하였고, 중국인민에 대해서 무한한 사랑을 체현하였다. 1930년대 중국의 저명한 교육가

---

14) 上海市檔等館藏末刊檔案資料 : 『丁其仁有癸立達學園農村教育科開辦情況向南京國 民政府敎育部的匯報』。

인 타오싱즈(陶行知) 선생도 가정 근처의 보산대장(寶山大場)에서 산해공학단(山海工學団)을 창립하여, "공업으로서 학생을 양성하고, 배움으로서 학생들을 명철하게 하며, 단체로서 생도를 보호한다"는 활동을 하고 있었다.15) 류자명 선생은 농촌교육과의 활동을 이끌며 타오싱즈 선생과 같이 공학활동을 전개했는데, 이는 서로 다른 면이 있으면서도 같은 작용을 하였음을 보여준다.

류자명 선생은 입달학원 농촌교육과에 초빙되어 입달학원을 떠나기까지 5년 여의 세월을 이곳에서 보냈다. 2년 전의 중요한 일은 농촌교육과를 창건하는 일이었는데, 이는 무에서 유를 창조하는 일이었다. 전력을 다 기울였지만 어려움은 매우 컸고, 성과 또한 두드러지지 않았다. 온갖 어려움을 겪고 농촌교육과가 정상궤도에 오를 즈음인 1932년 1월 28일, 일본군이 상해지구를 향해 진격해 왔다. 이에 중국 제 19로군이 대항하였다. 전쟁 중에 일본군은 라점(羅店), 진여(眞如), 남상(南翔)등의 지역을 점령하였다. 입달학원 시당 농촌교육과 기지는 일본군의 포화에 의해 참혹하게 짓밟혀 버렸다. 학교 본부도 일본군의 폭격으로 모든 당안자료조차 "거의 없어져 버렸다" 입달학원은 "수년간에 걸쳐 이룩해 놓은 모든 성과를 모두 물에 떠내려 버린듯하게 되었다."

이는 입달학원은 말할 것도 없고, 류자명 선생에게도 엄청난 타격이었다. 그는 자신의 조국이 고통 속에서 신음하고 있음을 생각하고, 중국 인민이 겪고 있는 참담한 고통에 깊은 동정을 표시하였다. 이후 2년 동안 류자명 선생과 입달학원의 동료들은 학교를 복원시키는 일에 주력하였다. 그러나 학교가 받은 타격은 너무나 혹독하여 거의 회복이 불가능한 상황이었다. 거기에 교장 쾅후성 마저 중병으로 누워있어, 학교 일을 주

---

15) 陶行知硏究會編, 「學習偉大的人民敎育家陶行知專集」 [三], 上海市敎育局內部發行

도적으로 해 나갈 사람이 없었다. 학교의 문을 닫자는 주장까지 나왔다.

상해시 교육국도 농업교육과가 사범학교도 아니고 농업학교도 아니라고 규정하였기 때문에, 결국 학교는 문을 닫기로 결정하였다. 그러나 쾅후성과 류자명은 결정에 동의하지 않았다. 학교를 보존하기 위해 직접 남경 국민정부 교육국에 글을 올려, 농촌교육과의 교육종지와 연유를 설명하면서, 교육부가 "이 학교 농촌교육과가 앞으로도 영원히 학생들을 뽑을 수 있도록 허락해 달라"고 요구하였으나 허락을 받지 못하였다.16) 다만 입달학원의 땅을 보존할 수 있게 해주었고, 정부의 도움과 사회 유관단체의 찬조에 힘입어, 1933년 초 입달학원 농촌교육과는 다시 복원되어 학생들을 모을 수 있게 되었다. 류자명은 큰숨을 몰아 내쉬며 안심할 수 있었다.

겨우 입달학원 농촌교육과가 회복되기는 했으나, 연이어 발생한 두 사건은 류자명 선생으로 하여금 입달학원을 떠나지 않으면 안 되게 만들었다. 하나는 1933년 5월 입달학원 교장인 쾅후성이 병으로 세상을 떠나고 말았다. 류자명과 쾅후성의 교류는 10년이 넘을 정도로 막역한 사이였다. 류자명 선생은 평상시 문제에 직면하면 쾅후성의 지지 하에 문제를 해결할 수 있었다. 그러나 현재의 교장은 서로 잘 모르는 처지였기 때문에 일하는데 발전적이지 못하였다. 이는 결국 그로 하여금 입달학원을 떠나게 만드는 요인이 되었다.

다른 하나는 1932년 4월 29일 한국의 지사 윤봉길 의사가 홍구공원에서 폭탄 투척사건을 일으켜 일본 침략의 우두머리 시라가와(白川義則) 대장 이하 수 명을 폭사시킴으로써 일본침략자들에게 심각한 타격을 주었다. 이 사건 후 일본 식민침략자들은 조계당국과 연계하여 상해의 한국독립운동 역량에 대한 대규모 수사와 체포 그리고 대탄압을 진행하였다. 대

---

16) 上海市檔案館藏未刊資料, 『南京國民政府教育部關于立達學園高中部農村教育科准予續辦的批文』

한민국임시정부는 비밀리에 항주로 갔고, 많은 독립운동가와 독립운동단체 책임자들도 체포되거나 지하로 잠입하였다. 그렇지 않으면 상해를 터났던 것이다.

류자명은 임시의정원 위원이었고, 또한 조선 민족전선연맹 산하 조선의용대 부책임자였기 때문에, 일본의 체포자 명단에 들어 있었다. 그리하여 상해에 머물 수가 없었고, 입달학원에서도 더 이상 일할 수 없었다. 1933년 그는 다시 한 번 상해를 떠나지 않을 수 없었다. 그는 복건으로 갔고, 복건 원예농장의 농예사로써 일을 담당하게 되었던 것이다.

4. 문학가 바진과의 해후

바진은 중국 근현대사 상에서 매우 걸출한 문학가이다. 그의 '격류 삼부곡(激流三部曲)'인 『집(家)』, 『봄(春)』, 『가을(秋)』은 중국과 외국의 문단에 큰 영향을 끼쳤다. 그는 봉건가정 출신이었으나, 봉건가장제의 압박을 받아야 하는 고통을 겪었기에 자유를 갈망하였다. 그는 국가가 부패하여 암흑 속에 파묻히는 것을 보고 한탄하였으며, 민주를 갈구하고, 개성의 해방을 원하였기에, 일찍부터 무정부주의자가 되었다.

중국의 속담 중에, "뜻이 같으면 길이 합쳐지고 마음과 마음에 서로 도장을 찍게된다"고 하는 말이 있다. 류자명 선생과 바진이 서로 알게 된 것은 무정부주의를 신봉한 인연 때문이었다. 류자명 선생은 일찍이 북경에 있을 때 바진을 알게 되었다. 후에 남경, 계림, 중경 대만 등지에서도 교류를 지속하였다. 만년에 바진이 상해에 정주하자 두 사람 사이의 서신은 끊이지를 않았다. 류자명 선생의 일생 중에서 그와 바진의 우의는 가장 값지고 위대한 것이었다.

1930년대 바진은 『머리카락 이야기』라는 단편소설을 썼는데, 그 소재는 류자명 선생의 백발 머리카락을 원형으로 하여 창작한 것이라고 한다. 다른 한편의 소설 『불(火)』도 조선 애국지사의 사적을 모델로 하여 완성한 것이다. 이후 수십년간 두 사람은 서로를 생각하며 지냈던 것이다. 1983년 류자명 선생은 그의 회억록 중에서 그와 바진과의 교류를 떠올리며 "나와 바진과의 사이는 오늘에 이르기까지 서신을 왕래하고 있을 정도의 관계이다"고 하였다. 바진은 류자명을 '형님'이라고 호칭하였다.

1984년 류자명이 친지를 찾기 위해 북경에 갔을 때, 마침 바진도 상해로부터 북경에 와 있었기에 류자명이 이 사실을 알고 먼저 바진을 찾아가 방문하고자 하였다. 그러자 바진은 "형님! 어찌 형님이 아우를 배방할 수 있습니까? 아우가 형님을 찾아 뵙는게 도리지요." 그리하여 바진이 류자명을 방문하였다고 한다. 더불어 같이 사진촬영을 하기도 하였다. 류자명이 한문은 이용하여 회억록을 쓰고는 바진에게 제목을 붙여줄 것을 청하자, 바진은 정성을 기울여 깊이 읽은 후 몇 가지 수정할 의견을 제시해 줄 정도였으니, 이를 통해 보더라도 두 사람간의 우의가 얼마나 깊었는지를 알 수 있을 것이다.

류자명 선생은 60여 년 간 중국에서 생활하며 건투하였다. 그의 중국 친구는 비단 바진 한 사람만이 아니었다. 쾅후성, 마종룽, 천판위, 뤄스미, 청싱링 등은 모두 생사를 같이한 친구들로 환난을 같이 공유했던 사람들이었다. 그들의 우호 교류는 중 한 역사의 우호 사실을 증명해 주는 것이다. 즉 한 중 교류사 상에서 '아주 이름다운 이야기'라고 할 수 있는 것들이다.

5. 마치는 글

류자명 선생이 상해를 떠난 3년째 되는 해, 일본은 중국에 대한 전면적인 침략전쟁을 시작하였다. 이후 류자명은 남경, 무한, 중경, 계림, 복주 등지를 전전하며 독립투쟁에 종사하였고, 한편으로는 농업원예에 대한 연구를 계속하였다. 1945년 8월 한국이 광복한 후 여러 원인으로 인해 고국으로 돌아가지 못하고 이후 계속 중국대륙에 체류하며 호남농학원에서 교육에 임하였다.

그는 일생을 통해 자신의 이익을 돌보지 않고 한민족의 독립해방사업을 위해 그리고 중국의 고등교육을 위해, 나아가 농업과학사업을 위해 헌신 봉사하였다. 그의 일은 중국과 한국의 역사서에 영원히 기록될 것이며, 영원히 중 한 양국 인민의 가슴 속에 남아 추앙될 것이다.

柳子明在上海立达學园

셰쥔메이(谢俊美)

中国 上海華東師範大學 教授

柳子明先生是韓國現当代史上著名學者、教授、農學家, 也是韓國獨立運動史上著名的活動家。1919年三一運動失敗后, 他爲了拯救祖國, 來到了上海, 參加了大韓民國臨時政府, 成爲臨時議政院議員。后加入金元鳳領導的義烈團的斗爭活動。爲了找到實現民族獨立的道路, 他不斷地學習探索, 接触了共產主義和无政府主義思想, 參加了在中國的朝鮮无政府主义者的活動, 并同中國一批无政府主义者建立交往。1930年他應匡互生等人邀請, 應聘爲上海立達學園教授, 主持農村教育科的教學科研活動, 在園藝种植、人才培養等方面別具特色, 成績斐然, 爲中國教育事業、農村夏興作出了貢獻。柳子明与巴金的交往是中韓文化交流史上的佳話, 是中韓歷史友誼的見証。柳子明把自己一生的大部分獻給了中國的農業科學和教育事業, 他是中國人民的好朋友, 中國人民將永遠銘記他。

對大多數中國人來說, 柳子明的名字并不陌生, 他是韓國現当代史上著名的教授、農學家、一位杰出的獨立運動志士和活動家、因他長期生活在中國, 与中國人民結下了深厚的友誼, 因此, 他又是一位偉大的國際主義戰士、中國人民的好朋友。

柳子明因投身拯救祖國的大業, 早年就來到了上海, 并在上海立達學園担任教授, 主持該校農學科的教學和科研活動, 參与了三十年代中國知識分子發起的鄉村建設和農村夏興運動, 爲中國的高等教育和農村社會改革作出了重要貢獻。本文根据有關資料和社會調查，就柳子明先生在上海的獨立活動和在立達學園執敎以及与巴金的交往的情况作一論述。

一. 爲了拯救祖國來到上海

柳子明先生早年畢業于水原農林專門學校，所學專業是農學、園藝科目。年輕時代的他充滿了理想和抱負，希望自己将來能成爲一名農學家，爲自己國家的農業進步作出自己的貢獻。然而外來的殖民侵略阻塞了他報效自己祖國農林事業的的道路。1910年日本吞幷朝鮮，朝鮮淪爲日本的殖民地。沒有了祖國，美好的理想只能是空想。實現民族獨立成爲全民族的首要任務。還在學校讀書期間，他就從老師那里听到有關義兵運動和一些朝廷大臣爲反日盡節的故事，大爲感動。從后又從成爲韓國獨立運動著名領導者之一安昌浩那里親自聆听了許多愛國志士"獄中苦行"事迹，愛國思想受到了萌發。他在回憶中說："大哥們流泪，我也在流泪"1)。立志追隨前賢，走爭取實現祖國光复獨立的斗爭道路。

1919年月3月1日，朝鮮爆發震惊世界的"三一"獨立萬歲運動。已經身爲敎員的柳子明率領他的學生一起策划了反日示威游行活動。三一運動遭到日本殖民当局的殘酷鎭壓。柳子明也遭到日本軍警的逮捕。同年4月，他秘密參加外僑靑年團，聲援以金奎植爲首的朝鮮代表赴巴黎和會的請愿活動，要求和會同意朝鮮脫离日本，成爲一个獨立的自主國。其后他又加入了申圭植、呂運亨等人發起組織的新韓靑年團。

由于在國內開展獨立活動十分困難，柳子明決定流亡海外。那時以呂運亨、李東宁、李始榮、申圭植等一批志士已在上海法租界金神甫路[今瑞金二路]22号成立了大韓民國臨時政府，開展反日复國斗爭。6月，柳子明來到上海。不久卽以家鄕的代表，被推選爲臨時議政院議員，參加臨時政府領導的獨立運動。曾受秘密派遣，潛回國內，推行聯通制，被捕入獄。

---

1) 柳子明：『我的回憶』，遼宁民族出版社1985年版。

与大韓民國臨時政府在上海成立的同一个月, 以金若山 [卽金元鳳]爲 首, 也
發起成立了 "朝鮮義烈團", "驅逐倭奴, 光夏祖國、打破階級、平均地權"爲綱
領2)。1921年他在北京与申采浩、金昌淑相聚, 并向申采浩學習韓國歷史。其
后柳子明在天津与金若山相識, 在了解了義烈團的具体主張后, 論爲它的斗爭
目標明確, 符合 "推翻朝鮮民族的敵人日本帝國主義統治" "實現朝鮮民族自由
獨立" "建立眞正的民主國" 的理想,3) 遂加入義烈團, 并成爲該團在上海地區的
宣傳、聯絡負責人。与金昌淑一起策划爲羅錫疇執行的刺殺　漢城警察頭目的
活動, 准備槍支彈藥等4)。

十九世紀二十年代, 中國還是一个半封建半殖民地的國家。先進的中國志士
爲了祖國的獨立、民族解放, 也在苦苦地探索和尋求救國救民的眞理。他們找
來了馬克思主義, 1921年在上海成立了中國共産党。与此同時, 无政府主義作
爲一种思潮也在中國广泛地傳播。二十年代的上海, 不僅是中國各种社會思潮
匯聚之地, 也是各种出版物、節報雜志最多的城市。反映各种思潮的報刊應有
盡有, 如中共中央辦的『新靑年』、『向導』、『解放』、『改造』, 以及『熱血日報』、
『布爾什維克』、『太陽』、『文化批判』等等, 還有其他各色大報、小報无不在
宣傳各种主義5)。柳子明在上海期間, 爲了探尋反日夏國的理論, 他接觸了社會
主義思想和无政府主義。他閱讀過『改造』,『解放』雜志讀研討『共産党宣言』,
認眞閱讀過无政府主义者克魯泡特金的著作『相立輔助論』、『一位革命家的回
憶』、『俄羅斯文學的現實和疑惑』。柳子明認爲克魯泡特金的『相互輔助論』
最適合当時的朝鮮。認爲当時朝鮮面臨的主要矛盾是民族矛盾, 是日本的殖民
統治。反對日本殖民統治, 暗殺日本殖民統治者, 搗毀日本在朝鮮的殖民机构
就是推翻政府, 就是愛國壯擧。在這一時期, 他還把自己的想法、觀点寫成文

2) 石源華：『韓國獨立運動与中國』, 上海人民出版社1995年版第38、148頁。

3)『朝鮮乂烈團綱領』, 同[2], 第39頁。

4) 柳子明：『我的回憶』, 遼宁民族出版社1985年版。

5) 鄭超麟：『鄭超麟回憶彔』[上], 東方出版社[內部發行]。

章, 在獨立運動的刊物『南華朝鮮青年通訊』上發表。

无政府主義是一股國際主義思潮。早在二十世紀初年无政府主義思想就從法國和俄國傳到了中國。其代表人物有李煜瀛[即李石曾]、匡互生、陳范予、易培基、吳稚暉、張靜江、章錫琛、鄭洪年、夏丏尊、馬宗融、胡愈之、周予同、羅世弥、鄧夢仙、巴金等人。柳子明不僅与中國无政府主義者發生交往, 而且還參加了中國无政府主義者的活動。1927年他作爲朝鮮代表　出席了无政府主義者在武漢組織召開的 "東方被壓迫民族聯合會", 會上他与 越南志士 "登台演說, 慷慨激昂"6)。事后他被武漢警方逮捕, 被關押了半年之久7)。他出獄后來到南京, 有幸參觀了中國著名教育家陶行知創辦的曉庄師范。陶先生强調知行合一, 教育學生從小愛勞動, 重視農業, 關心農村, 關心農民, 曉庄師范學校讀節勞動相結合, 給柳子明留下的印象極爲深刻, 表示如果祖國獨立, 他回國后也要這樣做, 要搞農業教育、農村教育。

中國无政府主義者不少是學者、教育家, 他們認爲反對國家專制暴政, 實現民主、自由、平等、博愛, 必須去民愚, 開民智, 倡導互助互愛, 辦教育, 設學會、育人才。因此, 他們十分重視教育。在他們的關怀和聯絡下, 柳子明先生參与了中國无政府主義者的教育活動。

二. 參与上海立達學園的創建

立達學園又称立達學院, 立達學苑, 是由中國立達學會于1925年3月[民國十四年二月]在南京創辦的。創辦者多爲中國著名的專家、學者、教授,　如李石瀛、匡互生、易培基、章錫生等, 由于他們大多信仰无政府主義, 所以不少中國史書上說該校是由无政府主義者創辦的。立達學會會員大多散任中國各地, 但以南京、上海兩地較爲集中。爲了貫徹辦學宗旨, 學會于1930年8月[民國十

---

6) 石源華：『韓國獨立運動与中國』, 上海人民出版社1995年版第38、148頁。
7) 柳子明：『我的回憶』, 遼宁民族出版社1985年版。

九年七月]在上海召開會議, 決定創辦立達學園高中部, 并選舉產生由易培基、李煜瀛、鄭洪年、夏丏尊、匡互生、章錫琛、胡愈之、周予同、周爲群、陶載良、劉薰宇爲董事組成校董事會, 12月董事會選舉匡互生、陳友松、愈君實、劉薰宇、周予同等9人組成校行政委員會, 由劉薰宇任校長, 但劉氏任職未及一年就緣事辭職, 改由匡互生担任。

立達學園高中部全称私立立達學園中學部, 對外称立達學園。校址設在永叉里立達路与体育會西路[近中央大學商學院, 令虹口區上農新村、上海外國語大學] 一帶, 占地500余畝。当時中國一批有識之士正發起農村夏興運動, 開展鄉村建設, 如晏陽初在山東茌平、鄒縣的鄉村建設、陶行知在宝山開展的山海工學團互助活動等。立達學會遂決定在上海立達學園增設農村教育科。"欲以特殊之訓練, 養成具有勞動習慣、生活技能与教育學識之青年, 畢業后使專力于農村事業而爲改進農村之中堅分子"[8]。農村教育科需專家負責指導, 柳子明是這方面的專家, 是再合适不過的人選了, 況且又是匡互生的好朋友, 經匡互生提名推荐, 校董事會遂決定聘請柳子明先生來領導主持。当他接到立達學園的聘請, 又推荐和推荐了部分韓籍教員, 立卽投入上海立達學園農村教育科的籌建創辦。

柳子明出席了校董事會和行政委員會爲他舉行的歡迎會。會上他根据自己多年的切身体會, 闡述了農村教育科的辦學方針。指出立達學園農村教育科應實行課堂教學与生產勞動、節本知識和社會實踐相結合, 實行 "工學合一" "實習与研究合一"。"該科學生勞力与勞心兼顧, 讀節与工作并重"。在課程 設置方面建議設立基础教學、農業學科、教育學科三个部分。基础學科包括國文、歷史、中外農史;農業學科包括農業常識、農業技術、農作物栽培、土壤改良、花果改良、動物及家禽飼養改良等;教育學科包括農村教育、教育實習

---

8) 上海市檔案館藏未刊檔案資料:『私立立達學園中學部呈請准該校高中農村教育科継 續招生案, 上海市教育局第268-次局務會議決議』。

活動等等9)。他的意見切實穩妥可行，当即得到兩會全体成員的贊同。稍后他在匡互生的配合下，制訂了具體的教學計劃。在基础學科方面，他主動承担講授農學課程和日語課。可貴的是，他在教學中還向中國學生介紹日本殖民朝鮮的情況，韓國反日夏國的斗爭，教中國學生學唱韓國歌曲。他雖反對日本殖民統治，但在教學中往往能結合自己會講日語，介紹日本近代農業科學方面成果，認爲爭取民族獨立与學習外國先進技術，發展自己并不予盾，是一致的。中國抗戰爆發后，1940年他在广兩還發表了『抗日戰爭与園藝』一文，進一步闡述了他的這一觀点10)。直到今天，也的看法仍不失其借鑒意義。

爲了貫徹農村敎育科的辦學方針，在柳子明先生的努力倡導下，立達學園花巨資在与上海鄰近的嘉定縣 [今上海市嘉定區]南翔鎭柴搪一帶購買了一塊土地，作爲農村敎育科的農業科研基地。柳子明根据敎職員工的所學專業和知識結構，先后開設了以下几个試驗場：

良种鷄培育場。中國江南地區的家禽鷄大多圍養,雖然味美，但个小体輕，飼養成本高，從商業盈利考慮，不太合算。在柳子明先生指導下，養殖場從國外引進了數千只萊克亨鷄[上海人称白日克鷄，又称洋种鷄]和日本鷄，試驗改良上海、蘇常地區的本地鷄种[俗称草鷄]。

養蜂場。南方流行養蜂，爲了培養新的蜂种，養蜂場飼養了數百群大利蜂。

果木林場。引進和培育了數千株名貴花木。這里值得一提的。是柳子明先生在葡萄栽培方面的貢獻。以前上海人吃的葡萄大多來自北方和新疆等地，当地長的葡萄又小又酸，柳子明先生對上海地區葡萄品种進行改良。雖然我們現在還沒有找到証明這方面的資料，但今天嘉定地區盛產葡萄和水蜜桃、日本蚕豆，与当年立達學園柴塘試驗場有關11)。后來，柳子明還把他在柴塘的這些研

---

9) 上海市檔案館藏未刊檔案資料：『立達學園爲特准該校高中農村敎育科永得招生續辦　呈敎育部核示文』。

10) 『湖南日報』 1979年5月14日。轉引延邊大學 『東疆學刊』 2004年第三期金柄民等：『國際友人柳子明的生平与意識世界』。

究成果帶到湖南等地加以推广，從而推翻了中國南方不能种植葡萄的傳統說法。晚年他在湖南農學院還培植了兩种新的葡萄品种，并在1958年參加了北京擧辦的博覽會，受到了好評。

花卉苗圃。柳子明先生一生鐘情于花卉的研究。他還引進和培育了各种花卉，如蘭花、牡丹、郁金香、章州水仙花，等等，不僅滿足了上海市場對花卉的部分需求，少量的還遠銷蘇州、杭州、南京等地。晚年他在許多農學雜志上發表了不少有關中國花卉、園林方面的論文，都是他數十年研究的心得体會[12]。值得称道的是，他不是爲科學而科學,而是把對自然科學的研究 同当時的抗日救亡聯系起來他在担任永安園藝場場長時發表的 『抗日戰爭与園藝』 一文就是最好的例証。

蔬菜作物种植場。柴搪基地共辟地40畝，培育十多种中外蔬菜，從辣茭、毛豆、蕃笳、絲瓜、馬鈴薯等。

飼養場。飼養猪、牛、羊、馬、冤、鴿、北京鴨等禽畜， 該場的設立主要是配合日常敎學、學生實習需要，爲相關試驗提供祥品， 同時也是爲了解決學園學生部分膳食供應。

制造厂。制作敎學用具和各試驗場所需的生産工具。從上述各种試驗基地的設立和內容來看， 立達學園農村敎育科柴搪基地在当時已具有一个小型農場的規模，它的産研活動集中反映了柳子明的推動農業向近代化發展的觀点。

柳子明先生來自淪爲殖民地的朝鮮， 亡國之痛非僅及已身， 而是整个的民族。同時受陶行知先生影響， 他衷心希望中國農業有所發展， 國家能早日獨立强大。所以，在主持立達學園農村敎育科時，對于學生敎育，旣强調業務，更注

---

11) 作者爲此專門赴嘉定馬陸、南翔、徐行等鎭進行調查，訪問'当地老農，他們都說当地 有這些東西多在四五十年前。就時間上來說,与柳子明先生主持立達學園農村敎育科 柴搪基地大致吻合。因无确鑿資料, 不能斷言下結論。

12) 安奇：『胸前佩戴勛章的園藝師─柳子明』，中國農業出版社1994年版。同[10]引。

重學生人格的培養。教育科的學生大多來自農村貧寒之家，他們讀節不易。爲了解決他們的生活困難，學園對他們收費甚少。而實行 "以工代費"，"日常生活中如烹飪、洒掃及其他雜務均由師生分任或輪値，不用校役，學生須以其從事生產如養鷄養蜂園藝等所獲得之余利維持在校个人生活，以 免如一般學生之專門依賴家庭的情況"13)。

爲了培養學生自理能力和獨立精神，柳子明先生規定教育科日常管理實 行師生自主，不用雜役，自己動手。平時生產的鷄鴨果蔬等除了敎學和部分留用外，大部分到市場出售。師生无寒暑假，敎師薪酬不以授課時數計算，爲了提高學生的業務能力，農村教育科還規定學生畢業前必須根據自己 所學課程到外地實習考察一次。實習時教師即爲帶隊，一切費用由學園負担。這一作法對保証學生的學習質量和擴大了學園在社會上的影響起了很好的作用。

爲了辦好農村教育科，提高學園柴塘農業科技水平，柳子明還多次代表 學園与上海市立園藝場、浦東中央棉業試驗場、上海商品檢驗局等部門接洽，共同開展研究；爲了讓立達學園各試驗場生產的東西在社會上銷售，他還与上海市商會屬下的有關行業協會保持聯系。這些在今天中國教育改革中仍具有一定的借鑒意義。

中國農村的落后，不僅僅是缺少資金，更重要的是缺乏人才。立達學園提倡勞力与勞心結合，生產与教育相結合，旨在培養造就一批"致力于農村事業而爲改進農村的中堅分子"， 推動農村夏興。柳子明十分重視人才的培養和農業知識、技術的普及和推广。他在組織開辦各种試驗場的同時，還在虹口校本部所在地江湾和柴塘基地開設 "農藝及家事" 職業補習學校，招收附近農民子女入學，向他們講授農業知識和生產技術。組織師生在柴塘附近農村開辦由學生主管的農民夜校，進行水土保持和土壤改良，作物栽培技術等指導。創辦純粹性

---

13) 上海市檔等館藏未刊檔案資料：『丁其仁有発立達學園農村教育科開辦情況 向南京國 民政府教育部的匯報』。

農村小學, 招收当地農民子女入學[14]。他雖身爲外籍教師, 十分關心中國農民, 当時上海郊區正推广种植美棉, 因此, 他常常帶領學生深入到江湾、柴塘附近的農村, 對農民給予生產技術方面的指導和帮助。

柳子明先生在立達學園主持農村敎育科的所作所爲, 体現了一名學者崇高的敬業精神和勇于開拓進取的精神以及對中國人民的无限熱愛。三十年代, 中國著名的敎育家陶行知先生也在与嘉定相近的宝山大場創辦山海工學團, 開展"工以養生、學以明生、團以保生" 的活動[15]。而柳子明主持農村敎育科的活動和陶行知先生開展的工學活動實具异曲同工的作用。

柳子明從應聘主持立達學園農村敎育科到到离開立達學園前后五年。前兩年主要是忙于農村敎育科的創建, 一切從无到有, 力盡艱難, 成績斐然。然而正当農村敎育科走上軌道時, 1932年1月28日, 日本悍然挑起"一二八事變", 向上海地區發動進攻, 中國駐軍第十九路軍奮起抗戰。戰爭中日軍先后占領羅店、眞如、南翔等地, 立達學園的農村敎育科基地被日軍炮火夷爲平地, 校本部在日軍炮火轟擊下, 遭到嚴重毁坏, 一切文檔"蕩然无存"。立達學園"數年間慘淡經營悉付流水"。這一切无論對立達學園, 還是對柳子明先生來說, 都是一个沉重的打擊。他想到自巳的祖國正在苦難中行吟, 因此, 對中國人民遭受的苦難深表同情。在隨后的近兩年內, 柳子明先生和立達學園的同人們主要忙于校園的恢夏。由于校舍遭受破坏嚴重, 恢夏不易。加上校長匡互生病重在家, 校務主持无人, 因此, 有人主張將學校停辦。上海市敎育局也以該校農村敎育科旣非師范, 又非農校, 決定責令停辦。匡互生、柳子明表示不同意。爲了保存學校, 立達學園直接呈文南京國民政府敎育部, 申述該校農村敎育科的辦學宗旨、緣由, 要求敎育部"特准該校農村敎育科永得招生續辦", 最終獲得批准[16]。只

14) 上海市檔等館藏未刊檔案資料:『丁其仁有癸立達學園農村敎育科開辦情況向南京國 民政府敎育部的匯報』。
15) 陶行知研究會編:『學習偉大的人民敎育家陶行知專集』[三], [上海市敎育局內 部發行]。

是因爲立達學園領導的堅持，以及政府的救助，社會有關團体的贊助，1933年初立達學園農村教育科又重新恢夏招生。柳子明也因此松了一口气。

立達學園農村教育科雖然恢夏，然而在此前后發生的兩件事，使柳子明先生不能不离開立達學園。一件是1933年5月立達學園校長匡互生的病世。柳子明与匡互生交往十多年，關系最爲莫逆。柳子明平時執敎時遇到問題，因有匡互生支持，總能妥善解決。現在校長易人，役此不熟悉，日后工作很難開展，促使他不得不决定离開立達。一件是1932年4月29日發生韓國志士尹奉吉虹口公園投擲炸彈案，炸死日軍侵略頭目白川義則大將以下等多名，給日本侵略者以沉重打擊。事后，日本殖民侵略者勾結上海租界当局，出動軍警對上海韓國獨立運動力量進行大搜捕、大鎭壓。上海大韓民國臨時政府 被迫秘密撤走杭州，許多獨立運動家、運動團体負責人不是被捕入獄，就是轉入地下，或出走上海。柳子明是臨時議政院議員，又是暗殺團的骨干，久在日警追捕名單之列。爲了自身安全，他无法再在上海立足和在立達學園工作。在隱蔽立達學園一年多后被迫秘密离開上海。

三. 邂逅文學家巴金

巴金是中國近現代史上杰出的文學家，他的激流三部曲『家』『春』『秋』影響中外文壇。他出身封建家庭，飽受封建家長專制壓迫之苦，渴望自由；痛恨國家腐朽黑暗，渴求民主，个性解放，因此，早年的巴金信仰无政府主義。

中國有一句俗語：志同道合，心心相印。柳子明先生与巴金邂逅相知相識是緣于對无政府主义的信仰。柳子明先生早在北京期間就結識巴金，后來在南京、桂林、重慶、台灣等地，彼此継續保持交往。晚年巴金定居上海，兩人節信往還不絶。在柳字明的一生中,他与巴金的友誼是値得大書特書的。

---

16) 上海市檔案館藏未刊資料：『南京國民政府敎育部癸于立達學園高中部農村敎育科准 予續辦的批文』。

三十年代, 巴金發表了一部名爲『頭發的故事』的小論, 据說就是根據柳子明先生的身世經歷原型創作的。另一部小說『火』也是以朝鮮志士的事迹寫成的。此后數十年中兩人互相關怀。1983年, 柳子明在他的回憶彔中回憶了他与巴金的交往, 他動情地說："我与巴金之間至今有通信來往"。巴金称柳子明爲兄長。1984年柳子明到北京探親, 正巧巴金也從上海來北京。柳子明先生得知后, 執意要先去拜訪巴金, 巴金說"大哥怎么能拜訪老弟呢? 老弟去拜訪大哥才是道理"。于是巴金訪問了柳子明, 幷一起合影留念。柳子明用漢文寫成回憶彔, 請巴金過目, 巴金進行認眞審讀, 幷提出有關修改意見。可見兩人友情不淺, 非同一般。

柳子明先生在中國生活戰斗了60多年, 他在中國的好朋友遠非巴金一人。諸如匡互生、馬宗融、陳范予、羅世弥、鄭星齡等人都可以說是生死之交, 患難与共的朋友。他們的友好交往是中韓歷史友誼的見証, 是中韓文化交流史上的一重佳話。

柳子明先生离開上海的第三年, 日本就對中國發動全面侵華戰爭。根据他的回憶彔叙述, 此后他又輾轉南京、武漢、重慶、桂林、福州等地, 一邊從事獨立夏國斗爭, 一邊継續他的農業園藝的硏究。1945年8月韓國光夏后, 由于种种原因, 他未能回國, 此后一直滯留中國, 任敎于湖南農學院直至退休。他將自己的一生无私地奉獻給韓民族的獨立解放事業和中國的高等敎育、農業科學事業, 他的名字將永載中、韓史册, 爲中韓兩國人民所緬怀敬仰。

류자명의 활동과 중일전쟁
- '류자명 수기'를 중심으로 -

최 봉 춘(崔凤春)
중국 杭州師範大學 교수

1. 머리말

한글본 수기 『한 혁명자의 회억록』[1]은 중국 湖南農業大學 교수 류자명 (1894~1985) 선생이 만년에 쓴 자서전이다.

1984년에 선생의 수기는 편집자의 수정을 거쳐 『나의 회억』[2]이라는 書名으로 출판되었으나 문법상 그릇된 부분과 표현상 어색한 부분과 오기된 글자들이 거의 다 고쳐지고 후반부분 즉 호남농학원 교수시절의 내용은 전부 삭제되었다.

선생은 또 중문본 수기 『회억록』[3]을 집필하다가 마무리지 못하고 세상을 떠났다. 이 친필원고 『회억록』의 한글본과 중문본은 목차와 그 내용이 꼭 일치한 것은 아니다. 그중 적지 않은 부분들이 선생의 새로운 사유에 의해 보태졌거나 줄여졌다.

---

1) [한국] 독립기념관 한국독립운동사연구소 『한 혁명자의 회억록』(영인본), 國學資料院, 1999년. 이하 서술상의 편의를 위해 「한글본 수기」로 약칭한다.
2) [중국] 류자명 『나의 회억』, 료녕인민출판사, 1984년.
3) [중국] 柳子明 中文本 手記 『回憶錄』, 未發表. 이하 「중문본 수기」로 약칭한다.

그리고 선생은 대개 20세기 70년대 초반에 『自傳(자서전)』[4]이라는 제목으로 12매 정도의 중문 친필 이력서를 작성한 바 있다. 출생해서부터 20세기 60년대까지의 경력을 요약하여 소개하고 필요한 부분은 주석을 달아 설명하였다.

이 글은 중일전쟁시기을 위주로 선생의 활동경력을 일일이 검토 고증하는 동시에 선생과 관련되는 해외조선혁명운동의 구체적 과정을 사실에 비추어 서술할 것이다.

2. 조선의용대 지도위원회에서의 활동

선생은 「한글본 수기」에서 다음과 같이 이야기하였다.

> 내가 한구로 간 뒤에 조선민족전선의 맹원들도 한구에 모여서 원래의 일본조계에서 큰집 一棟을 구해가지고 전선연맹을 성립했으며 연맹들도 거기서 일하면서 공동생활을 하고 있었다. 당시에 金若山, 朴正愛, 金奎光, 杜君慧, 崔昌益, 許貞淑, 李春岩, 李英俊, 文正一 등이 한구에서 활동하고 있었다.(띄어쓰기 인용자, 이하 같음)

1937년 11월 12일 조선민족혁명당, 조선민족해방동맹, 조선혁명자연맹 등 세 개 단체는 남경에서 대표회의를 개최하여 조선민족전선연맹을 결성하고, 선언, 강령, 규약 등을 채택하였다. 그해 11월 15일에 상술한 세 개 단체가 작성한 민족전선연맹의 창립선언은 12월초에 漢口에서 정식으로 발표되었다.

조선민족전선연맹은 처음에 한구 日本租界八一三街(지금의 勝利街) 15

---

4) [중국] 柳子明 中文本 手記 『自傳』, 未發表. 이하 「이력서」로 약칭한다.

號에 사무소를 설치하였으며, 구성원들도 대부분 그곳에서 합숙하였다. 민족혁명당의 김약산과 朴次貞부부, 전위동맹의 최창익과 허정숙, 해방동맹의 김규광과 두균혜 부부, 혁명자연맹의 류자명과 劉則忠 부부도 모두 漢口에서 생활하고 있었다. 박정애는 박차정의 별명일 것이다. 그리고 문정일은 이 무렵 한구에 있던 것이 아니라 중앙군관학교 星子分校 또는 江陵分校에 있었을 것이다.

선생은 「한글본 수기」에서 또 다음과 같이 이야기하였다.

조선민족 전선연맹은 정치부 第3廳 廳長 郭沫若의 지도를 받게 되었다.
1938년에 조선민족전선연맹 밑에 朝鮮義勇隊를 조직하고 김약산이 이 용대의 대장으로 되었으며 또 의용대의 지도위원이 6인으로 되어서 지도위원은 보통 군대의 참모부에 상당한 것이다. 그래서 민족혁명당의 리춘암, 해방동맹의 김규광, 전위동맹의 최창익과 무정부주의연맹의 내가 지도위원으로 되었고 정치부에서도 두 사람을 지도위원으로 任命했었다. 우리는 정치부의 통일령도하에서 중국글, 일본글과 조선글로써 宣傳刊物과 표어를 발표했었다. 그리고 또 각종 군중대회에서도 대표를 보내서 참가하였었다.

정치부는 중국 국민정부 군사위원회 직속 기구로 1938년 2월 1일에 설치되었으며, 그 산하에는 세 개의 청이 있었다. 그중 제3청은 같은 해 4월 1일 武昌에서 성립되었다.

1938년 10월 10일 조선의용대는 조선민족전선연맹 산하의 군사조직으로서 한구에서 성립되었으며, 군사위원회를 구성하였다. 지도위원회 위원 명단은 다음과 같다.5)

---

5) 南京中國第二歷史檔案館 所藏, 全宗772號, 案卷13호, 年代1939年.

주임 賀衷寒
위원 周咸堂 潘文治 矯漢治 簡伯邨(이상 중국측 동지)
陳國斌(金若山) 金奎光 金學武 柳子明(이상 한국측 동지)

조선 민족혁명당 당내의 비밀조직 – 공산주의자전위동맹(공산주의혁명
동지회의 후신)은 1938년 6월 10일에 공개적으로 脫黨을 聲明하고, 7월 4
일 한구에서 별도로 朝鮮靑年戰時服務團을 조직하였으며, 9월에 이르러
선언을 발표하여 명칭을 朝鮮靑年前衛同盟으로 고친 동시에, 정식으로 조
선민족전선연맹의 기관지『조선민족전선』창간호에 민족전선연맹의 工
作情形이 상세하게 소개되어 있다. 특히 선생은 김규광과 더불어 기관지
『조선민족전선』의 편집을 담당하였을 뿐만 아니라, 무려 10편의 글들을
발표하였다. 지금 그것을 소개하면 다음과 같다.

창간호(1938. 4. 10)
　1.「창간사」 ·· 子明
　2.「조선민족전선연맹 결성경과」 ····················· 子明

제2기(1928. 4. 25)
　1.「중국국민당대회의 역사적 의의」 ················· 子明
　2.「台兒薔 승리의 의의」 ······························· 子明

제3기(1938. 5. 10)
　1.「혁명의 5월」 ··· 子明
　2.「장기적 전쟁이 일본국민의 생활에 준 反映」 ·········· 友生

제4기(1938. 5. 25)
　1.「세계학생연합회 대표단을 환영한다」 ············· 子明
　2.「조선혁명역량의 통일을 위해 투쟁하자」 ·········· 柳(湜)

제5-6기(1938. 6. 25)
　1.「敵 내각의 재조직과 정치동향」…………………………… 子明
　2.「조선혁명 事」…………………………………………… (瑾)

선생은 또「한글본 수기」에서 다음과 같이 회고하였다.

　1938년 10월 적군이 무한을 점령하기 전에 조선의용대는 제1分隊와 제
2분대로 분멸해서 제1분대는 남쪽으로 撤退하여 長沙, 衡山, 衡陽을 거쳐
서 桂林에로 갔었으며 제2분대는 洛河를 거쳐서 혁명성지인 延安에로 갔
었다.
　그리고 의용대는 무한을 철퇴할 때에 武漢3鎭의 거리 거리에 침략전쟁
을 반대하는 표어를 일본말로 써 서 부쳐놓고 무한을 찰퇴하는 도중에서
도 도처에서 중국인민 대중에 대해서 抗日戰爭에 대한 선전운동을 했었다.

　성립초기 조선의용대는 隊本部 외에 第1區隊와 제2구대가 있었고, 각
구대는 다시 3개 분대로 나뉘었다. 제1구대는 1938년 10월 23일에 한구를
출발하여 장거리행군으로 岳陽 白家㘄를 거쳐 11월 12일 黃華市에 도착하
였으며, 다시 衡山으로 가서 며칠동안 선전공작을 진행한 후, 11월 28일
平江縣 梅山鎭으로 가서 對敵宣傳工作을 진행하고, 이튿날 배를 타고 북상
하여 12월 3일 長沙에 도착하였다. 제1구대는 제9전구 정치부에 소속되어
장사를 소재지로 삼았다.
　제2구대는 平漢線(北平-漢口)를 따라 서북쪽을 향해 도보로 행군하여,
花園을 거쳐 제5전구 사령부 소재지인 河南省 老河口에 도착하였으며, 그
중 한 개 분대는 계속 북진하여 제 1전구 사령부 소재지인 河南省 洛陽으
로 가고, 다른 일부는 제2구대를 떠나 西安을 거쳐 延安으로 들어갔다.
　조선의용대는 한구를 철수하기 전야까지도 끈질긴 항일선전 활동을 전
개함으로써 중국인민들에게 지울 수 없는 인상을 남겨놓았다. 먼 훗날 곽

말약은 저서 『洪波曲』에서 「조선의용대하는 소제목으로 조선의용대가 일본문 반전표어들을 한구의 거리마다에 써붙인 정형을 자상히 묘사하고 나서, 다음과 같이 탄식 섞인 이야기를 하였다.

　이는 내가 가장 감동을 받은 한 장면이고 또한 내가 가장 부끄러움을 느낀 한 장면이기도 하였음을 나는 인정하지 않을 수가 없다. 그들은 모두 조선의용대의 벗들이었고 그들 속에는 분명 하나의 중국사람도 없었다. 우리 중국에는 일본문을 아는 인재들이 당연히 적지 않았을 것인바 일본에서 유학을 한 학생들이 적어도 몇십만은 될 것이 아닌가? 하지만 무한이 이렇듯 위기에 직면했음에도 불구하고 우리를 위해 적들에 대한 표어를 쓴 것은 이러한 조선의 친구들뿐이었다!

　일본군은 무한을 점령한 후 꼬박 사흘만에 비로소 표어들을 지워버렸다고 한다.6)

3. 계림과 중경에서의 활동

　선생은 「한글본 수기」에서 무한을 철수하여 계림으로 이동할 때의 정형을 다음과 같이 이야기하였다.

　나는 의용대 제1분대를 따라서 장사를 거쳐서 형산에 가서 한동안 머물러 있었는데 그때에 정치부도 무한으로부터 철거하여 南岳에서 회의를 열었던 것이다. 그래서 敵機는 날마다 형산에 폭탄을 던졌다.
　그래서 장사에서 大火가 발생한 뒤에 나는 의용대를 따라서 보행으로 衡陽에로 가서 또 한동안 있다가 형양으로부터 목선을 타고 湘江으로 올

　6) 郭沫若, 『洪波曲』, 百花文藝出版社, 1959年, 179-181쪽

라가서 2주일만에 零陵에 도착한 뒤에 거기서 또 보행으로 冷水灘에로 가서 기차를 타고 그 이튿날 계림에 도착했다.

그리고 그날 桂林城 동편에 있는 七星岩 부근에서 民房 두 집을 빌려 가지고 항일 선전공작을 개시했다.

선생은 조선 의용대 대본부 성원들과 더불어 1938년 10월 23일에 漢口를 철수한 후 남쪽으로 長沙를 거쳐 衡山에 가서 한동안 체류하였다. 그동안 적기는 방어시설이 구비되지 못한 형산을 날마다 폭격하였으나, 조선 의용대 대본부의 성원들은 끝내 어려운 고비를 이겨내고 다시 형양으로 이동하였다. 南岳會議는 정치부에서 주최한 것이 아니고, 또 선생 일행이 형산에 체류할 때 개최된 것이 아니다. 국민정부 군사위원회는 1938년 11월 25일~28일에 호남 南岳에서 군사회의를 개최하여 전투구역을 다시 나누고 부서를 조정했던 것이다.[7]

"장사에서 大火가 발생"한 것은 1938년 11월 12일의 일이다. 장개석이 일본군대의 진공을 저지시키기 위해 이른바 "焦土抗戰"을 실시함으로써, 하룻사이에 長沙市를 잿더미로 만들었던 것이다.

일제정보자료는 조선의용대 대본부 및 조선민족전선연맹의 한구 철수에 대하여 다음과 같이 기재하였다.[8]

皇軍의 점령 직전 金元鳳, 金成淑, 李春岩, 李海鳴, 石正, 王志延, 韓再洙, 韓一來, 崔敬洙, 李明俊, 李景山, 柳子明, 朴利淳 등 14명은 漢口를 탈출한 후 鐵路를 이용하여 廣西省 桂林으로 피난하였고, 金枓奉, 尹琦燮, 成周寔, 金永洲, 楊民山, 陳嘉明, 李貞浩, 王海公, 崔錫淳 등을 비롯한 노인, 병약자, 부녀자들은 四川省 重慶으로 피난하였으며, 김원봉 일행은 계림 도착 후

---

7) [중국] 軍事科學院軍事歷史研究部, 『中國抗日戰爭史』 中卷, 解放軍出版社, 1994年, 423~426쪽.
8) [일본] 內務省保安課, 『特高月報』, 昭和十四年 二月分, 118~119쪽.

11월 중순에 桂林成 水東門外 東靈街 1號에 연맹의 사무소를 설치하였다.

조선 민족전선연맹의 사무소는 조선의용대 대본부의 사무소이기도 하였다. 지금의 계림시 解放橋에서 동쪽으로 七星公園 정문을 들어가면 바로 이강 지류에 놓인 花橋가 나타나는데, 그 다리를 건너 오른편이 바로 東靈街 1號가 있었던 곳이다. 조선의용대 대본부는 약 아홉달 동안 여기에 사무소를 두고 있다가, 1939년 8월 하순에 다시 桂林市 水東門外 族家園 53號로 이전하였다. 지금의 계림시 龍隱橋를 동쪽으로 건너면 오른편에 族家園 거리가 나타나는데, 族家園 53호는 龍隱路와 族家園거리의 교차점에서 멀지 않다. 대본부는 이곳에서 1940년 3월까지 주둔하였다.

선생은 조선의용대 대본부를 따라 계림으로 와서 필성암 근처에 거처를 잡았는데, 가족은 선생 부부와 아들딸까지 모두 네 식구이었다. 수기에서 선생은 계림시기의 정형을 다음과 같이 회고하였다.

계림의 산수의 풍경은 세계적으로 "桂林山水甲天下"이라고 했었고 그중에서도 칠성암은 거대한 자연적 岩洞으로 유명했었다. 그래서 상해전쟁이 개시된 뒤에 戰爭地區 各 省의 학교들이 계림에 집중되었었다.

당시에 조선의용대의 대원중의 金若山, 李春岩, 石正, 金奎光, 朴建雄, 朴正愛와 내가 계림에 있었다. 그리고 일본사람 鹿他亘도 계림에 와서 조선의용대와 연락하고 있으면서 우리와 가치 한자리에 앉아서 회의도 했었는데 그의 보도에 의하면 武漢保衛戰 중에서 중국군대의 俘虜로 된 일본군대를 위하여 중국정치부에서는 湖南省 常德地區에 俘虜集中營을 만들어놓고 일본의 浮虜들을 거기에 집중시켰으며 정치부 제3청에서 鹿他亘을 포로집중영으로 보내서 포로들에게 대하여 反戰思想을 선전했었던 것이다.

계림은 국제적인 풍경 유람도시로서 "산이 푸르고 물이 맑고 동굴이 기이하고 돌이 아름다워 유명"하며, 이전부터 "계림의 산수는 천하의 으뜸"이라고 불려지고 있다. 기실 '桂林山水甲天下'는 민국시기의 유명한 변호사인 吳邁가 1935년 봄에 이 강을 따라 陽朔을 유람하고 지은 칠언절구에서 따온 것이다. 이를 소개하면 다음과 같다.

> 계림의 산수는 천하의 으뜸이요 林山水甲天下,
> 양삭은 계림의 으뜸일세. 陽朔堪稱甲桂林。
> 뭇 봉우리 거꾸로 비쳐 산이 물에 뜨는데 群峰倒影山浮水,
> 산이 없고 물이 없으면 도취되지 않는다네. 無水無山不入神。

칠성암은 일곱 개의 산봉우리가 잇닿아 있어 그렇게 불려지고 있으며, 아울러 땅속에는 자연적인 카르스트동굴이 있어 아주 유명하다. 지금의 칠성공원으로, 유람객이 그칠 새 없다.

항일전쟁시기 계림은 항전의 대후방이기도 하였다 수많은 학자 문인들이 이곳으로 철수하여 마침내 저명한 '文化城'을 이루었다. 그러나 岩洞이 유명해서 "각 성의 학교들이 집중"된 것은 아니었다. 일본군의 미수가 아직 미치지 않은 대후방이었기 때문이다.

1939년 10월 10일에 계림 칠성암 근처에서 찍은 조선의용대 창립 첫돌 기념사진에는 60여명 관련인물들 모습이 보인다. 그 중에는 9명의 여성들도 끼어 있는데, 부녀복무단의 단원들로서 군복차림을 한 모습이다. 선생이 수기에서 언급한 박정애는 김약산의 부인 朴次貞을 가리킨다.

일본인 鹿他亘은 원래 우수한 문예평론가이었고 시인이었으며, 일찍 일본에서 일본프로문화동맹 서기로 활약하던 중 검거되어 2년 동안 징역살이를 하고 풀려나온 후 아내 池田幸子(여류작가)와 더불어 靑島를 거쳐 상해로 가서 魯迅 선생과도 교류하였다. 1937년 '8.13'사변 후 그들 부부는 이리저리 피난하다가, 이듬해 3월에 무한으로 가서 국민정부 정치부 設計委員에 임명되었으며, 정치부 제3청 제7처를 도와 일본어 방송, 일본

군포로 교양사업에 종사하였다.

선생이 수기에서 언급한 '常德지구 포로집중영'은 湖南省 常德에 있었던 軍政部소속 第二浮虜收容所를 가리킨다. 이 포로수용소는 1939년 봄에 호남성 辰溪, 貴州省 鎭遠을 거쳐 중경으로 이전하였는데, 그 속에는 '조선인포로'도 31명이 수용되어 있었다. 조선 의용대 대본부에서는 石正과 康弘久를 수용소로 파견하여, 그들을 교양시켜 조선의용대에 참가하도록 하였다.

조선의용대 대본부는 계림에서 기관지『朝鮮義勇隊通訊』을 제33기까지 발행하고 제34기부터는 중경에서 발행하였다. 선생이「朝鮮情勢一斑」이라는 제목으로 쓴 글이 旬刊 제23기(1939년 9월 1일 출판)와 半月刊 제29기(1939년 11월 15일 출판)에 발표되었다.『조선의용대통신』의 처음 몇 기는 낙장이 많고 오손되어 불완전하다. 그러므로 선생이 그이상 더 발표하였는지는 미상이다.

1939년 3월에 선생은 가족을 데리고 김약산·박차정 부부와 더불어 계림을 떠나 서쪽으로 貴州省 貴陽을 거쳐 重慶으로 갔다. 조선혁명 각 단체의 통일회의에 참가하기 위함이었다. 선생은「한글본 수기」에서 그 무렵 중경 조선동포들의 상황을 다음과 같이 소개하였다.

> 그때에 조선민족전선연맹과 그의 가족들은 重慶南岸 彈子石 鵝公堡 孫家花園에서 공동생활을 하고 있었다. 거기에는 石正, 尹蛟雲, 崔友江, 崔一, 金洪敍, 金白淵, 朴南坡, 李英俊, 李達, 金相德, 韓一來, 韓錦雲, 金奎光, 朴建雄 등이 가치 활동하고 있었다.
> 그리고 한국임시정부는 綦江에서 공동생활을 하고 있었는데, 거기에는 金九, 李東寧, 李時榮, 趙琓九, 閔炳吉, 趙素昂, 金奎植 등 혁명 노선배들이 있었다.
> 당시에 한국임시정부와 조선민족전선연맹 사이에 통일문제가 아직 해결되지 못했다. 그래서 조선민족전선연맹에서는 석정과 나를 연맹의 대

표로 하고 임시정부의 대표 조완구, 嚴恒燮과 가치 통일문제를 토론했다.

중경시는 남쪽의 揚子江과 북쪽의 嘉陵江이 합류하는 지점에 자리하고
있는데, 남안은 바로 양자강 남안을 가리킨다. 탄자석 아공보는 중경시
거리지명이다. 손가화원은 원래 별장이었으나, 그 무렵 조선민족혁명당과
조선민족전선연맹의 본부소재지로 사용되고 있었으며, 지금은 중경시 南
岸區 苗背沱 81號 소재 四川儲備物資管理局四三五處소재지다. 명단중 그릇
된 글자를 고쳐씨면 尹蛟雲(蛙雲), 金洪敍, 金相德(尙德), 韓錦雲(錦源), 李時
榮(始榮), 閔炳吉(丙吉)이다.

중경시 남안구에서 자동차를 타고 곧장 남쪽으로 약 한시간 가면 기강
현 소재지이다. 그 무렵 김구는 중경시 儲奇門 鴻賓族社에 잠시 거처를 정
하였고, 曹成煥, 이동녕, 이시영, 조완구, 차리석 등은 綦江縣 沱灣 臨江街
43號에, 조소앙, 洪雲 등은 新街子三臺莊에, 李青天, 孫逸民, 黃學秀, 李復源
등은 上升街 30號, 金學奎 등은 菊坡路 15號에, 韓國國民黨青年工作隊 대원
들은 觀音庵(사찰)에 거처를 잡았다.[9]

이른바 '통일문제'란 1939년 8월 27일 韓國光復陳線의 한국국민당, 한
국독립당, 조선혁명당과 조선민족전선연맹의 조선민족혁명당, 조선청년
전위동맹, 조선민족해방동맹, 조선혁명자연맹의 조선민족혁명당, 조선청
년전위동맹, 조선민족해방동맹, 조선혁명자연맹이 중경시 綦江 縣城 내의
瀛山賓館에서 개최한 '7당통일회의'를 가리킨다. 이 회의에는 한국국민당
의 대표 조완구와 嚴大衛, 한국독립당의 대표 홍진과 조소앙, 조선혁명당
의 대표 이청천과 崔東旿, 조선민족혁명당의 대표 김규광과 박건웅, 조선
혁명자연맹의 대표 류자명과 이하유李何有 등 도합 14명이 참석하였다
이 통일회의는 대표들 사이의 의견분열로 말미암아 결국 실패로 끝나고

---

9) [중국] 綦江文史資料專輯, 『西遷重慶綦江的韓國臨時政府』, 1998년 229쪽

말았다.

통일회의후 선생은 김구 선생으로쿠터 綦江 북안의 수림 속에 임정 사무 청사 및 임정 가족들을 거주시킬만한 지역을 찾아 건축설계도를 만들어 달라는 부탁을 받고, 엄항섭과 같이 平板測量機로 기지를 측량한 다음 新村 건축 설계도를 작성하여 김구 선생에게 바쳤다. 그런데 김구 선생과 임정에서는 무엇 때문에 처음부터 중경에 그 소재지를 정하지 않고, 하필 중경에서 60여km나 떨어져 있는 기강을 소재지로 선택했는지는 의문이다.

이에 대하여 김구 선생은 자서전『백범일지』에서 "食口安接地를 어듸로 하랴느냐 問하는데, 貴陽서 重慶오면서 沿路에 보든 中에는 기江이 좋아보임으로 綦江으로 定하고, 晴蓑兄을 派遣하여 房屋과 若干 家具 等物을 準備케" 하였다고10) 언급했을 뿐이다.

다행히 선생의 수기는 이 수수께끼 같은 문제를 다음과 같이 알뜰히 풀어주었다.

당시의 항일전쟁은 갈수록 엄중하게 되어서 언제 끝날 것인지 알 수도 없었으며 綦江은 중경 밑 기타 큰 성시와 멀리 떨어져서 전쟁시기에 비교적으로 안전하였으나 조고만 시골성시로 되어서 임시정부의 활동한 장소와 그 가족들을 용납할 집도 구할 수 없었던 것이다. 그래서 김구선생은 綦江北岸의 叢林속에 新村을 건설하기로 계획했던 것이다.

선생이 작성한 '건축설계서'는 그후 김구 선생이 중국정부에 '건축비'를 청구함에 있어서 중요한 근거가 된 듯하다. 중국정부는 건축 준비에 필요한 자금 2만원을 임정에 주었고, 김구 선생은 이듬해 선생이 중경을 떠나 복건으로 갈 때 여비로 2백원을 주었다고 한다. 그 무렵 물가가 나날이 높아지는 중경에서 조선동포들은 매달 천원씩 지급되는 중국정부의

10) [한국] 金九『白凡逸志』, 集文堂, 1994년 208쪽.

원조금에 의해 간신히 살아가고 있는 실정이었다.

1941년말 선생은 復旦大學교수 馬宗融의 위탁을 받고, 또다시 계림으로 가서 靈棗農場의 技士로 되어 농업생산기술을 지도하였다.

선생은 「한글본 수기」에서 다음과 같이 회고하였다.

　　회교구국협회는 중국의 항일전쟁이 개시된 뒤에 회교민족을 단결해서 항전역량을 강화하기 위하여 조직된 단체로서 白崇禧가 위원장으로 되었고 馬宗融, 馬松亨 등이 위원으로 되었다.

　　그리고 복단대학 교수님 마종융의 제의에 의하여, 회교구국협회는 회교 청년들을 복단대학에서 농업기술을 훈련해 가지고 계림에로 보내서 황지를 개간해서 농업생산을 발전시키기로 계획했던 것이다.

　　그래서 내가 계림에로 간 뒤에 馬毓英, 馬康廉, 高雲程, 楊明睿 등 10명의 회교 청년이 계림에로 왔다.

　　그리고 그들은 한집안 사람같이 친밀하게 단결하였으며 백숭희위원장을 그들의 진정한 수령으로 생각하고 있었다. 그래서 영조농장을 자기의 농장으로 생각하고 모든 공작을 친밀하게 협조했었다.

중국회교구국협회는 1938년에 무한에서 성립되었으며 후에 重慶으로 이동하여 兩路口에 사무실을 두었다. 白崇禧 장군이 그 理事長에 취임하여 20여년을 연임하였다. 백장군은 이슬람世家 출신이며 回族이다. 그는 항전시기에 국민정부 군사위원회 副參謀長 겸 軍訓部長으로서 항전계획 제정에 참여하였고, 松滬戰爭, 台兒莊戰爭, 武漢戰爭과 桂南戰爭에 참가했거나 직접 지휘하였다. 백장군의 고향은 잠경촌이 아니라 廣西 臨桂縣 會仙鎭 山尾村이다. 지금도 山尾村에는 백장군의 옛집이 남아있다.

1938년 백장군의 요청에 의해 중국의 유명한 이슬람학교인 成達師範學校가 북경에서 계림으로 이동하여 西門外 淸眞寺에 터를 잡았다. 초빙된 겸직교사들 중에는 저명한 학자와 문인과 사회명류들도 많았다. 선생도

계림시기에 成達師範學校의 敎師로 초빙되었다.[11]

大圩鎭 潛經村은 계림시 동남쪽으로 약 20km되는 곳에 자리하고 있는데,[12] 지금은 계림시 雁山區 草坪回族鄕에 소속되어 있다. 촌민들은 절대다수가 白氏 回族이며 이슬람교도들이다. 그들은 예나 지금이나 잘 단합되어 있다.

복단대학이 重慶北碚에 있을 때, 마종융은 교내에 回族先修班설치하고 우대조건으로 甘肅, 寧夏 지역의 회족 청년들을 받아들여 문화지식을 배우도록 하였다.[13] "회교청년들을 복단대학에서 농업기술을 훈련"했다는 것은 아마 이 일을 가리킬 것이다.

1940년에 중국회교구국협회에서는 잠경촌 뒷산에 靈棗農場을 개척하고 회족청년들을 받아들여, 농업과 임업과 목축업 생산에 종사시켰다. 또한 복단대학 농업과를 나온 馬毓英·高雲程 부부를 초빙하여 농장을 관리하도록 하였다. "10명의 회교청년이 계림에로 왔섯다"는 것은 모름지기 이 일과 관련이 될 것이다. 농장에서는 사무실과 살림집을 짓고 황무지 수백무(畝)를 개간하였으며, 주로 벼, 과수, 밀, 담배 등 농작물과 경제작물을 재배하고 소, 양, 닭 등 가축을 사육하였다.[14]

선생은 영조농장 기초건설작업을 마무리짓고 나서 농장의 사업정황을 전하고자 1943년 여름 중경으로 갔다. 중경에서 선생은 마종융과 백숭희를 만나 사업정황을 보고한 다음 행정원 비서장 陳儀의 고문으로 있는 沈仲九를 만나보았으며, 또 重慶南岸 孫家花園에 가서 조선민족전선연맹의

---

11) [중국] 重慶市檔案館 所藏,『重慶韓僑名冊』, 全宗:重慶市警察局, 目錄:1, 卷宗: 24.
12) [중국] 賈援,「潛經村傳敎始末記」(上),『月華』第22-7期, 12-18쪽.
13) [중국] 吳嘉陵,「翻譯家馬宗融」,『四川近現代文化人物續編』, 四川人民出版社, 1989년, 94-100쪽.
14) [중국] 馬明龍,『廣西回族歷史與文化』, 廣西民族出版社, 1998년, 162-167쪽

종지들도 만나보았다.

선생은 「한글본 수기」에서 1944년 "7월에 朝鮮革命各黨派統一會議에 참가하기 위하여 중경에로 갓섯다"고 언급하고 나서, 그 뒤에 '조선혁명 각 당파 통일회의 경과'에 대하여 기억에 떠오르는 대로 서술하였다. 지금 그중에서 필요한 부분만을 발췌하여 아래에 소개한 다음 다시 살펴보자.

> 1944년 9월에 나는 중경에서 조선혁면 각당패 통일회의에 참가했다. 당시에 중경에 있는 조선혁명단체는 2대 집단으로 분립했었다. 한 방면에 는 韓國民族臨時政府, 韓國獨立黨, 戰時服務團이였고 또 한방면에서는 朝鮮 民族革命黨, 解放同盟, 前衛同盟과 朝鮮無政府主義聯盟의 4단체가 연합하여 조선민족전선연맹을 결성하고 그 련맹 밑에 朝鮮義勇隊를 성립했었다.
> 통일회의의 방법은 임시정부에서 臨議會를 열어놓고 각당 각패가 대표 를 선출해서 臨時議員 으로 하고 통일의 방안을 제출해 가지고 전체 의원 이 충분히 토론한 결과 다음과 같이 결정된 것이다.
> 한국임시정부의 령로 밑에 韓國光復軍을 건립하고 원래의 조선의용대 를 광복군 제1대로하고, 원래의 전시복무단을 광복군 제2대로 했다.

이른바 '전시복무단'이란 羅月煥이 대장으로 있는 韓國靑年戰地工作隊 를 가리킨다. 한국광복군은 1940년 9월에 성립되었고, 조선의용대가 한국 광복군 제 1지대로 개편된 것은 1942년 5월이었으며, 한국청년전지공작 대는 1941년 원단에 한국광복군 제5지대로 편입되었다가 이듬해 4월 경 에 다시 한국광복군 제2지대로 재편성되었다.

선생이 참가한 '통일회의'는 1942년 10월 25일 重慶市 和平路 吳帥爺巷 第一號 임시정부 청사에서 개최된 제34차 임시의정원회의일 것이다.[15] 이 의회에 선생은 조선혁명자연맹과 '충청도 대표'의 자격으로 참석하였

---

15) [중국] 馮開文·楊昭全 主編 『大韓民國臨時政府在重慶』, 重慶出版社 1998년, 1187쪽.

고, 회의에서는 제1분과(법제, 청원, 징계)위원으로 선출되었으며, 또 臨時
約憲修正起草委員으로도 선임되었다.16)

이 회의 결과 조선혁명 각 당파들의 단결 합작이 초보적이나마 이루어
졌다.

이보다 앞서 1942년 10월 11일 중경시 廣播大廈에서 中韓文化協會 성립
대회가 개최되어 선생은 중한문화협회 이사로 선임되었으며,17) 이어서
10월 17일 제 1차 이·감사회의에서는 중한 문화협회 硏究組 부주임으로
선출되었다.18)

다음의 자료는 1942년 7월 14일 重慶市警察局에서 작성한 「重慶韓僑名
策」에서 발췌한 것이다.

姓名	柳子明
性別	男
年齡	44
國籍	韓國
職業	桂林成達帥範學大校敎師
住址	重慶和平路吳帥爺巷一路
來華日期	民國十二年一月
來華日期	國民三十一年七月十四號
	韓僑登記證
	韓證渝警外字一四六號
	重慶市警察局

「重慶韓僑名冊」에서 볼 수 있듯이, 선생은 '中華民國 三十一年 七月 十

---

16) [한국] 국사편찬위원회 편『독립운동사』제4권, 963-966쪽.
17) [중국] 成都『中央日報』1942년 10월 12일.
18) [중국] 重慶『新華日報』1942년 10월 18일.

四號' 즉 1942년 7월 14일에 중경으로 와서, 임시정부 청사인 重慶 和平路 吳帥爺港 一號에 거처를 정하고 있었다.그리고 선생의 나이와 중국에 온 시간은 사실에 맞지 않는 것 같다.

1943년 11월에 개최된 제35차 의회에는 조선무정부주의자연맹의 柳林이 참석하였다. 이듬해 4월 제36차 의회에 참석한 조선무정부주의자연맹의 대표는 선생과 柳基石, 鄭華岩, 朴基成, 李周錄 등이었다. 비록 의원명단에 선생의 이름이 들어있기는 하지만, "중경에 있지 않다(不在渝)"고 밝혀져 있다.19) 그러므로 선생은 이 두차례의 의회에 결석한 것이 분명하다. 선생은 수기에서 또 1944년 7월 朝鮮革命各黨派에 참가하기 위해 중경으로 갔다고 회고하였다. 선생은 '통일회의'가 끝난 후 비로소 중경에 도착했을 것이다.

1944년 여름 선생은 복건성 康樂新村 第二村 籌備處 主任에 임명되어, 복건 여러 지방에 산재한 60여 명의 전시고아들을 강락신촌에 수용하여 교육하는 한편, 강락신촌 소속 과수원과 목장도 관리하였다.

선생은 복건에서 항일전쟁의 승리를 맞이하였다.

4. 맺는말

선생은 사상적으로 철저한 무정부주의자에 속한다. 나라의 독립과 민족의 자유를 찾기 위한 혁명운동을 길에서 무정부주의자들이 이룩한 성과는 공산주의자나 민족주의자들이 거둔 성과 못지 않게 휘황하다.

선생은 의식형태도 독특하거니와 투쟁수단과 생활방식도 특이하다. 선생은 중국대혁명이후 반직업혁명가로서 학교의 교사 또는 농장의 기사로

---

19) [한국] 秋憲樹 編『韓國獨立運動』제1권, 336-338쪽.

취직하여 교육사업과 과학연구에 종사하는 한편 조선혁명단체의 활동에
도 적극적으로 참가하였다. 20세기 20년대와 40년대 전반기에 선생은 조
선동포들과 멀리 떨어져 중국인들 속에 깊이 들어가 가족을 이루고 취직
도 하고 국적까지 중국에 넘겨버렸다. 그러나 중일전쟁을 전후하여 선생
은 한동안 조선혁명 대오 속에 돌아와 조선민족전선연맹의 결성과 조선
의용대의 창립에 막대한 기여를 하였다.

  그리고 학교에서의 교육이든 농장에서의 연구든 결국에는 중국인민의
해방사업에 대한 간접적인 지원이었고 또한 항일전쟁이 중한연합전선의
성격을 띠고 있는 만큼 그러한 선생의 활동은 비록 부차적이기는 하지만,
어디까지나 합리한 것으로 평가되어야 할 것이다. 더욱이 선생은 중국인
민의 국제 벗으로서 항일전쟁시기 전시고아수용사업 및 교양사업을 맡아
함으로써 중국항일전쟁의 승리를 위해 후방사업에서 이바지한 바가 실로
적지 않았다.

柳子明的活動与中日戰爭
−以柳子明的手記爲中心−

최 봉 춘(崔风春)

中国 杭州師範大學 教授

韓語手稿 『一个革命者的回憶彔』 是中國湖南農業大學敎授柳子明(1894-1985) 先生晚年寫的回憶彔, 1984年, 先生的手稿被編 輯者修定后, 以『我的回憶』爲節名出版發行, 語法不通順的地方, 以及筆誤之處均得以修正, 只是后半部在湖南農學院当敎授的部分被全部删除了。先生還用中文寫『回憶彔』, 但未及完成便謝世了。親 筆所書之韓文 『回憶彔』 与中文手稿在內容次序上不盡相同。其中, 未寫入的部分, 先生重新進行添加和删選, 先生大槪在20世紀70年代初的時候以『自傳』爲題, 用中文寫了 12張左右的履歷節, 簡要地介 紹了從出生到20世紀60年代的經歷, 在必要的部分還進行了注釋說明。

根据資料, 先生和朝鮮義勇軍隊的本部成員在1938年10月23日 從漢口撤退向南方經長沙到衡山停留過一段日子, 那時候敵机對防御工事每天進行地毯式轟炸。朝鮮義勇軍的本部成員克服困難重新向咸 陽進發。

南岳會議不是由政治部組織召開的, 也不是先生一行在衡山停留時期召開的, 而是國民政府軍事委員會1938年11月25日−28日在湖 南南岳召開的軍事會議, 是重新划分戰區調整布置的會議。

先生跟隨朝鮮義勇軍隊本部來到桂林, 后住在七里岩附近, 一家人夫妻2人帶1双儿女共4人同住。

"常德地區俘虜集中營" 作爲湖南省常德軍政部所屬的第二俘虜收 容所, 1939

年春經湖南辰溪, 貴州省鎭運最后轉移至重慶, 其中包括了31名朝鮮籍俘虜, 朝鮮義勇軍本部派石正和康弘久到收容所對他們進行敎育, 把他們組織到朝鮮義勇軍隊來。

1939年3月, 先生帶者家里人以及 (金約山、朴車情？) 夫婦离開桂林, 經貴州省貴陽、到達重慶, 參加朝鮮革命各團体的統一會議。在這里先生寫了"建筑設計書", 此后, 成爲金九先生向中國政府請求"建築費"的重要依據, 中國政府向臨時政府提供了必要的建築費用 2万元, 金九先生在第二年先生离開重慶赴福建時, 還特意給了2百元 的旅費, 在那个每天物价都在飛漲的重慶, 朝鮮同胞依中國政府每个支付1千元援助金艱辛地生活着。

1941年末, 先生受夏旦大學馬宗融敎授的委托, 再次前往桂林, 到灵棗農場做技師, 指導農業生產技術, 同時, 還成爲桂林的成達師 范學院的受聘老師。先生在灵棗農場的基础建設結束, 農場情況好轉的情況下又去了重慶。在重慶, 先生向馬宗融和白崇熹相見, 匯報了農場的情況以后, 又和行政院秘節長陳叉的顧問沈仲九見了面, 還和 居住在重慶南岸, 孫家花園的朝鮮民族戰線聯盟的同志見了面。

先生是爲參加1944年7月召開的朝鮮革命各党派統一會議而到重 慶的。在對 "朝鮮革命各党派統一經過" 進行的叙述中先生說到參加的 "統一會議" 是在1942年10月25日重慶市和平路吳師爺第一号的臨時政 府旧址內召開的第34屆臨時議會政院會議, 在這个會議上, 先生是以 "忠淸道代表" 的身份參加的。在會議上作爲第1部和 (法制、情愿、懲戒) 委員被選出, 同時被選爲臨時約憲修正起草委員。

1943年11月, 召開的第35屆議會作爲朝鮮无政府主義者聯盟的 儒林參加。第二年4月先生作爲朝鮮无政府主叉者聯盟代表和柳基石、鄭華岩、朴基成、李周錄等一起參加第36屆議會, 盡管會議名單中 有先生的名字, "但不在重慶, 所以這次2屆會議先生" 都缺席了。爲了參加1944年7月召開的朝鮮革命各党統一會議, 先生前往重慶但是 在會議結束后, 才到的重慶。

1944年夏, 先生被任命爲福建省, 康樂新村第2村籌修處主任, 主要負責管理福建各地傷殘戰時孤儿60余名被收容的康樂新村以及新村所居的果園和牧場, 所以先生在福建一直待到抗戰胜利。

先生在思想上是位徹底的无政府主義者, 爲了祖國的獨立和民族的自由, 在革命運動的道路上无政府主義者們的成果, 比共產主义者、民族主義者的成就還要輝煌得多。

先生的意識形態很獨特, 斗爭手段和生活方式也很獨特。先生在中國大革命以后, 以半職業革命家的身份在學校做過教授, 在農場做 過技師, 一邊從事教育事業和科研活動, 一邊積极地參加朝鮮革命團 体的活動。20世紀30年代和40年代前半期先生在遠离朝鮮同胞的地 方深入到中國人中, 組成家庭, 參加工作, 甚至加入了中國國籍。但在中日戰爭前后, 先生在一个時期內加入到朝鮮的革命隊伍里, 爲朝鮮民族戰線聯盟的結成和朝鮮義勇軍隊的創立做出了巨大的貢獻。无論是學校的教學還是在農場的研究結果都爲中國人民的解放事業做出 了回接的貢獻。同時, 如同在抗日戰爭中中韓結合的聯合戰線那樣, 先生的活動盡管是次要的, 但无論在哪里都會得到合理的評价, 更重要的是, 先生作爲中國人民的國際朋友在抗戰時期, 收容和教育戰時 孤儿的事業上, 在爲中國抗戰胜利而在后方的工作中也可謂是貢獻巨大！

류자명 선생의 복건에서의 활동

류다커(刘大可)

중국 福建省委員會 黨學校 교수

류자명 선생은 근대 한국의 항일지사이고, 저명한 원예학자이며, 농학가인 동시에 교육가로 중국인민과 매우 절친했던 친구였다. 그는 1894년 조선 충청북도 충주군의 한 한학자 집안에서 태어났다. 1914년 조선 수원 농림전문학교를 졸업하고, 충주농업학교에 교사로 부임했으며, 후에는 또한 일본 가고시마고등농림학교 농과를 졸업하였다.[1]

이렇게 학업을 이룬 다음, 그는 조국의 독립과 혁명운동에 투신하였고. 1919년에는 조선의 3.1독립운동에 참가하였다. 그러나 운동이 실패로 끝나자 상해로 왔으나, 같은 해 년말 다시 귀국하여 혁명활동에 종사하였다. 1921년 봄 그는 다시 북경으로 왔는데, 이로부터 그는 줄곧 중국에서 생활하게 되었다. 그리하여 중국의 화북, 화동, 화남과 서남 각 성에다 그의 족적과 땀을 남겨놓았다.

이런 여러 곳 중 복건에서 활동한 사실에 대해서 사람들은 거의 아는 이가 적었다. 그러나 주의해서 보면 그의 강열한 사업에 대한 열정, 고상한 인도주의와 국제주의사상 및 선명한 민족관, 농후한 애국심, 새로운

---

1) 康樂新村理事會, 『福建省康樂新村任免職員及第二村籌備處職員、工役名冊 人事報告單』. 福建省檔案館 全宗号15目录 1案卷45, 第40頁。

것을 추구하는 과학관 등을 능히 느낄 수 있을 것이다.

1.

　1930년 가을 류자명은 복건성 천주(泉州)에 있는 사립 여명(黎明)중학 천판위(陳范予) 선생의 요청으로 이 학교의 교사로 부임하였다. 천판위 선생을 생물학을 가르쳤으며, 류자명 선생을 식물학을 가르쳤다. 류자명이 당시 동료 교사와 학생들에게 준 인상은 쉽게 사람들에게 다가갔고, 말이 없었으며, 중국어의 보통화 실력이 대단하였고, 많은 것을 알았으며, 어떤 일을 하더라도 사람들에게 성실하고 진지하게 대해 어른 내지 형제같은 그런 풍도를 지녔다고 한다.[2]

　류자명의 지식은 매우 풍부하여, 한편으로는 가르치고, 한편으로는 열대식물을 연구하였다. 그는 학생들을 매우 사랑하였고, 가르침에 임해서는 매우 진지하고 생동감 있는 말을 통해 학생들의 창조능력을 배양했으며, 수업 중에는 언제나 조를 짜서 학생들로 하여금 토론을 하도록 하였다.

　한 학생은 "류 선생님은 식물학에 대한 지식이 매우 풍부하였다. 당시 우리들은 항상 공원의 풀밭에서 수업을 하였다. 그는 언제나 식물을 이용하여 수업하기를 좋아하였다. 식물의 형태와 종류를 설명하는 것으로부터 시작하여 식물의 생리 등을 잘 설명해 주었다. 동료들이 채집해 온 화초를 가지고 질문을 하면 그는 언제나 득의만만해 하면서 학생들에게 대답해 주어, 학생들로 하여금 존경하지 않을 수 없도록 하여, 좋은 기억을 남겨주었다."[3]

---

　2) 謝眞,『深切懷念柳子明先生』, 載蔣剛、王江水主編,『懷念集選編』, 泉州平民中學、民生農校校友會1995年版, 第164頁。

이러한 출중한 과학적 연구 능력과 교육수준은 짧은 시간에 천주(泉州)의 학교로부터 좋은 평가를 받게 되어, 다른 학교에도 초빙되어 강의를 하였다. 예를 들면 천주 평민학교에서는 그를 초빙하여 강의하도록 하였는데, 이러한 활동을 아직도 이들 학교의 교사(校史)에 남아 있었다. 즉 "학교에서는 학술의 자유를 제창하였고, 더불어 학술적 풍도를 받아들여 축적시키고자 하였기에, 널리 현명한 인재를 받아 들였다. … 그리하여 조선, 일본, 월남의 저명한 혁명가인 류자명, 허열추(許熱秋), 오사명(吳思明), 조일평(趙逸萍) 등이 초빙되어 왔다. 저명한 문학가인 바진(巴金), 사회학자인 위혜림(韋惠林)도 학교에서 강의하였다"는 내용 등이 이를 가리킨다.4)

그러나 유감스러웠던 것을 류자명이 천주의 사립여명중학교에서 일한 기간이 반년이 채 안되는 짧은 시간이었다는 점이다. 그는 곧 상해 입달학교 농촌교육과로 초빙되어 그곳으로 가 가르치게 되었고, 농장의 일을 지도하게 됨으로써 잠시 복건을 떠나게 되었던 것이다.

2.

1931년 봄 류자명은 상해입달학원 농촌교육과에 부임하여 농장일을 지도하였다. 그는 이 학교에 대해 뜨거운 애정과 관심을 갖고 있었다. 그는 이곳에서 5년이 넘도록 근무한 후, 1935년 6월 남경에 있는 '동류(東流)실험농장'으로 가서, 1937년 말 일본이 남경을 침략하기까지 일하였다.

3) 謝眞, 「深切懷念柳子明先生」, 載蔣剛、王江水主編, 「懷念集選編」, 泉州平民中學、民生農校校友會1995年版, 第164頁。
4) 泉州三中, 『七十年風雨歷程學校簡史』(手抄本)。

1938년 그는 무한(武漢)으로 가서 조선민족전선연맹과 조선의용대에 참여하였고 지도위원에 취임하였다. 같은 해 무한이 점령되자 그는 의용대와 함께 형산(衡山), 형양(衡陽)을 거쳐 계림(桂林)을 거쳐 중경(重慶)으로 갔다. 2년 후인 1940년 3월 그는 생활이 곤란하게 되자, 중경을 떠나 복건의 전시도시인 영안(永安)으로 와서 복건성 농업개진처의 '농업시험장'의 기정(技正)과 '원예시험장'의 장장(場長)을 맡았다. 그러다가 1942년 1월에는 복건성을 떠나 광서 계림으로 갔다.

이 기간 동안 그는 주도적인 지위에 있었고, 매일 매일의 구체적인 업무를 책임 져야 하는 것 외에도 적극적으로 과학연구에 종사하여 많은 논문을 썼다. 그가 『복건농업』에 실은 「농업의 역사·지리적 의의」와 「항전과 원예」 등 두 편의 논문은 그 중의 대표적인 논문이었다. 이 두 편의 논문은 모두 이 잡지의 제일 첫머리에 발표되었는데, 이를 통해서도 류자명이 당시 복건농학계에 기친 영향이 어떠했는지를 충분히 알 수 있을 것이다.

류자명은 농업과학 이론과 생산실천 방면에 깊은 조예를 가지고 있었기에, 풍부한 성과를 거둘 수 있었다. 그는 또한 중국농업 방면과 유관한 중국의 고서를 읽는데도 특별한 홍미를 가지고 있었다. 그가 쓴 많은 독서일기를 보면, 그가 각고의 인내와 열정을 가지고 연구에 임했음을 알 수 있다. 그는 「농업의 역사·지리적 의의」라는 논문에서 농업상의 인식문제, 농업의 유구한 역사, 농업의 지리적 요소 등에 관한 문제를 언급하였다.

이를 통해 그는 농업을 철학으로 승화시키려 하였다. "농업은 비단 하나의 직업일 뿐만 아니라, 또한 일종의 자연현상이다. 동시에 일종의 인류생활의 기본제도이다. 농업과학의 범위는 매우 넓고 복잡하여 자연과학과 사회과학을 포함하는 일종의 종합과학이다. 여기서 모든 농업의 성질에 관한 연구는 다른 모든 부문의 기술적 연구 혹은 방법적 연구와 마찬가지로 아주 중요한 일이다. 만일 엄격한 학술용어로써 분별하려 한다면, 이는 농업의 '인식론'상의 문제에 속하는 것이라 할 수 있다."

그는 농업의 역사연구에 대해서도 매우 높은 경지에 이르렀다. 그는 다윈의 생물진화 원칙을 농업사 연구에 운용하면서, 다윈의 '도태와 진화' 원칙 또한 농업 역사의 발전과정에 적용할 수 있다고 인식하고, 작물과 가축의 진화 뿐만 아니라, 도한 농업의 조직, 경영방식, 경종(耕種)방법 및 각종 작물의 재배방법도 마찬가지로 도태와 진화의 노성을 거쳐 온 것이라고 하였다. 그는 농장이 한 생물체를 재배하는 역할에서 한걸음 나아가 '농장유기체' 혹은 '경영유기체' 설은 주장하기도 하였다.

그가 농업의 지리적 요소에 대해 분석한 것을 매우 독창적이었다. 그에 의하면,

"농업의 지리적 요소는 지면의 공기, 광선, 온도, 습도, 강우량, 땅 밑의 온도, 습도, 공기의 용량, 토양의 깊이와 성질, 4계절 기후의 변화, 위도, 해발 등에만 있는 것이 아니라, 시장의 멀고 가까움, 역사의 길고 짧음, 문화정도, 정치경제제도, 시대환경 등 모든 요인이 간접적으로 연관되어, 농업의 성질을 결정한다.

역사는 경도이고 지리는 위도인지라, 서로 교차하며 조직되는 농업요소로서 매우 이색적이고 복잡한 것이다. 이처럼 서로 다르며 복잡하다는 것은 자연조건과 사회조건이 농업의 지방물색(地方物色)을 특별히 농후하게 해주고, 열대, 온대, 한 대, 산악지대, 평원지대, 건조지대, 습윤지대, 해양지대, 대륙지대 등은 각각 그에 합당하는 지리환경에 적응케 하는 특색을 결정케 한다. 에를 들면 복건 영안의 사탕수수 재배법, 사탕수수와 엽초의 간작법(間作法), 토란의 재배법, 토란과 호박의 간작법, 부추의 재배법 등 모두 농후한 지방 특색을 체현하고 과학적 원리를 배합시킨 것이다.

마찬가지로 땅 파는 공구를 활용하는 면에서도, 남경의 일반 백성이 사용하는 삽은 6 내지 7근나 되는 사치(四齒) 삽이고, 숭명도(崇明島) 백성들

이 사용하는 가래는 한 자가 넘은 넓이의 가래이다. 소주의 삽과 남상(南翔)의 삽은 서로 다르며, 영안의 삽과 복건 동부의 삽도 다르다. 이들 모두는 다 다르지만, 오히려 공동의 원칙을 갖고 있다. 그것은 바로 각각 합리적인 면을 갖고 있다는 것으로, 그 무게의 가볍고 무거움, 길고 짧음, 넓고 좁음, 두껍고 얇은 각도 등은 그 지방의 토질, 용도 및 사용하는 삶의 체격 등 모든 조건에 적합하지 않은 것이 없다."

는 것이다.[5] 이와 동시에 류자명은 원예 연구 방면에서도 현저한 성과를 쌓았다. 그는 「항전과 원예」라는 논문에서 많은 진귀한 사상과 대책을 건의하였다.

첫째, 중국 농업은 항일전쟁 중 중요한 지위와 역할을 하였다. 그는 당시 중국이 농업경제시대를 탈피하지 못한 상황이므로, 근대공업이 충분히 발달하지 못하였다.

따라서 각종 산업의 지방 분공(分工), 교통 연계가 갖추어지지 못하였으며, 농촌경제는 독립성을 유지하고 있기에, 중앙정부의 통치역량은 비교적 이완되어 있다. 그래서 이러한 국가가 현대화된 공업국가와 싸울 경우 여러 방면에서 열세를 면치 못하게 된다. 그러나 지구전(持久戰)을 펼치는 데에는 아주 유리하다. 따라서 중국은 열세한 무기와 낙후한 공업을 능히 이용하여 기계화된 부대에 항전 한지 4년을 넘기고 있다는 것이다. 이러한 상황을 계속 유지해 가는 것이 좋고, 동시에 정치상, 군사상에서의 발전이 아주 빠르므로, 전 민족이 일치단결하여 '항전필승'의 신념이 점점 강성해지고 있는 것은 모두가 이러한 기초 위에서 성립된 것이라고 보았다.

둘째, 원예는 중국 농업에서 상당히 중요한 지위를 차지하고 있다. 중

---

5) 柳子明,「農業之歷史地理的意義」, 載福建省農業改進處編行,『福建農業』第二卷 第三、四期, 1941年9月版。

국의 원예산업은 비록 영국, 미국, 프랑스 등 선진국의 원예산업처럼 그렇게 규모가 크고 전문화 되어 있지는 않지만, 그러나 수천년 이래 이미 일반 민중의 물질과 정신적인 양심이 되어 왔다. 따라서 원예는 농업의 모든 부문 중에서 중요한 위치를 점하고 있고, 또한 문화사 상에서도 중요한 요소가 되어 있다고 하였다.

셋째, 항전기간 동안 복건의 원예업을 일련의 문제에 부딪쳐 있어, 이에 대한 해결책이 요구되고 있다. 당시 복건성 원예업의 중심이 과수인데, 재배면적 및 생산량으로 볼 때 용안(龍眼)이 제일이고, 감귤(柑橘)류가 두 번째이며, 그 다음이 려지(荔枝)이다. 그러나 미래 국제무역에서의 위치, 과수 산업상의 가치, 발전 전도 입장에서 말한다면, 감귤류가 과수의 골간이 될 것이고, 기타 열대 과수 중 바나나, 파인애플도 상당한 발전을 할 가능성이 있다고 보았다.

이들 과수의 대부분은 연해 각지에 분포해 있으므로, 몇 개의 특산구로 나누어 조성하여 특화시키는 것이 중요하다고 하였다. 즉 민후(민후), 연강, 장락은 홍길 및 감람의 특산구로, 용계, 장포, 남정, 운소, 조안은 로감, 유자, 바나나, 파인애플 및 기타 열대과실 특산구로 정할 것을 제의하였다.

그 중에서도 특히 민남(閩南, 복건남부)지방은 과수를 생산하는데 천연적으로 특히 적당한 지역이므로, 평상이라면 이들 생산품을 장주 등으로 대부분 집중시키고, 이곳으로부터 싱가포르, 남양군도, 온주(溫州), 영파, 상해, 한구 등지로 수출하여 판매하는 것이 좋다는 의견을 제의하였다.

그러나 항전이 시작되어 복건성 해구(海口)가 적에게 봉쇄되어 있으므로, 대외수출이 급격히 감소되었고, 연해 각지의 주요 교통로가 자동적으로 파괴되었으므로 대내적인 운송 또한 정체되어 과일의 가격이 일락천장으로 떨어졌고, 동시에 연해각지의 미가가 폭등하여 과일을 생산하는 농가의 생계유지가 어려워 결국에는 감귤나무를 잘라버리고 바나나를 없애버리는 현상이 발생하였다. 그렇기 때문에 이를 지원하여 구하는 일은 시급을 요하는 중요한 문제이다.

동시에 복건성 정치중심 및 문화기관이 모두 내지로 이동하여 연해 각지의 도시인구도 이를 따라 이동해 갔으므로, 민서(복건 서부), 민북(복건 북부)의 과실, 채소 생산이 개발되지 못한 곳에서 인구가 급증하고 있으므로, 성내 각 특산지의 농산품 생산은 여전히 발달하지 못하고 있다. 그리하여 복건성 서부지역의 도시에서 과실과 채소가 부족한 현상이 발생하고 있으니, 이는 반드시 해결해야만 할 문제이다.

이러한 상황에 대해서, 류자명은 복건성의 원예산업은 반드시 두 개의 방면에서 진흥정책을 실시해야 한다는 의견을 제시하였다. 첫째는 특산지의 과수 생산을 지원 복구시키는 대책으로써, 원예작물의 유통기구, 원예가공장, 동업 합작사 등을 설치할 것, 두 번째는 원예 생산증진 계획을 실시하여야 한다는 것이었다. 아울러 재배면적의 확대, 생산 기술의 개진, 기술인재의 배양, 경영방식의 개선 등을 주장하였다.6)

이들 연구에서 엿보이는 사실은 류자명이 농업과학 이론과 생산실험 연구에 대해 쌓은 성과가 상당히 풍부하였다는 점이다. 그의 시야는 매우 넓었고. 그의 관점을 광범한 자료를 인용해 증명하였고, 매우 깊은 수준에까지 들어가 있었던 것이다. 그는 언제나 "가장 심도 있는 과학이론이야말로 가장 평이한 문자로 표현할 필요가 있다"고 말하였다.7) 그의 학술논문을 읽으면 그의 말의 의미를 깊이 느낄 수가 있다. 그는 농업, 특히 원예에 대해 깊은 조예가 있었고, 그가 제시한 대책은 학술적 가치를 가

---

6) 柳子明, 「抗戰与園藝」, 載福建省農業改進處編行, 『福建農業』第一卷第七、八、九期合刊' 1940年12月版.

7) 謝眞, 「深切怀念柳子明先生」, 載蔣剛、王江水主編, 『怀念集選編』, 泉州平民中學、民生農校校友會1995年版, 第166頁.

지고 있을 뿐 아니라, 중요한 현실적 의의와 강력한 실현 가능성을 갖고 있었기에, 한 학자의 사회와 민생에 대한 깊은 관심을 체현해 낼 수 있었던 것이다.

3.

1944년 여름 일본 침략자들이 계림을 포위 공격하자, 류자명의 전 가족은 복건의 영안으로 왔다 당시 류자명의 친구인 청싱링은 국민당 복건성 정부 비서장이었는데, 영안 강락신촌(康樂新村)을 주의 깊게 보고 있었으므로, 이를 기초로 복건성 동부지역에 다시 강락신촌을 만들기로 하고 고성학(高誠學)의 복안계병농장을 제2촌으로 삼고, 류자명을 초빙하여 주비처 주임을 맡기려 하였다.

류자명 등은 "영안을 출발하여 고전, 병남, 주녕 등의 현을 돌아 이곳에 와 주비 업무를 시작하였다.[8] 1994년 10월8일 이들은 복안계병농장에 도착하여 1년이 넘게 강락신촌 제2촌 주비처에서 일하였다. 그리하여 1946년3월16일 이곳을 떠났는데,[9] 그는 이곳에서 다음의 몇 가지 일에 착수하여 발전시켰다.

첫째는, 농장을 접수하여 예전의 모습으로 회복시켜 놓았다. 복안현 계병농장은 이전의 복안현 현장인 고성학의 개인농장이었는데, 고성학이 법에 복종한 후 성정부의 명령으로 농장을 공공의 것으로 만들어 이를 강락신촌 제2촌 주비처에서 접수하였다. 류자명이 이 농장에 도착하였을

---

8) 康樂新村理事會, 「福建省康樂新村第二村籌備處:三十四年度業務概況報告」, 福建省檔案館 全宗号：15目彔1案卷173。

9) 康樂新村理事會, 「福建省康樂新村任免職員及第二村籌備處職員、工役名册人事報告單」, 福建省檔案館 全宗号15目彔 1案卷45,第125頁、第147頁。

때, 농장은 오래 전부터 황폐해진 상태로 있었고, 가축을 주로 기르고 있었다. 류자명은 먼저 농장을 예전처럼 복원시키기로 결정하고, 가축을 잘 먹이고 기르는 일을 관리하는 일에 착수하였다.

둘째는, 장립제를 수립하였다. 강락신촌 제2촌이 처음 창립되었을 때에는 규칙이 없었다, 그리하여 실제적인 일의 필요에 따라 류자명과 주비처의 동료들은 복건성 강락신촌 이사회가 규정한 강락신촌 업무계획 강요 및 반포한 장정에 의거하여, 실제 상황에 맞게 강락신촌 제2촌의 조직규정, 업무처리 세칙, 처무회의 장정 농장조직 규칙, 육유소(育幼所) 조직 규칙, 각 가공장 조직장정, 진료소 조직장정, 진료소 실시판법, 회계제도 초안, 농장 수련생 모집 훈련방법, 농장합작계획 강요 등의 장칙을 정하여, 마을의 관리처 및 부속기관이 업무를 수행하는데 기초로 삼을 수 있도록 하였다.

이들 규정은 이후 이사회에 보고되어 수정을 거쳐 실행되었다.[10] 강락촌 제2촌의 당안을 통해, 류자명이 주비처 주임을 담당할 때의 규장제도가 매우 완비되어 있었음을 발견할 수 있다. 예를 들면 『주비처 처무 회의기록』은 거의 완전하게 정리되어 있었을 뿐 아니라 상세하여, 매번의 주비처 사무 회의가 열린 시간, 지점, 출석인원, 참석한 사람, 주석, 인사, 보고사항, 토론사항, 의결상황 등이 자세하게 기록되어 있다. 이런 점에서 주비처는 하나의 정식정부기구였다고 할 수 있다.[11]

셋째로, 관리교육 사업을 전개하였다는 점이다. 류자명은 강락신촌 제2촌 주비처 주임을 맡은 후 관리 및 교육 사업을 실행하여 교양을 높이고

---

10) 康樂新村理事會,『福建省康樂新村村民代用職員、生產服務辦法及村民管理通則』,『福建省康樂新村第二村服務社章程草案管理處章則及修正草案』, 福建省檔案館 全宗号15目录 1案卷 171。

11) 康樂新村理事會,「福建省康樂新村第二村籌備處處務會議記录」1945年10月至1946年4月, 福建省檔案館 全宗号15目录 1案卷442。

자 하였다. 그리하여 소극적인 구제사업을 넘어 조직적인 생산작업을 시행하였다. "떠돌이나 게으른 자, 완고하고 약한 자, 그리고 홀로 설 수 없는 자를 모두 능히 업무에 매진할 수 있게 함으로써, 유용한 인간이 되도록 하는데 있었다."

1945년 봄 그와 강락신촌 제2CHS 주비처의 동료들은 육유소(育幼所), 부녀교양소(婦女敎養所), 습예소(習藝所) 등 3개 부서를 설립하는 계획을 세웠다. 그러나 준비가 마쳐졌을 때 항일전쟁이 승리로 끝났고, 물가 파동이 일어나 생산사업은 모두 정돈되지 않으면 안 되게 되었다. 육유소만 성립되었는데, 부녀교양소의 촌민들을 농장에 수용하여 농사 상식 및 목축 기술을 가르쳤다.

육유소의 원래 계획은 복건성 동부 각 현에서 빈곤하고 의탁할 곳 없는 6세 이상 12세 이하의 신체 건강한 남녀 고아 100명을 받아들여, 반을 나누어 공예 생산기능을 전수하여 능히 홀로 생활할 수 있도록 하는 것이 주목적이었다. 1945년 2월 개설을 목표로 주택을 건축하고자 하였으나, 물가가 앙등하고 건설비용이 많이 올랐기 때문에, 계병향 중심의 소학교 이사장회의의 동의를 얻어, 이 학교의 경사진 낮은 곳에 있는 방의 양쪽 복도와 4층의 큰 방을 육유소로 사용키로 하고, 강락신촌 제2총 주비처가 경비를 들여 수리하였다.

5월 초에 이르러 아동들을 수용하기 시작하였고, 교사를 초빙하였다. 각 현의 보호 단위에서 보내오거나 스스로 찾아온 아이가 85명이었으나, 실제 수용된 아동은 57인이었다. 아이들을 반으로 편성하여 수업을 하였고, 초직공창을 부설하여 비교적 능력이 있는 12명을 선발하여, 반나절은 공장에서 일하게 하고 반나절은 공부를 시키는데, 주로 풀로 된 모자와 방석을 만드는 일을 배우도록 하였다. 고아들은 모두 공동생활을 시작하였고, 규율있는 생활을 하였다. 육유소는 실질적인 성화를 거두어, "현재

수 십명의 고아들은 올 때의 형색이 채소색처럼 창백했으나, 지금은 모두
가 활발해졌고 또한 작은 천사들처럼 귀여워졌다"고 하였다.[12]

촌민들의 수용과 관리 교육도 강락신촌 제2촌 주비처의 주된 업무였다.
그러나 습예소가 건설되지 않았고, 정미공장이 가동되지 않은 관계로 농
장으로 개조하였다. 농장의 수용인원은 모두 32명이었고, 이들 중 대부분
은 땅이 없어 경작하지 못하거나 실업한 곤궁한 사람들이었다. 이들은 농
장에 파견되어 목축 및 농사 등의 일에 종사하였다. 촌민들의 집체 생산
기능을 양성하기 위해 합작농장제도를 시험적으로 운영하였고, 합작농장
의 규정을 정하여 실시하였다. 합작 경영에 참가한 촌촌민은 22명이었는
데 6개 소조로 나뉘었고 매조마다 2~5명이 속해 있었다. 그들은 농장에서
장소별로 나뉘어 조별 단체로 경작하였고, 농장에서 기술원을 파견하여
지도 감독케 하였다. 필요한 생활 및 종자, 비료 등의 경비는 농장이 주비
처에 신청하면 월별로 빌려주었는데, 나중에 수확한 생산품으로 갚도록
하였다. 남는 것은 복지비로 사용하였고, 부족한 곳은 주비처가 보충해
주었다. 이는 생산을 통해 구제하기 위한 하나의 조치였다.[13]

넷째는, 직원들과 촌민들의 복리사업을 거행하였다. 복안 강락신촌 제2
촌은 산속에 모여 살았기에 교통이 불편하였고, 직원 및 촌민들이 일상생
활에 필요한 물품을 구매하는 과정에서 당지의 소상인들에게 착취를 당
하였다. 그리하여 류자명은 이들의 복리를 위하여 1945년 5월 20일 합작
사를 설립하였다. 참가한 사원은 75명이었고, 주식의 총수는 645장이었으
며, 한 주 당 금액은 500원으로 총 322,500원이었다. 업무는 생산, 신탁,
소비 세 부분으로 나뉘었다. 그러나 항일전쟁이 끝나고 물가가 급등하자,

---

12) 康樂新村理事會,『福建省康樂新村第二村籌備處H十四年度業務槪況報告』, 福
建省檔案館 全宗号15目彔 1案卷173, 第37至38頁。

13) 康樂新村理事會,『福建省康樂新村第二村籌備處三十四年度業務槪況報告』, 福
建省檔案館 全宗号15目彔 1案卷173, 第46頁。

이사회의 규정에 따라 소비용품은 복무사에서 관리하게 되었고, 원래의 주식은 모두 반환하였다.14)

다섯째는, 성인들에 대한 교육을 실시하였다는 점이다. 강락신촌 제2촌은 복건성 동부 지역의 편벽한 곳에 있었기에 문화적으로 낙후되었다. 그리하여 복안에 강락 신촌 제2촌을 설립한 목적의 하나는, "치안을 공고히 하고" "어리석음을 제거하고 완고함을 타파하는 것이 가장 급한 일이었다"는데 있었다. 그리하여 계전향(溪纏鄕)과 사봉향(獅峰鄕)의 협조를 얻어, 그곳 학교에 성인교육반을 만들어 고공(雇工,) 가난한 자 중 글을 모르는 성인을 받아들여 양민으로 되게 하고 풍속을 교정하여 감정을 통하게 함으로써, 이를 통해 신촌을 건설하는데 도움이 되도록 하였다.

계전향 성인교육반은 1945년 11월 7일 학교를 열었고, 사봉향 성인교육반은 1월 20일 문을 열었다. 강락신촌 공우(工友) 보습반은 11월 18일 개학하였고, 국민과본, 공민상식, 글씨 쓰기, 농업상식, 말하기, 음악, 주산, 군사상식 등의 과정으로 나누어 개설하였다. 학생이 배울 책은 복안현 정부에서 경비를 수령하여 사용하였고, 학생들의 필기 붓과 먹, 계산책 등은 모두 강락 신촌 제2촌 주비처에서 대주었다. 교사는 강락신촌 주비처에서 상의하여 복안현장 및 각 학교교장이 우수한 인원을 선발해 주어 충원하였다. 강락신촌 주비처에서 인원을 파견하여 순차적으로 가르쳤다. 성인교육반의 개설은 강락 신촌 제2촌과 그곳 민중들이 융합하도록 도와주었다.15)

1945년 류자명은 복안 강락신촌 제2촌 주비처에서 조국의 해방 소식을 들었다. 그는 당시의 격동적인 심정을 다음과 같이 표현하였다.

14) 康樂新村理事會, 『福建省康樂新村第二村籌備處H十四年度業務槪況報告』, 福建省檔案館 全宗号15目彔 1案卷173,第30頁.
15) 康樂新村理事會, 『福建省康樂新村第二村籌備處擧辦成人敎育』 1944年11月至1945年2月, 福建省檔案館 全宗号15目彔 1案卷287,第4頁.

"내 비록 능히 조국 동포와 함께 이러한 경사의 기쁨을 나눌 수는 없지만, 나는 능히 미치도록 즐거워하며 눈물을 흘리는 조국동포와 나의 형제들을 상상할 수 있다. 이런 생각을 하기만 하면 내 마음 속의 파도는 팽배해졌다."16)

그는 자신의 조국으로 돌아가기 위해 신속하게 강락신촌 이사회에 사직서를 냈다.17)

한덩 이사회 주석 귀하

본인은 조국이 윤함되어 망명한 지 20여 년이 됩니다. 지금은 머리가 희어졌으나 하나도 제대로 이룬 것이 없습니다만, 그저 가족과 조국으로 돌아가고픈 마음 뿐이니, 무엇하나 할 수 없고 막막할 뿐이므로 이해 가을에는 떠나고자 하오니 양해바랍니다.

삼가 촌 건설 주비의 중책을 명 받은 후 비록 재주는 없지만 최선을 다하고자 전전긍긍하며 오늘에 이르렀습니다. 다행히 각급의 동료들이 노력하여 조잡하지만 나름대로의 조직을 갖추어 나가는 상황이었습니다. 업무에 대해서는 각각 나누어서 보고한 바 있습니다.

현재 항전에서 승리를 거두었고, 조국이 광복을 하니 그저 돌아가고픈 마음 뿐 모든 것을 할 수가 없게 되었습니다. 전후의 강락사업은 전도가 무한하니 이제 퇴사를 하는 것이 현명하다고 봅니다. 함부로 창졸지간에 이런 말씀 드리오나 부디 헤아리시어 하루 속히 적당한 인재를 선발하셔서 보충해 주셨으면 합니다. 합당치 못한 처사이나 양해 바랍니다. 허락해 주시옵길 바라며 삼가 말씀드립니다.

류자명 올림
10월 9일

---

16) 柳子明 : (我的回憶), 遼宁民族出版社1985年版.
17) 康樂新村理事會, 「福省康樂新村第二村人事報告單、村民狀況調查表、育幼所職員資歷表、現有職員名册及第一工厂停辦的代電」, 福建省檔案館 全宗号15目泉 1案卷112, 第102至103頁.

이 사직하는 편지에는 열렬히 조국을 사랑하는 류자명의 애국심이 절절히 배어 있었고, 진심으로 나라를 사랑하는 마음이 표현되어 있음을 알 수 있다. 당시 강락신촌 이사회의 주석은 곧바로 답신을 보내 그를 위로하였다.[18]

　　자명 형 주임께
　　이미 은혜로운 편지를 받고 잘 알게 되었습니다.
　　형께서 품고 있는 조국에 대한 정은 글 속에서 넘쳐나고 있어, 그 높고 깊은 마음에 감복하는 바입니다. 2촌의 주비 일 때문에 너무 큰 집을 지워준 데다 늘쌍 일을 주재하신 덕에 이제 나름대로의 규모를 갖추게 되었습니다.
　　단기간 내에 비록 정식으로 관리처를 성립했으나, 전후 구제사업이 기다리고 있으므로 더욱 의뢰해야 할 상황입니다. 그러니 지혜를 가지신 형이 일을 더 진행시켜 가야한 할 이때 떠나신다는 말은 시의적절하지 않은 것 같습니다. 후일 대업이 완성될 수 있도록 계속해서 이 일에 임하시옵기를 종용하는 바입니다.
　　성회에서는 본 촌이 모평 동파 성은행의 전 농장재산을 접수하였으므로, 이사회 및 제2촌은 18일 이 새로운 곳의 판공실로 이전을 할 예정입니다. 요즘의 환경은 신촌의 이상을 실현하는데 매우 합당하다고 봅니다. 이 일을 완성한 후에는 언제든 편하신대로 하여도 좋습니다. 이러한 바람을 받아 주시기를 바라며 칭송의 말씀을 드립니다.
　　　　　　　　　　　　　　　　　　　　　제 황젠둔 올림

이처럼 사업의 필요성에 의해서, 류자명은 전반적인 상황에 큰 어려움이 뒤따르게 될 수 있음을 알고 곧바로 떠나지를 못하고, 1946년 3월 16일에 이르러서야 강락신촌을 떠날 수 있었다. 그러나 곧 귀국을 할 수 있

---

18) 康樂新村理事會,「福省康樂新村第二村人事報告單、村民狀況調査表、育幼所職員資歷表、現有職員名册及第一工厂停辦的代電」, 福建省檔案館　全宗号15目录 1案卷112, 第100至101頁。

는 방도를 찾을 수가 없어, 동료들과 함께 대만으로 갈 수밖에 없었다. 대만에서는 대만성 농림처 기술실 주임, 합작농장관리소 주임 등의 직책을 담임하였고, 적극적으로 농업개혁 방안을 계획하였다.

류자명은 강락신촌 제2촌에서 사업하는 기간 동안 몸으로 직접 실천하였고, 업무를 공경하였으며, 대중들과 함께 하고, 동료 및 일반 백성들과 서로 의지하며 적극적으로 합작하였다. 예를 들면, 셰전은 류자명이 천주여명중학교에 있을 때의 학생으로, 1949년 후 복건성 광택현 정협 부주석을 지냈다.

류자명이 강락신촌 제2촌 주비처 주임으로 있을 때, 그는 주비처 제2조장에 부임하여 류자명이 세운 강락신촌 제2촌의 조수가 되어 힘이 되어 주었다. 1945년 8월에는 류자명이 적극적으로 강락신촌 이사회 주석에게 추천하여, 주비처 부총간사에 그가 임명되었다.

> "본처의 주비 관리처의 성립을 완성했습니다. 그러니 규정에 의거하여 부총간사 직을 설치하여, 셰전 조장이 통솔력이 있고, 능히 일을 하는데 정통하고 명확하오니 추천하옵니다. 부디 업무를 진행할 수 있도록 허락 바랍니다."[19]

셰전은 1985년 류자명이 세상을 떠났다는 소식을 듣고, 자신의 심정을 담은 「통절히 류자명 선생님을 회고한다」는 추도 문장을 썼는데, 그 문장 가운데의 한 구절을 보면 다음과 같다.

> "슬픈 소식을 전해 듣고 우리 일가족은 모두 비통해 했습니다. 지난 일들을 돌아보니 심정이 더욱 고동칩니다. 지나온 50여 년을 회고해 보니

---

19) 康樂新村理事會, 『福建省康樂新村村民代用職員、生産服務辦法及村民管理通則』、1945年7月 ；『福建省康樂新村第二村服務社章程草案管理處章則及修正草案』, 1945年8月 ；福建省檔案館 全宗号15目彔 1案卷171.第26典。

그 어둡고 간고한 세월의 비바람 속에서 같은 배를 타며 같은 마음으로
… 중국에서 60여 년간 그는 조선을 사랑하였고, 또한 중국을 사랑했습니
다. 아이들은 친절히 그를 "좋은 할아버지"라 불렀고, 어린학생들은 그를
'좋은 선생님'이라 불렀으며, 나이 든 사람들은 그를 성실하고 진지한 '국
제적인 좋은 벗'이라고 불렀습니다. 그는 정직하고 순박하며 평범하면서
도 고상한 모습을 하고 있었는데, 그 모습은 영원히 나의 마음 속에서 살
아 있을 것입니다."[20]

천즈룽은 류자명이 강락신촌 제2촌 주비처 주임으로 있을 때, 주비처
제2조장에 임명되었다. 류자명과 그는 일을 하는데 있어서는 상하관계였
지만, 개인적인 친교는 언제나 돈독하였다. 천즈룽이 주비조 조장에 임명
된 것은 류자명이 친필로 이사회 주석에게 추천함으로써 이루어진 것이다.

　한덩 이사회 주석 귀하
　본촌의 관리와 교육 사업은 매우 번거롭고 책임 또한 막중합니다. 따라
서 반드시 이를 맡아서 할 수 있는 사람이 필요한데, 주녕현(周寧縣) 현장
천즈룽은 그 일함에 있어서 매우 정통하고, 직책에 임해서는 그 명성이
대단하며, 이미 청(程)비서장과 구(丘)청장에 의해 중용된 바 있습니다. 최
근 그가 면직되어 1년간 임용이 되지 않았습니다. 본 촌에서의 사업이 비
록 성 사업에 귀속되어 있지만, 관의 계급에 속하지 않으므로 그를 능히
초빙하여 쓸 수 있을는지 모르겠습니다.[21]

라고 하였다. 류자명이 강락신촌 제2촌 주비처를 떠난 후, 그는 강락신촌
제2총 주비처 주임을 이어받았다. 뿐만 아니라, 류자명은 강락신촌의 아

20) 謝眞, 「深切怀念柳子明先生」, 載蔣剛、王江水主編, 『怀念集選編』, 泉州平
　　民中學、民生農校校友會1995年版, 第163頁。
21) 康樂新村理事會, 「福省康樂新村第二村人事報告單、村民狀況調查表、育幼
　　所職員資歷表、現有職員名冊及第一工厂停辦的代電」, 福建省檔案館　全宗
　　号15目录 1案卷112, 第70至71頁。

이들에 대해서도 극진한 관심을 기울였다. 당시 사람들의 기억에 의하면,

"누구나 류 선생의 화난 모습이나 한 마디라도 큰 소리 치는 것을 본 적이 없다. 우리들에게는 한두 살 안 된 남자아이(이름은 '염')가 있었는데, 언제나 일찌감치 그의 방문을 두드리면, 그는 크게 '노(老)선생님, 노 선생님'(당시 류 선생의 머리는 이미 전체가 은실과 같아서, 아이들은 습관적으로 그를 그렇게 불렀다)하는 소리를 듣고 문을 열고, 염을 안고 실내로 들어와 요람에 뉘었다. '노 선생님 흔들어 주세요, 흔들어 주세요' 하고 재촉하면 류 선생은 '허허' 웃으며 흔들기 시작하였다고 회고하였다. 그는 언제나 아이들에게 그렇게 하였다.

그의 부인 유칙충(劉則沖)은 사람들이 그녀를 '사모님'이라 불렀고, 아이들은 '큰 사모님'이라고 불렀다. 그는 광동사람으로 언제나 류 선생과 함께 동분서주하였다. 어릴 때부터 그녀는 아주 민첩하고 정확하게 일하였다. 그녀와 류 선생은 모두 순박하게 손님들을 대했는데, 오래도록 만나지 못했던 친구가 오면 재빠르게 친히 향기롭고 달콤한 케익을 만들었으며, 한편으로는 여러 종류의 채소로 수예를 놓아 케익의 맛을 더욱 특색 있게 하였다. 가정생활에 협조하고 충분히 활력을 불어넣어 주었기에, 아침부터 저녁까지 진정한 일가의 친밀감을 만들어 냈다."[22]

류자명 선생은 고상한 인격을 가지고 있었기에 매력 있고 성실했으며, 자애스러운 인도주의 정신을 가지고 진심으로 중국을 사랑하였기에, 중국 인민들의 사랑을 받았다. 그가 어려웠을 때 교류했던 청싱링 선생은 "그는 확실히 중국 인민의 가장 친밀한 벗이었다"고 말하였고, "류자명 선생의 숭고한 애국주의정신과 국제주의정신은 영원히 우리들이 배워야 할 가치가 있는 것"이라고 평가하였다.[23]

---

22) 謝眞:「深切怀念柳子明先生」, 載蔣剛、王江水主編『怀念集選編』, 泉州平民中學、民生農校校友會, 1995年版, 第166頁。
23) 柳子明:「我的回憶·前言」, 遼宁民族出版社, 1985年版。

柳子明先生在福建的活動

류다커(刘大可)

中國 福建省委員會 黨學校 教授

柳子明先生是近代韓國的抗日志士、著名的園藝學家、農學家和教育家，是中國人民的親密朋友。他1894年出生于朝鮮忠淸北道忠州郡一位漢學家的家庭。1914年畢業于朝鮮水原農林專科學校，曾任敎于忠州農業學校，后又畢業于日本鹿儿島高等農林學校農科1)。學成之后，投身于祖國的獨立、革命運動，于1919年參加朝鮮"三一"獨立運動失敗后到上海，同年年底又回國從事革命活動。1921年春，他來到北京，從此一直生活在中國，在華北、華東、華南和西南各省都留下他的足迹和辛勤的汗水。其中，他在福建的活動前人了解不多，但十分值得注意，從中体現了他强烈的事業心、高尙的人道主義和國際主義思想，以及鮮明的民族觀、濃厚的愛國情怀、探索性的科學觀。

一、

1930年秋，柳子明應福建省泉州私立黎明中學陳范予先生的邀請到該校任敎，陳范予敎生物學，柳子明則敎植物學。柳子明給当時師生們的印象是：平易近人，言語不多，普通話說得流利、好懂，處處表現出誠摯待人的 兄長般風度2)。

---

1) 康樂新村理事會：『福建省康樂新村任免職員及第二村籌備處職員、工役名册人事報告單』. 福建省檔案館全宗号15目彔1案卷45，第40頁。
2) 謝眞：『深切怀念柳子明先生』，載蔣剛、王江水主編『怀念集選編』，泉州平民中學、民生農校校友會，1995年版，第164頁。

柳子明知識淵博, 一邊敎學, 一邊研究熱帶植物。他十分關愛學生, 敎學認眞且生動活潑, 爲了培養學生的創造能力, 經常在課堂里組織學生展開討論。他的一位學生說："柳老師植物學的知識太丰富了。当時我們常到公園草地上听課, 他喜歡用實物講課, 從植物形態、分類說到植物生理……同學們隨手采來的花草, 提的問題, 他都能滿意地給你回答, 令人敬服, 給同學們留下美好回憶"3)。

由于他出色的科研能力和敎學水平, 在很短的時回里就在泉州的學校中享有較好的聲譽, 常被其他學校邀請去講學。如泉州平民學校就經常邀請他前往講課, 這一活動還被該校寫進校史："學校提倡學術自由, 兼容幷蓄的學術之風, 广納賢才。……還有來自朝鮮、日本、越南的革命家柳子明、許烈秋、吳思明、趙逸萍；著名文學家巴金、社會學家衛惠林也來校講學。"4)

頗爲遺憾的是, 柳子明在泉州私立黎明中學工作不到半年時回, 就應聘到上海立達農村敎育科任敎幷指導農場工作, 暫時离開了福建。

1931年春, 柳子明應聘到上海立達學院立達農村敎育科任敎幷指導農場工作, 他十分贊賞和熱愛這所學校, 在這里一直工作了五年之久。1935年6月, 他离開立達學院到南京 "東流實驗農場" 工作, 直到1937年底日本侵占南京之前他才放弃其本職工作。1938年, 他到武漢參加 "朝鮮民族戰線聯盟" 和 "朝鮮義勇隊" 兼任指導委員。同年, 武漢淪陷, 他和 "義勇隊" 經衡山、衡陽到桂林轉往重慶。兩年后, 1940年3月他因生活所迫离開重慶到福建戰時省會永安, 先后担任福建省農業改進處的 "農業試驗場" 技正和 "園藝試驗場" 場長, 直至1942年1月离開福建到广西桂林。

在此期間, 他在担任領導職務和負責日常具体工作之余, 還積極從事科學研

---

3) 謝眞：「深切怀念柳子明先生」, 載蔣剛、王江水主編「怀念集選編」, 泉州平民中學、民生農校校友會, 1995年版, 第164頁。

4) 泉州三中：『七十年風雨歷程學校简史』(手抄本)。

究, 撰寫了不少論文, 先后發表在『福建農業』的『農業之歷史地理的意義』和『抗戰与園藝』兩文就是其中的代表作, 這兩篇文章都分別發表在該刊当期的首篇, 足見柳子明在当時福建農學界的影響。

柳子明在農業科學理論和生產實踐方面有很高的造詣, 取得了丰碩的成果。"他怀着极大的興趣認眞閱讀有關農業方面的中國古典書籍。看到他的許多讀節筆記就足以知道他刻苦鉆研的情況。"他在『農業之歷史地理的意義』一文分別闡述了農業上的認識問題、農業悠久的歷史、農業的地理因素等問題。他將農業上升到哲學的高度:"農業不僅是一种職業, 而且是一种自然現象, 同時是一种人類生活的基本制度農業科學的范圍是很广泛而且夏雜, 是包括自然科學与社會科學的一种綜合科學。在這里癸于整个農業之性質的研究, 同任何一部門技術的研究或方法的研究, 是一樣的重要。如果要用嚴格的學術用語去分別, 這可以說是屬于農業之'認識論'上的問題"。

他對農業歷史的研究也達到很高的境界。他將達爾文的生物進化原則運用到農業史的研究上, 認爲達爾文的"淘汰与進化"原則也同樣适用于農業歷史發展進程, 不但作物和家畜的進化是這樣, 而且農業的組織、經營方式、耕种方法, 以及各种作物的栽培方法, 也同樣經過淘汰進化的路線而來的。他甚至還將農場比作一个生物体, 進一步倡導"農場有机体"或"經營有机体"說。

他對農業的地理因素分析也很獨到。他認爲, 農業的地理因素不僅是地面的空气、光線、溫度、濕度、降雨量, 地底下的溫度、濕度、空气的容量, 土壤的深度和性質, 四季气候的變化、緯度、海拔等, 而且市場的遠近、交通的便否、歷史的長短、文化程度、政治經濟制度、時代环境等都有直接或間接決定了農業的性質。以歷史爲經、地理爲緯的而互相交織的農業因素, 是錯雜多端的。錯雜多端的自然條件和社會條件決定了農業的地方物色特別濃厚, 熱帶、溫帶、寒帶, 山岳地帶、平原地帶, 干燥地帶、濕潤地帶, 海洋地帶、大陸地帶等地各有各的适應地理環境的特色。如福建永安的甘蔗栽培法、甘蔗及烟草的間作法、芋頭的栽培法、芋頭与黃瓜的間作法、韮荣的栽培法等, 均体現了濃郁的地方特色而合乎科學的原理。不僅如此, 同樣用于挖土的工具, 南京的老百姓用六七斤重的四齒鍬, 崇明島的老百姓是用一尺寬的板鍬。蘇州的鍬頭与南翔的鍬頭不一樣, 永安的鍬頭与閩東的 鍬頭也不一样。這些衆多的不同, 却有一个共同的原則, 就是各有各的合理性, 其輕重、長短、广狭、厚薄角度等, 无不适合其地方的土質、地勢、用途, 以及使用人的体格等諸條件5)。

与此同時, 柳子明在園藝研究方面也取得顯著成績。他在『抗戰与園藝』一文中提出了許多宝貴的思想和對策性建議:

第一, 中國農業在抗戰中具有重要的地位与作用。他認爲, 当時中國還沒有脫离農業經濟時代, 近代工業不够發達;各种產業的地方分工、交通网絡尙未完全建立, 農村經濟保持着獨立性, 中央政府的統治力量比鉸松弛等等。這樣一个國家要与現代化的工業國家作戰, 自然有种种劣勢。但對持久戰却很有利, 中國所以能够凭借劣勢的武器和落后的工業, 与机械化的部隊抗戰到四年之久, 而且還能支持下去;同時在政治上、軍事上進步得很快, 全民族一致團結, "抗戰必胜"的信念愈益堅强, 都是建立在這一基礎上的。

第二, 園藝在中國農業方面具有相当重要的地位。中國的園藝產業, 雖不如英、美、法等的先進園藝產業那樣規模宏大而專門化, 但几千年以來, 已成爲一般民衆的物質和精神粮食, 在農業諸部門中占有重要的地位, 而且在文化史上也成爲一个重要的因素。

第三, 抗戰期間福建省園藝業面臨一系列問題需要解決。柳子明認爲, 在当時福建省園藝業的重心是果樹, 以栽培面積及生產量來說, 龍眼是第一;柑桔(柚在內) 類是第二;其次是荔枝。但以未來在國際貿易上的地位、果樹產業上的价值, 以及發展的前途來說, 則還是以柑桔類爲果樹的主干, 其他熱帶果

---

5) 柳子明:「農業之歷史地理的意義」, 載福建省農業改進處編行 『福建農業』第二卷第三、四 期, 1941年9月版。

樹中香蕉、鳳梨也有相当發展的希望。這些果樹多半分布在沿海各地，而成爲
几个特產區：閩侯、連江、長樂，　是爲紅桔及橄欖的特產區；莆田、仙游、
晋江、永春、同安、是龍眼、荔枝的特產區；龍溪、漳浦、南靖、云霄、詔
安、是爲盧柑、柚子、香蕉、鳳梨及其他熱帶果樹的特產區。其中尤其"閩南"
地方，對果樹生產的天然條件特別适宜，平時多半集中于漳州，由此轉運出口，
向新加坡、南洋群島、溫州、宁波、上海、漢口　等處銷售。但自抗戰開始，
福建省海口几被敵人封鎖，對外輸出急驟減少，而沿海各地主要交通線自動破
坏，故對內運銷也停滯，果品价格一落千丈，同時沿海各地米价又暴漲，果農生
計无法維持，遂有砍伐柑橘掘除香蕉的現象發生，這是急需補救的一个問題。
同時，福建省政治重心及文化机癸均向內地遷移，沿海各地都市人口亦隨之移
動，因此閩西、閩北各果蔬生產未開　發區的人口急驟增加，省內各特產區的產
品仍不能暢達,于是閩西北各地城市，遂有果蔬缺乏的現象發生，這是必須解決
的另一个問題。

　針對這一狀況，柳子明提出要振興福建省的園藝產業必須從兩个方面去實施：
其一，特產區果樹生產的補救對策，卽設置園藝產品運銷机關、園藝加工厂、
同業合作社等；其二，實施園藝生產增進計划，卽擴大栽培面積；改進生產技
術；培植技術人才；改善經營方式等6)。

　從這些研究可以看出，柳子明對農業科學理論与生產實踐的研究積累相　当丰
富，所以他視野開闊，表達觀点往往旁征博引、深入淺出。他常說："最深的科
學理論也可以用最平易的文字來表達。"7) 讀他的學術論文就有這种深切的体會。
他對農業、園藝業都有很深的造詣，得出的認識和所提的對策，不僅具有較大
的學術价值，而且具有重要的現實义义和較强的可操作性，体現了一个學者對

6) 柳子明：「抗戰与園藝」，載福建省農業改進處編行　『福建農業』 第一卷第
　七、八、九期合刊' 1940年12月版。
7) 謝眞：「深切怀念柳子明先生」，載蔣剛、王江水主編『怀念集選編』, 泉州平
　民中學、民生　農校校友會1995年版，第166頁。

社會、民生的關怀。

三、

1944年夏天，日本侵略者圍攻桂林，柳子明全家輾轉來到福建永安。当時，柳子明的好友程星齡在國民党福建省政府任秘書長，有意在在永安康樂新村的基础上，在閩東再辦一所"康樂新村"，并擬利用高誠學的福安溪柄農場爲"第二村"，聘請柳子明爲籌備處主任。柳子明很快就接受了這一聘任。

柳子明等"永安出發，繞道古田、屏南、周宁等縣來轉，開始籌備",8) 于1944年10月8日到達福安溪柄農場。從此開始了他一年多的康樂新村第二 村籌備處工作。

柳子明從1944年10月8日到康樂新村第二村任職至1946年3月16日离職,9) 主要開展了如下几項大的工作：

1、接收農場，恢夏旧觀。福安縣溪柄農場是前福安縣長高誠學的私營農場，高誠學伏法后，省政府下令將農場充公，并將此移交給康樂新村第二村籌備處接管。柳子明到達農場時，農場荒芜已久，唯牲畜還有專人飼養。柳子明決定先把農場恢夏旧觀，從加强飼養管理着手。

2、建章立制。康樂新村第二村草創之初，一切均无成規可循，爲适應實際工作的需要，柳子明和籌備處的同仁，遵照福建省康樂新村理事會籌設康樂新村業務計划綱要及頒發章程，結合当地實際情况，擬定了康樂新村第二村的組織規程、辦事細則、處務會議章程、農場組織規則、育幼所組織規則、各加工厂組織章程、診療所組織章程、診療所實施辦法、會計制度草案、農場招收練習生辦法、農場合作計划綱要等章則，作爲該村管理處及附 屬机癸業務措施

---

8) 康樂新村理事會：「福建省康樂新村第二村籌備處 ： 三十四年度業務概况報告」，福建省檔案館 全宗号：15目彔1案卷173。

9) 康樂新村理事會：(福建省康樂新村任免職員及第二村籌備處職員、工役名冊人事報告單)，福建省檔案館全宗号15目彔1案卷45, 第125頁、第147頁。

的依据。這些章則均先后呈報理事會修正批准實行10)。我們從康樂新村第二村的檔案可以看出，柳子明担任籌備處主任時的規章制度是十分完備的。如『籌備處處務會議記录』完整而詳細地記录了每次籌備處處務會議召開的時間、’地点、出席人、列席人、主席、行礼、報告事項、討論事項、議決情況等，儼然是一个正式的政府机构11)。

3、開展管教事業。柳子明担任康樂新村第二村籌備處主任后，對管教事業實行教養兼施，試圖由消极的收容救濟變成积极的生產作業，使"游惰頑夫弱懦立者，皆能從業蔚爲有用"。1945年春，他和康樂新村第二村籌備處的同事，計划設立育幼所、婦女教養所、習藝所三个部門。但籌備方竣，适逢抗戰胜利結束，物价波動，生產事業被迫停頓。除育幼所如期成立外，婦女 教養所因而緩設，習藝所村民亦改由農場收容，授以農事常識及畜牧技能。

育幼所原計划在閩東各縣選收貧苦无依六歲以上十二歲以下身体健全的男女孤儿100名，分班教學，并授以工藝生產技能，使能獨立生活爲宗旨。1945年2月開始籌備，原擬新建房舍，后因物价昂貴，工料費用浩大，乃商准溪柄鄉中心小學校董會的同意，將該校形將傾塌的房屋兩邊走廊、樓上四大間歸化育幼所使用，由康樂新村二村籌備處出資修理。至五月初，新村開始收容儿童，并延聘教師。先后由各縣保送及自行來所請求收容者85人，實際收容57人。將這些儿童編班上課，并附設草織工廠，選擇其中能力較强者12人，施以半工半讀，學織草帽草席。這些孤儿到所后，日用設施一應俱全，生活起居，极有規律。育幼所取得了明顯的成效："現此數十孤儿，來時鳩形菜色，而今均成活潑又可愛之小天使矣"12)。

---

10) 康樂新村理事會：『福建省康樂新村村民代用職員、生產服務辦法及村民管理通則」，『福建 省康樂新村第二村服務社章程草案管理處章則及修正草案』，福建省檔案館全宗号15目录1案卷 171。
11) 康樂新村理事會：「福建省康樂新村第二村籌備處處務會議記录」1945年10月至1946年4月，福建省檔案館全宗号15目录1案卷442。

村民的收容与管教也是康樂新村第二村籌備處計划中的大事，但因習藝所未設、谷工厂未及舉辦等原因，改由農場辦理。該場收容村民共32人，其中多爲貧苦无地耕作而失業的農民，收容后卽分派農場担任畜牧及農事等工作。爲養成村民集体生產技能，試辦合作農場制度，擬訂合作農場計划綱要，按照實施，參加合作經營村民22人，分爲6个小組，每組2至5人，將農場部分場地分組團耕，幷由農場指派技術人員督促指導，所需生活及种籽肥料等貸，由農場向村處請領，按月轉貸，然后將其生產收獲的產品作价償還，盈則爲其福利，亏則由村處予以補貼，是寓救濟于生產的一种措施[13]）。

4、舉辦員工村民福利事業。由于福安康樂新村第二村偏居山陬，交通不便，員工村民日常必需用品不同程度受到当地小商剝削。爲謀員工村民福利，柳子明組織成立合作社，于1945年5月20日成立，參加社員75人，共計認股645股，每股金500元，計322，500元。業務分爲生產、信托、消費三部分。后因戰爭結束，物价波動，幷遵理事會核示，關于消費用品幷歸服務社辦理，原股股金分別發還[14]）。

5、舉辦成人敎育。柳子明鑒于閩東地處偏僻，文化落后，而在福安設立康樂新村第二村的目的之一卽爲"謀治安鞏固"，"破除愚頑實爲当務之急"于是，在溪纏鄕、獅峰鄕協助当地學校舉辦成人敎育班，專收雇工、貧苦不識字之成人，藉以化民成俗，溝通感情，以期有助于新村建設。溪纏鄕成人敎育班于1945年11月7日開學，獅峰鄕成人敎育班于1月20日開學，康樂新村工友補習班則于11月18日開學，分別開設國民課本、公民常識、寫字、農業常識、說話、

---

12) 康樂新村理事會：「福建省康樂新村第二村籌備處三十四年度業務槪况報告」，福建省檔案館全宗号15目彔1案卷173，第37至38頁。
13) 康樂新村理事會：(福建省康樂新村第二村籌備處三十四年度業務槪况報告)，福建省檔案館 全宗号15目彔1案卷173，第46頁。
14) 康樂新村理事會：『福建省康樂新村第二村籌備處三十四年度業務槪况報告』，福建省檔案館 全宗号15目彔1案卷173，第30頁。

音樂、珠算、軍事常識等課程。各班學生節籍向福安縣政府領用, 學生筆墨、簿册、灯火, 均由康樂新村第二村籌備處津貼。教師則由康樂新村籌備處商請福安縣長及各該校校長遴選优秀人員充任, 并由康樂新村籌備處派員巡回教學。成人教育班的舉辦, 使得康樂新村第二村与当地民衆之間的關系逐漸融洽[15])。

1945年, 柳子明在福安康樂新村第二村籌備處任上迎來了自己祖國的解放, 他回憶当時无比激動的心情:"我雖然沒能和祖國同胞一起歡慶喜悅, 但是我能想象到流泪狂歡的祖國同胞和我的兄弟們, 一想到這些我就心潮澎湃。"[16])   他想回到自己的祖國身邊, 很快就向康樂新村理事會遞交了辭職書:[17])

漢澄理事主席鈞鑒:

敬啓者職自祖國論陷, 亡命出奔二十有年矣, 今鬢發斑白, 一事未成, 怀念 家國, 无盡愴然, 去歲之秋, 謬蒙

鈞座畀以籌備設村重責, 受命之后, 自揣才菲, 勤謹自持, 戰戰兢兢, 時虞 隕越.十閱月來, 幸賴各級同仁努力, 粗具規模, 經過情形, 業經分別呈報, 現值抗戰胜利, 祖國光夏, 思歸之心, 无時不已。窃維戰后康樂事業, 前途无限,

正好退讓賢能, 猥自茫拙, 伏望.

鈞長俯体下情, 賜予早日物至适当人選接充, 不当之處, 佇候

示遵, 專此敬頌

政綏!

職柳子明敬具 十月九日

---

15) 康樂新村理事會:「福建省康樂新村第二村籌備處舉辦成人教育」1944年11月至1945年2月, 福建省檔案館全宗号15目彔1案卷287, 第4頁。

16) 柳子明:「我的回憶」, 遼宁民族出版社1985年版。

17) 康樂新村理事會:「福省康樂新村第二村人事報告單、村民狀況調查表、育幼所職員資歷表、現有職員名册及第一工厂停辦的代電」, 福建省檔案館全宗号15目彔1案卷112, 第102至103頁。

這封辭職信表現了柳子明熾熱的愛國之心，惓惓的愛國之情。当時康樂　新村理事會主席当卽回了一封慰留信：[18]

子明吾兄主任勛啓：

頃接惠節，藉悉一是。

兄惓懷祖國之情，溢于言表，遙企高風曷胜欽遲！二村籌備，深荷　老成主持，業已粗具規模，短期內卽須正式成立管理處，戰后社會救濟事業千期万緖，更有賴于賢能之共崇進行，此際言去似非其時，他日大業完成，自当任兄從容高蹈也。省會遷榕，本村接管茅坪東坡省銀行全部塲產，理事會及第二村幷于十八日遷移新址辦公，此囘环境殊合新村理想，此后措施当更便利矣。起注順聞，專此敬頌　勛祺！

弟黃堅頓啓

因爲工作的需要，柳子明顧全大局幷未馬上离任，直到1946年的3月16日才离開康樂新村。由于一時找不到歸國的路線，只好和同事們一起去了台湾，在台湾先后担任台湾省農林處技術室主任、合作農塲管理所主任等職，積极策划農業改革方案。

柳子明在康樂新村第二村工作期間，身体力行，敬業樂群，与同事、普通百姓相處极爲融洽。如謝眞是柳子明在泉州黎明私立中學時的學生，1949年后曾任福建省光澤縣政協副主席。柳子明担任康樂新村第二村籌備處主任時，他任籌備處第二組組長，是柳子明創辦康樂新村第二村的得力助手。

1945年8月，柳子明曾极力向康樂新村理事主席推荐出任籌備處副總干事："本處籌備完竣成立管理處，依照規定設置副總干事，謝組長率卿，精明能干，請

---

18) 康樂新村理事會：「福省康樂新村第二村人事報告單、村民狀況調查表、育幼所職員資歷表、現有職員名册及第一工厂停辦的代電」，福建省檔案館全宗号15目彔1案卷112，第100至101頁。

予提升, 襄理村務。"[19] 謝眞于1985年听到柳子明去世的消息后, 寫下了飽含深情的紀念文章『深切懷念柳子明先生』, 文中說："噩耗傳來, 我們一家人都十分悲痛！往事縈回, 心情激動；回憶五十多年來, 在那黑暗艱難歲月, 風雨同舟, 推心置腹……在中國的六十多年, 他愛朝鮮, 也愛中國。孩子們親切地称他好爺爺, 年青的學生称他好老師, 上了年紀的称他是誠摯的國際好朋友。他的正直、淳朴、平凡而高尙的形象, 將永遠活在我們心中。"[20]

陳子鎔在柳子明担任康樂新村第二村籌備處主任時任籌備處第二組組長。柳子明与之不但是工作上的上下級關系, 而且私交甚篤。陳子鎔出任籌備組組長就是柳子明親筆向理事主席推荐的："漢澄理事主席鈞鑒：……本村管教事業, 事繁貫重, 必須專任人員, 查之前周宁縣長陳子鎔, 精干練達, 在職頗著政聲, 爲程秘節長、丘廳長所器重。近因案免職, 停止任用一年, 本村雖屬省辦事業, 但不列官階, 未悉可否聘用？"[21] 柳子明离開康樂新村第二村籌備處后, 他接任康樂新村第二村籌備處主任。

不僅如此, 柳子明對康樂新村的孩子們也關心備至。当時人回憶："誰也没有見過柳先生發過脾气或一句大聲的話；我們有一个未滿兩歲的男孩一焱, 經常清早去敲他的房門, 大叫'老－－先生, 老－－先生'（那時柳先生已滿頭銀絲了, 孩子們習慣地這樣称他）他開門了, 小焱儿搶着跑進室內爬上會擺動的搖椅：'老先生－－搖、搖'柳先生哈哈笑着搖起來了。

他對待孩子都是這樣的。他的夫人劉則忠, 大家称她師母, 孩子們称太師

---

19) 康樂新村理事會:(福建省康樂新村村民代用職員、生產服務辦法及村民管理通則)、1945年7月；『福建省康樂新村第二村服務社章程草案管理處章則及修正草案』, 1945年8月：福建 省檔案館全宗号15目录1案卷171. 第26與。

20) 謝眞：「深切怀念柳子明先生」, 載蔣剛、王江水主編『怀念集選編』, 泉州平民中學、民生農校校友會, 1995年版, 第163頁。

21) 康樂新村理事會：「福省康樂新村第二村人事報告單、村民狀況調查表、育幼所職員資歷表、現有職員名册及第一工厂停辦的代電」, 福建省檔案館全宗号15目录1案卷112, 第70至71頁。

母。他是广東人，一向和柳先生一起東奔西走，年輕時，干起事來敏捷矯健，她和柳先生一樣淳朴好客，久別重逢的朋友一來，很快就會捧上她親自做的松軟香甛的大蛋糕，她還有一手做各式小菜的手藝，做年糕更具特色風味，家庭里生活協調和諧而充滿活力，眞正是中朝一家親！"22)

柳子明先生正是以其高尙的人格魅力，誠實、仁愛的人道主叉精神，眞心熱愛中國的情怀嬴得了中國人民的愛戴。正如他的患難之交程星齡先生所說："(他) 的确是中國人民最親密的朋友"；"柳子明先生的崇高的愛國主義精神和國際主叉精神永遠値得我們學習。"23)

---

22) 謝眞：「深切怀念柳子明先生」，載蔣剛、王江水主編 『怀念集選編』，泉州平民中學、民生農校校友會，1995年版，第166頁。

23) 柳子明：「我的回憶·前言」，遼宁民族出版社，1985年版。

호남농학원에서의 류자명
-평범하면서도 위대했던 교사의 생애-

귀 한 민(郭汉民)
중국 湘潭大學 교수

한국인 벗 류자명 교수는 34년간 호남농학원에서 교수로 재임하였다. 그는 자신의 귀중한 인생의 후반기를 호남의 농업교육에 바쳤다. 그가 세운 교육과 과학연구 방면에서의 공헌은 매우 뛰어났다. 더불어 자신의 숭고한 인격을 통해 동료 교사와 학생들로부터 존경을 한 몸에 받았다. 본문에서는 류자명 선생이 호남농학원에서 교사로 보낸 생애에 대해 초보적인 검토를 하고자 한다. 이 논문이 장차 류자명 선생에 대한 연구에 조금이라도 보탬이 되었으면 하는 바램이다.

1. 호남에 와 교육에 종사하며, 가장 적합한 곳에 소임을 받다.

류자명은 한국인으로서 호남농학원의 초빙에 이해 교수로 부임하였고, 나아가 이 학교의 저명한 원로교수가 되었던 인물로, 여러 측면에서의 역사적 계기와 인연으로 이곳에서 생활하기에 이르렀다.

류자명은 1894년 1월 13일(음력) 한국 충청북도 충주군 이류면(利柳面) 영평리(永平里)의 보통농가에서 태어났다. 일곱 살 때부터 고향에 있는 사숙에서 공부하였고, 한문과 한글을 7년 동안 공부하였다. 그는 이곳에서 『소학』, 『대학』, 『논어』, 『맹자』, 『통감』, 『당시(唐詩)』, 『고문』 등을 공부함으로써,[1] 비교적 충실하게 중국 문화에 대한 기초를 닦았다. 1912년 충주공립보통학교를 졸업한 후 서울에 있는 연정학원(研精學院) 수학과에서 1년여를 공부한 다음, 수원농림학교에 입학하여 3년간 공부하였다. 그리하여 자신의 운명의 길을 걸어가는데 필요한 기초지식을 쌓을 수 있었다. 이로부터 류자명의 '직업적 생애'가 시작되었던 것이다.

1919년 봄 한국에서는 일본의 식민통치로부터 벗어나기 위한 3·1운동이 일어났다. 이는 한국근대사 상 중대한 사건이었고, 중요한 전환점이 되었다. 이로부터 한국의 민족·민주혁명운동은 폭발적으로 전개되기 시작하였다. 류자명도 이러한 시대적 조류의 영향을 받아 반일 독립운동에 참가하였고, 중국으로 망명하였다. 그리하여 대한민국임시정부 의정원 의원 겸 비서로 임명되었고, 또한 조선의열단과 조선민족전선연맹 및 조선의용대 등에 참가하여 활동하였다. 그러는 과정에서 그는 상해, 북경, 천진, 무한, 계림, 중경, 광주 등지를 오가며 활동하였고, 광주 출신인 유칙충(劉則忠) 여사와 결혼하였다.

1940년 큰 딸 류득로(柳得櫓)가 태어난지 얼마 안 된 시기였다. 류자명은 생활상의 곤란으로 부득이 하게 독립운동 진영으로부터 벗어나, 중국 농업기술기관에서 직업인으로서의 생활을 시작하게 되었다.[2] 그는 복건성 농업개진처 농사시험장 기정(技正)과 원예실험장 장장(場長), 중국회교구국협회 계림 령조실험농장 주임, 복건성 복안현 강락산림 제2촌 주비처

---

1) 호남성당안관 소장, 『류자명 당안』, 全宗 142, 3권 405호
2) 류자명, 「자전」, 『류자명 당안』, 전종 142, 제3권 405호.

주임(일설에는 첨명처(簽名處) 주임이라고도 함), 대만농업청 농업시험소 전문위원, 기술실 주임 겸 촌 소장 등을 차례로 역임하였다.

그가 마지막으로 일했던 직장은 류자명「자전」중에서 밝히고 있듯이 원예계 주임이었다.[3] 사실상 류자명이 독립운동에 참여하는 기간 동안 그는 천주(泉州)의 사립 여명(黎明)고급중학에서 생물학 교원을 맡은 적이 있고, 상해 입달학원 고중부농촌교육과에서 농업교사 겸 민국정부 중앙 건설위원회 실험농장의 기사로 재직했던 적도 있었다.

이러한 직업 생활의 기록을 통해서도 알 수 있듯이, 류자명은 농업과학 기술방면에서 매우 뛰어난 학자이며 전문가였던 인재 중의 인재였다. 이러한 불세출의 인재를 '신중국'이 필요로 하였던 것은 당연한 일이었다.

1950년 6월 24일 류자명은 대만을 떠났는데, 원래의 계획은 홍콩을 거쳐 귀국하려 하려 하였다. 그러나 생각지도 못했던 일이 일어났다. 바로 6월 25일에 한국전쟁이 발발했던 것이다. 그리하여 류자명의 귀국은 실현될 수 없었다.

홍콩에 체류하고 있던 류자명은 홍콩에서 정광화공창(正光化工廠)을 경영하고 있던 입달학원의 친구였던 자오딩이를 찾을 수 있었다. 자오딩이는 당시 호남의 평화적인 해방운동에 참여하고 있었고, 더불어 호남성 인민정부 부주석으로 있던 청싱링과 관계를 맺고 있었다.

청씨는 이전에 복건성정부 비서장을 역임하였기에, 류자명이 복건성에 있을 때 매우 절친했던 인연이었다. 그리하여 정씨는 당연히 류자명에게 일할 수 있는 곳을 소개해 주게 되었다. 바로 그러한 연분으로 류자명은 자오딩이에게 부탁하여 청싱링에게 전보를 쳐 신중국에 남기를 원하며, 호남으로 가서 일하고 싶다는 의견을 전하였다. 일 개월 후 류자명은 청싱링의 답신과 호남대 농학원의 초빙서를 받았다. 1950년 8월 장사에 도

---

3)『류자명 당안』, 정본 2류 3호.

착하여 호남대학 농학원 교수에 취임하게 되었던 것이다. 1951년 3월 농학원은 호남대학으로부터 분리되어 호남농학원으로 확대되었다. 류자명은 호남농학원의 교수 겸 원예계 주임이 되었다.

1953년 전국적으로 농학원이 조정될 때, 호남농학원 원예계는 화중농학원(華中農學院)으로 병합되었다. 그러나 류자명 교수는 계속해서 호남농학원에서 교육에 임하였고, 또한 실습농장주임과 과소교연조(果蔬敎研組) 주임을 맡았다. 1959년 호남농학원은 다시 원예계를 설치하였고 류자명 교수는 원예계 주임을 맡게 되었다.4)

2. 교육을 통해 인재를 양성하고, 더욱 많은 연구 업적을 이룩하다.

류자명 교수는 호남농학원에 부임한 이후 30여 년간을 하루같이 온 정성으로 인재를 양성하였는데, 그러한 노력은 자신을 돌아보지 않고 최선을 다하는 성인의 마음과 같은 지성에서 비롯되었다. 어떤 사람은 "호남농학원 교정 안에서는 늘 한 낯익은 백발노인의 모습을 볼 수 있는데, 그가 입은 옷은 그의 부인이 직접 만든 면포로 만든 중국식 중산(中山)옷이고, 손에는 언제나 작은 책가방이 들려 있는데, 그 속에는 붓, 책, 전지(剪枝) 가위 등이 들어 있었다. 그는 조용히 그리고 온화하게 포도나무 받침 아래와 온실을 순시하며, 어떤 가지를 쳐주어야 한다고 생각하면 잘라냈고, 온실의 식물들에게는 언제 물을 주어야 하는지를 체크하여 물을 주었다. 그리고 수돗물의 온도는 어떠해야 하는지를 통제하며 온도를 조절하였다. 그는 모든 것을 자세히 관찰하고 또한 비교하였으며, 시험을 하고,

---

4) 「간부임면정보표」(1959. 9. 5), 『류자명당안』 정본 1류 2호.

기록하며 생각하였다." "그는 아주 평범한 농민과 같은 모습이었고, 어조는 항상 평온하였으며, 강의하는 내용은 매우 간략하고 명료하였다." 또한 "모든 말 속에는 노인으로서 다년간 과학연구 및 실험에 심혈을 기울였던 경험이 스며들어 있었다."5) 이처럼 매우 성실하게 일했던 노인이 바로 류자명 교수였다.

1953년부터 1966년 문화대혁명이 일어나기 전까지, 류자명 교수는 호남농학원에서 경작학, 농업사, 과수학, 채소재배학, 화훼원예를 강의하였다. 어릴 때부터 한문고어를 공부하였기 때문에, 중국 고대 농업전적에 대해 지대한 흥미를 갖고 탐독하였고, 선진(先秦)시대의 여러 기록들, 즉 한나라 때의 『회남자(淮南子)』, 최실(崔實)의 『사민월령(四民月令)』, 북위의 가사협(賈思勰)이 쓴 『제민요술(齊民要術)』, 원나라 왕정(王禎)의 『농서(農書)』, 명대 서광계(徐光啓)의 『농정전서(農政全書)』, 왕상진(王象晉)의 『군방보(群芳譜)』, 이시진(李時珍)의 『본초강목(本草綱目)』, 청대 오호자(五昊子)의 『화경(花鏡)』 등을 널리 섭렵하였으며, 이를 통해 대량의 기록과 메모를 남겼다. 이는 자신의 과학실험에 종사하면서 얻은 경험과, 가르치면서 얻어진 농업과 과수업에 대한 지식과 결합되어, 이 분야에 정통한 교재를 만들어 냈으며, 그 내용의 풍부함은 다른 책이 따를 수 없을 정도였다.

그는 중국 고대 화훼 재배사를 인용하여 세계 화훼의 원류와 발전을 고증하였다. 또한 중국의 진귀한 화훼 품종인 모란(牡丹), 산차(山茶), 매화, 두견(杜鵑), 국화, 난 등에 대해서도 자세히 고증하였다.6) 1978년 84세의 고령이었지만, 그는 북경임학원 천준위(陳俊愉) 교수 등과 합작으로 『원림화훼(園林花卉)』를 편찬하였고, 이 책은 1981년 2월 상해과기출판사에서 출판하였다.

---

5) 안기, 『훈장을 단 원예학가─류자명전』, 중국농업출판사, 2004년 12월, 제44항
6) 안기, 전게서, 제 47항.

청년 교사의 성장을 사랑했던 류자명 교수는 정성을 다해 농업교육에 종사하는 것이 그의 가장 큰 특징이었다. 사람들은 이 방면에서 그가 기념비적인 업적을 세웠다고 이구동성으로 말하고 있다.

1972년 호남농학원 다과전공(茶果專攻)을 졸업한 장푸취앤은 원예계 과수교연실(果樹敎硏室)에 교사로 남았는데, 그는 류자명 교수의 헌신적인 지도를 받아 오늘날 호남농업대학 교수 및 유전육종교연실(遺傳育種敎硏室)에서 '학술계의 최고'로 신망받고 있다. 그는「국제적인 벗 류자명 주임을 깊이 회고하며」라는 논문을 통해, "류주임은 후배들의 성장을 위해 굉장한 관심을 갖고 있었고… 1978년 말 류주임이 북경에 가서 조선대사관으로부터 '조선국기(國旗)훈장'을 받을 때, 경황이 없는 와중에도 『Essential English』전 4권 1질을 구입하여 장사로 갖고 와 내게 주었다. 류주임은 나를 격려하며 영어를 공부할 것을 재삼 권유하였다. 이 책은 이후 내가 영어를 공부하는 데 매우 중요한 역할을 하였으며, 지금도 나는 보물로 기념하기 위해 갖고 있다." "류주임은 극진한 정감을 가지고 있었다. 후배들의 생활문제에 대해서도 깊은 관심을 가졌다. 1976년 내가 결혼 할 때 류주임은 부인을 통해 이불과 다구(茶具) 등을 보내 주며 축하해 주었다."7)

류자명 교수의 조수였던 호남농업대학원 예원임학원(藝園林學院) 웨이원나(魏文娜)교수는 "류교수는 강의할 때는 매우 근엄하였다. 그러나 생활하는 중에는 사람들과 매우 가까이 하며 친절하게 대해 주었다. 청년 교사들이 강의를 하는 중에 잘 모르는 것이 있어 가르침을 청할 때, 그는 언제나 즐겁게 도움을 주어 해결해 주었다. 또 수업에 임할 때면 매우 심취했는데, 강의 중의 언어 표현, 판서, 교구(敎具), 실물의 사용, 특히 놀라운 것은 원예식물의 이름을 중문이나 라틴어로 표현할 때에는 매우 엄격

---

7)『호남농업대학보』, 2004년 3월 30일, 제3판.

하여 조금도 소홀함이 없었다. 젊은 교사들은 마음속으로 흠모하면서 수업을 들었다.8)

류자명 교수의 가르침과 인재 양성을 대학 내에 국한된 것이 아니었다. 그는 학교 바깥의 학생들에게도 거리를 두지 않았다. 1950년대 초 류자명은 일요일을 이용하여 장사지역의 화훼노동자들에게 의무감을 갖고 강의하기 시작하였다. 강의는 7년이나 지속되어 비바람이 불어도 시종일관 중단되지 않았다.

해방 초기 1950년대의 장사시를 건설하는 데에 있어서도 그는 많은 특출한 인재를 양성하였다. 중학교를 졸업하고 농업에 종사코자 한 농촌 청년인 류송푸(劉頌福)는 소양현(邵陽縣) 신화(新化) 출신인데, 1958년 농학원으로 류자명 교수를 찾아와, 과수재배 기술을 가르쳐 달라고 요청하였다. 류자명 교수는 열정을 다 해 그를 지도해 주었다. 이 교실 밖의 제자는 소양현에서 씨가 없는 밀감을 재배하는데 성공하였고, 이어서 감귤, 화훼를 재배하였으며, 몇 년 전에는 호남화연과기유한공사(湖南花硏科技有限公司)를 설립하였다. 또 화훼상점을 개설하여 원예설계를 담당하는 등 이 지역에서 가장 먼저 부를 창출한 창업인이 되었다. 그의 아들과 손자는 호남농업대학에 입학하녀 깊이 연구하고 있고, 류송푸는 스스로를 '삼대 농대인'이라고 자랑스러워하고 있다. 그는 자신의 회사 안에 '류자명 선생 기념실'을 만들어 은사에 대한 감사와 존경심을 표하며 그 은혜를 잊지 않고 있다.9)

이러한 사례들은 류자명 교수가 가르침과 인재 양성 부문에서 이룩한 성과를 보여주는 것이고, 호남의 원림화훼사업에 필요한 과학인력과 생산건설자를 양성해 냈음을 명확하게 보여주는 것이라고 하겠다.

---

8) 『호남농업대학학보』 2004년 3월 30일, 제3판.
9) 안기, 전게서, 제 80항

3. 과학적 연구를 통해 풍부한 업적을 이루다.

류자명 교수는 호남농학원에서 가르침과 인재 육성에만 관심을 기울였던 것이 아니라, 교육과 연계하여 전심을 다해 과학연구에 종사하였다. 그는 중국 농학사, 원림화훼, 과소재배, 벼의 기원 등 영역에서 주목받는 연구성과를 거두었다.

중국농학사 연구에 관해 살펴보면 다음과 같다. 류자명 교수가 발표한 장편의 논문인 「중국고대농학과 유물주의사상」을 보면, "농업의 기원", "농학사상 유물주의와 유심주의의 분야", "송명시기의 '인력으로서 천공(天工)을 탈취하다'" 등을 각각 논제로 하여 그 의의 및 중국농학과 본초학의 관계 등을 제시하는 등 매우 독특한 관점을 발표하였다.

그는 한나라 이후에 출간된 몇 부의 농서인『제민요술』,『농서』,『농정전서』,『군방보』,『화경』 등을 중국 고대 농서를 대표하는 경전과 같은 저작물이라고 평가하였다. 그리고 이들 고대 농서를 '고대농학'이라는 명칭으로 총괄하면서, 현대농업과학과 구별하고, 중국고대농학의 성과와 노동자 농민의 장기적인 생산활동 경험과 역대 유물주의 사상의 결합 등을 증명하는 데에 중점을 두었다.

중국 고대농학자들은 신농씨(神農氏)가 농업을 열었다고 인식하였고, 후직(後稷)을 농업발전에 공을 세운 인물로 인식하였다. 그러나 그의 논문에서 농업의 기원을 신이 만들었다고 하는 주장에 대신하여 "명확하게 인간이 만들었다"고 하는 학설을 제시하였다. 그는 "신농씨는 고대 중화민족의 이야기를 만들기 위해 거짓으로 위탁하여 농업을 발명하고 의약을 발명한 인물이라고 한 것이기에, 신농씨는 원시 농업 민족의 대표라고 규정하는 것이 더욱 타당할 것이다. 본인의 생각으로는 '농업인조설(農業人造設)'이 맞다고 본다."고 하였다.

논문에서 인용한『농서』와『농정전서』의 주장이 "주가(周家)에서 농사로서 개국하고, 그 실재적인 조상은 후직이다"라고 한데 대해, 그는 "만일 후직을 농업과 목축이 나누어지는 시기의 민족적 대표로서 이해한다면, 이는 사회의 객관적인 규율에 더 적합한 것이다"라고 유추하였다.

중국농학 발전에 관해서는, "전국시기 비록 강한 농가자류(農家者流)가 출현했지만, 계통적인 농학은 한 대에 이르러 비로소 성립되었다. 예를 들면, 범승지(氾勝之)의 '구전법(區田法)', 조과(趙過)의 '대전법(代田法)'등은 모두가 구체적인 이론체계를 갖춘 농학이다. 최실의『사민월령』과 각종 식물 재배법 및 범승지의 농서『범승지서(氾勝之書)』의 일부는, 북위의 가사협이 지은『제민요술』속에 잘 보존되어 현재에 이르고 있어, 천백년 이래 중국 농업생산과 농업학술 상에서 지도적인 역할을 해왔다." "특히 송대 농학의 성취는 매우 크다." 이들 책이 가지고 있는 주요한 표현은 재배식물학의 '보록학(譜錄學)'을 발달시켰다는 점이다. 더불어 이미 현대의 자연과학적인 내용을 갖추고 있다는 사실도 중요하다. 송대의 학자들은 이미 식물품종이 인공재배 하에서 부단히 변화한다는 사실을 알고 있었다. 그리고 인력으로써 식물의 새로운 품종을 창조할 가능성이 있다는 사실도 인식하고 있었다고 평가하였다.

또 중국 본초학(本草學)과 농학이 깊은 상관관계가 있으며, 본초학의 발달은 농학의 내용을 풍부하게 하였으며, 동시에 농학의 발달 또한 본초학을 풍부하게 만들었다는 내용을 토하였다.

그리고 연구의 방향과 방법을 구별하였는데, 그는 "농학의 주요한 연구는 식물의 배육방법으로, 그 연구범위는 각족 식물의 생육 규율에까지 깊이 들어가 있었고, 식물과 자연의 조건의 관계까지 깊이 들어가 있었다. 이런 점에서 중국농학자들은 커다란 성과를 거두었다. 그리고 인력으로 자연을 극복하고 자연을 개조할 수 있다는 결론을 내렸다. 본초학은 주로 식물이 인체생리에 미치는 문제에 대한 관계를 연구하는 것으로, 그 연구 범위는 각종 식물의 성질을 파악하는 데까지 깊이 들어가 있었다. 더불어 그것이 인체의 건강과 치료에 어떤 작용을 하는가 하는 문제까지 이해하고 있었다. 이 방면에서 중국 고대 의학자들의 성과와 공헌은 매우 크다"고 평가하였던 것이다.[10]

화훼는 류자명 교수의 조예가 가장 깊었던 영역의 하나였다. 원예계의 권위 있는 학술지인 『원예학보』에 발표한 「중국의 장미와 세계의 장미」라는 논문은 그의 대표적인 연구성과이다. 이 논문에서는 중국과 유럽에서 장미를 재배하게 된 역사를 개술하였다. 그에 따르면 1621년 왕상진(王象晉)의 『이여정군방보(二如亭群芳譜)』에서 표명하기를, "지금에 이르기까지 300년 전에 중국의 장미 품종은 상당히 많았다고 하였다. 그리고 18세기 이전의 유럽의 장미 품종은 중국보다 너무나 적었다. 그래서 유럽에서는 사시사철 피는 장미 품종은 없었고, 또 노란 꽃의 장미도 없었다. 중국의 장미는 18세기에서 19세기 초에 영국과 프랑스로 수입된 후 유럽인들이 중시하기 시작했다. 그들은 중국의 장미와 유럽에 원래 있던 장미를 이용하여 잡교를 진행하였고, 이를 반복시킴으로서 많은 종의 우수한 대표적 유형들을 창조해 냈기에, 현재 널리 세계에 보급되어 있는 우수한 장미들은 거의 모두 중국의 혈통을 가진 것들이다."라고 밝혔다.

구체적으로 말해서 160여 년이래 품종을 만들어 낸 장미의 원 품종은 15종으로 그중 10종이 중국의 원산지라는 것이다. 특별히 향수월계(香水月季)와 월계화(月季花)는 현재 세계의 장미 우수 품종들의 중요한 선조라고 하였다. 장미의 이러한 발전과정은 인공으로 자연계에 큰 변화와 창조를 할 수 있다는 능력이 있음을 반영해 주는 것이고, 다른 한편으로는 인류문화의 발달과 과학기술의 진보에 따라 재배식물과 품종의 발전에는

---

10) 『호남농학원학보』, 1957년 제2기.

그 경계가 없어졌음을 반영하는 것이라고 주장하였다.[11]

원예 영역 내에서, 류자명은 또한 「포도를 1년 안에 여러 차례 수확하는 문제에 관한 약간의 문제」,[12] 「가지 종 내의 잡교 시험에 관한 총결」,[13] 「호박의 풍부한 생산을 위한 재배 시험의 총결」,[14] 「감귤류의 기원과 발전」[15] 등의 논문을 발표하였다. 이들 논문은 류자명 교수가 강의의 실천과 과학실험을 통해 부지런하게 탐색 연구하였음을 잘 보여주고 있다. 이는 과일과 채소 품종의 배육 방면에서 새로 발견이 있었다는 것으로, 모든 그의 연구의 방면에서 발명과 창조와 전진이 있었음을 보여주는 것이었다.

특별히 밝히지 않으면 아 되는 일은, 류자명 교수의 연구 시야가 원예 부문을 뛰어넘었고, 나아가 벼 재배의 기원으로까지 확대되어 갔다는 점이다.

1972년 78세라는 고령에도 불구하고, 류자명 교수는 중국정부의 요청으로 마왕퇴(馬王堆)에서 출토한 농산품을 감정하는 작업에 참여하여 감정서를 기초하는 책임을 지게 되었다. 감정결과의 요지를 살펴보면, 마왕퇴 1호인 한나라 묘지에서 출토된 물품 중 농산품이 특별히 많이 나왔는데, 그 종류가 많고 수량 또한 엄청났다. 상태도 양호하여 출토된 물품들은 학계의 주목을 끌기에 충분하였다. 출토된 물품 중에는 대맥(大麥), 대두(大斗), 적두(赤豆), 양매(楊梅) 등의 씨앗과 종자가 발견되었다.

마왕퇴 1호 한나라 묘에서 나온 여자의 시체를 해부하자, 장과 위 그리고 식도에서 참외씨 138개 반이 발견되었다. 이들 실물 이외에 죽간에 쓰

---

11) 『원예학보』, 1964년 제4기.
12) 『원예학보』, 1959년 제3기.
13) 『호남농학원학보』, 1956년 제4기.
14) 『호남농학원학보』, 1957년 제2기.
15) 『호남농업과기』, 1973년 제1기.

여진 문자기록도 출토되었다. 312편의 죽간 중에는 농작물 명칭이 24편 기록되어 있었고, 벼, 조, 보리, 수수, 대마(大麻)의 씨 및품이 기록되어 있었다. 기록 중에 과일 품종은 7개가 있었는데, 겨자, 해바라기, 생강, 연근, 죽순, 토란 등의 종자와 식품이 적혀 있었다.

이들 출토된 농산품 중 볍씨의 수량이 제일 많았다. 대부분 낟알로서 거의 완전하게 보존되어, 형태를 충분히 감별할 수 있었다. 이를 현미경으로 보면 볍씨의 품종, 볍씨의 형태 등을 판별할 수 있었는데, 4종의 품종이 있었음이 판명되었다. 즉 선도(籼稻, 메벼)류가 1종, 갱도(粳稻, 메벼)류가 2종, 나도(糯稻, 찰벼)가 1종 등이었다. 감정 결과 서한 최의 호남의 볍씨 종류는 상당히 다양하였다. 선도와 갱도, 점도와 나도 등을 모두 포함하고 있었으며, 낟알이 짧고 긴 것 등 다양한 종류가 있었음이 판명되었던 것이다.

기록에 의하면, 감정에 참여했던 전문가들을 출토 물품에 대해 토론할 때, 볍씨의 학명 등에 대해 논쟁을 펼쳤다. 기왕의 문헌에 따른 볍씨의 분류와 명칭에 대한 관점이 서로 달랐기 때문이었다. 일본인 가토씨는 볍씨를 인도네시아 종과 일본종 두 개의 종류로 나누었는데, 중국의 벼[水稻] 전문가인 딩잉(丁穎)은 볍씨의 학명을 '선도'와 '갱도'로 나누었다. 감정을 하던 분임에서는 토론을 거쳐 딩잉씨의 분류 및 학명을 채택키로 결정했으나, 중국과학원 식물연구소는 이에 대한 결정을 유보하는 태도를 견지하였다.16)

볍씨는 중국뿐 아니라 세계적으로도 농업생산 부문 중에서 가장 중요한 지위를 점하고 있는 곡물이었다. 분류와 혁명에 대한 논쟁은 주로 볍씨의 기원에 있었는데, 중대한 문제가 야기되자, 류자명 교수는 고도의 관심과 탐구를 위한 사색에 잠겼다. 그는 무거운 역사적 책임감과 학술적

---

16) 안기, 전게서, 제50항.

인 사명감을 느끼고 있었다. 그리하여 노년의 허약한 건강을 무릅쓰고 국제적으로 논쟁이 오래된 이 문제에 대해 깊이 연구하기 시작하였다. 그리하여 2년간의 노력과 연구 끝에 『유전학보』에 「중국에서 재배한 벼의 기원과 그 발전」이라는 논문을 발표하였다. 이 논문에서는 반세기 이래 진행되어 온 재배벼[栽培稻]의 기원에 대한 각종 주장과 견해에 대해 다른 각도의 학설을 주장하였다.

그는 서강(西江)유역과 운남성과 귀주성의 고원지대에서 여러 차례에 걸쳐 야생 벼가 발견되었던 사실에 근거하여 "벼의 기원은 운귀고원(云貴高原)이 가능하다"는 견해를 발표하였다. 그리고는 역사학, 지질학, 어원학, 인류학, 민족학, 식물지리학, 식물생태학 등 다양한 각도에서 이를 종합적으로 논증하였다. 그는 "운귀고원과 세계 최고의 산맥인 청해성(青海省) 및 티벳지역의 히말라야 산맥은 한 덩어리로 연결되어 있고, 장강, 서강, 원강(元江), 란창강(瀾滄江), 노강(怒江) 등 대하류는 모두 이곳에서 발원하고 있다. 이곳의 기온은 열대, 아열대, 온대 등 각종 기후조건을 갖추고 있으며, 열대성, 아열대성, 온대성의 식물자원이 풍부하다. 식물지리학의 원칙에 의거하여 볼 때, 운귀고원에서 기원하는 벼의 품종은 서강, 장강과 기타 운귀고원에서 발원하는 하류의 흐름을 때라 그 유역 및 평원 각 지구에 분포하였다. 벼품종 이외에 감귤(柑橘), 용안(龍眼), 가지, 바나나, 비파(批杷), 양매(陽梅) 등 과수도 이 고원에서 기원한다. 이는 화중, 화남 및 인도지나와 동남아 각지의 농업발전에 결정적인 역할을 하였다.

류자명 교수는 단언하기를, 제4기 지질학 연대에 중국의 각 민족의 선조들은 황하고원과 운귀고원에 살았고, 당시 황하, 장강, 서강 등 유역의 평원지구는 일찍이 얕은 바다였다가 매몰되었기에, 벼의 품종이나 어떤 재배식물도 이들 하류나 중하류의 평원지구에서 기원하였다고는 생각할 수 없다고 단언하였다. 그들은 그저 운귀고원과 황토고원에서만 기원되었을 뿐이고, 바닷물이 나가버린 대륙이 만들어진 후에야 물을 따라 아래로 내려왔고, 그때 비로소 이들 지역에 분포되었을 것이라고 유추하였다.

그는 야생벼가 재배벼로 변화되어 가는 과정은 각 지역의 민족분화 발전을 가져온 역사조건과 밀접한 관계가 있다고 하였다. 신석기시대에 출토되는 물품을 통해 장강유역과 서강유역의 벼 재배 기술은 지금으로부터 6천년전에 이미 초보적인 시작이 이루어졌고, 인도의 벼 재배는 중국보다 2,3천년 늦게 시작되었다고 하였다. 남양 각지 벼 품종의 기원이 되는 태국, 미얀마, 등도 운귀고원에서 시작된 것이라고 하였다. 그리고 조선, 인도, 일본과 중국 영파(寧波)에서 벼에 대한 어원은 서로 동일하며, 또한 이들 지역의 벼의 기원이 중국이라는 사실 또한 이를 뒷받침해 주는 것이다.

류자명은 식물의 생물학적 관점에서 논증하였고, 벼를 인공재배라고 하는 조건하에서 유전과 적응에 의한 부단한 투쟁에 의해 발전 분화되어, 선도, 갱도 및 기타 각종 유형의 벼 품종으로 발전되었다고 하였다. 선도는 아열대 및 열대성의 특징이 있는바, 서강유역, 인도지나 및 동남아 각지에서 재배되는 것은 모두가 선도의 종류라고 하였다. 마왕퇴 1호 한나라 묘에서 출토된 볍씨가 갱도와 선도 모두 함께 출토된 원인에 대해서는 "호남은 장강유역과 주강(珠江)유역의 중간지대에 위치해 있어 갱도와 선도를 동시에 얻을 수 있어 발전을 가져왔다"고 분석하였다.[17]

이 논문에 대해 일본학자들은 벼 재배의 기원은 인도이고, 인도로부터 인도지나를 거쳐 남쪽에서 북쪽으로 전해져 중국에 이르게 되었다고 부정하였다. 이들은 또한 중국의 벼 전공자인 딩잉의 "중국에서의 벼 재배 기원은 화남이다"라는 설도 부정하였다. 따라서 류자명의 주장은 벼의 재배기원에 관한 문제에서 '일가지언(一家之言)'으로 평가되기도 하였다. 그

---

17) 『유전학보』, 1975년 제1기.

러나 그의 주장은 큰 학술적 의의를 가지고 있으며, 현실적으로도 응용할 가치가 큰 것이다.

4. 업무를 공경하고 사람들에 대해 친절하며, 사리사욕 없이 봉사하다

류자명 교수는 호남농학원과 중국 원예계에서 모두가 인정하는 지명도 높은 학자이고 전문가이기에, 1956년 그는 '3급 교수'로 인정받았다. 1963 년에는 호남성 고교청(高敎廳)의 비준을 받아 '2급 교수'로 승진하였다. 당시 중구그이 대학에서 이러한 자격을 가진 교수는 매우 드물었다. 하물 며 류자명 교수는 '국제적인 벗'의 신분이었다. 그러나 그는 늘 방종하지 않았고 다른 사람을 멸시하는 오만함을 보이지도 않았다. 그는 업무에 임 해서는 저극적인 책임감을 갖고 있었고, 청년들을 열정으로 대해 주었으 며, 그의 적극적인 생활 태도는 우애의 마음으로 동지들을 대해 주었다. 따라서 학식이 높을 뿐아니라 존경도 받을 수 있었다. 그는 언제나 허물 없이 사람들에게 접근하였다.

그의 당안(檔案, 개인자료) 가운데서, 우리는 동료들의 그에 대한 평가 에 접근할 수 있다. 즉 "업무에 임해서는 언제나 적극적으로 일관하였다." "모든 사람들과 관계가 좋았다." "모든 일을 적극적으로 받아들여 일을 함에 항상 만족해 하였다." " 용감하게 비평하였다." "열심히 청년들을 교 육·훈련 시켰다" 등의 표현이 반복적으로 나오고 있는데, 이는 그에 대한 사실적인 평가기록이라고 할 수 있을 것이다.[18]

업무를 존중하고 타인에게 친절하며, 사리사욕 없이 봉사하는 것이 류

---

18) 『류자명당안』, 정본 9류 1호, 3류 1호.

자명 교수의 고상한 인격을 대변하는 중요한 요소였고, 또한 다른 사람에게 매력적으로 보이게 하는 중요한 표현이었다.

1950년대 초 호남에 막 도착하여 후진교육에 임한 류자명은 '새로운 호남', '새로운 장사'를 건설하는 행렬에 투신하였다. 1951년 장사 시정부 원림처는 화훼학습반을 개설하였다. 배우는 사람들은 모두 실천 경험이 있는 화훼노동자들이었다. 학습반에서는 류자명 교수를 초빙하여 일요일을 이용하여 화훼학을 가르쳐 달라고 요청하였다. 이 반은 7년 동안 계속되었다.

류자명의 아들이며 호남대학 건축공정계 교수인 류전휘(柳展輝)는 아버지를 회고하면서, "1950년대 어느 일요일로 생각되는데, 새해가 곧 다가올 시기였다. 하늘에서는 눈이 많이 내리고 있었다. 50년대의 겨울은 매우 추웠다. 두 명의 화훼 노동자가 집에 와서 아버지를 만났을 때, 나는 비로소 아버지가 일요일에 장사의 원예노동자들에게 의무적으로 수업을 해오셨고, 수년 동안 한 번도 빠지신 적이 없었다는 사실을 알게 되었다. 당시 동당(東塘)에 있던 농학원 생도들이 걸어서 천심각(天心閣)까지 가는 데에는 대략 30분이 걸렸다. 매주 일을 해오신 아버지에게는 공휴일이 없었던 것이다. 오히려 아버지는 시종일관 만족해하시며 최선을 다하셨다. 후에 농학원이 완전히 새로운 곳으로 이전을 한 후에야 어쩔 수 없이 수업을 그만두어야 하셨다"고 회고하였다.[19]

『류자명전』의 작자인 숑안치 여사는 「신판 서문」에서 "류자명 선생의 호남 원예사업 발전에 끼친 공로는 지워질 수 없는 엄청난 공헌이며, 장사시의 미화에 대해서도 전심전력을 기울였으며, 장사시에서 개설한 화훼배훈반에서의 강의는 장장 7년간에 걸쳐 비바람에 관계없이 계속되었다. 그는 온몸에 눈을 맞으며 총총망망 들어와서도 항상 미소를 교실에

---

19) 류전휘, 「面對父親的照片我想說」, 『호남농업대학보』, 2004년 3월 30일, 3판

들어 왔다. 학생들은 그의 모습을 보며 언제나 감동에 젖곤 하였다. 중국 인민, 호남인민, 장사인민들은 존경할 수밖에 없는 한국의 국제 벗에 대해 뜨거운 사랑을 갖고 있다.”라고 적었다.

1960년대 장사시 농업국에서는 원예장에 포도재배를 확대하기 위해, 포도재배에 정통한 류자명 교수의 조언을 받고자 하였다. 이들이 요청을 받은 후, 류자명은 자신이 고심하여 번식시킨 60개의 포도 품종과 일년생 잡교묘(雜交苗) 전부를 무상으로 장사시 원예장에 기증하여 종식케 하였다. 그리고 바쁜 와중에서도 열정을 가지고 여러 차례 원예장을 방문하여 기술지도를 해주었다.

문화대혁명 기간 동안 류자명은 ‘국제우인(國際友人)’이라는 점에서 보호받을 수 있었다. 비로 학교수업은 정지되었지만, 류자명은 한시도 자신의 연구를 그만 둔 적이 없었다. 1970년대 초기, 그는 감귤류의 기원과 발전, 벼 재배의 기원과 발전에 관한 논문을 발표하였다. 그는 여전히 책방에 들렀고, 작은 삽을 손에 들고 자루를 메고, 농학원 부근의 유양하반(瀏陽河畔)에서 약용식물 100종을 채집한 후, 손수 호남의학원 부속2의원에 기증하였다. 이곳에 하나의 작은 약방이 문을 열 수 있도록 해주었다.

개혁개방 이후 많은 농민들이 과수와 화훼를 재배하는데 적극성을 띠면서 류자명 교수에게 편지를 띄우거나 찾아와 가르침을 받고자 하는 일이 많았다. 1979년 서포현(漵浦縣)의 딩원샤(丁元俠)란 농민은 류교수에게 자신의 심정을 밝힌 편지를 보내와, 포도재배를 발전시킬 수 있도록 가르침을 달라고 부탁하였다. 당시 85세의 고령인 류자명 교수는 많은 사람들에게 지식을 전해주었을 뿐 아니라, 알지도 못하는 농민에게도 친필로 답장을 하고, 신속하게 여러 가지 기술관련 자료를 보내주었다.

지금까지 살핀 사례들은 평범하게 보일지는 몰라도 매우 위대한 일이다. 비록 하나하나의 모든 일들이 평범하다고 하더라도 수십 년을 하루같이 자신의 신념을 견지해나가는 가운데 체현된 류자명을 정신은 진정으로 위대하다고 하지 않을 수 없는 것이다.

한 사람이 외국인으로서 조금도 자신의 이해와는 관계없이, 오로지 중국 인민의 농업교육과 원예사업을 자신의 일처럼 생각했기에, 온 힘을 다해 자신의 열정을 쏟아 부었던 것이다. 이러한 그의 필생의 업무에 대해 경외하는 것과 군중에 대해 친근하게 다가가는 것, 그리고 사리사욕을 배제한 봉사정신 등은 진정으로 머리숙여 존경해야 할 일이고, 그의 죽음 이후에도 잊혀져서는 안 될 일이다.

그렇다면 이러한 정신이란 어떤 것인가? 이것이 바로 국제주의 정신이고, 사리사욕 없는 봉사정신이며, 다른 사람을 도와주는 정신이고, 또한 김구 선생이 창도한 '최고문화(最高文化)'의 정신인 것이다.[20)]

지금 우리는 류자명 선생을 기념하며, 이러한 그의 정신을 계승·발전시켜야 할 시점에 서 있는 것이다.

---

20) 김구가 생각한 '최고문화'라 함은 국민 전체가 '聖人의 文化'를 이룩할 것을 요구하는 것으로, 숭고하고 참신한 문화, 사랑과 평화를 가장 숭상하는 문화를 가리킨다. 김구는, 한국인은 마땅히 인류의 모범이 될만한 '최고문화'를 가져야 한다고 주장하였다.(大韓民國臨時政府管理處編,『中國抗日戰爭與韓國獨立運動』, 眼光一聲出版社 2005年4月.)

柳子明在湖南农学院
－ 平凡而伟大的教师生涯 －

궈 한 민(郭汉民)

中国 湘潭大學 教授

韓國友人柳子明敎授在湖南農學院任敎34年, 他將自己宝貴的后半生奉 獻給了湖南農業敎育, 在敎學、科硏方面取得突出的成就, 并以自己崇高的人格贏得广大師生的崇敬。 本文擬就柳子明在湖南農學院的敎師生涯作一初步探討, 希望對柳子明硏究有所裨益。

一、 赴湘任敎适得其所

柳子明作爲一个韓國人, 能受聘到湖南農學院任敎, 并成爲這个學校的著名元老敎授, 是由多方面的歷史机緣造成的。

柳子明1894年1月13日出生于韓國忠淸北道忠州郡利柳面永平里一个普遍農家, 7歲起在家鄕私塾就讀, 學習漢文与韓文歷時7年, 硏讀過小學、 大學、 論語、 孟子、 通鑒、 唐詩和古文,[1] 下了比較扎實的中國文化基础。 1912年忠州公立普通學校畢業后, 曾在漢城硏精學院數學科修業一年左右, 考入水原農林學校, 學習三年, 具備了安身之命的專業知識基础, 畢業后又在忠州農業學校任敎三年, 這是柳子明職業生涯的開始。

1919年春, 朝鮮發生爭取脫离日本殖民統治的"三一運動", 這是朝鮮近 代歷史上一个重大事件, 一个重要轉折点, 從此朝鮮的民族民主革命運動蓬勃開

---

1) 『柳子明檔案』(藏湖南省檔案館), 全宗142, 3卷 405号。

展。柳子明受到這一潮流影響, 參加反日獨立運動, 幷流亡到中國, 曾任大韓民國臨時議會議員兼秘節, 還參加 "朝鮮義烈團", "朝鮮民族戰線聯盟" 及 "朝鮮義勇隊", 足迹涉及上海、北京、天津、武漢、桂林、重慶、廣州等地, 幷与廣州女士劉則忠結爲伉儷。1940年, 卽他的大女儿柳得木魯出生不久, 柳子明因生活所迫, 不得不脫离獨立運動而在中國農業技術机關從事職業生活,[2] 先后擔任福建省農業改進處農事試驗場技正和園藝實驗場場長,

中國回教救國協會桂林灵棗實驗農場主任、福建省福安縣康樂新林第二村籌備處主任 (一說簽名處主任)、台湾農業廳農業試驗所 "專門委員"、技術室主任兼付所長。這最后一个任職, 在柳子明『自傳』中爲 "任園藝系主任"。[3] 事實上, 在柳子明參加獨立運動期間, 已分別在泉州私立黎明高級中學擔任過生物學敎員, 在上海立達學園高中部農村敎育科擔任農業敎員幷在民國政府中央建設委員會實驗農場作過技師。這一系列的 "職業生活" 記录表明, 柳子明是一位學有專長的農業科技人才。這种難得的人才自然是新中國所急需的。

1950年6月24日 柳子明离開台湾, 計划取道香港回國。出乎意料的是, 6月25日朝鮮戰爭爆發, 柳子明回國的希望不能實現。何去何從, 自然成爲擺在他面前的一大問題。滯留香港的柳子明找到在港開辦正光化工厂的立達學園友好趙定毅, 趙与參加湖南和平解放幷出任湖南省人民政府副主席的程星齡有聯系, 程曾任福建省府秘書長, 柳在福建時与之亦有交往, 關系密切, 程曾爲柳介紹工作。正因爲有了這种緣分, 柳子明在趙定毅處打電報給程星齡, 希望留在新中國, 希望到湖南工作。一个月后, 柳子明在香港接到了程星齡的回信及湖南大學農學院的聘書, 1950年8月卽抵達長沙就任湖南大學農學院敎授。1951年3月, 農學院從湖南大學分立出來, 擴充爲湖南農學院, 柳子明受聘爲該院敎授兼園藝系主任, 這對柳子明來說, 可謂适得其所。

---

2) 柳子明,『自傳』,『柳子明檔案』, 全宗142, 第3卷 405号。
3) 『柳子明檔案』, 正本2類3号。

1953年全國農業院校調整時, 湖南農學院的園藝系并到了華中農學院。柳子明教授留了下來, 仍然在湖南農學院任敎, 担任實習農場主任和果蔬敎硏組主任。1959年湖南農學院再度組建園藝系, 柳子明敎授出任園藝系主任4)。

二、敎書育人頗著成效

柳子明敎授任敎湖南農學院之后, 30多年如一日, 勤勤懇懇, 敎書育人, 鞠躬盡瘁, 嘔心瀝血。有人記載說∶"在湖南農學院的校園里, 經常出現一位爲人們所熟悉的白發老人的身影, 他身穿妻子縫制的棉布質料的中國式中山裝, 手上提着一个小節包, 里面裝着筆、本、修枝剪。他從容、穩健地在葡萄架下和溫室里巡視, 哪个枝條該修剪了, 溫室里哪天該澆水, 水道的溫度應当控制到什么溫度, 他都細細地觀察着, 對比着, 試驗着, 記載着, 思考着," "他平凡得象个老農, 語調平靜, 講課時簡明扼要", "每句話里都滲透着老人多年來科學硏究試驗的心血。"5) 這位辛勤工作的老人就是柳子明敎授。

柳子明敎授從1953年到1966年 "文化大革命" 之前, 在湖南農學院先后講授過耕作學、農業史、果樹學、蔬荣栽培學、花卉園藝等課程。爲了提高敎學質量, 柳子明十分重視敎材建設。他自幼學過古漢語, 以极大的興趣查閱中國古代農業典籍, 從先秦的某些記載, 漢代『淮南子』、崔實『四民月令』, 北魏賈思勰的『齊民要求』到元人王禎的『農節』、明代徐光啓的『農政全書』, 王象晋的『群芳譜』、李時珍的『本草綱目』、淸代吳昊子的『花鏡』等, 广爲涉獵, 做了大量的筆記和摘彔, 結合自身從事科學試驗的經驗和請敎老農、果農所得的知識, 加以融合貫通, 編成敎材, 丰富敎學內容。据有人記載, 他"編寫的花卉學講義, 長達几十万字, 旁征博引, 內容极爲丰富。旣引述了中國古代花卉栽培

---

4) 『干部任免呈報表』(1959.9.5), 『柳子明檔案』正本1類2

5) 安奇, 『戴勛章的園藝學家－－柳子明傳』, 中國農業出版社 2004年 12月, 第44頁。

史, 也考証了世界花卉的种源和發展, 對中國珍貴的花卉品种牡丹、 山茶、 梅花、 杜鵑、 菊花、 蘭花的叙述更爲詳盡”.6) 1978年, 已是84歲高齡的柳子明教授還与北京林學院陳俊愉教授等合作編寫『園林花齊』一書, 1981年2月由上海科技出版社出版.

關愛靑年教師的成長, 是柳子明教授忠誠于農業教育工作的一大特色. 在這方面,可以說是有口皆碑. 1972年底從湖南農學院茶果專業畢業的張福泉, 留園藝系果樹敎研室任敎師, 受到系主任柳子明敎授的悉心指導, 如今已成爲湖南農業大學敎授、遺傳育种敎研室的學術帶頭人, 他在 『深切怀念國際友人柳主任』 一文中寫道:“柳主任非常癸心后輩的成長…1978年底, 柳主任赴北京朝鮮大使館接受朝鮮國旗勛章時, 特意托人在北京購置一套 (Essential English)共四本,帶回長沙送給我,這是当時學習英語的首推書, 柳主任再三鼓勵我要學好英語. 這部節爲我以后學英語發揮了作用, 至今仍然珍藏留作紀念”.“柳主任极富人情味, 對后輩生活上的事, 也十分關心. 1976年我結婚時, 柳主任讓師母送來調被面、 茶具等等, 表示祝賀.” 7) 柳子明敎授的生前助手, 湖南農業大學園藝園林學院魏文娜敎授說：“柳敎授對敎學科研十分嚴謹, 生活中却平易近人, 靑年敎師在敎學業務中有什么弄不淸的問題去請敎他, 他都樂于帮助解決. 他還經常湊入課堂听課, 在听課中對語言的表達, 板節, 敎具、 實物的使用, 哪怕是每一种園藝植物學名的中文、 拉丁文的表述都十分嚴格, 從不馬虎. 因此, 靑年敎師都從內心歡迎他 去听課.”8)

在柳子明敎授關怀帮助下, 50-60年代的一批學生, 像羅澤民、 康春林、 陳夢龍、 朱先明、 魏文娜等都已成長起來, 成爲湖南農業大學的敎授和學科學術骨干, 在湖南農大的發展中起着重要作用.

---

6) 安奇, 『戴勛章的園藝學家－－柳子明傳』, 中國農業出版社2004年12月, 第47頁.
7) 『湖南農業大學報』2004年 3月 30日 第3版.
8) 『湖南農業大學報』2004年 3月 30日 第3版.

柳子明教授的教書育人不限于大學校園之內，也不限于在校的學生。早在20世紀50年代初，柳子明卽開始利用星期天爲長沙的花卉工人义務講課，而且一講就是七年，風雨无阻，從不間斷，爲解放初期的長沙市容建設培養了大批應用型人才。有位中學畢業立志務農的農村青年劉頌福，是邵陽新化人，1958年到農學院拜柳子明爲師，向他求教果樹种植技術，柳子明教授滿腔熱情地予以指教和帮助。這位學有所成的室外弟子在邵陽成功种植无核蜜橘，以后又种植柑橘，花卉，前几年還成立了湖南花研科技有限公司，又開設花卉商店，承擔園林設計，成爲当地首先起來的創業人。他的儿子和孫子先后考入湖南農業大學深造，劉頌福自豪地宣称"三代農大人"。他還在自己的公司里建起"柳子明先生紀念室"，藉以表達對恩師的緬怀和景仰。9) 這些事例生動地表明，柳子明教授教節育人頗著成效，确實爲湖南園林花卉事業培養了大量的教學科學人員和生產建設者。

三、科學硏究成果丰碩

在湖南農學院教學育人的同時，柳子明教授還結合教學實際，潛心從事科學硏究,在中國農學史、園林花卉、果蔬栽培和稻谷起源等領域取得令人注目的丰碩成果。

關于中國農學史的硏究,柳子明發表了『中國古代農學与唯物主義思想』的長篇論文，就農業起源、農學史上唯物主義与唯心主義的分野、宋明 時期"以人力奪天工"命題的提出及其意叉以及中國農學与本草學的癸系等提出了一系列頗有价值的觀点。文章認爲，漢代以后出現的几部農節，如『齊民要術』、『農節』、『農政全節』、『群芳譜』、『花鏡』 等，都是中國古代農節中的代表性經典著作，他將這些古代農節以古代農學的名称加以總括，以便与現代農業科學相區別，旨在証明中國古代農學的成就依賴于勞動人民長期的生產斗爭經驗与

9) 安奇，『麵章的園藝學家－柳子明傳』第80頁。

歷代唯物主义思想的結合。中國古代農學家都認爲神農氏發明了農業, 而后稷則是發展農業的有功人物。文章針對農業起源的神造說, 明确提出了人爲說。指出：“神農氏是古代中華民族假托爲發明農業和医藥的人物。我們可以把神農氏當作原始農業氏族的代表, 那會更安全些。不管怎樣, 我認爲這是‘農業人造說’。”文章征引『農節』和『農政全節』的說法：“盖周家以農事開國, 實祖于后稷”, 認爲 “如果把后稷了解爲農牧分家時期的農業民族的代表, 便合于社會的客觀規律”。癸于中國農學的發展, 文章指出：“在戰國時代雖然已經出現了農家者流, 但系統的農學是在漢代開始成立。如氾胜之的‘區田法’、趙過的‘代田法’都是具有理論体系的農學。崔實的‘四民月令’和各种植物栽培法, 以及氾胜之的農節 (氾胜之節) 的一部分, 由北魏的賈思勰在‘齊民要求’里保存到現在, 千百年來在中國農業生產和農業學術上起了指導作用。”“宋代農學的成就很大”, 主要表現爲栽培植 物 “譜彔學” 的發達, 并且已具有現代自然科學的內容。宋代學者已認識到植物品种在人工栽培下不斷改變的事實, 以及人力創造植物新品种的可能性。文章探討了中國木草學与農學骨肉相連的癸系, 本草學的發達丰富了農學的內容, 同時農學的發達也丰富了本草學的內容, 其區別在于研究的方向和方法：農學主要研究植物的培育方法, 其研究范圍深入到每一种植物的生育規律, 植物与自然條件的癸系, 在這一方面, 中國農學者獲得了巨大的成就, 并得出了人力可以克服自然和改造自然的結論；本草學主要研究植物對人体生理的關系, 其研究范圍深入到每种植物的性質, 并了解其對人体保健和医療的作用。這一方面中國古医學者的成就和貢獻特別巨大。10)

花卉是柳子明教授造詣最深的領域之一。發表于園藝界權威刊物『園藝學報』上的『中國的薔薇和世界的薔薇』一文, 就是他的代表作。這篇論文概述了中國与歐洲薔薇栽培的歷史, 指出1621年王象晋『二如亭群芳譜』表明, 迄今300多年以前中國的薔薇品种已相当丰富, 而18世紀以前的歐洲薔薇品种比中國要

10) 『湖南農學院學報』1957年 第2期。

簡單得多, 旣缺四季開花的品种, 又沒有開黃花的品种。中國薔薇在18世紀末
到19世紀初輸入英法之后, 就歐洲人所重視。他們用中國薔薇和歐洲原有的薔
薇, 進行雜交和反夏回交, 創造出許多优秀的代表性類型, 現在广泛普及于世界
的优秀薔薇, 差不多全都帶有中國薔薇的血統。具体而言, 160多年來, 被利用
于創造新品种的薔薇原种約15种, 其中10种原産中國, 特別是香水月季和月季
花, 乃是現在世界上所有优秀薔薇品种群的重要祖先。薔薇的這种發展過程, 一
面反映了人工對自然界加以改造和創造的能力, 另一面反映了隨着人類文化的
發達和科學技術的進步, 栽培植物的种和品种的發展是沒有止境的11)。

在園藝領域內, 柳子明還撰寫幷發表了『關于葡萄一年多次結果的若干問題』12)、
『蕃茄种內雜交試驗總結』13)、『南瓜丰産栽培試驗總結』14)、『柑橘類的起源和
發展』15)。這些論文表明柳子明教授結合自己的教學實踐和科學實驗進行着不
懈的探索, 在水果和蔬菜的品种培育方面有所發現, 有所發明, 有所創造, 有所
前進。

特別值得提出的是, 柳子明教授的研究視野還擴展到園藝之外, 擴展到栽培
稻的起源。

1972年, 柳子明教授以78歲高齡應中國政府邀請參加馬王堆出土農産品的鑒
定工作, 幷負責鑒定節的起草。

馬王堆一号漢墓出土文物中, 農産品特別丰富, 种類繁多, 數量巨大保存完
好, 成爲出土文物中十分引人注目的部分。出土實物中發現有大麥、大豆、赤
豆、楊梅等的子實和种子。在解剖馬王堆一号漢墓女尸体時, 還從腸、胃及食
道中發現甛瓜种子138粒半。實物之外, 還有竹簡文字記載。在312片竹簡中,

---

11)『園藝學報』1964年　第4期。
12)『園藝通報』1959年　第3期。
13)『湖南農學院學院』1956年　4期。
14)『湖南農學院學報』1957年　第2期。
15)『湖南農業科技』1973年　第1期。

記載農作物名称的有24片, 包括稻、黍、小麥、粟、大麻等的子實及其制品；記載果品名称的有7片, 包括棗、梨、梅、桔等果實及其制品；記載蔬菜名称的有7片, 包括芥荣、葵荣、姜、藕、竹笋、芋等的种子与食品。在出土農産品中, 稻谷數量鉸多, 大部分粒型完整, 形態可以鑒別, 放大鏡下判明爲普通稻种, 依稻粒的形狀, 可明顯分別爲四种類型, 卽籼稻類型一种, 粳稻類型兩种, 粳型糯稻一种。從而可以推斷, 西漢初期的湖南稻谷种類相当丰富, 包括籼稻和粳稻, 粘稻和糯稻, 短粒和長粒等多种類型。

据記載, 在鑒定小組專家討論出土文物農産品的鑒定意見時, 對稻谷的學名曾出現了爭論, 因爲按已有文獻, 稻谷的分類和命各有不同的觀点。日本加藤氏把稻分爲印度稻亞种和日本稻亞种兩个類型, 中國水稻專家丁穎把稻谷學名定爲 "籼稻" 和 "粳稻"。鑒定小組經過討論, 決定采用丁穎的分類及學名, 中國科學院植物研究所有的同志對上述決定持保留態度16)。

稻谷在中國、在世界的農業生産中都占据重要地位, 分類与學名的爭論 事關稻谷的起源, 這一重大問題引起了柳子明教授的高度關注和深沉思索, 强烈的歷史責任感和學術使命感, 促使他不顧年老体弱, 去探討這个在國際上爭論已久的問題。經過兩年多的艱苦探索, 柳子明教授在 『遺傳學報』 上發表了專題論文 『中國栽培稻的起源及其發展』。這篇論文全面疏理半个世紀以來關于栽培稻起源的各种不同解見, 在此基础上, 依據西江流域和云貴高原多次發現野生稻的事實, 提出 "稻种的起源地可能是云貴高原" 的論点, 并從歷史學、地質學、語源學、人類學、民族學, 植物地理學、植物生態學等多角度多學科加以綜合論証。文章認爲, 云貴高原与世界最高山脉青藏高原和喜馬拉雅山連成一塊, 長江、西江、元江、瀾滄江、怒江等大河流, 發源与此, 具備熱帶、亞熱帶和溫帶的各型气候條件, 包括熱帶性、亞熱帶性和溫帶性的植物資源蘊藏非常丰富, 依据植物地理學的規律, 起源于云貴高原的稻种沿着西江、長江和

---

16) 安奇, 『戴勛章的園藝學家—柳子明傳』, 第56頁。

其他發源于云貴高原的河流順流而下，分布于其流域平原地區各處。出稻种外，柑桔、龍眼、荔枝、香蕉、枇杷、楊梅等果樹也起源于這个高原。這對華中、華南、以及印度支那和東南亞各地的農業發展起了決定性作用。柳子明斷言，在第四紀地質學年代，中國各族人民的祖先住在黃土高原和云貴高原，当時黃河、長江、西江等流域平原地 區，曾經爲淺海所淹沒，因此不能設想稻种或其他任何栽培植物起源于這些河流中下游平原地區。它們只能起源于云貴高原或黃土高原，在海水退出大陸后，順水而下，分布在可能分布的地區。至于野生稻演變成栽培稻的過程， 則与各地區民族文化發展的歷史條件有密切關系。新石器時代出土文物表明， 長江流域和西江流域的稻作技術在距今六千年前已初步建立， 而印度的稻作遲于中國兩三千年才開始， 南洋各地稻种來源于緬甸、泰國，卽其稻种還是起源于云貴高原，而朝鮮、印度、日本和中國波宁關于稻米的相同語源， 亦可作爲這些地方稻种源于中國的佐証。柳子明還從植物生態學的角度論証，稻谷在人工栽培條件下，由于遺傳和适應的不斷斗爭，逐步發展分化成籼稻、粳稻及其他各种類型。籼稻具有亞熱帶或熱帶性，西江流域、印度支那及東南亞各地栽培的，都是籼稻類型；粳稻具有溫帶性，長江流域、華北、東北以及朝鮮和日本等地栽培的都是粳稻類型， 從而對馬王堆一号漢墓出土的稻谷包括粳稻和籼稻在一起的原因，作出科學解釋，卽"由于湖南處在長江流域和珠江流域的中間地帶，所以粳稻和籼稻同時得到發展。"[17] 這篇論文既否定了日本學者關于栽培稻起源于印度，從印度通過印度支那由南而 北傳到全中國的觀点，也不贊成中國水稻專家丁穎關于"中國的栽培稻起源于 華南"的說法，至少在栽培稻起源問題上系統地提出了柳子明自己的"一家之言"，具有很大的學術意義和現實應用价值。

四、敬業樂群无私奉獻

---

17)『遺傳學報』1975年 第1期。

柳子明在湖南農學院和中國園藝界都是一位知名學者和頗負盛名的老專 家,
1956年卽定爲三級教授, 1963年經湖南省高教廳批准, 晋升爲二級教授, 這在当
時中國的大學里可算是鳳毛麟角。況且, 柳子明教授還是一位國際友人。然而,
他從不以此放縱自己, 也從不以此而傲視別人。他對待工作极端負責任, 對待
青年极端熱忱, 他以積极的態度對待生活, 以友愛之心對待同志, 學高位尊, 却
十分平易近人。在他的檔案中, 我們看到組織上的評語和同事們的鑑定, "工作
一貫積极", "群衆關系好", "工作積极肯干, 干勁足", "勇于開展批評", "熱心培
養青年"等話語反夏出現, 應該是對他的眞實紀录[18])。

敬業樂群, 无私奉獻, 是柳子明教授高尙人格的重要內涵, 也是他人格魅力的
重要表現。

早在20世紀50年代初, 剛到湖南任教的柳子明就投身于新湖南、新長沙的建
設行列。1951年長沙市政府園林處擧辦過一个花卉學習班, 學員都是有實踐經
驗的花卉工人, 請柳子明利用星期天爲學習班講授 『花卉學』。這个班一直持
續了七年。柳子明的儿子、湖南大學建筑工程系教授柳展輝回憶他父親說:
"記得20世紀50年代有一个星期天, 新年就要到了, 天上下起了大雪－－50年代
的冬天還眞冷啊, 兩位長沙的花卉工人到家里來接您, 我才知道, 您一直利用星
期天給長沙的園藝工人們義務講課, 數年來從未間斷。從当時在東塘的農學院
徒步走到天心閣, 大約需要半小時, 每周如此, 基本上沒有星期天, 您却始終情
緖飽滿, 勁頭十足。后來完全是因爲農學院搬遷新址, 教學才不得不中斷了。"
[19]) 『柳子明傳』作者熊安奇女士在 『新版跋』中也寫道:"柳子明先生對湖南
園藝事業的發展有不可磨減的重大貢獻, 對長沙市容的美化盡心盡力, 并爲長
沙市開設花卉培訓班長達7年, 風雨无阻, 上門授課。有年天下大雪, 花卉培訓

---

18) 『柳子明檔案』, 正本9類1号, 3類1号.
19) 柳展輝:『面對父親的照片我想說』,『湖南農業大學報』2004年 3月 30日 第3
版.

班的學員都以爲先生不會來上課了, 正顧盼中, 柳子明教授披着滿身雪花勿勿赶來, 微笑着出現在教室中。學生們深深被感動了。中國人民、湖南人民、長沙人民深深熱爱這位可敬的韓籍國際友人。"

60年代, 長沙市農業局要在園藝場推广葡萄种植, 對葡萄种植深有研究的柳子明聞訊之后, 立卽把自己苦心繁育的60个葡萄品种和一年生雜交苗, 全部无償送給長沙市園藝場种植, 幷不顧年事高邁, 滿腔熱情地多次前往園藝場作技術指導。

"文化大革命"期間, 柳子明因系國際友人而受到保護。學校雖然停了課, 柳子明都沒有停止自己的研究工作, 他關于柑橘類的起源与發展、栽培水稻的起源与發展的論文, 都是在70年代初期發表的。除此之外, 他還走出書房, 手執小鋤, 身挎標本袋, 在農學院附近的瀏陽河畔采集藥用植物一百种, 親自贈送給湖南医學院附屬二医院, 在那里建起一个小型藥圃。

改革開放以后, 許多農民提高了种植果樹和花卉的積極性, 來人來信向 柳子明教授請教者不少。1979年, 溆浦縣一位名叫丁云俠的農民, 抱着試一試的心情給柳教授寫信, 求教發展葡萄栽培的事, 沒想到85歲高齡的柳子明教授不但給這位素不相識的普通農民親筆寫了回信,而且還很快爲他寄去一些技術資料。

上述事例, 看似平凡, 實則偉大。一件一件事, 都是平凡的, 但數十年 如一日堅持做下來, 其中所体現的精神却是偉大的。

一个外國人, 毫无利己的動机, 把中國人民"業教育和國藝事業当作 自己的事業, 兢兢業業, 勤勤懇懇, 傾注了滿腔的熱情, 付出了畢生的精力, 敬業樂群, 无私奉獻, 眞可謂鞠躬盡瘁, 死而后已。這是什么精神？這是國際主義精神, 這是无私奉獻、樂于助人的精神, 也就是金九先生所倡導的"最高文化"精神[20]。

---

20) 金九認爲 "最高文化" 就是要求全体國民皆成爲圣人的文化, 是崇高而新穎的文化, 最崇尙仁愛与和平的文化。金九主張韓國人應当 "擁有最高文化", "成

今天我們紀念柳子明先生，正是要弘揚這种精神。

나의 아버지 류자명을 회억하며
- 한 한국인사가 호남과 맺은 인연 -

류잔훼이(柳展輝)
전 중국 湖南大學 교수, 류자명 선생 아들

1. 부친은 어떤 사람인가

올해 4월 한국의 독립기념관 수석연구원 박걸순 선생이 장사에 다녀갔
다. 그는 중경대한민국임시정부 구지 진열관의 이선자 부관장, 강미 주임
과 함께 나의 부친 류자명 선생의 생애와 연구를 위하여 자료 수집을 목
적으로 온 것이다. 나의 부친은 예전에 독립운동을 종사하였으며 한국의
독립을 위하여 크게 기여한 바 있다. 그리고 1950년부터 장사에 정착하여
잇따라 호남대학과 호남농학원의 교수를 담당하면서 중국의 농업교육과
농업연구에 크게 기여하기도 하였다. 부친은 한국의 독립운동가 뿐만 아
니라 또한 중국의 농업가이기도 하다.

박 선생님과 이야기 나누던 중 그는 이런 말을 하였다. 그 분은 나의
고향 충청북도 충북대학교의 교수를 겸임하며 충북대학교에서「류자명
선생님」이란 과정을 개설하였다 한다. 이 과정을 끝나고 학생들에게 류자
명 선생님이 삶에서 3차례 고비에 부딪혔을 때 어떤 선택을 했고, 부친의
3차례 운명의 전환점이 되었는데 만약 학생들이 이런 고비에 봉착하면

어떤 선택을 택할지 정리해 보라는 과제를 냈다고 하였다.

이 3차례 전환점 중 마지막 2차례는 모두 호남 장사와 밀접한 관계가 있다. 대개 독립운동에 종사한 한국인들은 중국에서 장기적으로 생활하였기 때문에 이것은 조금도 이상하지 않다. 그러나 부친은 왜 장사에 최종 정착을 했는지, 중국에서 후반생 삶을 보냈는지 이 점은 연분이라고 해석을 할 수 밖에 없는 듯하다.

이 떼어 놓을 수 없는 인연을 정리하기 위하여 부친의 삶을 간략하게 회고할 필요가 있다. 부친은 1894년 1월13일 한국 충청북도 충주군(현재 충주시) 이안면 영평리의 한 농가에서 태어났다. 청년시절에 수원고등농림학교(현재 서울대학 전신의 일부분)를 졸업하고 고향에 농업학교에서 교편을 잡았다. 당시 한국은 일본제국주의의 잔혹한 식민지 통치 아래에 있었는데, 부친은 식민지의 야만통치를 증오하고 혁명사상을 받아들여 학생들에게 일본제국주의를 항거하여 독립운동을 해야 한다는 사실을 가르쳤다. 1919년 3월 1일 조선반도에서 제국주의 식민지를 반대하는 3.1독립운동이 발발하였다. 부친은 의연히 이 혁명투쟁에 투신하였다. 이후 혁명조직의 주선 하에 비밀히 중국에 와서 각지를 전전하다 드디어 상해에 도착하여 상해 한국임시정부의 충주 대의원에 임명되었다. 그리고 조선의열단(1924), 조선민족혁명당(1926), 남화한인청년연맹(즉 조선무정부주의자연맹의 공식 명칭, 1932), 조선민족전선연맹(1937), 조선의용대(1938) 등 혁명조직 중에 지도자로 활약하였다. 어려운 환경에서 한국의 독립사업에 일을 많이 하셨고 예컨대 의사를 국내에 파견하여 총독부나 한국에 있는 일본 식민지 기구를 습격하거나 문장으로 일본 제국주의의 야만 침략 행위를 폭로하고 각 혁명 계열과 연락하며 한국임시정부 주석 김구 선생님을 도와 한국 각 계열 혁명 역량의 통합을 촉성하였다.

아울러 부친은 중국에서 농업기술과 농업교육사업에 종사하여 중국의 진보 인사와 교제를 하고 합작하였다. 그 중 1930년부터 1935년까지 상해 입달학원 농촌교육과에서 교편을 잡았다. 1941년 계림에서 영조농장(靈棗農場)에서 기술 지도를 하였다. 1944년 민동(閩東) 복안현(福安縣) 계병향(溪柄鄉)에 '강락신촌' 제2촌에서 주비공작을 주관하였고 전시 고아를 수용 교육하였다. 1945년 8월 일본제국주의 무조건 항복 후 부친은 대만성 농림청 기정(技正)에 부임하였다. 1950년 6월 대만을 떠나 호남대학에 교수로 초빙되어 호남대학 농학원 농예학교 주임을 담임하였다. 1951년 농학원은 호남대학에서 이탈하여 호남농학원으로 독립하였다. 부친은 호남농학원의 교수로 실습농장의 주임도 겸임하였고 원예학과 주임 등 직무를 담당하였다. 호남농학원에 근무하는 동안에 학술성과는 다음과 같이 취득하였다. 감귤(柑橘) 기원의 연구, 포도 일년 다숙(多熟) 연구, 화훼 재배와 원림 분포 연구, 마왕퇴(馬王堆) 한묘(漢墓) 출토 농작물 연구, 마왕퇴 한묘 출토 농작물에서 기인하는 벼 재배의 기원 등의 연구 성과를 거두었다. 호남농학원에 근무하는 기간 중국 원예학회 이사, 중국 원예학회 호남성 분회 부회장, 명예회장 등 직무를 담임하였다. 정년 퇴직 후 호남농학원 원예학과 명예 주임 등 영예를 받았다.

부친께서 받은 주요 영예는 다음과 같다.

1978년 12월, 조선민주주의인민공화국 김일성 주석은 류자명 선생님의 역사 공적과 중조인민의 우의를 증진시키는데 기여한 것을 표창하기 위하여 3급 국기 훈장을 수여하였다.

1991년 4월 13일 점차 민주화로 매진하는 대한민국 정부 대통령 노태우는 류자명 선생님의 한국독립운동에 기여한 데 대하여 표창하기 위하여 작고하신 부친에게 건국훈장 애국장을 수여하였다.

1984년 2월 26일 중국농학회에서 '농업 과학연구, 교육, 보급, 행정 공작을 50년 이상 종사자, 나이가 75세 이상 원로 농업 과학가' 칭호를 받아 중국 농학회에서 표창장을 수여하였다.

1985년 3월 방의(方毅) 부총리께서 서문을 쓰신 『중국현대 농학가전』 제1권이 출판되었는데, 여기에 부친의 생애와 활동이 제3위에 배열되어 수록되었다.

1996년 11월 26일 호남성 과학 기술 협회에서는 건국 이래 과학기술의 진보와 경제 진흥과 사회발전에 현저한 성적을 거둔 과학기술자를 선양하고 기리기 위하여 80명을 제1회 '호남 과학기술의 별'을 임명하였다. 부친의 이름도 그 중에 포함되었다.

2004~2005년 충주시는 류자명 선생의 고향에서 충주 출신의 3명 독립운동가인 류자명, 서정기(徐廷夔), 이일신(李一信)을 기리는 독립유공자 추모비를 세웠다. 추모비가 수립된 후 2005년 3월 1일 한국 3·1운동 기념일에 거대한 추모비 제막식을 거행하였다.

2005년 7월 한국 정부는 류자명 선생님을 2006년 1월 '이달의 독립운동가'로 선정하여 기념하였다.

박걸순 선생은 나의 부친의 생애에서 3번 중요한 전환점에 봉착하였다고 하였는데 첫 번 째는 당시 고향을 등지고 떠나 독립운동에 투신하였고 괜찮은 교원직과 행복한 가정을 떠나 위험하고 가난하고 고생스러운 망명생활을 시작한 것이고, 두 번째는 1950년 대만을 떠나 한국을 돌아 갈 계획이었는데 홍콩을 경유할 때 조선전쟁이 발발하여 몇 가지 대책 중에 사회주의인 중국 대륙을 선택하였고, 세 번째는 1957년 조선전쟁이 휴전 이후 조선정부의 명령을 받아 조선에 들어가 전후 건설에 참가하라는 요구에 호남성 정부와 호남농학원의 만류로 인해 중국에서 계속 농업교육과 농업 과학 연구를 선택한 것이다. 두 번째와 세 번째 전환점은 호남 사람과 장사시와 연결된 것이다.

2. 최초로 사귄 호남의 친구

한국에서 현재 나의 부친을 연구하는 역사학자들은 부친이 여타 독립
운동가들과는 다른 두 가지 특징이 있다고 한다. 하나는 부친이 혁명운동
을 종사하는 동시에 자기의 전공에 맞는 일에도 종사하였고, 또 하나는
부친이 자기 나라 동지들과 친분을 맺을 뿐 만 아니라 중국 인민 속에 융
합하여 중국 친구와 아주 두터운 우정을 맺은 것이다.

중국 친구로 말하자면 부친의 삶에서 위기가 닥칠 때마다 고비를 넘길
수 있는 중요한 요소가 되었다. 이 친구들 중에는 호남 출신이 중요하고
특별한 위치를 차지한다. 소동(邵東) 출신인 광호생(匡互生) 선생님은 저
의 부친께서 사귄 중국 친구 중에 첫 번째로 꼽히는 분이다. 광 선생님은
소년시절부터 민주진보 사상과 민족혁명 사상을 받아 들여 구국을 자기
의 소임으로 삼았다. 1911년 신해혁명 시기에 중학생인 광 선생님은 혁명
적 학생군에 가담하였다. 1919년 북경고등사범학교(즉 북경사범대학) 수
리부(數理部)에서 공부하고 있는 광 선생님은 5·4운동의 중요한 조직자이
자 선도자이고 조가루(趙家樓)를 불태우는 행동에서 제일 먼저 담을 넘어
조여림(曹汝霖)의 집에 들어 간 사람이다. 그는 호남 제1사범학교 교무 주
임을 담당 할 때(1920) 학교의 대학 졸업생이 아닐 경우 학교 교사를 담
당하지 못한다는 낡은 규범을 타파하여 부소주사(附小主事, 교장)는 교사
담당 자격이 있게 하여 모윤지(모택동)를 제1사범의 교사로 임명하였다.
광 선생님은 '신민학회'에도 가담하였다. 1925년 상해에서 입달학원을 창
설하여 선생님의 새 교육사상과 교육방법을 실천에 옮긴 중요한 표지가
되었다. 1933년(42세) 직장암으로 한창나이에 세상을 떠나 그의 웅장한
포부를 실현하지 못하여 아쉬움을 남겨주었다. 하지만 오늘날까지 교육
계에서 광 선생님의 교육사상을 연구하는 사람이 끊이지 않고 있다.

1928년 2월 28일 부친은 무한에서 한국혁명지사 몇 명과 한국 3·1독립운동을 기념하기 위하여 회의를 개최하고 있을 때 일본 주재 한구(漢口) 영사관에서 발각되어 무한(武漢) 경찰국에 공산당들이 회의를 열고 있다는 거짓 보고를 하여 부친 등 10명은 경찰국에 체포되고 말았다. 한국 임시정부와 한국 교민 단체에서 다방면으로 구원하여 8월 28일에야 석방되었다. 석방된 부친은 곧 남경으로 갔다.

남경에서 부친은 중국 친구 원소선(袁紹先)을 알게 되었다. 1929년 겨울 원선생님의 계획과 준비 끝에 남경 중산문 외에서 '한복염열사기념농장(韓復炎烈士紀念農場)'을 창설하였다. 원 선생님의 소개로 부친은 이 농장에서 기술직을 담당하였다. 당시 농장에서는 상해 입달학원 부속농장에서 꿀벌 한 박스를 가져다 키우기로 결정하였다. 입달학원의 교무위원회 주임 광 선생님은 직접 꿀벌을 가져다주었고 상세하게 키우는 방법도 설명해 주었다. 부친은 이리하여 이 5·4운동의 맹장을 알게 되었다. 1931년 봄 부친은 입달학원 고중부 농촌교육과에서 교편을 잡게 되었다.

한국의 3·1운동은 중국의 5·4운동과 같은 해에 2개월 밖에 차이가 나지 않게 발발했다는 것은 같은 반제 반봉건의 역사 배경 하에 처해 있었고 더구나 광 선생님과 나의 부친은 무정부주의를 신앙했기 때문에 국적이 다른 두 사람은 신속히 친해졌다.

입달학원에서 교편을 잡은 사람들 중에 중국 저명인사가 적지 않았다. 예컨대 주광잠(朱光潛)·주위군(周爲群)·유훈예(劉薰予)·풍자개(豊子愷)·하개존(夏丏尊)·엽성도(葉聖陶)·하연(夏衍)·호유지(胡愈之)·주예동(周予同)·유대백(劉大白)·진지불(陳之佛)·주자청(朱自淸)·심안빙(沈雁冰)·정진탁(鄭振鐸)·심중구(沈仲九)·진범예(陳范予) 등이 그들이다. 입달학원은 당시 교사를 초빙할 때 초빙서를 발송하지 않았고 교사의 대우는 일인당 일률적으로 60원이었다. 자격과 경력, 교육 경험으로 볼 때 나의 부친은 이 사람

들과 비교가 안 될 정도이고 뿐만 아니라 이 분들 중에 많은 분이 5·4운
동에 참여한 저명한 맹장들이다. 그러나 광 선생님은 관례를 깨고 부친에
게 월급을 80원이나 주었다. 그 원인은 조선 민족은 피압박민족이며 중국
사람은 그들을 지지해 주어야 한다는 것이다. 여기서도 광 선생님은 얼마
나 숭고한 사상을 지니고 있는지 쉽게 알 수 있다.

교육사상에서도 두 분은 공동한 인식을 갖고 있다. 더욱 중요한 것은
광 선생님의 교육사상과 교학방법은 나의 부친에게 많은 영향을 주었다.
이 점은 그 뒤 부친이 「광호생선생님 인상기」 중에 선생님의 사상과 방법
을 다음 5가지 방면으로 정리하였다. 교육과 생산노동의 결합, 학생이 학
교관리에 참석, 학생들이 서로 가르치고 학습하며, 공개적으로 학교를 운
영하며, 학생·공인·교사가 서로 결합하여야 한다. 부친의 분석은 매우 정
확하였다. 부친은 광 선생님의 사상과 방법을 매우 깊게 이해하고 있다는
것을 잘 알 수 있다.

입달학원의 이런 특별한 점이 있었기 때문에 광 선생님께서 불행히 일
찍 돌아가신 후 학교가 유지하기 어렵게 되어도 입달학원의 학생과 교사
들은 시종일관 친한 관계를 유지하였다. 특별히 언급해야 할 것은 광 선
생님의 둘째 딸인 달인(達人)과 파금(巴金)의 아우 이채신(李采臣)은 이 시
기에 모두 부친의 제자가 되었다. 이 외에 부친의 제자 중 훗날 저명한
남양(南洋) 실업가로 성장한 양조휘(梁祖輝) 선생님은 우리 집 매번 곤란
에 봉착할 때마다 아낌없이 주머니를 열어 도와주었으며 우리로 하여금
감사해 마지않게 하였다. 대만에 이육화(李毓華) 선생님은 부친에 대한 감
사의 마음을 한시도 잊지 않고 마음에 두고 부친의 삶을 기술하는 책이
출판하기를 간절히 바랬다.

입달학원에는 호남 분이 몇 명인지 잘 모르겠지만 심중구 선생님은 장
사 제1사범학교에서 교편을 잡은 적이 있으며 그의 부인 호완여(胡琬如)

여사는 호남 출신이며 이외에 종도용(鐘濤龍)·소포초(蘇抱樵)·장학지(蔣學知) 등도 아마 호남 출신이었을 것이다. 심중구 선생님의 자형 진의(陳儀) 선생님은 복건성 성장을 담임한 적이 있으며 광 선생님이 돌아가신 지 얼마 안 되어 심 선생님은 복건성 정부의 고문으로 부임하였다. 그 후 유건서(劉建緒)가 성장으로 계실 때 성정부의 고문을 다시 담당하였다. 이 것이 바로 나의 부친이 복건성에서 일을 하고 광복 후에 대만에서 일을 하며 심지어 최후에 장사에서 정착하는 것과 연결될 것이다. 바꾸어 말하자면 부친은 상해 입달학원에서 사귄 많은 친구들이 부친이 이후에 발전과 업적을 취득하는데 결정적 작용을 하였다.

3. 항일전쟁 어려운 시기와 승리 전후 호남의 친구

부친께서는 1935년 6월 입달학원 농촌교육과를 떠나 남경으로 가서 정부의 농촌진흥위원회에서 마련한 동류농장(東流農場)에서 기술직을 담임하였고 동시에 한국 항일독립운동에 종사하였다. 1937년 7·7사변 후 남경에 있는 혁명단체들은 통합을 이루어 조선민족전선연맹을 수립하였다. 조선민족혁명당의 지도자 김약산은 연맹의 주임위원을 담당하였고 부친은 비서를 담당하였다. 이 후 상해가 함락하고 일군이 나날이 무석(無錫)에 가까워지자 조선민족전선연맹의 구성원들과 가족들은 어쩔 수 없이 무한으로 철수하였다. 1938년 한국혁명조직은 무한에서 조선의용대를 수립하고 전선연맹의 구성원들은 당연히 의용대의 대원이 되었다. 김약산은 대장에 취임하였고 나의 부친은 제3지대의 지도원을 담당하였다. 조선의용대는 중국 국공합작한 정치부 산하에 두고 부장은 진성(陳誠), 부부장은 주은래(周恩來)였다. 의용대는 군사적으로 1청의 지도아래 청장은 국민당의 황포파 군인이며, 적후공작과 대적 홍보는 3청의 지도를 받았고 청장은 곽말약(郭沫若)이었다. 이때 무한 보호전은 이미 시작하였고 의용대 일부분은 호남을 지나 계림으로 철수하였고 다른 일부분은 하남(河南)을 거쳐 연안으로 철수하였다. 1938년 겨울 부친은 제1부분을 따라 형산(衡山)·형양(衡陽)·소양(邵陽)을 거쳐 계림(桂林)에 도착하였다. 그 후 중경에 도착(이 때 한국임시정부는 이미 중경으로 철수하였다)하여 한국임시정부 주석 김구 선생님을 도와 민족통일 전선을 실현하였고, 1940년 봄 복건에 가서 진의와 심중구 고문의 배려 하에 복건성 농사실험장과 원예실험장에서 기술담당을 하였다. 그러나 하반기에서 '회족구국협회(回族救國協會)' 마종융(馬宗融) 위원의 초청으로 다시 계림으로 돌아와 회교구국협회에서 전시 인원들의 생활문제를 해결하기 위하여 꾸린 영조농장(靈棗農場)에서 기술 지도를 담당하였다.

　상해시기에 나의 부친은 무정부주의 사상을 받아들여 중한 양국의 무정부주의자들과 내왕이 비교적 많았다. 그 중 입달학원의 광호생·심중구·진범예·나사미(羅斯美)·위혜림(魏惠林)·마종융과 부인 나세미(羅世彌)는 모두 무정부주의자였으며 입달과 친한 국민당 중앙당부의 원로 오치휘(吳稚暉), 이욱영(李煜瀛)도 무정부주의를 신앙하였고 파금도 입달과의 관계가 밀접하였고 당시 많은 사람들이 입달학원을 무정부주의 학교로 간주하였다. 그 때 상해 프랑스 조계에 사천 사람 등몽선(鄧夢仙)이 꾸린 화광의원(華光醫院)이 있었는데 등몽선도 무정부주의자였기 때문에 이 병원도 무정부주의자들의 거점이었다. 나의 부친과 파금의 친분도 여기서부터 시작하였다. 비교적 저명한 한국 무정부주의자는 이회관(李晦觀)·이우관(李又觀)·정화암(鄭華岩) 등이 있다.

　부친은 무한에서 계림으로 철수 하는 도중에 소양(邵陽)에 잠시 며칠 머물러 종도용(鐘濤龍)의 집에서 보냈는데 이것은 부친이 최초로 호남에서 머물던 곳이다. 이 외에 상해에 있을 때 누구의 소개인지 모르겠지만 소양에서 하만진(賀滿眞) 선생님(賀渌汀의 형님)을 위하여 일본의 무핵감귤(無核柑橘)을 도입하였다. 이것은 부친이 호남에서 과수 재배와 맺은 최초의 관계라 하겠다. 영조농장에서 일하는 동안에 부친은 호남의 친구 하명강(夏明綱)·종도용·소포초(蘇抱樵)·장학지(蔣學知) 등과 종묘농장을 설립하였다.

1944년 일본 침략군은 계림을 함락시켰다. 계림이 함락 직전 계림을 떠날 교통수단을 찾을 수 없었다. 우리 가족은 아주 위험한 경지에 처해 있었다. 일단 일본군이 계림을 점령하면 일찍 일본 경찰에 요시찰인이었던 부친은 일본의 마수에서 벗어나기 어려울 것이다. 이 무렵에 복건성 정부에서 비서장을 담임하고 계신 호남친구 정성령(程星齡) 선생님이 우리를 구해 주었다. 본래 복건성 은행은 계림에 지행이 설치되어 있었다. 지행에서 차량 한대가 지행의 짐을 싣고 복건성으로 철수할 때 정 선생님은 꼭 우리 가족을 데리고 가라는 당부를 하였다. 이것이 계림에서 철수할 수 있는 마지막 차량이었을 것이다. 우리 가족은 이렇게 위험에서 벗어날 수 있었다.

정 선생님은 복건성에서 '강락신촌'을 창설하여 전시 고아를 수용하고 가르쳤다. 신촌은 탁월한 효과를 거두었기 때문에 성정부에서는 민동(閩東) 복안현(福安縣) 계병향(溪柄鄉)에서 제2촌을 개설하기를 결정하였다. 정성령 선생님은 준비 작업을 나의 부친에게 위탁하였고, 부친은 사진(謝眞, 심중구가 복건성에서 키운 인재), 이회민(李懷民, 복건 출신, 입달에서의 부친 제자)과 임경황(林景煌)과 같이 일을 하게 되었고 1년 내에 복안(福安)·합포(霞浦)·영덕(寧德)·연강(連江)·주돈(周墩) 등지에서 60여 명의 아동을 수용하였다. 그러나 불행하게도 복안현 현장 호방헌(胡邦憲) 등은 공산당의 혐의로 면직을 당하고 체포까지 당하였다. 정성령 선생님도 중경에 수감되었다.

1945년 중한 인민은 드디어 장기적인 항일전쟁 승리의 시각을 맞이하였다. 일본침략자는 드디어 패망해 투항을 하였다.

복건성 전 성장이고 현 국민정부 행정원 비서장인 진의(陳儀) 선생님은 대만 행정장관공서(行政長官公署)의 장관으로 임명되어 대만을 인수하는 사업을 전면 주관을 하여 심중구 선생님은 장관공서의 고문을 담임하게 되었다. 이 작업은 인재가 필요했기 때문에 진의는 부친을 초청하여 대만 농림처(얼마 후 농림청으로 개칭)에 농사실험장 원예학과 주임 등을 담임하게 하였다.

진의는 또 정성령을 보석하여 대만에 가게 하였다. 그러나 정성령은 대만에서도 군부 감옥에 연금되었다. 1947년 대만 2·28 사건 직후 장개석은 진의선생님이 공산당과 내통하고 변절하였다고 의심하여 진의를 뜻밖에도 총살하였다. 이 일이 있은 후 부친은 진 선생님의 가족과 같이 그의 시신을 찾아 본 적이 있었다.

4. 대만을 떠나 장사에 정착

1949년 중국 대륙은 해방을 맞이하였다. 중화인민공화국이 수립되었다. 대만은 혼란스러운 분위기에 빠졌다. 한편으로는 전쟁의 분위기가 나날이 짙어지고 또 한편으로는 물가가 상승하고 통화 가치의 하락으로 악성 형사 사건도 날로 늘어나고 있다. 1950년 들어서 각국 정부는 한국정부를 포함하여 교민을 철수시켰다. 부친은 그 당시 진의 선생님의 초청으로 대만에 와 있었고 중국 대륙에 많은 한국 사람과 같이 꿈에도 그리운 고향으로 돌아가지 않았다. 지금 진 선생님은 이미 돌아가셨고 대만도 사람을 실망시키자 부친은 한국대사관 영사부에 귀국 보고를 올렸다.

그러나 대만에 처음 갔을 때는 대만에서 5호연보제(五戶聯保制)를 실시하여 매 가정마다 국민신분증이 있어야 했으므로 부친은 중국인으로 보고를 올려 신분증을 수령하였다. 그리하여 경무처에 출국 신청을 할 때 국민신분증을 먼저 취소시켜야 만이 출국증을 발급 받을 수 있다고 하였다. 이 수속을 밟은 절차가 반년을 걸렸다. 이와 같은 시기에 한바탕의 한국전쟁이 조용히 획책되고 있었다.

부친께서 선택한 경로는 기륭(基隆)에서 출발하여 홍콩을 거쳐 한국(목적지는 부산인 듯하다. 당시 나의 나이는 8살이라서 확실하게 잘 모른다)에 들어가는 것이다. 나의 기억으로는 3일 2박인지 2일 1박인지 기선을 타고 1950년 6월 25일 저녁 무렵에 홍콩에 도착하였다. 상륙 후 부친은 신문에서 놀라운 소식을 보았다. 한국전쟁이 당일에 발발하였다. 그리하여 부친은 일생 중에 두 번째로 긴급하게 선택을 해야 할 고비를 직면하게 되었다.

갈 길은 세 가지가 있었다. 하나는 대만으로 돌아가는 것, 둘째는 홍콩에서 거처를 바꾸어 홍콩이민 당국의 검사를 피하여 홍콩에 있는 친구의 도움에 홍콩에 체류(그 당시 이것은 그리 어려운 일이 아니다)하는 것, 세 번째는 중국 대륙으로 가는 것이다. 부친은 당시 중국에서 독립운동을 종사하면서 중국공산당의 목표와 주장에 이해한 적이 있어 조선의열단이 조선민족혁명당으로 개조한 것도 공산당의 영향을 받은 결과이고 당의 제일 중요한 지도자 김약산은 중국공산당에 가입한 적도 있다. 때문에 부친은 조금도 망설임 없이 새 중국으로 가기로 결정하였다.

정성령은 진의 사망 후 언젠지 모르겠지만 장개석으로부터 고향 소양에 수감되었다. 비록 자유는 제한되었지만 그는 비밀히 정잠(程潛)과 연락하여 함께 호남의 평화적인 해방을 계획하였다. 그 본인도 해방 후에

호남성 정부의 부성장을 담임하였다. 부친은 또 한 번 도움을 청하기로
결정하였다. 부친이 또 한 친구를 생각해 냈는데 그분이 바로 상해에 있
는 중국 저명의 생물학자 주세(周洗)이다. 정성령은 부친의 편지를 받고
즉시 행동을 취하여 한편으로는 호남대학 이달(李達) 교장에게 추천서를
쓰고 또 한편으로는 성농업청과 연락을 취하였다. 두 방면에서 모두 긍정
적인 답장을 보내왔다. 이달교장은 친히 초빙서를 홍콩에 부쳐 주었다.
이어 상해에서도 환영한다는 편지가 왔다. 부친은 호남의 초빙서를 먼저
받았다는 이유로 호남에 부임하기로 결정하였다. 그리하여 우리 일가는
1950년 7월 장사에 도착하였다.

호남대학은 부친이 외국인이라고 꺼리지 않고 부친을 충분히 신임하였
다. 부친은 교수를 담당했을 뿐만 아니라 농학원 농예학과의 학과 주임도
담당하고 뒤이어 학교 학술위원회(學術委員會), 녹화위원회(綠化委員會),
공회(工會) 등 기구에서는 일련의 초빙서가 잇달아 왔다.

새 중국은 농업발전을 매우 중요시하였다. 건국 초기에 경제가 완전히
회복하기 전인 1951년에 호남성은 농학원을 호남대학에서 분리시켜 독립
시켰다. 부친은 그리하여 호남농학원의 교수와 원예학과 주임을 담당하
였다. 1954년 전국에서 대학과 학과 조정을 할 때 호남농학원 원예학과는
무한의 화중농학원(華中農學院)에 귀속되었다. 그러나 호남농학원에서는
부친을 놓치기 아쉬워하여 부친은 농학원에 남아 실습농장의 주임을 전
임하였다. 이 결정은 나중에 보면 아주 정확한 것이었음을 알 수 있다. 이
것이 1958년 다시 원예학과를 수립하는 역량을 남아 있었다.

1957년 부친은 또 한 번 삶에 중대한 선택을 하지 않을 수 없었다. 한
국전쟁 정전 후 조선은 전후 회복과 나라 건설에 대량 인력을 필요하였기
때문에 조선 정부는 가능하면 해외에 거주한 교민을 소환하기로 결정하
였다. 부친은 조선 정부의 귀국 명령을 받아 즉시 귀국준비에 착수하였

다. 단시간 내에 일체 준비를 다 하였고 심지어 모친은 고향 광주(廣州)에 가서 친척들과 고별인사를 하였다. 그러나 당시 중국은 장기적 전쟁의 상처를 치유하기 위해 노력하고 있는 때라 인재가 필요하였다. 호남성과 호남농학원에서는 부친을 만류하였다. 결국은 정성령 부성장이 나서서 고교부(高敎部)를 통하여 외교 경로를 이용하여 조선 방면과 협상해서 부친을 만류하게 하였다. 이때 물론 당사자 본인의 결정이 결정적이었다. 부친은 신중하게 고민한 끝에 장사에 남은 결정을 내려 계속 정들었고 본인과 한국, 조선 인민의 은인인 중국 인민을 위하여 복무하고 아울러 이미 개시한 농업교육과 농업과학연구 사업을 계속하기로 결정하였다. 이 결론은 곧 조선 정부의 인정을 받아 조선에서도 조선 교민이 중국 인민의 이런 환영을 받을 수 있다는 것을 반가워하였다. 이 후 부친은 호남에 영구히 남아서 계속 살았다. 1985년 4월 17일 부친은 장사에서 세상을 떠났다.

5. 맺는말

내가 부친이 상해·복건·계림에서 사귄 호남 출신의 친구를 서술하였는데, 비록 대부분 내가 출생하기 이전의 사실이지만(1942년 전) 사람을 제한하고 중요한 분만 선택하여 하나하나 얘기할 수는 있었다. 그러나 우리가 장사에 정착한 후 부친과 친분이 두터운 친구를 선택하려고 할 때 힘이 따르지 않음을 절실히 느꼈다. 그것은 서술해야 할 분이 너무 많기 때문이었다. 부친이 장사에 정착한 후부터 비교적 안정적이고 넉넉한 생활을 할 수 있었다고 말할 수 있다. 부친은 이때부터 명실상부하게 교육과 과학연구의 조건이 마련될 수 있었고 동시에 일련의 영예를 누릴 수 있었다. 비록 중국은 사회가 불안한 시기를 겪었지만 가령 문화대혁명처럼 큰

재난 중에도 부친은 큰 충격을 받지 않을 수 있었다. 부친은 몇몇 유능한 사람의 보호를 받은 것이 아니라 대중들의 보호를 받은 것이다. 부친은 평생 중국 인민의 은정을 잊지 않았으며 그는 중국 인민과 두터운 우의를 맺었고 이 중에 특히 호남의 땅, 호남의 사람과 인연을 맺었다.

호남대학 악록서원(岳麓書院)의 대문에는 '유초유재 우사위성(惟楚有材 于斯爲盛)'이라는 글귀가 있다. 나는 자주 이렇게 생각한다. 이 '인재'(人材)는 초(楚)에서 나는 '인재'라고 이해하는 것이 아니라, 많은 '인재'들이 초(楚) 외에서 나기도 한다. 사실상 악록서원은 옛날부터 지금까지 받아들인 인재는 호남 출신으로 제한하지 않았다. 만약 나의 부친이 '인재'라고 할 수 있다면 그것은 외국에서 온 '인재'이다.

그러나 '인재'는 '우사위성(于斯爲盛)'이라 하는 까닭은 호남출신의 '인재'와 밀접한 관계가 있다. 호남 인재들이 외부의 인재를 끌어들였기 때문이다. 이점을 알게 되면 나는 인연이란 것을 이해할 수 있고 호남 사람에 대해 한층 더 깊이 인식할 수 있다고 하겠다.

후기

본문은 장사시 정협문교(政協文敎)와 문사체위원회(文史体委員會)의 약속을 받아 쓴 것이다. 당시 나의 부친이 장사시와 관련한 일을 회억하기로 약속하였다. 그러나 집필할 때 류자명이 어떤 사람인지 아는 분이 아마 많지 않을 것이라 생각하고 문장에서 꼭 소개해야 한다고 생각했다. 하지만 부친의 경력이 워낙 복잡하여 쓸려면 지면을 꽤나 차지할 것 같아 호남, 장사와 관련한 내용 중 중요한 것을 골라 쓸 수밖에 없었다. 그리하여 자연스럽게 부친과 심지어 우리 일가족에게 큰 영향을 미친 분부터 써야 하였다. 이 부분을 다스린 후 1950년 이후를 생각 할 때 장사와 친한 친구의 이야기를 하려고 할 때 또 한 번 난처하게 되었다. 너무 많아서 이 지면이 제한된 문장에서 어떻게 다 쓰겠는가! 결국은 해방 후의 정부와 친구의 일은 오히려 간략하게 언급할 뿐이었다.

부친께서 조선반도의 남과 북, 중국 해협 양안(兩岸)에 모두 부친의 삶에서 중요하고 위치도 높은 친구들이 있다. 그러나 중국에서 '한국 국부'라 불리는 김구 선생님은 1949년 이승만에 의해 암살당하였고, 조선에서는 김원봉(약산), 김두봉, 박건웅 등이 숙청당하였으며 그들은 어떻게 죽었는지 우리가 알 길이 없으며, 대만 접수의 중임을 맡은 진의 선생님도 장개석에 의해 사형 당하였으며, 호남을 평화적으로 해방을 맞이할 수 있게 한 공신 정성령은 1957년 우파로 몰려 오랫동안 곤란한 세월을 보내야 하였다. 유독 부친은 반평생을 안심하게 지낼 수 있었다. 부친은 평생 명리(名利)에 담백하고 남과 함께 좋은 일을 하였으며 과학과 교육을 사랑했으며 일본 제국주의가 그에게 불공대천지원수(不共戴天之怨讐) 이외에는 자기 진영 중에는 사지에 몰아넣는 원수는 없었다. 이것이 중요한 요인이라 할 수 있겠다. 그리고 평생에 많은 포부를 품고도 다른 사람을 기꺼이 돕는 친구를 만나는 것이 또 하나의 요인이라 할 수 있겠다. 그러나 이 모두를 전반적으로 이해하지 못한다면 운명으로 돌릴 수 있을 것이다!

* 이 글은 류자명의 아들로 호남대학 교수로 정년퇴임을 하고 현재 중국 호남성 장사시에 거주하고 있는 류전휘 교수가 장사시 정협 문교위생체육과 문사위원회가 편찬하는 『長沙文史』(2007. 9)에 발표한 내용의 일부이다. 원문의 번역은 중국 중경대한민국임시정부청사의 이선자(李鮮子) 부관장이 수고하였다. 이 회억문은 충북대학교 중원문화연구소의 요청에 의해 류전휘 교수가 재정리해 보내온 것으로 『중원문화논총』 제14집(충북대학교 중원문화연구소,

2010)에 게재한 것임을 밝혀둔다.

** 류전휘는 1942년 5월 19일 중국 광서성(廣西省, 현재의 광서장족자치구) 계림에서 독립운동가인 류자명(柳子明)과 그의 중국 부인 유칙충(劉則忠) 사이에 넷째 아들로 태어났다. 그의 이름은 부친 류자명이 광복군을 조직하여 무장 투쟁을 전개하자는 간절한 염원을 담아 지은 것이라 한다. 즉, 그의 이름의 휘(輝)자는 광(光)과 군(軍)을 합한 글자로서 곧 광복군을 의미하며, 전(展)자는 독립투쟁을 전개하자는 뜻이라는 것이다.

이후 그는 부친을 따라 호남성의 성도인 장사(長沙)로 옮겨 아례중학교(雅禮中學校, 현 장사시 제5중학교, 1955. 9~1961. 7)를 거쳐 호남대학 건축학과(5년제, 1961. 9~1966. 7)를 졸업하였다. 대학 졸업 후 수전부(水電部) 서남 전력설계원(사천성 성도시에 위치)과 수전부 서남전력 제3공사에서 견습기사로 근무하였고, 1972년 호남성 경공업 설계원(호남성 장사시에 위치)에서 건설 설계를 담당하였으며, 이 과정에서 기사와 보조 엔지니어를 거쳐 건축사가 되었다. 1981년 11월부터는 호남대학에서 교수로 교편생활을 하였는데, 호남대학 설계연구원에서 건축사를 겸임했으며 중국에서 공인 건축사 제도가 만들어진 후 국가 1급 공인 건축사 자격을 취득하였으며, 2002년 정년퇴직하였다.

호남대학 재직 기간에 건축학과 부학과장(1984~1994), 중국인민정치협상회의 장사시 제6회 위원(1988~1992), 중국인민정치협상회의 장사시 제7회 상무위원회 상무위원(1993~1997), 중국인민정치협상회의 호남성 위원회 위원(1998~2002) 등을 지냈다. 현재 중국 국적을 갖고 장사에 거주하고 있다.

제3편

자료 소개와 연보

아나키스트 류자명의 자료 현황과
새로 발굴한 수기의 성격

박 걸 순(朴杰淳)
충북대학교 사학과 교수

1. 글머리

류자명(1894~1985)은 충청북도 충주군 이류면 영평리(현, 충청북도 충주시 대소원면 영평리) 출신으로 일제강점기에는 독립운동가로서, 해방 후에는 중국에 거주하며 뛰어난 농학자로서 일생을 마친 인물이다. 그는 한국독립운동사에서 남다른 족적을 남겼다. 수원농림을 졸업한 그는 1919년 고향인 충주간이농업학교에 재직 중 제자들과 함께 3·1운동을 계획하다가 탄로되자 곧 상경하여 독립운동에 투신하였다. 그는 대한민국청년외교단, 대한민국임시정부, 신한청년당 등에 참여하였고, 시대적 전환기에 새로운 아나키즘을 수용하여 의열단, 조선무정부주의자연맹, 조선민족전선연맹 등을 이끌며 독립운동을 주도하였다. 그의 사상은 철저하였고, 투쟁은 치열하였다. 중일전쟁 이후 그는 김원봉·김성숙과 함께 민족주의 좌파 트로이카로서 독립운동을 주도하였다.

그는 남과 북에서 모두 훈장을 받은 유일한 인물이다. 먼저 북한에서는 1978년 그가 농업과학 분야에서 이룬 탁월한 업적을 높이 평가하여 '조선

민주주의인민공화국 3급 국기훈장'을 수여하였다. 이어 남한에서는 1991
년 그의 독립운동의 공적을 인정하여 '건국훈장 애국장'을 추서하였다.
남북으로부터 모두 훈장을 받기는 하였으나, 서훈의 공적이 다른 것은 분
단의 현실을 말해주는 것이기도 하다.

류자명의 삶은 매우 극적이었다. 그는 1950년 귀국의 부푼 꿈을 안고
대만 기륭항에서 홍콩까지 왔다가 바로 그날 6·25전쟁이 발발하는 바람
에 귀국을 포기하고 말았다. 전쟁이 그의 귀국을 막은 것이었다. 이후 조
선 국적을 포기하지 않은 '朝僑'로서 살았고, 자식들도 조선족으로 입적
하였다. 그의 중국 거주와 모국의 분단 현실은 고향으로의 귀국을 어렵게
하였다. 그러던 1957년, 그는 북한의 요청으로 귀국을 결심하고 중국 생
활을 청산하였다. 그러나 뒤늦게 그가 농학 연구의 인재임을 깨달은 중국
고등교육부가 외교부에 귀국을 막아달라고 요청함으로써 또 좌절되고 말
았다. 이번에는 국가 이익을 고려한 중국의 방해로 말미암아 귀국할 수
없었던 것이다. 결국 그의 귀국은 2002년 유해 봉환의 형태로 이루어졌
다. 참으로 멀고도 기구한 귀국 길이었다.[1]

본고는 이 같은 류자명의 관련자료 현황을 정리하고, 필자가 조사과정
에서 새로 발굴한 手記 2種에 대해 최초로 공개하고 논의하려는 것이다.[2]
류자명에 대하여는 국내와 중국에서 주목하여 왔으나, 아직 미진한 부분
이 적지 않다.[3] 그의 독립운동 시기는 물론 해방 후 농학자로서의 업적도

---

1) 1985년 사거 후 장사의 악록산 기슭 공동묘지에 매장되었던 그의 유해는 2002년
   3월 19일 대전현충원으로 봉환, 고국의 품에서 영면하게 되었다(애지 제2-964).
2) 류자명의 새 手記는 필자가 중국 長沙에 거주하는 그의 아들 柳展輝의 집을 방문
   하여 자료를 조사하던 중 발견한 것으로, 졸저『충북의 독립운동과 독립운동가』(국
   학자료원, 2012)에 원문과 함께 번역본을 첨부하여 학계에 소개하였다.
3) 다음의 연구가 참고된다.
   이호룡,「류자명의 아나키스트 활동」,『역사와 현실』53, 한국역사연구회, 2004.
   한상도,『한국독립운동의 시대인식 연구』, 경인문화사, 2011.

밝혀져야 한다. 현재 중국에서 농학자로서 류자명에 대한 평가는 대단히 높다. 그러나 국내에서는 그 분야의 연구가 크게 진전되지 않았다.[4] 본고는 이 같은 목적에서 류자명에 대한 자료 목록을 공개하고, 새로 발굴한 그의 수기 2종을 기존에 발간된 수기『한 혁명자의 회억록』[5]과 대비 분석하여 수기의 성격을 밝히고 특히 상충되는 사실을 논의하고자 하는 것이다. 또한 향후 추진하여야 할 몇 가지 과제를 제시함으로써 류자명 연구와 기념사업이 활성화되기를 기대해 본다.

2. 류자명의 자료 현황

필자는 2006년·2007년·2010년 등 세 차례에 걸쳐 중국 장사에 가서 류자명 관련 자료를 조사한 바 있다. 모두 중경 임시정부 청사의 공동 조사 요청에 응한 자료조사였다. 현재 장사에는 호남성 당안관과 호남대학 당안관, 류전휘의 집에 그와 관련된 자료가 보관되어 있다. 전자는 주로 교수 초빙서와 호남농학원 재직 시절의 학사 관련 자료이며, 후자는 대부분 벼·포도·감귤·장미 등 농학 관련 그의 논문과 강의록 원고류가 대부분이다. 간혹 농학 이외의 친필 자료들이 있으나,[6] 독립운동 관련 자료가 전

---

4) 류자명은 1984년 중국농학회로부터 '농업과학 연구, 교육, 보급, 행정 공작 50년 이상 종사자, 75세 이상 원로 농업 과학가' 칭호와 함께 표창장을 수여받았고, 1985년에는 부총리 方毅가 서문을 쏜『中國現代農學家傳』(金善寶 主編, 湖南科學技術出版社)에 제3위에 배열되었다. 또한 1996년에는 호남성과학기술협회가 선정한 '제1회 호남 과학기술의 별' 80인의 한 명으로 선정되는 등 호남성은 물론 중앙 학회에서의 평가도 최상급이다.
5) 류자명,『한 혁명자의 회억록』(독립기념관 한국독립운동사연구소 자료총서 제14집, 1999).
6) 이 자료들은 대개 중국 친우와 그 후손 및 동포들과 주고 받은 서한과, 정기적으로

무한 것은 안타까운 일이었다. 그러나 수차에 걸친 거주지 이동과 문화대혁명 등 격변의 소용돌이 속에서 그나마 이 정도의 자료라도 보존된 것은 아들 류전휘의 효성 때문이었다.[7]

호남성 당안관 소장자료는 여타 당안관과 마찬가지로 한국인에게 공개하지 않았다. 따라서 중국인을 내세워 일부만 수집할 수 있었다. 한편 호남성 도서관에도 류자명이 발표한 논문을 수록한 잡지 등이 소장되어 있으나, 이미 국사편찬위원회에서 수차에 걸쳐 조사하여 수집하였기 때문에 중복 수집의 수고를 할 필요는 없었다.

호남농업대학교 당안관은 류자명의 자료와 관련하여 가장 중요한 곳으로 판단되나, 전혀 정리되지 않아 확인할 수 없었다. 류전휘의 증언에 의하면 류자명이 은퇴 후 동 대학 도서관에 자신의 도서와 자료를 일괄 기증하였다고 하나, 이 또한 전혀 찾아볼 수 없는 등 자료의 보존과 관리가 엉망이었다. 다만, 이곳에서 류자명의 장례식 사진 앨범을 발견하여 복사 수집한 것은 다행이었다.[8]

호남농업대학교에서의 자료수집은 기대 이하였으나, 이곳에서 만난 류자명의 제자들은 아직도 류자명의 훈기를 느낄 수 있게 해주었다. 이 대

북한에 보낸 축하 편지, 수기의 초고 등이다.

7) 柳展輝(일명 柳基立)는 류자명의 넷째아들로 1942년 계림에서 출생하였고, 1966년 호남대학 건축학과를 졸업하였다. 이후 成都에 있는 水電部 서남전력연구원 기사를 거쳐 1981년 호남대학 교수로 부임하여 재임하다가 2002년 정년퇴직 하고 장사에 거주하고 있다. 재임 동안 중국인민정치협상회의 장사시 상무위원과, 호남성 위원을 역임하였다. 한편 류자명의 딸 류득로는 북경강철학원을 졸업하고 캐나다에서 유학한 후 북경과학기술대학에서 금속학자로 재직하였다. 류전휘의 말에 의하면 류득로의 집에도 류자명의 서한 등 자료의 일부가 보관되어 있다고 하나, 내용과 분량 등은 확인하지 못하였다.

8) 류자명은 1985년 4월 17일 장사에서 사거하였는데, 이 사진은 4월 23일 金盆嶺長沙殯儀館에서 열린 「向柳子明敎授遺體告別式」과 동 25일 호남농학원에서 거행된 추도대회 광경으로 42장으로 되어 있다.

학 부총장 盧向陽은 필자를 직접 영접하며 안내해 주었는데, 외빈 숙소인
外賓傳家樓에 들어서며 적지 않게 놀랐다. 필자의 방문 소식을 들은 류자
명의 제자 교수 朱先明(2006년 당시 84세) 등 15명이 스승의 고향에서 온
손님을 기다리고 있었다. 비가 내리는 궂은 날씨에도 불구하고 70~80대
원로들이 노구를 이끌고 류자명을 추억해 주기 위해 간담회를 마련한 것
이었다. 더욱 놀라운 것은 그들이 돌아가며 말해주는 류자명에 대한 기억
에는 진심어린 존경과 추모의 정이 넘쳐흘렀다는 사실이다. 특히 그의 애
제자였던 羅澤民(당시 78세)이 작성한 「獻辭」를 류전휘가 낭독할 때 간담
회장은 추모식장을 방불케 할 정도로 숙연해졌다.[9] 아직도 많은 장사의
중국인들이 조선인 류자명을 마음에 품고 있다는 사실을 느꼈다.[10]

호남대학교 당안관에는 류자명이 부임하였다가 호남농학원(후에 농업
대학으로 개편)으로 분리되어 나간 1950~1953년간의 「聘書」와 「公函」 등
일부 자료가 보존되어 있어 복사 수집할 수 있었다.

류전휘의 집에는 다수의 류자명 유품과 자료가 보관되어 있었다. 문건
자료는 대부분이 류자명이 농학 연구와 강의를 위해 작성한 원고와 교안
류이다. 문건자료는 라면박스 2개 분량이었는데 장미, 포도, 쌀, 감귤 등
그가 원예분야에서 탁월한 업적을 남긴 농학 관련 내용이었다. 독립운동
사를 전공하는 필자로서는 알 수 없는 내용이었으나, 농학사를 전공하는
분야에서는 더없이 귀중한 자료로 사료된다. 또한 정성령, 파금, 이달, 사
진 등과 같은 중국의 유명 인사나 김학철 등 동북 거주 독립운동가와 왕
래한 서신류도 있었다. 뿐만 아니라 수기 초고와 김구, 신채호에 대한 기

---

9) 나택민은 필자의 손을 꼭 잡고 눈물을 글썽이며 자신의 「獻辭」를 고국으로 모셔간
    스승의 묘소 앞에서 태워달라며 부탁하였다. 필자는 귀국 후 곧 대전현충원의 류자
    명 묘비 앞에서 이 「獻辭」를 燒紙해 드렸다.
10) 박걸순, 「조선인 류자명을 품고 사는 중국 창사(長沙)의 사람들」, 『월간 독립기념
    관』 2006년 5월호, 24~25쪽.

고문 원고 등도 분류나 정리되지 않은 채 담겨져 있었다. 2006년 필자가
중경임시정부청사 관계자와 공동으로 호남대학 당안관과 류전휘 댁 소장
자료를 조사하여 입수한 자료 목록은 다음과 같다.11)

「2006년 류자명 관련 자료 수집 목록」
Ⅰ. 聘書類 및 대학 관련 자료(호남대학 당안관 및 류전휘 소장)
  1. 國立湖南大學 聘書(제35호, 農藝學系 主任, 1950. 8)
  2. 國立湖南大學 聘書(제287호, 農藝學系 敎授, 1950. 8)
  3. 國立湖南大學 人事科 公函(1950. 9)
  4. 湖南大學 聘書(校區規劃委員, 1950. 10. 6)
  5. 湖南大學軍事幹部學校學生保送委員會 聘函(1950. 12. 12)
  6. 湖南大學 聘書(編輯委員, 1950. 12)
  7. 湖南大學 聘書(農業學院遷移委員, 1951. 2)
  8. 湖南省人民政府聘任通知書(湖南省農林技術委員, 1951. 4. 10)
  9. 湖南農學院聘書(農藝學系 敎授兼主任, 1951. 7)
 10. 湖南大學1950學年敎員名册(1950. 10)
 11. 湖南大學 農業學院 農藝學系 槪況表(1950)
 12. 柳子明 親筆 推薦書(1950. 11)
 13. 湖南省科學技術協會에서 柳子明에게 보낸 公函(1973. 9. 12)
Ⅱ. 重慶 당안관 소장 자료
  1. 重慶市警察局 문서(韓人 조사표, 1944)
  2. 重慶市財務局 문서(韓人 조사표, 1944)
Ⅲ. 書信類
  1. 정성령 → 柳子明
  2. 朱洙 → 柳子明
  3. 李達 → 柳子明
  4. 謝眞 → 柳子明
  5. 柳靜 → 柳子明

---

11) 이 자료는 독립기념관 소장 자료로 등록하였다.

6. 沈克秋 → 柳子明

7. 沈克秋 → 柳子明

8. 서정필 → 柳子明

9. 심병섭 → 柳子明

10. 王兆吉 → 柳子明

11. 리춘자 → 柳子明

12. 朴基成 → 柳子明

13. 王鎭沂 → 柳子明

14. 金學鐵 → 柳子明

15. 李朝宗 → 柳子明

16. 金忠植 → 柳子明

17. 達人 → 柳子明

18. 不明 → 柳子明

19. 不明 → 柳子明

20. 不明 → 柳子明

21. 柳子明 → 조림천, 박태권

Ⅳ. 호남성 당안관 문서

1. 湖南省政府指令 第1315號(1938. 7)

Ⅴ. 류자명 친필 원고류

1. 申采浩先生的一生(300자 원고지 48쪽)

2. 申采浩(300자 원고지 18쪽)

3. 關于金九先生的回憶記(300자 원고지 7쪽)

4. 馬克思主義敎育方針和敎學方法(300자 원고지 7쪽)

5. 簡明中國通史(대학노트 4쪽)

6. 熱烈慶祝朝鮮民主主義共和國成立二十四周年(300자 원고지 11쪽)

7. 回憶錄 草稿(순서가 섞이고 완본이 아님, 300자 원고지 80쪽)

Ⅵ. 북한관련 자료

1. 柳子明이 김일성에게 보낸 편지 초고

2. 柳子明이 김정일에게 보낸 편지 초고

3. 駐中 朝鮮民主主義人民共和國 公函(류자명에게 공민권 부여, 1955. 7. 18)

4. 駐中 朝鮮民主主義人民共和國 公函(류자명 여권 연기, 1961. 2. 18)

5. 駐中 朝鮮民主主義人民共和國 公函(김일성 신년사 학습조 조장인 류자
명에게 학습조직을 요구한 내용, 1984. 11. 30)

6. 주중 조선 공민이 김일성의 만년장수를 축원하는 페넌트 사진(1973.
9. 9)

Ⅶ. 기타 자료

1. 『戴勳章的園藝學家 柳子明傳』 초판본 복사본(安奇, 1994, 中國農業出版社)

2. 『戴勳章的園藝學家 柳子明傳』 2판본(安奇, 2004, 中國農業出版社)

3. 『中國現代農學家傳』(湖南科學技術出版社) 중 柳子明 설명 부분

당시 충주시에서도 류자명 자료 조사가 진행 중이었다. 2006년 1월, 류
자명 선생이 '이달의 독립운동가'로 선정되며 충주시에서 생가 복원과 전
시관 조성을 제시하였고, 류전휘는 전시관에 전시용 자료를 기증하기로
각서를 체결하였던 것이다.12) 이를 대비해 류전휘가 정리해 둔 류자명 유
품 목록은 다음과 같다.13)

「류전휘 작성 류자명 유품 목록」

第一類 : 特別物件

---

12) 류자명 유물의 충주시 기증을 위해 충주시 학예사가 류전휘의 댁을 방문하여 유물
을 조사하고 인수해 왔다. 기증된 류자명 유품은 2007년 3월 2일~3월 25일 동안
충주박물관에서 개최된 「류자명선생 유품특별전」에 전시되었고, 현재 충주시박물
관에 소장되어 있다. 당시 충주시가 작성한 류자명 유물 목록은 다음과 같다.

구 분	수 량	비 고
기념품 및 소품류	28건 39점	상장, 기념패 등
가구류	15건 18점	TV, 라디오, 침대 등
의복류	24건 24점	코트류, 중산복, 조끼 등
주방용품류	58건 98점	식기류, 항아리 등
원고류	11건 11점	육필 원고류
계	136건 190점	

13) 이 목록은 류자명의 유물과 자료를 충주시에 기증하기 위해 류전휘가 작성한 것이
다. 선물한 사람, 産地, 유물의 상태까지 꼼꼼히 정리하였다.

No. 001－木盒裝黑色小石印(領工資常用此印)

No. 002－陽文石印(友人叶松齡所贈)

No. 003－陰文石印(友人李毓華所贈)

No. 004－桃源印石(尙未刻字，親家鐘曉初所贈)

No. 005－湖南農學院校徽

No. 006－公文包(內有柳子明親筆名字)

No. 007－銀筷子兩双

No. 008－CYMA鬧表(過香港時購買，已損坏)

No. 009－朝鮮民主主義人民共和國三級國旗勛章(1978年 12月 獲得)

第二類：家具与生活用品

No. 010－書桌椅一套

No. 011－折疊椅二對

No. 012－床頭柜

No. 013－木手杖

No. 014－瓷壽星(友人周汝杭賀柳子明九十壽辰所贈)

No. 015－靑綠色沙發一套(兩張單人沙發和一張茶几，广東產，友人羅士權帮助購買)

No. 016－火炬牌座鐘

No. 017－手搖縫紉机

No. 018－立式衣架

No. 019－14寸黑白電視机(已損坏)

No. 020－鉆石牌台式電風扇

No. 021－蝴蝶牌脚踏縫紉机

No. 022－人造革皮箱

No. 023－樟木衣箱

No. 024－蘭色早期洗衣机(广東產，友人羅士權帮助購買)

No. 025－綠色陶質米缸

No. 026－白瓷壇

No. 027－花瓷壇

No. 028－綠色泡菜壇(柳子明常用此壇做韓國泡菜)

No. 029－擂鉢和擂杆

No. 030 － 帶盖玻璃瓶一對

No. 031 － 瓷花瓶一對(湖南省科學技術協會所贈)

No. 032 － 綠色瓷烟灰缸

No. 033 － 木雕：水戶農人形(日中農交茨城縣協會 1978年 5月贈)

第三類：衣物

No. 034 － 蘭色貂皮短外套

No. 035 － 咖啡色人造革外套(加拿大產, 女儿柳得擼贈)

No. 036 － 藏靑色中山裝一套

No. 037 － 棕黃色帶馬甲西裝上衣(在台湾時穿着)

No. 038 － 灰色鴨絨背心

No. 040 － 灰色中山裝一套

No. 041 － 黑色呢子長大衣

No. 042 － 蘭色棉袴

No. 043 － 夫人劉則忠衣物 6件

No. 044 － 床單2條

第四類：手稿

尙在整理中

第五類：其它

尙在淸理中

3. 류자명 관련 자료의 公刊

류자명 수기가 처음 활자로 공간된 것은 『나의 회억』이다.[14] 류자명이 심극추에게 보낸 편지를 보면 그는 1970년대 후반부터 자신의 자전적 수기를 저술할 생각을 했음을 알 수 있다. 이는 자신의 생애를 후대에게 교훈으로 남겨주고자 한 것이었다. 그 자전 수기의 연습작이자 구체적 동기

---

14) 류자명, 『나의 회억』, 료녕인민출판사, 1984.

가 된 것은 김구에 대한 회억록과,[15] 신채호를 외국 사학가로서 소개한
글이 북경에서 발행되던 잡지에 잇달아 게재되면서부터였다.[16]

1982년부터 류자명은 본격적으로 자신의 자전적 수기를 집필하기 시작
하였다. 이 때 요령인민출판사에서 류자명 회고록 출판을 기획하고 편집
을 담당하던 김보민에게 이 일을 맡겼다. 류자명은 매우 신중하게 회억록
을 집필해 갔다. 그는 백화문과 한글의 두 종류의 회억록을 썼다. 백화문
으로 된 회억록은 중국 현대문학의 최고봉으로 손꼽히는 친우 파금에게
보내 교열을 의뢰하였다. 류자명을 형이라 부른 파금은 일찍이 류자명에
게 회고록을 쓰도록 종용하였다. 파금은 류자명의 삶이 중국항일투쟁사
에서도 중요한 기록이 될 것이라고 하며, 만일 형이 회고록을 쓴다면 자
기가 글을 손봐주겠다고 약속한 터였다.[17] 또한 류자명은 오랫동안 한글
을 사용하지 않아 한글 표기법에 문제가 있자, 한글본을 북경중앙방송국
한국말방송 주임인 金亨稙에게 교열을 받게 하였다.[18] 이런 과정을 거쳐
최초로 공간된 류자명의 수기가 『나의 회억』이다.

그러나 『나의 회억』은 류자명의 원전과 크게 다르다. 우선 원전에서 상
당 부분이 가감된 채 간행되었음을 지적할 수 있다. 원전은 200자 원고지
900여매 분량이나, 『나의 회억』은 600여매(12만자) 분량이라서 원전의
2/3에 불과하다.[19] 또한 조선족의 손에 의해 편집되고 윤문이 되어 어떤
부분은 본래의 의미를 크게 상실하기도 하였다. 따라서 새로운 활자본의

15) 柳子明, 「高風亮節的金九先生」, 『世界史硏究動態』 1980년 10월호.
16) 柳子明, 「朝鮮愛國歷史學家申采浩」, 『世界史硏究動態』 1981년 2월호.
17) 류자명과 파금과의 친교관계와 회억록 교열에 관하여는 安奇, 『戴勳章的園藝學
　　家 柳子明傳』 2판본, 中國農業出版社, 2004, 68~73 참조.
18) 류자명, 『한 혁명자의 회억록』, 독립기념관 한국독립운동사연구소(한국독립운동사
　　자료총서 제14집), 1999, 582~583쪽.
19) 류자명의 친필 원고는 읽기가 난삽한 상태이다. 필자는 이 원고의 워드 작업을 마
　　쳤고, 주석을 붙여 활자본으로 간행할 계획이다.

간행이 시급히 필요하다.

　다행히 1991년 친필 원전 원고가 독립기념관에 의해 수집되어, 1999년 영인 간행됨으로서 그 불만은 어느 정도 해소되었다. 그러나 원전의 상태가 불량하여 가독성은 부족한 편이다.

　류자명의 자료가 묶여 간행된 것은 『유자명자료집①』이 유일하다.[20] 이 자료집은 4부로 구성되었다. 1부는 류자명이 쓴 논설류 26편, 2부는 서한류 17통, 3부는 제자와 동료 등 관련 인물 19인의 증언 구술 녹취록, 마지막 4부는 원문으로 구성되었다. 류자명에 관한 최초의 자료집으로서 원문과 번역문을 첨부하고, 구성도 비교적 짜임새가 있어 보인다. 또한 류자명의 고향에서 지역의 인물을 기리고자 하는 열정과 충정도 평가할 만하다. 예성문화연구회와 충주MBC는 류자명을 주제로 국제학술회의를 주최한 바 있으며,[21] 다큐멘터리를 제작 방영하기도 하였다.[22] 그러나 자료집 발간의 계획 아래 전체적인 자료 수집을 선행하여 완결된 상태에서 자료를 분류하고 해제하여 순차적으로 발행하고자 한 것이 아니라 우선 수집된 자료를 묶은 데 불과하다. 따라서 아직 그 후속집이 발행되지 못하고 있는 실정이며, 자료집간행위원회도 유명무실해진 상태이다.

　다음으로 전기류의 간행이 있었다. 류자명 전기는 중국에서 먼저 간행되었는데, 『戴勳章的園藝學家　柳子明傳』이 그것이다. 저자는 安奇(女, 1930년 長沙生)인데, 그녀는 30여 년간 지방의 신문과 TV사의 기자로 활동하다가 1980년부터 10년간 호남농학원에 배치되어 근무하던 중 류자명

20) 충주시·충주MBC, 『유자명자료집①』, 유자명자료집간행위원회, 2006.
21) 예성문화연구회는 2003년 「류자명(홍식)선생 조명을 위한 국제학술세미나」를, 충주MBC는 한국근현대사학회와 공동으로 2005년 「中國 大陸에 남긴 柳子明의 자취」란 주제의 국제학술회의를 주최한 바 있다.
22) 충주MBC는 2004년 특집다큐멘터리로서 「독립운동가 유자명」(제1부: 조국 독립을 위하여, 제2부: 농학자로서의 삶)을 제작 방영하였다. 비교적 류자명의 삶을 잘 구성하여 강의 보조자료로서 활용할 수 있다.

에 감화되었고, 류자명의 친구이자 전 호남성장이었던 정성령의 요청으로 그의 전기를 쓰게 되었다. 그녀는 책머리의 獻辭에서 다음과 같이 말하였다.

"反파시즘 혁명투사, 국제주의자, 저명한 원예학자, 韓籍 친구 류자명 교수. 그는 中朝 인민의 우의를 위하여, 중국 혁명사업을 위하여, 농업교육과 과학연구에 탁월한 공헌을 하여 장차 영원히 역사에 기록되어야 할 것이다. 그는 영원히 中朝 양국 인민들의 마음에 영원히 살아 있을 것이다."23)

그녀는 류자명과 함께 '忘年之交'를 나누며 이 전기를 저술하였다.24) 따라서 114쪽에 불과하지만 자료적 가치는 크다.25) 하지만, 독립운동에 관한 사실보다는 중국에서 농학자로서의 삶에 치중되고, 그의 말년의 생활을 다소 감상적으로 기술한 점에서 한계 또한 지적되어야 할 것이다. 이 같은 한계를 보완하며 만들어진 또 하나의 전기가 『행동하는 지식인 류자명평전』이다.26) 저자는 연변대학을 졸업하고 연변인민출판사에 근무하며 연변조선족자치주 인민대표대회 상무위원과 연변작가협회 소

---

23) 安奇, 『戴勳章的園藝學家 柳子明傳』 2판본, 中國農業出版社, 2004, 책머리의 「謹以此書獻給」.
24) 필자는 2006년 장사를 방문하였을 때 류전휘의 소개로 安奇를 만났다. 80을 바라보는 나이에도 불구하고 그녀의 류자명에 대한 열정적인 회고담은 그치지 않았다.
25) 이 전기는 다음과 같이 26장으로 구성되었다. 引子, 1. 告別忠州郡, 2. 當了議員, 3. 回漢城, 4. 參加 "義烈團", 5. 良師與諍友, 6. 愛國志士羅錫疇, 7. "朝鮮民族革命黨", 8. "東方被壓迫民族聯合會", 9. 難忘的情誼, 10. 流亡・戰鬪, 11. 突圍, 12. 新的抉擇, 13. 壯麗的一幕, 14. 在湖南農學執教, 15. 從啓示到實踐, 16. 園藝的母國 花卉的故鄕, 17. 關于葡萄的故事, 18. 水稻起源地的探索, 19. 爲柑橘正名, 20. 不平凡的友誼, 21. 最高的獎賞, 22. 柳子明與巴金, 23. 心語, 24. 魂歸故里, 25. 架起友誼的金橋, 26. 柳子明敎授生平大事記.
26) 류연산, 『행동하는 지식인 류자명평전』, 충주시・예성문화연구회, 2004.

설창작위원회 주임을 맡고 있던 류연산이다. 그는 연변대 김병민 총장으로부터 류자명에 관한 자료를 인수받아 이 전기의 집필에 착수하였다. 이 전기의 발행은 충주시의 재정지원이 있었으나, 충북대학교 임동철 총장 (당시 국문과 교수)의 주선에 힘입은 바 크다.[27]

이 전기는 安奇의 전기보다는 원 자료에 충실하여 학술적 객관성이 제고되었다는 점이 평가될 수 있다. 그러나 이 전기 또한 중국 조선족의 저술이기 때문에 근본적 한계를 지니고 있다. 따라서 사실관계의 오류가 산견되며, 평전이 지녀야 할 조건을 완비하였다고 말하기는 어렵다.

요컨대 류자명의 전기나 평전은 중국인에 의해 산출된 것이다. 따라서 류자명의 삶을 객관적으로 충실히 담아내지는 못하였다. 그런 점에서 우리 학계의 맹성이 필요하며, 영원한 조선인 류자명을 실사구시적으로 정리할 필요성을 인지하여야 할 것이다.

4. 새로 발굴한 手記

류자명의 친필 수기는 『한 혁명자의 회억록』이 유명하며, 그에 대한 연구에서 가장 중요한 자료로 활용되고 있다. 그런데 필자는 류전휘가 소장하고 있는 류자명 관련 자료를 조사하던 도중 그의 또 다른 친필 수기가 있음을 발견하였다.[28]

새로 발굴한 친필 수기는 「我的簡介」와 「我在中國六十多年」 2종이다. 200자 원고지로 환산하면 각각 84매와 56매에 불과하여 분량 면에서 『한

---

27) 류연산,『행동하는 지식인 류자명평전』, 520~521의 「후기」 참조.
28) 당시 자료 조사의 편의를 제공해 주고 이 자료의 공개를 허락해 주신 류전휘 교수께 감사드린다. 또한 필자와 함께 현지에 동행하여 자료의 수집과 정리를 도와준 중경대한민국임시정부청사 李鮮子 부관장의 노고에도 감사드린다.

혁명자의 회억록』과는 비교가 되지 않는다. 「我的簡介」는 1974년 3월 호
남농학원 재직 시절에 達仁의 요청으로 자신의 약력을 정리한 것이다.29)
「我在中國六十多年」은 1979년의 사실까지 기술하고 있어 그 후에 정리한
것임을 알 수 있다. 이 수기들은『한 혁명자의 회억록』과 같이 400자 원
고지에 정리하였는데, 일부는 원고지가 아닌 백지에 기술하기도 하였다.

「我的簡介」의 구성은 다음과 같다.
 1. 출생시기와 출생지
 2. 조선이 일제에게 병탄당하다
 3. 1919년 3월 1일 조선에서 독립운동이 발발하였다
 4. 처음 출국하여 上海에 도착하다
 5. 上海에서 서울로 돌아오다
 6. 다시 출국, 먼저 北京으로 가다
 7. 天津에서 '朝鮮義烈團'에 가입하다
 8. '義烈團' 단원이 1927년 중국 제1차 대혁명운동에 참가하다
 9. 무한에서 체포되다
 10. 무한에서 남경으로
 11. 한복염열사기념 합작 농장에서
 12. 泉州의 여명중학에서
 13. 입달학원 농촌교육과에서
 14. '9·18' 전후 나와 조선혁명의 관계
 15. 입달학원을 떠나 남경으로 가다
 16. '조선민족전선연맹'과 '조선의용대'
 17. 중경에서 복건으로
 18. 중경에서 조선혁명전선통일회의에 참석
 19. 계림에서 다시 복건으로

---

29) 達仁은 류자명에게 커다란 영향을 끼친 입달학원 설립자 匡互生의 둘째 딸이다.
   류자명은 특별히 광호생의 교육사상과 교학방법을 설명하는 「匡互生先生印象記」
   (1974)를 발표한 바 있다(박걸순, 『충북의 독립운동과 독립운동사』, 583쪽).

20. 복안에서 대만으로 가다
21. 대만을 떠나 장사로 가다
22. 사상의 변화 과정

한편 「我在中國六十多年」의 구성은 다음과 같다.

1. 조선 '3·1'운동 이후 내가 처음 중국에 오다
2. 임무를 띠고 귀국하다
3. 두 번째로 조국을 떠나 북경으로 가다
4. '조선의열단'에 참가하다
5. 중국 북벌전쟁 시기
6. 무한 경비사령부 看守所에서의 철창생활
   (7절부터 21절까지는 節名을 붙이지 않고 그냥 서술함)
22. 호남농학원의 신축
23. 일련의 정치사상 교육운동
24. 문화대혁명 10년 動亂의 시기
25. 호남 포도주의 새로운 탄생
25. 포도 1년 다작 결과의 재배 기술
26. 주요 논저

이를 보면 이 수기의 22절 이하는 「我的簡介」에서는 언급하지 않은 내용임을 알 수 있다. 즉, 「我在中國六十多年」은 제목 그대로 해방 이후 중국에서의 생활을 서술하는데 비중을 두었던 것이다. 특히 그가 호남농학원에서 원예학자로서 거둔 포도 다작의 성과와, 그 포도를 이용한 명품 포도주의 생산을 강조한 대목이 인상적이다. 이 수기의 말미에 정리한 주요 논저는 지금까지 잘 알려지지 않았던 농학자로서의 자신의 연구업적을 망라하고 있다.
「我的簡介」와 「我在中國六十多年」은 『한 혁명자의 회억록』을 압축적으

로 요약한 것으로서, 구성과 체제는 대개 유사하다.30) 그러나 내용에서는
『한 혁명자의 회억록』에서 기술하지 않은 사실을 기술하거나, 일부 다른
부분도 눈에 띈다. 따라서 이 수기들은 류자명이 자신의 생애를 직접 정
리한 것으로서, 특히 그의 귀국 포기 사유, 아나키스트에서 공산주의자로
의 사상 전환 과정 등은 새로운 사실로서 자료적 가치가 높다고 평가할
수 있다.

---

30) 『한 혁명자의 회억록』의 목차는 다음과 같다.
    1. 동방의 먹구름과 여명
    2. 임시정부가 성립된 경과
    3. 상해로부터 한성에 돌아와서
    4. 한성에서 다시 북경에
    5. 천진에서
    6. 의열단의 내력과 반향
    11. 남경에서 만난 사람들
    12. 여명중학교로부터 입달학원으로
    13. 김구와 애국단
    14. 조선민족전선연맹과 조선의용대
    15. 복건원예시험장
    16. 항일전쟁과 계림생활
    17. 파금과 '머리칼의 이야기'
    18. 조선혁명 각 당파의 통일
    19. 이국 향촌에서 맞은 8·15
    20. 대만과 합작농장
    21. 조선전쟁과 항미원조
    22. 호남농학원과 사상개조운동
    23. 호남농학원의 성립
    24. 조선인민군 중국방문단과 조선민주주의인민공화국 중국방문단의 장사 방문
    25. 국기훈장을 받다

430 류자명의 독립운동과 한·중 연대

5. 수기의 상충 사실

수기는 자기의 생애와 사상, 활동을 솔직담백하게 서술하기도 하지만, 자기를 변호 또는 옹호하는 수단이 되기도 한다. 따라서 역사연구에서 수기의 이용에 유의해야 함은 물론이다.

류자명의 경우도 예외는 아닌 듯하다. 『한 혁명자의 회억록』과 「我的簡介」·「我在中國六十多年」에는 서로 상충되는 사실이 있다. 즉, 국적을 바꾸지 않고 '朝僑'로서 공산국가인 중국에서 살아야 했던 그의 현실적·정치적 상황이 본의와 다른 기술을 하게 하였음을 이해하여야 하는 것이다.

첫째, 1950년 귀국하지 못한 사실의 기술이 상충된다. 그가 해방 직후 귀국하지 못한 까닭은 중국에서 재혼한 중국인 아내 劉則忠과 자식들을 차마 저버릴 수 없었기 때문이다. 이는 그 자신이 생전에 회술한 바도 있다. 또한 아나키스트로서 남북 정권으로부터 환영받지 못할 정치적 여건도 작용하였을 것이다.[31]

그는 1950년 6월 14일 기륭항에서 홍콩으로 가는 배표를 구입하였다. 6월 24일, 류자명 일가 4명은 정화암 가족과 함께 기륭항에서 영국 윤선을 타고 배에서 하루를 보내고 25일 오후 홍콩에 도착, 동방여관에 투숙하였다. 그런데 이날 저녁, 조선 여권을 본 여관 종업원이 6·25전쟁 발발 사실을 알려주었다. 당황한 류자명은 이튿날 아침 큰 거리로 나가 신문을 사서 이 사실을 확인하였다. 귀국이 불가해진 그는 곧 則忠에게 廣州에 있던 언니에게 전화를 하게 하여 칙충과 아이들을 광주로 데려가게 하였다. 그리고 자신은 상해 입달학원에 있을 때 알게 된 趙谷初가 주임으로 있는 九龍의 眞光化學工場으로 가서 기숙하며 당시 호남성 부성장으로 있던 정성령에게 편지를 보내 자신이 홍콩에 왔음을 알렸다.

---

31) 류연산, 『행동하는 지식인 류자명평전』, 403~405쪽.

『한 혁명자의 회억록』에는 그가 대만을 떠나 홍콩으로 온 것은 귀국을 위한 것이라고 기술되어 있다.[32] 당시 8세였던 류전휘도 이 사실을 분명히 기억하고 있었다.[33] 그런데 「我在中國六十多年」에서는 이 사실을 『한 혁명자의 회억록』을 요약하여 비슷하게 설명하였으나, 「我的簡介」의 기술은 전혀 다르다. 그 부분은 다음과 같다.

> … 1950년 6월 25일 저녁 무렵 홍콩에 도착할 때 조선에서는 이미 전쟁이 발발하였다. 조선전쟁이 발발하지 않았어도 나의 마음은 이미 대륙으로 돌아가기로 결정하였었다. 그러나 대만을 떠나기 전에 조선으로 간다고 해야만 대만을 탈출할 수 있었던 것이다. …[34]

이는 명백히 사실과 다른 기술이다. 그의 고향에 대한 향수는 매우 절절하였다고 한다. 특히 고향에 있는 아내 이난영에 대한 그리움이 사무쳤다고 한다. 그는 회고록을 집필할 당시 자신의 원고를 교열하기 위해 장사에 온 김형직에게 '이 세상에 달은 두 개'라고 말하였다고 한다.[35] 심지어 남한으로의 귀국이 불가하자, 그는 1957년 북한으로라도 귀국하기 위해 호남대학 교수직을 사직하고 장사 생활을 정리하기도 하였다.[36] 胡馬依北風과 같은 처지였던 그가 당초 귀국하지 않으려 했다는 것은 사실과 전혀 다른 것이다. 말년의 그는 창밖을 응시하고 눈물을 흘리며 '아리랑'을 부르곤 하였다고 한다.[37] 그토록 귀국을 꿈에도 그렸던 그가 6·25전쟁

---

32) 류자명, 『한 혁명자의 회억록』, 357~364쪽.
33) 류전휘는 홍콩에서 다음 행선지는 한국(부산)이었다고 회고하였다(박걸순, 『충북의 독립운동과 독립운동가』, 649쪽).
34) 박걸순, 『충북의 독립운동과 독립운동가』, 581쪽.
35) 류연산, 『행동하는 지식인 류자명평전』, 512~513쪽.
36) 박걸순, 「아나키스트 류자명의 망향가, 죽어서 이룬 귀향의 꿈」, 『월간 독립기념관』 2012년 1월호.
37) 이는 필자가 전기를 집필한 安喬로부터 전해들은 증언인데, 그녀가 아리랑 곡조를

이 발발하지 않았더라도 귀국하지 않고 대륙으로 가려고 했다는 기술은 진심이나 본의와는 다른 기술이다.

둘째, 아나키즘에 대한 비판 부분도 진심과는 다르다고 여겨진다. 그는 독립운동 시기에 아나키즘 이론에 가장 정통한 아나키스트였다. 김원봉이 신채호에게 의열단 선언문인 「조선혁명선언」(1923)의 집필을 의뢰하며 류자명에게 이를 지원하도록 한 사실이 이를 입증한다. 따라서 「조선혁명선언」에 나타난 아나키즘 이념은 신채호의 구상이라기보다는 류자명의 의견이 반영된 결과로 해석하는 견해가 있을 정도이다.[38]

류자명은 1920년 1월 일본에서 발생한 이른바 모리토(森戶辰男) 사건을 계기로 무정부주의에 흥미를 갖기 시작하였고,[39] 크로포트킨의 저작을 읽으며 아나키스트로 사상을 '轉變'하였다. 그는 자신의 아나키즘 수용에 대해 다음과 같이 말하였다.

> 크로포트킨의 저작 『러시아 문학의 현실과 이상』은 러시아 문학가인 꼬고리(高古里), 푸쓰낀(普斯金), 두우계네프(屠格捏夫), 톨스토이(托你斯托伊) 등 문학가의 작품을 비판적으로 소개한 것인데 당시에 그들의 작품이 일본말로 번역되어서 나는 두우계네프의 소설 『處女地』, 『아버지와 아들』, 『새 풍조』와 톨스토이의 소설 『復活』, 『戰爭과 平和』 등을 읽었었다. 그리고 또 크로포트킨의 자서전인 『한 혁명자의 회고』도 읽었었다. 이런 것은 나의 思想 轉變過程을 설명하는 것이다.[40]

알 정도로 류자명이 자주 이 노래를 불렀다고 한다.

38) 朴杰淳, 「申采浩의 아나키즘 수용과 東方被壓迫民族連帶論」, 『한국독립운동사연구』 제38집, 2011, 202쪽.

39) 류자명, 『한 혁명자의 회억록』, 71쪽. 모리토 사건이란 東京大 교수이던 그가 『經濟學硏究』 창간호(1920. 1)에 발표한 논문이 무정부주의적 성향을 지녔다고 일본당국에 의해 처벌당한 사건을 말한다.

40) 류자명, 『한 혁명자의 회억록』, 74쪽.

류자명은 공산주의자 金翰을 스승으로 모셨으나, 공산주의가 아닌 아
나키즘을 수용하였다. 그것은 그가 민족 모순을 한국사회의 주요한 모순
으로 파악하였기 때문이었다.[41] 류자명은 자본주의 체제와 민족주의에
실망하였다. 이에 민족 단위의 좁고 배타적인 세계관을 극복하고 아나키
즘에 입각한 새로운 사회의 건설을 염원하였다. 그가 부단히 중국 농촌을
무대로 한 이상촌 건설운동에 참여하였던 것이 이를 입증한다.[42] 특히 류
자명은 동지들에게 아나키즘을 전파하는 매개적 역할을 하였다. 그는 신
채호에게 李石曾을 소개하였고, 대만인 아나키스트 林炳文을 소개하는 등
단재의 아나키즘 형성과 활동에 결정적 계기를 제공하였다.[43]

류자명은 신채호뿐만 아니라 이회영·이을규 형제 등에게도 아나키즘
을 전파하였다. 일본 유학 중 사회주의 사상을 접하고 1921년 상해로 망
명한 이정규가 러시아행을 결심했다가 포기한 것도 류자명의 권고에 따
른 것이었다.[44] 이정규가 아나키즘을 수용하는 데 커다란 영향을 준 것은
일본 유학시절 접한 사회주의 사상이지만, 1921년부터 1923년까지 2년
여의 북경 생활 때 국내외 아나키스트의 영향으로 아나키즘을 수용한 것
인데,[45] 그 중 류자명의 영향이 컸다.

그러나 류자명은 「我的簡介」에서 자신이 신봉했던 아나키즘의 '반동적
본질'을 극렬하게 비판하였다. 그는 자신이 1927년에 쓴 「赤色의 悲痛」이

---

41) 李浩龍, 「류자명의 아나키스트 활동」, 『역사와 현실』 53, 2003, 227쪽.
42) 韓相燾, 「유자명의 아나키즘 이해와 한·중연대론」, 『동양정치사상사』 제7권 1호,
    한국동양정치사상사학회, 2007, 199~209쪽.
43) 박걸순, 「1920년대 北京의 韓人 아나키즘운동과 義烈鬪爭」, 『東洋學』 제54집,
    단국대학교 동양학연구원, 2013, 111~112쪽.
44) 이정식 면담/편집 해설 김학준, 『혁명가들의 항일 회상』, 민음사, 2006, 269~279쪽.
    이는 정화암의 증언으로 밝혀진 사실이다.
45) 황동연, 「이정규, 초국가주의적 한국 아나키즘의 실현을 위하여」, 『역사비평』 93,
    2010, 204~205쪽.

434 류자명의 독립운동과 한·중 연대
공산주의의 입장에서 쓴 것이라고 말하여 자신이 일찍이 아나키즘을 버리고 공산주의를 수용했음을 강조하였다.[46] 나아가 그는 아나키즘이 '제1국제운동에서 시작하여 역대 국제적 무산계급 혁명운동 중에서 반혁명적인 역할을 하였다'고 하였다. 또한 그는 스탈린의 말을 인용하여 '아나키스트는 마르크스주의의 진정한 적이다'라고 하였고, 모택동의 말을 인용하며 아나키즘을 통렬히 비판하였다. 이 또한 공산주의 국가에서 '朝僑'로 살아야 했던 그의 처지에서 이해하여야 할 것이다.

셋째, 사실의 누락 현상은 『한 혁명자의 회억록』과 같다. 그 대표적 사실이 金達河 처단사건에 대한 기술 누락이다. 그는 여기에서는 물론 「我在中國六十多年」에서도 의열단 활동에 대해 자부하며 상술하였다. 그러나 1925년 3월 30일 그가 의열단원을 동원하여 결행한 밀정 金達河 처단 사건에 대해서는 전혀 언급하지 않았다. 김달하 처단은 류자명이 의열단 본부 차원의 논의를 거치지 않고 이회영, 김창숙 등과 협의한 후 다물단과 합작하여 단독으로 지휘하여 진행한 사건으로 평가된다.[47]

이 사건은 실행자가 李仁洪·李箕煥 등 의열단원이었고, 현장에 남겨진 의열단의 사형선고서와 관련자들의 회고 등으로 볼 때 주체가 의열단임은 분명하다.[48] 또한 일제도 이 사건을 다물단원인 黃益洙·李皓榮과 의열단원 류자명이 공모한 행동으로 파악하였다.[49] 결국 이 사건은 류자명이 이회영 등 북경의 아나키스트 그룹과 협의하고, 의열단과 다물단을 연계하여 결행한 것이었다.

그러나 그는 자신의 수기에서 이 사실을 전혀 언급하지 않았다. 이는 아무리 독립운동의 일환이라 하더라도 살인이라는 극단적 행동을 드러내

---

46) 柳子明,「赤色의 悲痛(상·중·하)」,『朝鮮日報』 1927. 5. 13~5. 15.
47) 李丁奎,『又觀文存』, 50쪽.
48) 박태원,『약산과 의열단』, 170~175쪽.
49) 慶尙北道警察部,『高等警察要史』, 1934, 208쪽.

고 싶지 않은 심정에서 비롯된 것으로 이해된다.

마지막으로 그는 남북 분단 현실에서 지극히 북한 편향적 서술을 하고 있다는 점이다. 6·25 전쟁에 대한 서술 부분 등에서는 미국에 대한 적대감을 노골적으로 드러내기도 하였다. 그가 1957년 북한으로의 귀국을 결심했던 것도 공산주의 국가인 중국에서 살아야만 했던 그의 입장에서는 당연한 일이었을 것이다. 아내 두군혜와 아들을 중국에 남겨두고 홀로 귀국한 김성숙의 행보에서 그의 처지를 이해하여야 할 것이다.

6. 향후 과제

류자명은 한국독립운동사에서 독특한 존재이다. 그는 아나키즘이라는 제3사상을 통해 독립운동을 추구하였다. 또한 해방 이후에는 중국에 거주하며 '국제우호 인사'[50)로서 괄목할만한 농학 연구의 결실을 거두기도 하였다. 그 결과, 그는 유일하게 남북으로부터 모두 훈장을 받았고, 중국 학계에서의 평가 또한 대단히 높다. 따라서 류자명은 남북 분단을 극복할 가교적 인물로서, 또한 한중 우호의 매개적 존재로서 평가되어 마땅하다. 이를 위한 몇 가지 과제를 제시하는 것으로 글을 마무리 하고자 한다.

첫째, 류자명의 평전과 자료집 발간이 시급하다. 전술한 바와 같이 류자명 전기는 중국인에 의해 두 권이 나온 바 있다. 그러나 그 전기들이 지닌 한계를 보완하여 우리 손으로 실사구시적 평전을 마련하여야 한다. 또한 류자명 관련 자료를 망라한 자료집 발간도 서둘러야 한다. 필자가 조사, 수집한 자료를 기준으로 볼 때 류자명 관련자료는 ① 친필 자전적 수기류, ② 신문 등에 기고한 논설류, ③ 농학 관련 논문과 저서(원고)류,

---

50) 이는 『나의 회억』의 서문을 쓴 정성령의 표현이다.

④ 서한류, ⑤ 활동과 관련한 일제측 문서류, ⑥ 호남농학원 재직 당시 당안자료류, ⑦ 증언류 등으로 구분하여 자료집 발간이 가능할 것으로 판단된다. 현재 필자가 중경임정청사 관계자와 함께 수집한 류자명 관련 자료는 상당량에 달한다. 가능하다면 독립기념관에서 자료집 발간을 진행하면 좋을 것으로 생각한다.

둘째, 류자명 연구를 위한 학제간 융합연구가 필요하다. 류자명 관련 자료 중 상당수는 농학 관련 저술이다. 이 분야에 문외한인 필자로서는 그 가치와 의미를 제대로 파악할 수 없었다. 따라서 독립운동사 연구자와, 농학사나 관련 분야(벼·포도·감귤·장미 등)의 연구자가 동참하는 학제간 융합 연구를 통한 류자명에 대한 연구가 필요하다. 그래야만 류자명에 대한 전인적 이해가 가능할 것이다.

셋째, 류자명의 생가 복원과 전시관 조성이 필요하다. 이는 이미 충주시와 류전휘 사이에 약정이 체결된 사실이나, 단체장의 교체로 무산된 상태이다. 이 약속을 믿고 류자명 유품의 상당수를 충주시에 기증한 류전휘의 허탈감은 짐작하고도 남음이 있다. 현재 생가 터에는 후손이 살고 있어서 생가의 복원은 별 문제가 없을 것이다. 생가와 함께 전시관의 조성도 필요하다. 다만, 류자명 개인을 주제로 한 전시관이라기보다는, 그를 계기로 우리 독립운동사에서 제대로 조명되지 못한 아나키즘 관련 종합 전시관으로 구성하는 것이 바람직할 것으로 판단된다. 얼마 전 문경에 박열기념관이 완공되었으나, 개인 전시관에 지나지 않는다. 류자명을 모티브로 하여 한국독립운동사에서 중요한 사상체계였던 아나키즘운동 전시관을 조성한다면 한국독립운동사의 지평을 확대하고 아나키즘운동에 대해 정당한 평가를 내리는 매우 의미 있는 일이라 할 수 있다.

나의 간단한 소개

류 자 명

1. 출생 시기와 출생지

1894년 1월 13일 조선 충청북도 충주군에서 태어났다. 이 해는 조선에서 농민봉기가 일어나서 중일전쟁이 일어난 해이다. 역사상 갑오전쟁(甲午戰爭)이라 불렸으며 중국과 조선이 일제에게 침략을 당하는 발단이 되었다.

2. 조선이 일제에게 병합 당하다

1910년 8월 29일, 일본 제국주의가 조선의 극소수 매국노를 강요하여 체결한 '일한합병조약(日韓合併條約)'이 공포되었다. 이것은 조선 민족이 영원히 잊지 못할 치욕적인 날이다. 나는 당시 16세로 충주공립보통학교를 다니고 있었다.

3. 1919년 3월 1일 조선에서 독립운동이 발발하였다

'3·1'은 조선 민족이 총궐기를 하여 독립자주를 선포한 날이다. '3·1'운동은 중국의 '5·4'운동보다 2개월 일찍 발발하였다. 이 두 운동은 공동의 시대 배경과 시대 특징을 지니고 있다. 그것은 반제 반봉건운동으로서 국가의 독립과 민족의 해방 및 정치적 민주를 요구한 혁명운동이다. 그 때 나는 수원농림학교를 졸업하고 충주농업학교에서 교편을 잡고 있었다. 그 해 3월에 나는 농업학교를 탈출하여 서울로 가서 몇몇 친구와 지하활동을 전개했으며, 혁명정부적 단체를 지지하고 지원하는 조직을 만들었고 애국부인회, 애국청년회와 연락하였다.

4. 처음 출국하여 상해에 도착

1919년 6월, 나는 상해에서 귀국한 친구(趙鏞周)와 함께 비밀리에 압록강을 건너 심양(沈陽), 영구(營口)를 거쳐 상해에 도착하였다. 그 때 상해 프랑스 조계에는 이미 '한국임시정부'가 성립되어 있었다. 임시정부는 '임시의회'의 입법과 선거를 거쳐 수립된 것이다. 나는 충청북도 대의원의 이름으로 임시의회에 참가하였다.

5. 상해에서 서울에 오다

1919년 11월, 나는 김한(金翰)과 함께 서울로 돌아왔다. 그때 김한은 이미 사회주의 사상을 받아들였고 나는 그를 선생님으로 대우하였다. 1920

년 여름, 서울에서 '노동공제회(勞動共濟會)'가 조직되었다. 이것은 조선의 공인계급(工人階級)이 정치 무대에 올라서는 지표였다. 노동공제회는 신백우가 회무를 주관하였고 기관지로『공제(共濟)』란 잡지를 출판하였다. 김한은 배후에서 도우며 홍보 업무를 맡았다. 당시 서울에는 임시정부의 연락기관도 있었는데, 임시정부에서 파견된 이종욱(李鍾旭)이 주관했으며 나도 이 방면의 일을 도와주었다.

6. 다시 출국, 먼저 북경으로 가다

1921년 3월, 나는 다시 출국하여 북경으로 갔다. 북경에서 나는 많은 선진적인 애국인사를 알게 되었다. 특별히 신단재(申丹齋) 선생님은 일생에 잊지 못할 분이었다. 단재 선생님은 저명한 애국지사이고 탁월한 역사학자이다. 선생님은 1928년 대련(大連)의 원수의 감옥에서 돌아가셨다.

7. 천진(天津)에서 '조선의열단'에 가입

1921년 겨울, 조선 유학생 고광인(高光寅), 김상훈(金相勛) 등은 나에게 천진 프랑스 조계에서 함께 살 것을 요구하였다. 나는 천진에 온 뒤 교민단 조직을 발기하여 천진에서 사는 교민들을 단합시켰다.

1922년 여름, 나는 천진에서 '조선의열단'에 가입하였다. 그 때 의열단 단원의 한 사람인 양건호(梁建浩)는 적의 감옥에서 석방되어 서울에서 김한을 만났다. 김한은 그를 나에게 소개시켰다. 나는 천진에서 의열단의 책임자인 김약산(金若山), 남정각(南廷珏)과 같이 그를 만났다. 이리하여

나는 '의열단'에 가입하였다. '의열단'은 1919년에 조직되었으며 조직규
장(組織規章)도 없고 3개조의 약법(約法)만 있었다. 그 중에 하나는 '정의
로운 사업을 맹렬하게 진행하자'이다. 의열단의 이름은 정의의 '의(義)'자
와 맹렬의 '열(烈)'자로 구성된 것이다. 의열단의 투쟁방법은 폭력적 파괴
적 수단으로 일본 제국주의에 대응하는 것이다. 나는 의열단에서 연락과
홍보 업무를 담당하였다.

8. '의열단' 단원이 1927년 중국 제1차 혁명운동에 참가하다

1925년, 김약산을 비롯한 주요 단원들은 광주의 황포군관학교에서 공
부하였다. 나와 중산대학에서 공부하는 몇몇 동지는 군관학교에 가지 않
았다. 1926년 봄, 의열단은 광주에서 대표회의를 개최하여 의열단을 단순
한 폭력적 단체에서 혁명 정당적 단체로 개조하였다. 이리하여 의열단은
자신의 강령, 정책과 규장제도를 갖게 되었다.

1926년 북벌군에 약 200여 명의 조선 청년이 참가하였다. 의열단 단원
은 황포군관학교를 졸업하고 북벌혁명에 참가하였다. 1927년 4월 12일,
장개석은 광주에서 당을 숙청하여 공산당을 마구 체포, 살육했는데 그 잔
인한 정도는 이 세상에 전례가 없었다. 당시 나는 김약산과 같이 광주에
머물고 있었다. 나는 통한의 심정으로 실제 상황을 묘사하는 기사를 한
편 써서 『조선일보』에 기고하였다. 이 신문에 「적색의 비애」라는 제목으
로 발표된 글이다.

그 해 5월 초, 나는 김약산과 광주를 떠나 상해로 가는 항로에서 해적
의 습격을 받아 나의 왼쪽 다리가 유탄에 부상당해 하문(廈門)의 한 병원
에서 치료를 받았는데 김약산은 먼저 무한(武漢)으로 갔다. 나는 상처가

치유되고 난 뒤 상해를 거쳐 6월에 무한에 도착하였다. 당시 의열단 단원들은 모두 무한으로 모였다.

그 해 7월, 국민당은 무한에서 공산당을 숙청하기 시작하였다. 이 때 북벌혁명에 참가했던 조선 청년들은 잇달아 무한을 떠났다. 김약산, 성현원(成玄園) 등은 '8·1' 남창(南昌) 봉기에 참가하였고 일부 조선 청년은 광주봉기에 참가하였다. 나는 동지 10명과 무한에 체류하여 잠시 '동방피압박민족연합회(東方被壓迫民族聯合會)'에 거주하였다.

9. 무한에서 체포되다

1928년 2월 28일, 나는 의열단 단원 몇 명과 무한의 한 동지 거처에서 '3·1'운동을 기념하는 모임을 갖고 있었는데, 주무한일본영사관(駐武漢日本領事館)의 특무와 무한시 공안국 경찰이 연합하여 우리를 체포하였다. 당일 피체된 조선인은 10명이며 그 중에 여성이 한 명있었고 세 지역에서 동시에 피체되었다. 일본 영사관은 우리를 공산당원으로 취급하여 무한시 공안국에 체포할 것을 요구했으며 당장 우리를 넘겨줄 것을 요구하였다. 공안국은 이런 국제적 정치범의 처리를 결정하지 못하였다. 이튿날 우리는 '무한위수사령부(武漢衛戍司令部)'로 압송되었고 위수사령부는 우리를 간수소에 가뒀다.

일본 영사관은 매일 우리를 인도할 것을 요구하였으나, 위수사령부는 일본 측에 우리가 공산당이라는 증거를 대라고 요구하였다. 그리하여 일본 영사관에서는 '통신사의 명의를 빌어 신문 소식을 위조하여 '조선공산당 10명이 무한시 공안국에 피체되었다'고 하며 우리를 제3국제에서 파견하였다고 날조하여 이 기사를 각 처의 신문사에 보냈다. 분개한 일은

당시 무한, 장사 등 국민당 당보에서는 특별히 큰 제목으로 이 소식을 게
재한 것이다. 만약 우리가 중국인이었으면 이 작은 소식으로도 사형 당할
수 있었다. 이리하여 위수사령부는 일본 영사관이 증거를 위조하기를 무
한히 기다렸다. 이렇게 6개월을 끌었다. 마침내 상해 조선임시정부와 조
선 교민단체에서 사람을 파견하여 남경정부와 교섭한 결과 8월 28일 우
리는 드디어 석방되었다. 이것은 무한 군경 당국에서 공산당을 진압하기
위하여 일본 제국주의와 결탁한 구체적 사례이다. 당시 무한 공안국 정보
원 중에 일본 영사관의 밀정이 있었을 뿐더러 일본 조계지에서 사는 조선
인 중에도 일본 영사관의 밀정이 있었다. 그리고 '동방피압밥민족연합회'
내 인도인 중에도 일본 영사관의 밀정이 있었다. 우리의 한구(漢口) 주소
는 인도인 나란신(那蘭辛)이란 사람이 밀고한 것이다. 우리 10명 중에 한
명은 간수소에서 병으로 죽었고(李海觀), 9명은 석방된 후 무한을 떠날 여
비가 없었다. 이 때 일본 조계에서 사는 조선인 백모가 자발적으로 여비
를 도와주었다. 우리는 그의 꾀에 빠졌다. 최원(崔園)과 최영(崔英)은 그의
도움을 받아 상해로 갔는데 배에서 내릴 때 황포강에서 주상해일본영사
관 경찰에 체포당하였다. 그리하여 우리는 무한을 비밀리에 떠날 때에 상
해로는 가지 않았다.

10. 무한에서 남경으로

석방된 후 얼마 안 되어 나는 안지청(安志靑)과 같이 남경에 가서 '동방
피압박연합회'에서 잠시 살았다. 이 연합회는 북벌혁명군이 무한을 점령
하여 한구의 영국 조계지를 회수한 후 한구의 영국 영사관과 은행 등이
모두 무한을 떠나자 영국 조계에서 영국 순경을 하던 인도인들은 일자리

를 잃었는데, 중국의 혁명조직의 도움 밑에 '동방피압박연합회'를 조직한 것이다. 이 연합회에 참가한 것은 조선, 인도, 베트남 및 중국 등 각국 대표이다. 중국 혁명 정부에서 매달 일정한 경비를 지원하여 활동비와 인도 실업자의 생활비로 하였다. 내가 감옥에 갇혀 있는 동안 연합회는 남경으로 이사하여 국민당 중앙당부에서 매달 경비를 보조받았는데, 이 경비는 생활비와 인도 실업자의 생활비에만 한정하였다. 조선인은 경비를 조금도 받지 못하였다. 당시 장개석은 공식적으로 공산당을 소멸하기 전 피압박 민족의 혁명운동을 도와줄 수 없다는 성명을 발표하였다. 당시 조선인은 도리어 감시의 대상이 되었다.

나는 남경에 도착한 후 먼저 상해로 가서 '의열단' 동지들을 찾아갔다. 김약산은 '8·1' 남창봉기에 참가한 후 강서, 복건 등지를 거쳐 상해로 돌아왔다. 그들은 북경으로 갈 계획이었는데 나는 그들과 동행하지 않았다.

남경에 돌아 온 후 내가 알고 있는 중국 친구들 중에 기억할 만한 세 명이 있다. 원소선(袁紹先), 엽정숙(叶正叔)과 진광국(陳光國)이다. 엽정숙은 이미 나이가 들었고 전 동맹회(同盟會)의 회원이며 신해혁명(辛亥革命)에 참가한 사람이다. 그는 국민당의 반동정치를 반대하고 분노를 표시하여 '을사구락부(乙巳具樂部)'를 조직하였다. 구락부에 초대실이 몇 개 있어 연락소로 사용할 수 있었다. 진광국은 지하 공산당원이며 '화패루서점(花牌樓書店)'을 엄폐물로 삼아 상해의 비밀 당원들과 연락을 하고 있었다. 원소선은 '통신사'를 엄폐물로 삼아 다방면으로 활동하였다. '한복염열사기념합작농장(韓夏炎烈士紀念合作農場)'은 원소선 선생의 계획과 준비로 만들어진 것이다. 당시 남경에서는 황극강(黃克强)의 사모님이 '빈아원(貧儿院)'을 주관하고 있었다. 당시 국민당의 백색테러 통치 아래에서 이런 기구들은 망명자의 방공호 역할을 하였다.

11. 한복염열사기념합작농장에서

1929년 겨울, 원소선 선생의 준비로 남경 중산문 외에서 한복염열사기념합작농장이 만들어졌다. 원소선 선생의 소개로 나는 이 농장의 기술 공작을 맡아서 잠시 머물 곳으로 삼았다. 당시 여기에서 나는 광호생(匡互生) 선생을 만났고 광선생은 나에게 잊지 못할 인상을 남겨 주었다. 이것은 내가 후에 입달학원(立達學院)에서 일하게 된 연유이다.

12. 천주(泉州)의 여명중학에서

1930년 남경의 농장에 있을 때 친구의 소개로 천주의 여명중학(黎明中學)에서 생물학 과정을 담임하였다. 당시는 오극강(吳克剛)이 교장이었고 위혜림(衛惠林)이 교무주임을 담임하였다. 내가 여명중학에서 한 학기를 지낸 뒤, 학교 내부에서 양 파의 모순이 발생하여 오극강과 위혜림 그리고 다른 친구들이 천주를 떠났고 나도 천주를 떠났다.

13. 입달학원 농촌교육과에서

내가 천주를 떠날 때 원지이(袁志伊)도 천주에 있었다. 나는 원지이의 소개로 입달농교과(立達農教科)에서 농업과정을 담당하였다. 입달학원은 광호생 선생이 주관한 것이며 교육가 몇 분이 합작 경영하는 성격을 지녔는데, 입달농학과의 교학방법은 보통학교와 다음과 같은 점에서 달랐다. 첫째, 교학과 생산노동이 결합하였다. 교학과 생산노동이 결합하자면 생산기지와 생산자금이 있어야 한다. 때문에 학교에는 양계장, 과수원, 채원(菜園) 등 시설이 있었다. 신입생들은 입학할 때 일정한 학비를 내 생산비로 하였다. 학생들은 입학부터 생산에 참가시켜 실천을 통해 생산기술을 배우게 하였다.

둘째, 학생들이 공동으로 학교와 교학 업무를 관리하였다. 3개 학년으로 큰 반을 구성하고 교학조, 생산조, 생활조의 3개 조로 나눴다. 조 내부의 사무적인 일은 학생이 맡았다. 교학조는 교학 계획을 주관하였고 수업 배열은 교무주임이 지도하였다. 생산조는 양계, 채소 심기, 과일 심기 등 농업생산과 생산품 처리 등의 일을 맡았다. 생활조는 땔감, 곡식, 기름, 소금을 관리하였고 밥을 하는데 학생과 선생이 교대로 밥을 하였다.

셋째, 학생들이 서로 배웠다. 예를 들면 양계의 기술은 생산 실천을 통하여 이전 학생이 새 학생을 가르쳤다. 학과에는 신식 계사, 인공 부화기, 개량한 닭 등 품목이 있었다. 부화는 반드시 일정한 온도를 유지해야 하고 깊은 밤에도 온도를 점검해야 했다. 병아리 사료도 익숙한 기술이 있어야 했다. 이런 기술은 실천을 거쳐야 배울 수 있었다. 내가 담임한 농업기초과는 실제 필요에 따라 교학해야 했고 감자를 심을 때는 감자를 강의해야 하였고 채소를 심을 때는 채소를 강의하여야 했다. 교학은 주로 실천을 통해 하였다. 교실에서 강의하는 시간은 아주 적었다. 밥을 짓는 일은 능한 사람을 선생으로 삼았다. 나 같은 능력이 없는 교원은 학생으로부터 배워야 했다.

넷째, 과목 신청과 과외 주제 강좌가 있었다. 예컨대 학생들은 나에게 일본말 강의 요청을 하였고 나는 요청을 들어 주었다. 흥취가 있는 학생들은 청강을 하였고 수업시간은 일정하지 않았다. 기본 문법을 강의한 후 학생들이 스스로 공부하도록 하였다. 전문가를 초빙할 기회가 있으면 주제 강의를 하였다. 예를 들면 사회 문제, 역사 문제, 생물학 문제 등이다.

수학, 화학, 생물학 등 기초과목은 강만(江灣) 본과(本科) 교원들이 일정한 시간대로 강의를 하였다.

다섯째, 시험제도가 없었다. 입학과 일정한 과정, 졸업 등은 시험이 필요하지 않았다. 요컨대 이런 교육제도와 원리에 대해 당시 나는 그 근거를 이해하지 못하였다. 지금에서야 그것이 마르크스주의 교육이론에 근거로 한 것으로 이해한다.

14. '9·18' 전후 나와 조선혁명의 관계

1927년부터 1937년에 이르는 시기에 중국의 혁명운동은 두 가지 반혁명 '위초(圍剿, 포위하여 토벌하다는 의미;역자 주)'가 있었다. 군사 '위초'와 문화 '위초'이다. 그리고 또 두 가지 혁명 심입(深入)이 있다. 농촌 혁명 심입과 문화 혁명 심입이다.

이 시기에 조선의 혁명운동은 중국 정세의 영향을 받았다. 북벌혁명에 참가한 조선 청년들도 타격을 받아 부득이 상해를 떠나 동북이나 북경 혹은 소련으로 가야 했다. 그 때 상해 프랑스 조계의 '한국임시정부'에는 원로 선생님들이 독립적 정신 보루를 지키고 있다. 그 때 나의 기본 사상은 무정부주의였으나, 우리나라 임시정부의 노선생님들, 특히 김구선생(한국독립당 주석 겸 임시정부 주석)과 연락이 있었다.

1931년 '9·18' 사변 이후 재작년 동북으로 갔던 몇몇 조선(무정부주의적) 친구들이 다시 상해로 왔다. 특히 1932년 '1·28' 일본 제국주의가 상해를 침공할 때 나는 그들과 같이 살았다. 상해 항일전쟁에서 국민당 정부가 투항하고 얼마 되지 않아 일본 제국주의자들은 승리자의 미친 태도로 상해에서 집회를 하여 승전 축하회를 할 때 김구 선생님의 기획으로 윤봉길이 폭탄을 가지고 교묘히 회장에 들어가 일본군 총사령 시라카와(육군대장)를 폭살하고 일본 해군 사령 노무라(해군중장)의 눈을 부상케 하였으며 상해 일본교민 회장을 죽였다. 이 의거는 적의 위풍을 꺾었으며 조선 혁명 진영을 대단히 고무시켰다.

이 시기 우리는 '조선무정부주의연맹(朝鮮無政府主義聯盟)'을 조직하였는데, 이 명칭은 공개하지 않았다. 공개적인 단체는 '남화한국청년연맹(南華韓國靑年聯盟)'이었는데 우리 글로 된 유인 간행물『남화통신(南華通訊)』몇 기를 출판하였다. 이 통신에서 우리는 "조선의 모든 혁명가는 일본을 반대하는 조건하에 통합하자"는 글을 발표하였다. 이것은 일부 공산주의자의 찬성을 받았다.

'9·18' 이후 남경의 진광국(陳光國)의 소개로 나는 중국 공산당원으로 북경과 상해 사이에서 지하공작을 하는 두 사람을 알게 되었는데, 화(華)○○와 장(張)○○이다. 화○○는 우리와 자주 연락을 취하였다. '9·18' 이후 북경의 의열단 단원들도 남경에 왔고 나는 김약산과 다시 새로운 합작을 하였다. 그 때 '의열단'과 다른 단체들이 통합하여 '조선민족혁명당'을 조직하고 김약산을 수뇌로 하여 남경의 청룡산(靑龍山)에 군사훈련반을 개설하였다.

15. 입달학원을 떠나 남경에 도착하다

광선생님이 세상을 떠난 이후 입달농촌교육과는 곤경에 빠졌고, 다른 원인도 있어 1935년 6월 나는 입달학원 농촌교육과를 떠나 남경의 '농촌진흥위원회'(국민정부 건설위원회 부설 기구)의 동류농장(東流農場)에서 기술 일을 담당하였다.

같은 해 가을 나는 항주에 출장하였다가 돌아오려 할 무렵 상해에서 온 전보를 받았다. 나에게 바로 집으로 가지 말고 동류농장의 주인인 곽송명(郭頌銘)의 집으로 먼저 가라는 것이다. 나는 남경에 가서야 알았는데 며칠 전 밤에 헌병사령부 특무가 우리 집에 와서 수사를 하였다고 한다. 수사의 대상은 한 일본 유랑 친구 전화민(田華民)이었다. 유칙충(劉則忠)은 놀라고 당황하여 어찌할 바를 몰라서 밤에 잠을 이루지 못하다가 이튿날 애기를 업고 '입달농학과'로 가서 나에게 전보를 친 것이다.

이 일의 발생 과정은 다음과 같다. 당시 국민당 중앙 당부에서 중요회의를 개최하였는데 당부 정원에서 전체 참석자들이 사진을 찍을 때 한 자객이 왕정위(汪精衛)를 향해 총을 쏘았는데 명중하지는 못하였다. 자객은 당장 붙잡혔다. 저격 대상은 장개석이었는데 장개석은 회랑에서 나오지 않아 왕정위에게 총을 발사한 것이다. 당시 자객과 같이 상해에서 동행한 사람이 두 명 있었다. 그들은 진광국의 배려 하에 같이 살았고 활동을 하였다. 전화민은 일본의 무정부주의자였으며 진광국의 집에서 살았다. 그날 밤 상해에서 온 두 사람과 진광국이 피체되었을 때 전화민은 도망을 갔다. 그날 밤 나의 집과 엽정숙의 집은 동시에 수사를 받았다. 이와 동시에 상해 프랑스 조계의 화광(華光) 병원 의사 등몽선(鄧夢仙)도 피체되었다. 진광국은 비밀리에 교살 당하였고 그제야 우리는 그가 공산당원인 것을 알게 되었다. 이 살해 사건이 마무리되기 전에 나는 가족과 함께 상해 프랑스 조계에서 잠시 살아 일단 피하였다.

16. 조선민족전선연맹과 조선의용대

1937년 '7·7' 노구교(盧溝橋) 사변 이후 남경의 '조선민족혁명당', '전위

동맹', '해방동맹'과 '조선무정부주의자 연맹'은 연합하여 '조선민족전선
연맹'을 조직하였는데 나는 무정부주의자연맹 대표로 '전선연맹'에 참가
하였다. 김약산은 연맹의 주임위원이며 나는 비서를 담당하였다.

상해 함락 이후 일본군이 무석(无錫) 일대에 도착하였을 때 우리는 남
경에서 철수하여 무한에 도착하였다. 그 때 '연맹' 소속원들은 가족들과
같이 생활하며 함께 이동하였다. 1938년 무한에서 '조선의용대'가 조직되
었다. 의용대는 '연맹'에 부속되며 연맹의 맹원들은 당연히 대원이었다.
김약산은 대장이고 대장 산하에 지도위원이 7명 있었는데 이는 참모부와
같았다. 나도 지도위원 중의 한 명이었다.

조선의용대는 중국 정치부의 지도를 받았는데 당시 무한에서 설치된
정치부는 국공합작의 연합 정치기구로서 진성(陳誠)을 부장(部長)으로 하
고 총리(周恩來;역자 주)가 부부장(副部長)을 하였다. 국민당 황포파 군인
이 제1청 청장이었고 곽말약(郭沫若)은 제3청 청장이었으며 조선의용대는
군사적으로 제1청의 지휘를 받았는데 적 후방과 대적 홍보는 제3청의 지
휘를 받았다.

의용대 수립 당시 무한 보위전(保衛戰)은 이미 시작되었다. 무한에서
철수할 때 조선의용대는 제1과 제2 두개 대(隊)로 나뉘어 제1대는 대장의
인술 하에 호남(湖南)을 향해 철수하여 계림(桂林)에 도착하였고, 제2대는
하남(河南)을 향해 철수하여 연안(延安)에 이르렀다. 나는 제1대를 따라
형산(衡山)과 형양(衡陽)을 거쳐 1938년 겨울 계림(桂林)에 도착하였다.

그 때 임시정부의 노선생님들은 항주에서 장사를 거쳐 유주(柳州)에서
잠시 거주했으며 사천(四川)까지 이동할 준비를 하였다. 나는 '민족전선연
맹'의 대표로 유주에 가서 김구 선생님 및 다른 선생님들과 민족전선의
통일 문제에 관한 의견을 교환하였다. 당시 통일은 전체가 갈망했던 일인
데도 불구하고 통일의 방법에 갈등이 있었으며, 통일 문제는 우리의 일정

에 상정되었다.

1939년 1월, 나는 중경에 가서 '전선연맹' 후방 지원부 동지들과 같이 지냈다. 후방 지원부는 남안(南岸) 탄자석(彈子石) 오가화원(吳家花園)에 위치하고 있었으며 직원과 가족 100여 명이 공동생활을 하였다. 한편 임시정부와 가족들은 기강(綦江)에서 공동생활을 하였고 인원도 100여 명이 있었다. 쌍방이 통일 문제를 위해 1939년 여름 기강에서 대표회의를 개최하였다. 그러나 쌍방의 의견이 일치하지 않아 잠시 논의를 멈췄다.

그 해 가을 또 무정부주의 청년들이 임시정부 청년들과 연합하여 '전시공작대'를 조직하여 '조선의용대' 산하 특별대의 명의로 단독 활동을 하게 해달라고 요구하였다. 안타깝게도 의용대에서는 그들의 요구를 받아들이지 않았다. 이것은 잘못된 것이다. 결국 '한국청년전시공작대'는 임시정부의 도움 하에 서안(西安)에 가서 적후 공작을 진행하게 되었다.

17. 중경에서 복건으로

기강에서 회의가 일단 실패로 돌아간 후 김약산은 다시 계림으로 가 의용대 제1대를 지휘하게 되었다. 우리는 중경에 남았는데 '전선연맹'에는 구체적인 일이 없게 되었다. 이런 상황에서 나도 중경을 떠났다.

1940년 봄, 내가 복건의 진번여(陳范予)와 속동(粟同)의 편지를 받을 무렵, 복건성 정부의 버스가 중경에서 복건으로 가는 기회가 있어 긴장하고 유쾌한 장거리 여행을 하여 사천, 귀주, 호남, 강서성을 거쳐 복건 영안(永安, 전시 성의 수도)에 도착하여 성농사실험장과 원예 실험장에서 기술직을 맡았다. 당시 복건성 주석은 진의(陳儀) 선생이었고 심중구(沈仲九) 선생은 성정부의 고문을 맡고 있었다.

동년 하반기 진의 주석은 행정원 비서장에 임명되었고 심선생도 복건을 떠나 계림에서 잠시 살았다. 이 무렵 나는 사천에서 마종융(馬宗融)의 편지를 받았는데 내게 계림에 있는 '회교구국협회'가 주관하는 '영조농장(灵東農場)'에서 기술직을 맡아달라고 요청하였다. '회교구국협회'는 중경에서 조직된 것으로 마종융은 이 협회 위원 중에 한 사람이었다. 마종융의 건의 하에 회족 자제 중에 10명을 뽑아 복단대학(夏旦大學) 농업 전수반(專修班)에서 공부하게 한 후 그들의 출로를 위하여 계림에서 농장을 하나 열어 생산을 진행하도록 하였다.

마종융은 내가 입달농교과에서 안 친구이고 그는 부인 나세미(羅世弥)와 프랑스에서 유학한 후 귀국하여 농학과에서 교편을 잡았고 항일전쟁 시기에는 복단대학(중경)에서 교사를 했다. 당시 내가 계림으로 간 주요 목적은 중경과 연락을 취하는 것이다. 일본 제국주의는 무한을 점령한 후 남진하는 군사행동을 잠시 멈췄다. 그러나 1940년 하반기 부터 또 난동을 시작하여 호남을 공격해 들어가 한광선(漢厂線)을 개통하려 하였다. 나는 일제가 한광선을 점령한 뒤 중칭과의 연락이 단절될까 염려하였다. 그래서 마종융의 요청을 받아 1941년 1월 복건을 떠나 계림으로 가서 영조농장에서 일하였다. 당시 심중구, 호만여(胡琬如), 하명강(夏明剛) 선생도 계림에 있었다. 파금(巴金)도 계림에서 '문화생활출판사'를 주관하였다.

18. 중경에서 조선혁명전선통일회의에 참석

1943년 여름 나는 계림으로부터 중경으로 가서 '임시의회'에 참석하였다. 당시 '한국임시정부'의 통일적인 영도 하에 '한국광복군'을 성립하였다. '조선의용대'와 '한국청년전시공작대'도 '한국광복군'에 통합되어 이청천을 총사령관, 김약산을 부사령으로 하였다. 이리하여 중경에 있는 조선혁명 단체의 통일이 비로소 실현된 것이다.

다른 한편으로는 '중한문화협회'가 성립되었다. 나도 성립대회에 참석하였다. 나는 그 해 겨울 계림으로 돌아왔다. 계림에 있는 동안 나는 하명강, 종도룡(鍾濤龍), 소포초(蘇抱樵), 장학지(蔣學知) 등 친구와 함께 종묘농장을 꾸렸다. 아울러 이 기간에 소양(邵陽)에 두 차례 갔었다.

19. 계림에서 다시 복건으로

1944년, 일제가 계림을 공격해 오기 전 나는 가족과 함께 복건성 은행 계림지행의 마지막 버스를 타고 계림을 탈출하여 복건성 영안에 도착하였다. 그 때 복건성에는 결산하고 남은 곡식이 수십 만 근이 있었으며 성정부 정성령 비서장의 계획 하에 전시 아동을 교육하는 기구로서 '강락(康樂新村)'을 개설하기로 하였다. 강락신촌의 총부는 영안에 두었고 제1촌은 민서(閩西), 영화(宁化)에 두고 부백취(傅柏翠)의 주관 하에 준비를 하게 하였다. 제2촌은 민동(閩東) 복안현(福安縣) 계병향(溪柄鄉)에 위치하였는데 내가 준비하는 일을 주관하였다. 그 해 가을 나는 사진(謝眞, 심중구 선생이 복건에서 양성한 간부), 이회민(李怀民, 입달농교과의 학생)과 함께 복안에 가서 준비 업무를 하였다. 원래 계병에는 땅과 가옥 등 기초시설이 설치되어 있었다. 준비 공작은 총무, 생산, 교양 3개 조로 구성되었고 사진은 총무를 관리하고 이회민은 생산을 책임지고 임경황(林景煌)이 교양을 맡았다. 노력한 결과 일 년 내에 서안(西安), 하포(霞浦), 영덕(宁德), 연강(連江), 주돈(周墩) 등 각 현에서 온 수난 아동 60여명을 수용하여 교양하였다.

1945년 8월 일본이 투항하였다. 일제에 의해 50년이나 점령당했던 대만은 해방을 맞아 조국의 품으로 돌아왔다. 대만은 해방과 동시에 행정장관공서(行政長官公署)를 설치하여 원래 행정원 비서장 진의는 행정장관으로 임명되었고 심중구 선생은 장관 공서 고문으로 임명되었다. 그 해 사진은 대만으로 배속되었다. 이 때 복건성 비서장 정성령은 장개석에 의해 중경에 갇혔고 복안현장인 호방헌(胡邦憲)은 공산당의 혐의로 면직 당하였으며 복안현 전량처 처장 종헌문(鍾憲文)도 공산당의 혐의로 갇혔다. 이것이 바로 항일전쟁이 끝나고 국공합작의 통일전선이 파괴된 표현이다. 그리고 일본이 투항한 후 중경의 모든 조선인은 국민당 정부가 비행기로 남조선에 태워다 주었다. 이 때 미국은 이승만을 남조선에 데려다 주었다. 나는 복안에 있었기 때문에 중경과 연락을 하지 못하였다.

20. 복안에서 대만으로 가다

1940년 3월, 나는 복안을 떠나 대만으로 가서 농림처(農林處)에서 일을 하였다. 이 무렵 정성령 선생은 진의 장관이 장개석에게 부탁을 하여 보석으로 같이 대만으로 갔고 군부 간수실에 연금되었는데, 나는 대만에 도착 이후 속동과 같이 간수실에 면회를 간 적이 있었다.

일제 점령 시기에 대만은 겸병(兼倂)된 토지 면적이 매우 넓었다. 산림 전체를 제외하고 경지면적만 15만(2,250,000 市苗 이상) 헥타르 이상이었다. 한 지역에 집중된 면적은 1,000~3,000헥타르였다. 일부 면적이 큰 농장의 내부에는 편리한 철로설비가 있었다. 이 농장들은 농민을 잔혹하게 압박하고 착취하는 기구였다. 해방 이후 이 토지는 국유로 바뀌었다. 심중구 선생의 건의와 계획 하에 이 국유 토지는 합작농작제도를 만들 준비

를 하여 농민들이 공동으로 경영하게 하였다. 첫 해에 나는 국유 토지조
사와 합작 농장제도의 연구업무를 맡았다. '2·28'사변 이후 나는 농장 실
험장 원예과에서 기술직을 담당하였다.

21. 대만을 떠나 장사로 가다

1949년 10월 1일, 중화인민공화국이 수립되었다. 이 때 남조선의 이승
만 정부는 대만에 영사관을 설립하였다. 영사 민석린(閔石麟)은 내가 상해
와 중경에서 알던 친구였다.

그 해 겨울 대만은 전쟁 분위기가 농후하였다. 영국과 미국 등의 나라
대만 주재 영사관에서는 대만에 거주하는 교민들에게 통지를 보내 대만
을 신속히 떠나 귀국하라고 독촉하였다. 남조선 대사도 1950년 원단, 대
만에 거주한 조교(朝僑)를 모아놓고 대만을 떠나 귀국하라고 호소하였다.
나는 이 기회에 귀국 신청을 하였다. 나와 같이 신청을 한 사람은 정화암
(鄭華岩) 일가이다. 나는 대만에 살았을 때 중국사람 행세를 하였다. 그 당
시 대만에서 직장을 다니는 사람은 5명이 담보를 서야 했다. 거주민은 5
가구에서 담보를 서야 하였다. 그리고 국민신분증이 있어야 했다. 나도
가짜 국민신분증이 있었다.

나는 조선영사관의 귀국증을 받고 영국 영사관에서 홍콩으로 넘어 가
는 수속을 마치고 대만 경무처에 가서 출국증을 받으려 할 때, 경무처에
서는 먼저 국민신분증을 취소시켜야만 출국증을 발급할 수 있다고 하였
다. 이리하여 국민신분증을 취소하기 위하여 중국 내정부, 외교부, 대만
경찰소 등에 반년 동안 여러 차례 주선한 끝에 드디어 경비처에서 출국증
을 발급받았다. 이리하여 6월 23일 기륭(基隆)에서 홍콩까지 가는 배표를

샀다.

1950년 6월 25일 저녁 무렵 홍콩에 도착할 때 조선에서는 이미 전쟁이 발발하였다. 조선전쟁이 발발하지 않았어도 나의 마음은 이미 대륙으로 돌아가기로 결정하였었다. 그러나 대만을 떠나기 전에 조선으로 간다고 해야만 대만을 탈출할 수 있었던 것이다.

그 때 유칙충의 둘째 언니는 광주 애군(愛群) 빌딩(여관)에서 교환원으로 일하고 있었다. 우리가 홍콩에 도착한 이튿날 전화로 알렸다. 며칠 후 그녀는 우리를 맞이하러 홍콩으로 왔다. 유칙충은 득로(得櫓, 10세)와 전휘(展輝, 8세)를 데리고 둘째 언니와 먼저 광주로 돌아가고 나는 잠시 구룡(九龍)에 조정의(趙定毅)가 주관하는 '정광화공창(正光化工厂)'에서 살며 호남성인민위원회 부주석 정성령 선생에게 편지를 보냈다. 정 선생은 나를 호남대학에 소개시켜 주었고 호남대학의 초빙서까지 보내주었다. 나는 초빙서를 입경의 근거로 하여 7월 하순에 광주로 돌아와 8월 하순에 장사로 가서 호남대학 농학원 농예과 주임을 담당하게 되었다. 1951년 호남대학 농학원은 '수업농전(修業農專)'과 통합하여 호남농학원을 수립하였고 그 후 나는 원예과 주임, 실습농장 주임, 과위회위원(科委會委員) 등을 역임하였다.

22. 사상의 변화 과정

1920년부터 나의 사상은 차츰 무정부주의 쪽으로 기울기 시작하였다. 일본 무정부주의자 행덕추수(幸德秋水)와 대삼영(大杉榮)의 영향을 받은 것이다. 행덕추수는 '천황'과 종교를 부정하여 일본 통치 계급을 공황에 빠지게 하여 그에게 사형을 선고하게 하였다. 대삼영은 행덕추수의 뒤를 이어 7번 감옥살이를 하였고 기간은 7~8년에 달하였다. 그러나 1919년 이후 그는 『개조』와 『해방』이란 잡지에서 무정부주의에 관한 글을 발표하였는데 그들의 번역과 소개로 나도 크로포트킨의 저작을 읽게 되었다.

내가 '의열단'에 가입한 초기에 김약산의 사상은 허무주의적 경향이 있었다. 우리는 큰 홍취를 가지고 18세기(19세기의 오류;역자 주) 60년대 러시아의 허무당운동 사료를 읽었다. 예컨대 '땅 밑의 러시아' 등이다. '의열단 선언' 중에 폭력 혁명의 의의를 강조하였는데 그것도 허무주의의 영향을 받은 것이다. 김약산은 황포군관학교에서 공부할 때 중국공산당에 가입하였고, '의열단'을 개조할 때 이미 사회주의적 기본강령과 정책을 수용하였다. 1927년 광주 '4·12' 국민당이 숙청될 때 나는 '적색의 비애'란 제목의 글을 썼는데 이것은 공산당의 입장에서 쓴 것이다.

'9·18' 사변 이후 나는 상해에서 '조선무정부주의자연맹'과 '남화한국청년연맹'에 참가하였다. 그러나 조선 민족 혁명역량의 통일을 주장하였다. 중국의 항일전쟁 시기에는 '조선민족전선연맹'에 가입하였다. 실제상으로 무정부주의를 포기한 것이다. 그러나 이론상으로 무정부주의의 반동 본질을 철저하게 비판하지 못하였다.

농학원에서 공작에 참가한 이후 중국공산당의 영도 하에 학습을 통하여 레닌의 『국가와 혁명』, 스탈린의 『무정부주의냐 사회주의냐』, 모주석(모택동; 역자 주)의 『인민 민주전정(民主專政)을 논함』 등 찬란한 저작을 읽은 후 이론적으로 무정부주의의 반동적 본질을 알게 되었다. 무정부주의는 제1국제운동에서 시작하여 역대 국제적 무산계급 혁명운동 중에서 반혁명적인 역할을 하였다. 그리하여 스탈린은 "무정부주의자는 마르크스주의의 진정한 적이다."라고 지적한 것이다. 모 주석도 "계급은 소멸되었고 계급투쟁의 공구로 일체 사물 정당과 국가 기계는 그것 때문에 작용을 잃고 필요 없어서 점차 쇠망하여 역사 사명을 다할 것이며 드높은 인류사회의 단계로 갈 것이다."라고 지적한 것이다. 모 주석은 또 "너희들은 국가 권력을 소멸하려고 하지 않았나? 우리는 소멸할 거야. 그런데 지금은 아니고 우리는 아직 멀었지. 왜? 제국주의는 아직 존재한다. 국내에서는 반동파가 존재하고 계급은 아직 존재한다. 우리 현재의 임무는 인민의 국가 기계를 강화하고 이것은 인민의 군대를 말한 것이다. 인민의 경찰과 인민의 법정 국방을 공고히 하고 인민의 이익을 보호해야 한다."라고 지적하였다.

1974년 3월 호남농학원에서

달인(達人) : 안녕!

나의 간단한 약력 정리를 겨우 마무리 지었다. 내용과 문장이 완전하지 못한 곳이 있을 테니 자네가 마음대로 수정해도 좋다. 길게 안 쓰겠다. 자네들 건강하고 유쾌하게 지내기 바란다!

류자명 1974. 4. 2

자네의 편지와 사진 필름은 모두 잘 받았다.

나의 중국에서의 60여년

류자명

1. 조선 '3·1'운동 이후

내가 처음 중국에 오다

조선의 '3·1'운동과 중국의 '5·4'운동은 모두 1919년 봄, 봄날의 우뢰처럼 폭발하였다. 두 운동은 유사한 역사적 배경과 정치적 조건하에서 발발하였다. 때문에 그들은 상호 연결되고 밀접하게 협조를 한 것이다.

'3·1'운동은 조선 인민이 모두 일어나 조선의 자주와 독립을 요구한 독립운동의 개시였다. 이 운동이 발발한지 얼마 후 나는 남조선 충청북도 충주군으로부터 서울(당시 조선의 수도)로 와서 지하조직 활동에 참가하였다. 이 때 오랫동안 해외로 망명한 조선의 애국지사들은 상해 프랑스 조계에 모여 '한국임시정부'를 조직하였다. 그리고 임시정부와 서울의 비밀 조직 간에는 이미 통신 연락이 있었다.

1919년 6월 나는 상해에서 귀국한 통신 연락원와 함께 처음으로 출국하여 단동(丹東, 당시는 안동으로 칭했음), 심양(沈陽), 영구(營口)를 거쳐 영국 기선을 타고 상해에 도착하였다. 당시 상해에서는 임시정부 이외에 또 '임시의회'(인민대표 회의와 같은 것)가 있었다. 나는 상해에 도착한

후 충청북도 대의원(인민대표와 같은 것)이 되었다. 그리고 '임시의회'의
비서를 겸임하였다. 그 이후 나는 애국지사 선배님들과 접촉하는 기회가
많았다. 당시 나는 25살이고 제일 젊은 의원 중의 하나였다. 선생님들은
나를 자제와 같이 대하였고 나도 내 부친이나 형님처럼 그들을 존경하였
다. 우리들의 관계는 동지의 우의와 혈육의 감정이 교차하였다.

2. 임무를 띠고 귀국

1919년 12월 나는 통신 연락의 임무를 띠고 김한(金翰), 강태동(姜泰東)
등 동지와 함께 앞뒤로 상해를 떠나 서울에 돌아왔다. 이 무렵 조선은 이
미 공인운동(工人運動)이 일어났고 '노동공제회(勞動共濟會)'는 공식적으
로 공인운동을 이끄는 단체가 되었으며 공산주의자들이 연합하여 출판한
『공제(共濟)』 잡지는 일본 자본가들과 날카로운 투쟁을 전개하였다. 김한
동지는 공식적으로 자기가 마르크스주의자라고 표명하였다. 그러나 당시
조선의 혁명운동은 마르크스주의도 무정부주의도, 어느 종교 단체라 하
더라도 '애국'이란 두 글자와 떼어 놓을 수 없었다. 일본 군국주의가 조선
을 침략한 후 조선 내부의 대립적 투쟁은 애국주의였고 매국주의를 반대
하는 투쟁이기도 하였다. 그리고 또 식민지 민족 전선과 제국주의 침략
전선 두 노선의 투쟁이었다. 나는 서울에 돌아오기 전 2년 사이에 김한
동지의 도움을 받아 두 편의 글을 써서 『공제』 잡지와 『조선일보』에 발
표하였다.

3. 두 번째 조국을 떠나 북경으로 가다

1922년 3월 나는 두 번째로 조국을 떠나 북경으로 가서 조선의 뛰어난 역사학자이며 저명한 애국 문사인 신채호(申采浩, 호는 丹齋) 선생님으로 부터 역사지식을 배웠다. 당시 단재 선생님은 북경에서 전문적으로 역사를 연구하며 김창숙(金昌淑) 선생님과 함께 『천고(天鼓)』 잡지를 출판하여 조중(朝中) 양국 인민의 전통 우호 관계를 널리 알려 중국 신문 출판계의 호평을 받았다. 1923년부터 1924년까지 나는 고광인(高光寅), 김상훈(金相勛), 김병옥(金炳玉) 등 유학생과 같이 천진으로 가서 프랑스 조계에 거주하며 미국 여사가 개설한 영어 학습반에 참가하여 1년 동안 영어 공부를 하였다.

4. '조선의열단'에 참가하다

1924년 여름 '조선의열단' 단원 김약산(金若山)이 천진에 와서 의열단에 참가하기를 요청하기에 나는 무조건 승낙하였다. 그 해 가을 나는 상해에 가서 의열단의 통신 연락과 홍보 활동을 담당하였다. 의열단은 '3·1'운동 초기에 길림성(吉林省) 장춘시(長春市)에서 조직된 폭력 혁명 단체로서 암살과 파괴를 대적(對敵) 투쟁의 수단으로 하였다. 의열단이 수립된 후 1920년부터 1925년까지 9차례의 대적 투쟁 가운데에는 성공의 경험이 있을 뿐만 아니라 실패의 교훈 또한 있었다. 여기에서는 성공의 경험만을 다음과 같이 간단히 소개한다.

1. 1921년 박재혁(朴在赫) 동지는 부산 일본 경찰서에 피체된 동지들의

원수를 갚기 위해 상해에서 폭탄을 가지고 부산으로 가서 일본 경찰 소장을 폭살하였다. 마른하늘에서 날벼락이 떨어지듯 당시 커다란 반향을 일으켰다.

2. 1922년 김익상(金益相) 동지는 폭탄을 가지고 천진에서 서울로 들어가 곧 바로 일본 총독부로 가서 청사를 파괴하고 적의 포위에서 탈출하여 일주일 내에 천진으로 다시 돌아왔다. 적들은 수백일 수색을 했는데 아무런 행적도 찾지 못했다.

3. 1923년 11월 추강(秋江) 동지는 폭탄 2개를 휴대하고 상해에서 일본 도쿄에 도착해 1924년 원단(元旦)에 일본 황궁 문 앞으로 가서 황궁의 대문을 파괴하였다.

4. 1924년 가을 羅錫疇(나석주) 동지는 폭탄 2개와 권총 한 정을 지니고 천진에서 연태로 가서 어선을 타고 인천항에 상륙하여 서울로 가서 '조선은행'과 '동양척식회사'를 파괴한 뒤 권총으로 일본 경찰들과 맞서 싸우다가 마지막 총알로 스스로 생명을 마감하였다.

5. 중국 북벌전쟁 시기

1926년 7월 중국에서 북벌전쟁이 시작될 때 황포군관학교에서 공부하는 의열단 단원들은 반수 이상이 북벌전쟁에 참가하였다. 북벌군은 많은 공농(工農) 군중들의 따뜻한 지지를 받으며 북양 군벌인 오패부(吳佩孚), 손전방(孫傳芳)의 수십만 반동 군대를 누르고 중국의 절반 이상을 점령하였다. 1927년 북벌전쟁이 승기를 잡았을 때 장개석은 4월 12일 상해에서 반혁명 쿠데타를 일으켰다. 당시 나는 김약산과 광주에서 반혁명(反革命)의 역류(逆流)가 주강(珠江) 유역에서 범람하는 것을 목격하였다. 광주의

혁명사령부는 하루 밤 사이에 반혁명의 지휘대로 돌변하였고 어제의 동지가 오늘의 적으로 되었다.

이런 기세가 대단한 환경에서 나는 김약산과 같이 광주를 떠나 상해를 거쳐 그 해 6월 무한에 도착하였다. 이 때 무한의 정치 분위기는 폭풍전야의 징조가 나타나기 시작하였다. 과연 7월 15일 왕정위(汪精衛)는 반혁명 쿠데타를 일으켜 공식적으로 "설령 3천명을 잘못 죽이더라도 1명(공산당을 지칭)을 놓치지 않는다."고 외쳤다. 이것은 왕정위가 장개석에게 투항하는 구호이고 얼마 이후 '영한합류(宁漢合流)'가 일어났다. '영한합류'가 있은 지 얼마 안 되어 김약산을 비롯한 의열단 단원들은 제4군 협정(叶挺) 부대를 따라 강서성 남창(南昌)에 도착하여 '8·1' 남창봉기에 참가하였다. 그 밖에 북벌대오에 참가하지 않은 조선 동지들은 갈 곳이 없어 무한에 체류하여 시국의 변화를 관망하는 수밖에 없었다.

6. 무한 경비사령부 간수소(看守所)에서의 철창생활

1928년 2월 28일 조선의 '3·1'운동 9주년 기념일 전, 나는 무한의 동지들과 약속하여 '3·1'운동을 기념하는 다과회를 준비하고 있었다. 이 때 한구(漢口)의 일본 영사관 특무 두 명과 무한공안국 특무가 합동하여 우리들을 체포하였다. 그리하여 우리는 공산당 혐의범으로 경비사령부 간수소에 갇혔다. 6개월의 철창생활을 지내고 8월 28일에서야 석방되었다.

7. 1928년 9월부터 1929년 3월까지 남경의 '동방피압박민족회(東方被壓迫民族會)'에서 국민당 중앙위원회 선전부의 요구에 응하여 손중산(孫中山) 선생의 저작 『손문학설(孫文學說)』을 우리 글로 번역하였다.

8. 1929년 6월부터 12월까지 나는 복건(福建) 천주(泉州)의 여명(黎明) 중학에서 고중(高中) 생물 교사를 하였다.

9. 1930년 1월부터 1935년 5월까지 나는 상해의 저명한 교육혁신가인 광호생(匡互生)이 설립한 입달학원(立達學園) 농촌교육과에서 농업 기술과 일본어를 가르쳤다.

10. 1931년 '9·18'사변이 발생한 후 나는 상해에서 조선무정부주의자 연맹에 참가하였다.

11. 1935년 6월부터 1937년 12월까지 나는 남경 국민당 건설위원회에서 설립한 동류실험농장(東流實驗農場)에서 원예 생산을 지도하였다. 일본 침략군이 남경을 공격하였을 때 무한으로 이동하였다.

12. 1938년 1월부터 1939년 8월까지 나는 한구(漢口)에서 조선민족전선동맹에 가입하였고, 아울러 조선의용대 제1대(隊) 지도위원을 겸임하였다.

13. 1938년 10월 무한이 함락되자 나는 조선의용대 제1대를 따라 무한에서 철수하여 형산(衡山), 형양(衡陽)을 거쳐 계림에서 잠시 거주하였다.

14. 1939년 1월 나는 계림에서 중경에 도착하여 중경시 남안(南岸) 아공보(鵝公堡)에 있는 조선민족전선연맹 사무처에서 일하였다.

15. 1940년 3월 생계가 곤란하여 중경을 떠나 복건 영안(永安, 복건성의 임시 수도)에 가서 농업개진처 기정(技正) 겸 영안원예실험장 장장(場長)을 맡았다.

16. 1942년 1월 나는 복건을 떠나 계림에 도착하여 회교구국협회(回教救國協會)에서 설립한 영조농장(灵裹農場)에서 농업기술을 지도하였다.

17. 1944년 8월 일본 침략군이 계림을 공격하는 매우 위급한 시기에 복건성 정부 정성령(程星齡) 비서장이 복건성은행 계림판사처에 전보를 보내 우리 가족 4명을 포화 중에서 구해주어 영안으로 돌아올 수 있었다. 이 해 9월 정성령 비서장은 나를 민동(閩東) 복안현(福安縣) 계병향(溪柄鄉)에 소개하여 복건성 정부 소속의 강락신촌(康樂新村) 제2촌을 조성하게 하고 주비처(籌備處) 주임을 담당하게 하였다.

18. 1945년 일본이 투항하고 8년 항일전쟁은 위대한 승리로 끝났다. 그러나 이해하기 어려운 것은 항일전쟁이 승리로 끝난 동시에 장개석은 정성령 비서장에게 전보를 보내 복건으로부터 중경으로 오게 하여 그를 감시하기 시작한 것이다. 이와 동시에 복건성 정부 강락신촌 영안 관리처에서는 강락신촌 제2촌에 전보를 보내 "계병향 소학교에 수용된 전시 고아들을 영안 관리처에 인수하라."고 지시하였다. 그리하여 우리 제2촌 사무실은 난동교양원(難童敎養員) 고칙영(高則英)을 파견하여 60명의 난동을 영안으로 데려가 관리처에 넘겨주었다. 이에 이르러 강락신촌 제2촌의 임무는 이렇게 끝났다.

19. 1945년 일본이 투항하고 50여 년 동안 일본 군국주의자들이 점령한 대만도 해방을 맞이하여 조국의 품으로 돌아왔다. 국민당 정부는 행정원 비서장 진의(陳儀)를 대만 행정장관(行政長官)으로 임명하였다. 아울러 진의가 민남(閩南)에서 같이 일했던 고문 심중구(沈仲九)도 진의와 같이 대만에 가서 장관 공서 고문을 담당하였다. 또 하나 지적해야 할 것은 진 장관이 대만으로 갈 때 장개석에게 중경에서 감시를 당한 정성령 비서장을 대만으로 데려가 단속하고 가르친다며 허가를 요청한 것이다. 진의는 대만을 접수할 인원들을 인솔하여 만리 장강을 거쳐 3백리 대만해협과 기륭항을 건너 대북시에 도착하였을 때 해방을 맞이한 대만 동포의 성대하고 열렬한 환영을 받았다.

20. 1946년 3월 나는 심중구 고문과의 관계로 대만구(台湾區)에서 농업기술에 종사하였다. 내가 대만에 도착한 후 진의는 장개석으로부터 정성령 비서장이 "이당분자(异党分子)가 확실하다"는 죄명으로 장관 공서 경비단에 구속하라는 전보를 받았다. 나는 경비단에 가서 정성령을 만나 내가 복안현을 떠나 대만으로 오는 경과를 말해 주었다. 1947년 1월 정성령이 그의 친구 유비(劉斐), 허효염(許孝炎) 등의 도움으로 보석으로 나와 민가에서 살고 있을 때 나는 또 한 번 그를 만났다.

1947년 진의는 대만을 떠나 절강성 정부의 주석으로 취임하였다. 1948년 가을 정성령은 고향인 호남으로 돌아와서 내가 아는 이달(李達), 이군구(李君九) 등 동지와 함께 호남의 평화적 해방을 계획하였다. 1949년 8월 정잠(程潛), 진명인(陳明仁) 두 장군이 호남성 화평 봉기를 선포하였다. 나는 이 소식을 듣고 매우 기뻤다. 절강성 정부의 진의 주석도 봉기를 일으켜 광명의 길을 가기로 결심하였다. 해방군이 도강(渡江)하기 전에 진의

는 비밀리에 자기가 키운 당은백(湯恩伯)에게 해방군의 도강을 엄호하라
고 명령하였다. 뜻밖에도 당은백은 은혜와 의리를 저버리고 장개석에게
밀고해 버렸다. 장개석은 당은백에게 진의를 체포하라고 명령하고 진의
를 상해로 압송하여 경비사령부에 감금하였다. 1949년 인민해방군이 남
경을 점령하기 전에 또 진의를 절강성 구주(衢州)로 압송하고 얼마 후에
대만 대북시로 압송하였다. 1950년 5월 진의는 대북시에서 영광스럽게 희
생하였다. 진의가 희생하기 전 장개석은 진의에게 사람을 보내 "진의가
두 가지만 하면 죽음을 면제해 줄 수 있다. 첫째는 죄를 인정하고 반성하
는 것, 둘째는 장치중(張治中), 황소횡(黃紹竑)을 질책하는 편지를 공식적
으로 발표하는 것"이라며 유혹하였다. 진의는 단연히 거절하였다. 그는
"나는 평생을 인민에게 위해(危害)한 일만 했다. 다만 최후의 일(봉기를
비밀리에 계획한 것을 가르킴)만 잘되었다면 만(萬)의 하나나마 죄를 씻
을 수 있었다. 나는 후회할 것도 없고 인정해야 할 죄도 없다. 장문백(張
文伯), 황계관(黃季寬)에 대해서는 찬양할 수는 있으나 질책할 수는 없다."
고 말하였다. 진의는 이렇게 죽음에 임하면서도 굴하지 않았고 비분강개
하게 희생하여 사람들로 하여금 숙연하게 하였다.

진의가 희생된 후 그의 심복 부하들은 비밀리에 좌담회를 열어 추도회
를 대신하였다. 나도 이 좌담회에 참석하였다. 이 회의에서 어떤 사람이
"이 무렵에 장개석은 분명히 닭을 죽여서 원숭이에게 보여 준 것이다!"라
고 말하자 다른 어떤 사람은 "원숭이는 누구인가?"라고 하였고, 또 어떤
사람이 "원숭이는 우리들이다!"라고 하였다. 이 세 마디의 말은 당시 대
륙이나 아직 대만에 머물고 있는 진의와 생전에 가깝게 지낸 친구들이 사
람마다 스스로 신변의 위험을 느끼는 공동의 심정이었다.

21. 1950년 6월 24일 나는 남조선 주대만영사관에서 귀국 여권을 취득

하여 대만을 출발하여 이튿날 오후 홍콩에 도착하였다. 이 때 미국이 조선을 침략하는 전쟁이 이미 발발하였다. 나는 가족과 4명이 홍콩 동방여관에 투숙하는 동시에 유칙충(劉則忠)은 광주(广州) 애군여사(愛群旅社)에 있는 그녀의 둘째 언니 유상지(劉尙志)에게 전화를 하여 우리들의 홍콩에서의 상황을 얘기해 주었다.

이튿날 유상지는 광주에서 홍콩으로 와서 유칙충과 두 아이를 광주로 데려갔다. 나는 홍콩여관에서 구룡(九龍) 청산로(靑山路)에 조정의(趙定毅)가 세운 한 화학공장에서 잠시 거주하였다. 조정의는 호남 사람이고 일찍이 정성령, 하명강과 아는 사이였고 최근에 그들과도 연락이 있었다. 그리하여 나는 조정의에게 정성령에게 전보를 치게 하고 나도 정에게 편지를 보내 내가 대만에서 홍콩에 도착했다는 상황을 얘기해 주었다. 며칠 되지 않아 정성령은 호남대학의 초빙서와 그의 친필 편지를 나에게 보내 주었다. 나는 초빙서를 입경(入境)하는 증거로 하여 광주를 거쳐 8월에 장사에 도착하여 호남대학에 가서 도착 등록을 하였다. 내가 호남대학에 가서 등록할 당시 교장은 이달(李達), 부교장은 역정신(易鼎新)이었으며, 대학은 공정학원, 자연과학원, 노학원 등 3개 학원을 포함하고 있었다.

농학원은 농경학과, 농예학과, 곤충학과 등 3개 학과로 이루어졌다. 농학원 원장은 이봉소(李鳳蘇), 농경학과 주임은 노애지(盧愛知)였으며 농예학과 주임은 내가 담당하고 곤충학과 주임은 원장이 겸임하였다. 학생 수는 농예학과가 제일 많으며 4, 2, 1의 3개 학년이 있었는데 3학년은 없었고 모두 100여 명이었으며 곤충학과는 두 번째로 많았고 농경학과 학생 수가 제일 적었다.

1950년 10월 8일 중국인민군사위원회 모택동 주석의 '중국인민지원군의 명령'을 받은 이후 호남성위원회 황극성(黃克誠) 서기는 호남대학 전체 교수와 학생 및 직원들에게 항미원조(抗美援朝)의 동원보고를 하였는

데 항미원조는 항미원조만이 아니라 또한 보가위국(保家衛國)의 의무도
있는 것이라고 지적하고 반드시 항미원조의 홍보교육운동을 전개해야 한
다고 하였다. 황극성 서기는 또 전국 어디서나 누구나 항미원조 교육을
받아야 된다고 지적하였다. 그는 마지막으로 전국 어느 곳이나, 누구나,
특별히 청년 학생은 군대에 입대할 의무가 있다고 지적하였다.

이 후 호남대학의 전체 학생들은 참군운동(參軍運動)에 나섰으며 항미
원조 교육운동이 결실을 거둬 군대 입대를 결심한 학생 중 농학원 농예학
과가 4명으로서 호남대학 전체 학생 중 1위를 차지하였다. 그러나 전체
호남대학의 교수와 학생, 직원들은 모두 항미원조의 홍보교육을 받았다.

22. 호남농학원의 신축

1951년 3월 호남대학 농학원이 분립하여 새로 '호남농학원'을 건립하
였다. 이것은 사회주의 신중국(新中國)이 장래의 농업 생산 건설과 농업을
과학적으로 발전시키기 위하여 필요한 것이었다.

호남농학원 성립대회에서 이의지(李毅之) 원장은 "호남농학원은 새로
운 형태의 농학원이다."라고 하였다. 이것은 반봉건, 반식민지적 구 중국
이 사회주의 신중국으로 발전하는 과정에서 다시 신교육의 노선, 방침,
정책의 지시인 것이다.

마르크스주의 모택동 사상의 교육 방침은 '교육을 받은 자가 덕육, 지
육, 체육 등 모든 방면에서 발전하여 사회주의적 각오가 되어 있는 문화
적인 노동자로 되는 것'이다. 해방 초기에 인민의 교육에 대해 말한다면
교육을 받는 자 뿐만 아니라 교육자가 우선 삼호(三好, 德·智·體) 교사가
되어야만 삼호 학생을 양성할 수 있는 것이었다.

23. 일련의 정치사상 교육운동

1) 영화 「무훈전(武訓傳)」의 토론(1951년)
2) '3반(三反)'과 '5반(五反)'투쟁에 관하여(1951년 11월~1952년 3월)
3) 지식분자의 사상개조운동(1953년)

24. 문화대혁명 10년 동란(動亂)의 시기

1966년부터 1975년까지의 10년 동난(動亂) 시기에 호남농학원 원예계의 포도 생산 과학 연구기지, 포도 실험온실, 화훼 재배온실 등 몇 개 분야의 생산교육 기본시설들이 파괴 당하였다. 그리하여 '4인방'의 소위 '문화대혁명운동'은 오히려 '문화대파괴운동'이다.

그러나 다 지나갔다. 내일을 기대해 보자!

25. 호남 포도주의 새 탄생

1976년 1월 9월 중조(中朝) 인민이 경애하는 주은래(周恩來) 총리께서 서거한 이튿날 우리는 호남경공업연구소에서 추도회를 연 후 '비통을 역량으로 승화시키는 마음'을 안고 경공업연구소의 지도하에 포도 학습반을 개설하였다. 학습반에 참가한 사람은 서포(漵浦) 성관진(城關鎭) 공사(公社)의 사원들이 위주였고 기타 장사시 원예연구소, 호남군구 장사 군정학교 등 대표들이며 호남농학원 원예계에서 강의 임무를 맡았다. 일주일 남짓 강의를 하고 교학(敎學)을 마무리 할 때 경공업연구소의 영도 동지는 "지금 이 시점부터 시작하여 3년 이내에 호남에서 생산한 포도주로 국경(國慶) 연회에서 외빈을 초대하여 모 주석 고향의 영예를 떨쳐야 한다."고 말하였다.

이 후 호남경공업연구소의 지도하에 서포 성관진 공사에서 포도주 생산 임무를 담당하게 하고 호남농학원 원예계에서 포도주 품종실험 임무를 담당하여, 3개 기관이 연합하여 서로 노력하고 서로 촉진한 결과 서포 성관진 공사는 일 년 앞당겨 2년 내에 두 가지 포도주를 만들어 성(省) 내외 시장에 내놓아 호평을 받았다. 우리 농학원 원예계는 3년 내에 포도주 품종 과학연구를 회복하였다.

26. 포도 1년 다작 결과의 재배 기술

1958년 호남농학원 원예계에서는 온실에서 장미향(玫瑰香) 품종을 재배하였는데 결과는 3차례 수확이었다. 작은 백장미향(小白玫瑰香) 품종은 4차례 수확의 결과를 얻었다. 이 두 가지 품종의 성숙기는 일치하지 않았기 때문에 두 가지 포도 품종은 1년 내에 7차례나 수확할 수 있었다.

이 해 가을 북경에서 「교육과 생산노동이 서로 결합하는 전시회」가 열렸다. 우리는 그 해 3차례 수확 결과를 본 장미향 품종을 표본으로 만들어 북경 전시회에서 전시하였다. 얼마 안 되어 우리는 중앙 농업부의 전보를 받았다. 전보 내용에는 "1년 다작 결과인 포도품종과 재배기술을 농업부에 보고하라"는 요구가 있었다. 우리는 전보를 받고 1년 다작 결과의 포도 품종 명칭과 재배기술을 정리하여 농업부에 보고하였다.

27. 주요 논저

1) 「포도 일 년 다작 결과 재배기술」(淅北, 1959)

2) 「포도 재배의 역사」

3) 「호남 온주 밀감, 네이블오렌지의 기원과 포도 재배의 시작」(편지)

4) 「감귤류의 기원과 발전」

5) 「온주 밀감 유래 문제에 관하여」(학보)

6) 「감귤 분류 문제에 관하여」(미간)

7) 「재배 벼의 기원과 발전」(『중국과학』, 1976)

8) 「장사 마왕퇴 한묘에서 출토된 20가지 재배 식물의 역사 고증」

9) 「도곡(稻谷) 기원의 문제를 재론하며」

10) 「과(瓜)류 풍작의 총화」(『심양농학원 학보』, 1958)

11) 『중국 야채 재배 윤작제』(단행본, 1962)

12) 「중국 고대 농서에서의 유물주의적 사상」

13) 『중국의 저명한 몇 가지 화훼』(단행본, 1958, 호남인민출판사)

14) 『원림 화회』(단행본, 20인 합작)

15) 「도곡(稻谷) 금석담」(화석, 1979)

류자명 「연보」

* 이 연보는 중국에서 출판된 '나의회억'(료녕인민출판사, 1984)과 육필원
  고 영인본 '류자명 수기 한 혁명자의 회억록'(독립기념관 한국독립운동
  사연구소, 1999)을 기초로 작성되었음.

1894. 1. 13(음) 당시 충북 충주군 이안면 삼주리에서 류종근(柳種根)과
                  부인 이씨의 삼남매중 막내로 태어남. 초명은 흥갑(興
                  甲), 학적에는 흥식(興湜)

1901   부친에게서 천자문, 동몽선습, 소학, 대학, 논어, 맹자, 통
                  감을 배움. 한글은 어머니 품에서 배웠다 함.

1907   충주공립보통학교(현, 충주교현초등학교) 입학, 4회 졸업
                  생. 이때 친척 정운익(鄭云益)의 집에서 다님. 3학년 때
                  부학급장을 지냄

1910   경술국치 소식을 듣고 숙소로 찾아온 형과 정운익이 목
                  놓아 슬퍼함에 동조.

1910. 11   결혼, 부인은 이난영(李蘭永), 호적에는 결혼일이 1월 13
                  일로 돼있음.
                  ※ 임진록을 읽고 이순신, 신립 장군을 숭배하였으며 왜
                  놈을 증오
                  ※ 당시 보통학교에는 조선교원 4명이 있었는데, 심상
                  덕, 서극순, 신석균, 홍몽화였음. 홍몽화는 한학자로 계
                  몽편, 동몽선습을 가르치기도 했음. 류자명의 담임은 심

상덕으로 「용탄동의 이무기 전설」을 들려주었으며, 경술국치 소식에 '열심히 공부하는 길 밖에 없다'고 말하여 모두가 숙연해짐.

| 1912 | 충주공립보통학교졸업(4년제 / 4회 졸업생), 수원농림학교에 응시하여 탈락 |

1912   서울에서 수학자 이명칠(李命七) 선생이 설립한 연정학원(研精學院)을 다니며 재수

1913   수원농림학교입학(3년제) 3년내내 부학급장

1915   가을 수학여행(졸업여행) 개성, 평양, 평남 진남포를 다녀옴. 그 기간 장질부사에 걸려 한달간 입원치료(부친과 형님 문병), 신채호의 「을지문덕전」 탐독
※ 재학시절 사상에 깊은 영향을 준 사람은 강태동(강태동은 44년 임시의정원 의원 역임, 농림학교 동창 강석린의 형으로 독립운동기간 중 여러 차례 조우함)

1916. 봄   수원농림학교 졸업, 충주간이농업학교 교원으로 부임(교무주임, 공립보통학교 4학년 농업과 담임 겸임)
※ 평전에서는 이때 차던 일본칼이 유일한 유품으로 있다고 함, 독립기념관에 기증) / 첫아들 기용(基鎔) 출생(일제시기 교직생활도 했으나, 6. 25때 이류면 인민위원회 부위원장을 맡아하다가 9.28 수복기에 월북, 북경의 딸 득로의 수소문에 의하면 사망한 것으로 확인됨) / 일요일이면 「야유회」를 조직, 학생들과 충주 부근의 산과 고적을 답사 / 방학이면 수학여행도 조직

1918. 9   차남 기형(基瀅) 출생

1919. 3. 1   3.1운동

1919. 3. 10   충주간이농업학교 1년제 졸업기념 야유회(호암리), 이때
               학생 오언영, 장천석, 유석보(교회와의 연락 담당), 정모
               와 3월 15일 충주장날을 기해 대대적인 만세운동을 계
               획, 정모의 밀고로 사전발각됨(이로 인해 충주는 벌레 충
               (蟲)자 충주라는 오명을 가짐)
               이 사실을 보통학교 동창으로 충주경찰서에 있던 황인성
               이 저녁에 알려줘, 곧바로 서울로 피신 / 권석희(權石熙)
               를 만나 서울의 정락윤(鄭樂潤)을 소개해줘 그리로 피신
               / 이튿날 이병철(합동 170번지)을 만나고, 이후 「외교청
               년단」에 입단하여 활동

1919. 5   「애국부인회」 관계로 임득산(林得山)을 만남

1919. 6   상해에서 돌아온 조용주를 만남.
              ※ 이 시기 기독청년회관과 예배당의 공개활동에 참석함

1919. 6   조용주와 함께 1차 상해행, 이때 정석희가 여비 200원을
              마련해 줌 / 서울임시정부와 상해정부의 통합을 위한 대
              표 자격
              ※ 노선 : 경성-(기차)-신의주(의성여관 투숙)-(배로
              압록강 건너)-안동-(기차)-봉천-(기차)-영구-(윤
              선)-상해 도착
              ※ 당시 정황
              당시 국내외에 3개의 임시정부가 구성
              ① 대한국민의회(1919. 3. 17), 블라디보스톡, 대통령 손
              병희, 부대통령 박영효, 국무총리 이승만 선출
              ② 대한민국임시정부(1919. 4. 11), 상해(프랑스조계지 보

창로), 임시의정원 구성, 의장에 이동녕, 9. 11 임시헌법
공포, 내각제 개편, 대통령 이승만 선출
③ 서울임시정부(1919. 4. 23), 서울, 13도 대표 23, 집정
관총재에 이승만 선임
※ 상해 도착후
- 조용주의 소개로 애국 선배들을 알게 됨
- 조덕진의 소개로 임시의회 의원으로 선출, 의회비서로
일함
- 안창호의 연설회나 신채호의 강연회 등에 참석
안창호 연설회에서 '나도 싸우고 너도 싸우자! 우리 조선
의 동포는 모두 같이 일떠서서 조국의 독립과 민족의 자
유를 위하여 끝까지 싸우자'라고 외치던 기억은 평생 잊
지 않았음.
- 「신한청년단」에 가입
신규식, 여운형, 신국권을 중심으로 구성된 단체로, 여기
에서 비서로 반년 일함.
- 강태동을 통해 김한(金翰)을 소개받고, 이로부터 공산
주의에 관심을 가짐

1919. 12 서울행 / 상해를 떠나기 전 안창호, 이시영 선생을 뵙고,
안창호 선생이 여비 10원을 보태줌
※ 노선 : 상해 출발-(윤선)-천진-(기차)-봉천-(기
차)-안동-(압록강 철교를 건너)-신의주(의성여관 투
숙)-(기차)-서울 도착
- 부친 친구 김로석(金老石) 노인 집으로 갔고(집에 연락
하여 부친 올라오심, 이후 1922년 재출국까지 부친은 어
느 사숙(私塾)에서 한문을 가르치며 계셨음), 다시 이병

철을 찾았으나 「외교청년단」 사건으로 대구감옥에 수감, 이튿날 강석린의 집을 찾아 상해에서 먼저 출발한 강태동을 찾음. 이후 김태규의 집에서 김한의 귀국을 기다림. / 김한 귀국 후 함께 막스주의 선전활동을 하며 「통일전선」 형성

※ 3. 1 운동 후 일제는 무단정치를 문화정치로 바꿈

그 내용을 보면 총독을 무관에서 문관으로, 헌병경찰제도에서 보통경찰제도로, 교육령을 개정하여 일본어를 국어로 교육, 언론통제를 완화하였으나 검열강화, 조선사람을 정치에 참여시켰으나 친일 중심 등 기만 수작으로 해석

- 「공산당선언」의 일부 학설을 잘 이해 못했거나, 동의하지 않았던 관계로 점차 무정부주의에 흥미를 가지기 시작함. 특히 러시아의 크로트포킨에 심취 「상호부조론」, 「전원, 수공작업소와 공작」, 「러시아 문학의 현실과 이상」, 「한 혁명자의 회억」 등을 열독

- 무정부주의에 대한 류자명의 이해

정치권력이나 강제를 부정하고, 개인의 완전한 자유와 독립이 보장되는 사회를 건설하는 것을 자기의 목표로 삼고, 폭동이나 개인들의 암살이나 폭파 등 수단으로 황제, 군주, 대통령 같은 것을 없애버리는 방법을 취함 / 모든 권력과 권위를 반대하고 개인의 절대적 자유를 가질 수 있는 무정부사회 건설은 비현실적이고 그릇된 것 / 하지만 일제기 조선을 저들의 식민지로 만들고 인민을 탄압, 학살하는 당시에 있어서 국가권력을 반대하는 것은 일제를 반대하는 것이고 일제의 우두머리를 암살하고,

일제의 통치기관을 폭파하는 것은 반일애국행동임 / 이런 생각의 정리는 1950년대 모택동 노선의 '사상개조'를 위한 활동 과정에서 확연히 보임

- 이종욱의 부탁으로 안동 연락점에 가서 임시정부에서 보낸 비밀문건을 가져옴.
- 1921년 서울에 「노동공제회」 성립
- 기독청년회관에서 있었던 안확의 「민족개조론」을 듣고 논박, 뒤에 서로 만나 토의하면서 친해짐.

1922. 봄   북평으로 가려 했으나 여비 문제로 떠나지 못했음. 부친이 큰아버지께 말씀드려 200원을 보내줌.

※ 200원의 여비는 류자명의 부친이 친구 정경원이 평양감사로 갔을 때 비장으로 가 있으며 받은 봉급을 모은 것으로, 돌아와 류자명의 큰아버지 류인근(仁根)에게 드려 전답을 마련하고 소를 한 마리 샀으며, 머슴을 하나 두었던 돈이다. 그것을 류자명의 부친이 고향에 돌아와 사정 얘기를 하자, 큰아버지께서 처분하여 마련해 주었다. 이것에 대한 기억을 집안에서는 '큰아버지께서 취중에 인감을 분실하여 도둑맞았다'라고 하여 뻔한 거짓말로 전해지고 있다고 한다.

1922. 4   북평행 ※ 노선 : 서울-(기차)-안동현 봉성-(기차)-봉천-(기차)-북평

- 당시 북평에는 신채호, 이회영 선생이 있었음 / 신채호의 가르침을 받았고 / 임유동 고광인 등 유학생이 북경대학 회의실을 얻어 단재선생의 조선역사 강연회를 개최한 일도 있다고 함 / 강연회 후 그들과 함께 북경말을 배움

1923. 여름   고광인, 김상훈, 김병옥은 천진으로 영어를 배우러 떠남

/ 단재선생과 함께 박숭병의 집에 머뭄

+ 남정각과 함께 안동과 서울로 가서 김한을 만나 금후 활동 계획 상론

1923. 가을 우당 이회영 선생의 집으로 거처를 옮김

※ 우당 이회영은 조선말 영의정 이유원의 아들로 세도 집안이다. 그러나 일제의 침탈이 시작되자 만석지기 재산을 처분하여 형제들과 함께 가솔을 이끌고 만주로 이주하여 다방면으로 독립운동을 모색하였다. 특히 대표적인 아나키스트로 평가되고 있다. 그의 동생 이시영은 상해 임정의 요인으로 활동했다.

겨울 고광인이 찾아와 천진에 함께 가서 영어를 배우자고하여 천진으로 옮겨 '영어학습반'에 들어가 영어를 배우기 시작 / 이때 천진의 「조선인거류민단」을 조직(민단장 김정, 이사회 주석 류자명)

1924. 봄 고향사람 류인욱이 서울에서 천진으로 와 함께 지냄 / 남정각이 찾아와 그의 소개로 중화여관에서 김약산(金若山)과 양근호를 만남, 이들은 의열단원, 이를 계기로 의열단(義烈團)에 입단.

※ 김약산은 김원봉(金元鳳)이다. 밀양 사람으로 의열단을 창단해 폭력투쟁을 전개했으며, 이때 류자명과의 만남을 계기로 해방직전까지 계속 관계를 가진다. 해방후 귀국해 국내에서 활동하다가 북으로 넘어가 요직에 있었으며, 6.25후 숙청 과정에서 제거되었다. 류자명의 아나키스트로서의 의열단 활동에서 지속적으로 관계되는 인물이다.

- 김상훈, 류인욱이 미국행 준비. 류자명은 의열단 가입

을 이유로 머물게 됨 / 이때 의열단의 '통신연락과 선전'
을 책임짐

- 이 시기 공산단체에서 의열단의 폭력운동 비판글을 발
표하고 / 이에 북경의 단재선생을 상해에 청해 의열단의
항일선언문인 「조선혁명선언」(일명 의열단선언) 작성

1924. 겨울 남정각, 박기홍, 황옥, 류석현 등 폭탄 반입 사건 발각으
로 체포 /

※ 류석현은 충주 사람으로 류자명이 재직시절 학생이
었음. 류석현은 이 사건으로 10년 언도를 받았으며, 해방
후 광복회장 등을 역임했음.

1925 혼자 상해에 남아 통신연락공작 담당 / 김창숙 선생이 방
문하여 자금을 전해줌으로 상의후 나석주(김구의 학생)
를 국내에 파견 동척사건 전개

1925. 겨울 상해에서 광주로, 의열단 개조 회의 개최 / 의열단을 「조
선민족혁명당」으로 개칭, 당의 강령 채택, 정책 제정 / 김
약산을 위수로 오성훈, 장지락(김산), 류자명 등이 출석
※ 당시 정황

- 1924. 5　　1차 국공합작, 황포군관학교 설립
- 1926. 7. 1　장개석, 북벌선언
　　　　7. 9　국민혁명군이 정식으로 북벌 개시, 황포
　　　　　　　군관학교 조선청년들도 참전
　　　　10월　무한 3진 점령
- 1927. 1　　중국국민정부 광주에서 무한으로 옮김
　　　　3. 24　남경 점령
　　　　4. 12　장개석, 청당운동(清黨運動) 개시로 공산
　　　　　　　당 숙청 / 광주에서 김약산과 함께 국민당

군대가 공산당원들과 노동자들을 학살하는 것을 목격

4. 14 황포군관학교에서 일하던 소초녀(여자) 총살 목격

※ 이러한 사실들을 「적색의 비애」란 글로 조선일보에 기고

1927. 5. 4   김약산과 함께 광주에서 상해행 윤선을 탔다가 중간에 해적을 만나 다리에 권총상을 입고 하문 구세병원에 입원 치료를 받음 / 상해에 한달 동안 있다가 / 6월 중순 무한으로 갔는데, 이때 무한에는 조선민족혁명당 동지들이 많았고, 또한 「동방피압박민족연합회」가 성립되어 중국, 인도, 조선 대표가 참가하는 자리에 김규식, 이검운과 함께 조선 대표로 참석

1927. 8. 1   남창봉기에 이어 / 12.11 광주봉기가 중국공산당을 중심으로 일어나 장개석의 북벌전쟁 실패에 반발 / 이때 제6군 포병영 영장 이검운이 감금되었고, 류자명은 이검운의 숙소에 머물며 이검운 면회

1928. 2   상해 강만에 있던 김빈(金斌)이 호남에 있는 중국 친구를 찾아가는 길에 방문 / 2. 27 김빈과 함께 한구로 가서 안동만, 최원, 최승년을 만나봄

1928. 2. 28   이튿날 무한공화국 특무 2명과 일본영사관 특무 둘에게 모두 체포되어 10명이 6개월간 무안공화국 감옥에 억류되었음 / 이때 무안경비사령부 간수소에 갇혀 있으며 300여명의 중국공산당들이 희생되는 것을 목격 / 또한 이 기간 중에 단재 신채호, 이지영, 임병문이 일본 경찰

에 체포되어 대련감옥에 감금된 소식을 「조선일보」를 통해 확인

1928. 8. 28 석방되어 안동만과 함께 무창의 중국인 여관에 있다가 추석을 지내고 류자명은 남경으로 갔고, 김빈과 송욱동은 호남으로 감 / 남경에는 「동방피압박민족연합회」가 옮겨가 있어 거기에 의탁 / 남경 체류시 중국 저명인사들을 많이 만남 / 거기에서 광호생을 만나게 됨

1928. 겨울 「교육계로 다시 복귀, 망명전 교직 생활의 연장, 상황은 다름」
- 박남파가 찾아와 「손문학설」 조선말 번역 의뢰
- 남경에서 원소선(중앙통신사 근무), 엽정숙(을사구락부 주임), 장경추, 진국광(화패루서점경영) 등 중국 친구들 사귐
- 원소선은 상해에 있는 친구와 합작, 신해혁명에서 희생된 한복염 열사를 기념하는 농장을 세우고 류자명에게 지도 부탁

1929. 봄 한복염기념농장에 가서 일함 / 그 해 수박을 심어 풍년 / 원소생은 상해 입달학원에서 꿀벌 두 통을 사옴
- 조소앙, 이관용이 상해로부터 남경으로 와 만남 / 이관용은 독일 유학을 했으며 조선일보 기자. 신간회 참가, 신간회의 성립된 경과와 목표, 임무를 설명 들음, 이관용의 부탁으로 북벌전쟁의 경과와 조선청년들의 전쟁 참가 정형, 중국 각 당 각 파의 관계에 대한 글을 써줌

1929. 여름 남경 근교의 효장농촌사범학교를 안동만과 함께 방문 / 교장 도지행의 교육방법을 듣고 참관기를 「조선일보」에

기고 / 이 기사를 보고 주요한이 찾아옴(주요한과는 1919
년 상해에서 이광수와 함께 「신한독립신문」을 꾸릴 때
부터 알고 지냈음)
- 수박 수확 후 천주(泉州) 여명중학교 교원 진범예에게
서 자신을 대신해 생물학을 가르쳐달라는 편지 도착 / 천
주로 감 / 여명중학에서 생물학을 가르치며 천주 지방 열
대식물 조사 연구(려지와 용안은 천주 특산이고 그 밖의
과수와 화훼 등 열대 식물에 대한 새로운 식물학 지식을
배움) / 한 학기 동안 교수하고 원지이의 소개로 상해 입
달학원으로 옮김

1930. 1   천주 여명중학교를 떠나 상해 입달학원으로 옮김
※ 입달학원 : 호남성 소양 사람 광호생이 창립
※ 광호생 : 「5. 4」운동때 북경사범대학 학생으로 운동
주도, 천문학 전공, 졸업후 장사로 가서 제1사범학교의
교무주임 역임. 이때 제1사범학교에서 공부한 모택동을
청해 사범학교 실험실습소 주사로 임명, 그후 주위군, 여
군적, 도재량, 장석초 등과 상해 강만에 입달학원 설립
- 류자명은 입달학원 농촌교육과에서 농업과와 일본어를
가르침
- 농촌교육과는 현지 특성에 맞춰 양계, 양봉을 하고 채
소와 과수를 생산
- 교원들은 학생과 함께 생활하고 노동
- 3년 과정으로 3년 학비를 입학 때 받아 그것으로 집체
생산자금으로 활용
※ 광호생은 정치·사상적으로 무정부주의 / 국민당 중앙
위원회 위원인 무정부주의자 오치휘와 이석증의 지지로

입달학원 경비는 중앙교육부에서 지출 / 특수한 여건을
이용하여 이곳을 무정부주의자들의 연락장소로 사용 /
농촌교육과 교무주임 진범예, 교원 마종융, 라세미, 담조
음, 장효천 등이 무정부주의자 / 상해 프랑스조계지의 화
광병원은 사천사람 등몽선이 세운 것으로 그도 일본에서
의학공부를 하며 무정부주의에 심취 / 화광병원은 중국
무정부주의자들의 연락지점 / 여기를 통해 등몽선과 파
금, 모일파, 노검파 등을 알게 됨
- 조선 무정부주의자들은 상해에서 무정부주의연맹을 결
성하고「남화통신」이란 간행물 발행 / 여기에 조선혁명
운동의 통일에 관한 글을 써서 발표함

1931. 9. 18   일본의 중국 침략전쟁 개시(중일전쟁)

1932. 1. 28   상해 상륙「1. 28」상해전쟁
- 입달학원은 절강성 가홍으로 옮기고 농촌교육과는 한
달간 방학 / 당시 정화암 이하유와 함께 상해에 가 있었
음 / 이때도 광호생을 통해 알게된 노동대학 교장 역배기
로부터 경제적 원조를 받음
- 1933 봄 광호생이 위암으로 상해 중남병원에서 42세를
일기로 사망
· 광호생의 친우 장성백 / 국민군 제1사 사장 호종남의
참모장, 제1사가 남경에 주둔해 있을 때 청룡산에 산지
개발 제1사농장 건립, 서안으로 철수하면서 청룡산 농장
을 입달학원 농촌교육과에 넘김

1934. 봄   농촌교육과 3학년 학생들을 데리고 그리로 가서 생활 /
청룡산 남쪽엔 김약산이 천막을 치고 군사훈련 / 김약산
의 부탁으로 그곳에 가서 조선의열단과 조선민족혁명당

의 혁명투쟁과정을 강의 / 1년 동안 청룡산 농장에서 실습하고 학생들 졸업후 다시 농촌교육과로 돌아감

※ 당시정황

- 1931 김구의 「애국단」으로 이봉창 찾아옴 / 1932년 1월 8일 일본천황에게 폭탄투척 / 일본은 이를 구실로 상해사변을 일으킴

- 1932. 4. 29 홍구공원에서 윤봉길의사 의거 / 이를 계기로 중국 낙양군관학교에 특별반을 두어 조선의 독립군 양성 / 중국 남경정부는 한국임시정부를 정식 승인, 매달 2,000원 원조 / 임정은 이를 계기로 상해 프랑스 조계지를 떠나 절강성 항주로 옮겨 중국정부의 직접 보호를 받음

1934 복건성 정부 주석 진의의 고문으로 심중구가 가고, 농촌과 주임 진범예도 복건으로 가게 되어 입달학원에서는 농촌교육과를 계속 유지할 수 없게 됨.

1935. 5 남경건설위원회 동류농장으로 옮김 / 후가당실험농장 농장장 장경추의 소개로 동류실험농장에서 원예기술 지도 / 동류실험농장장은 곽송명, 그는 프랑스 유학때 양잠을 전문으로 배웠고, 더불어 포도재배에 대해서도 흥미를 가졌음 / 동류실험농장으로 옮긴 후 원예생산을 확대하여 온실을 짓고 일본으로부터 화훼와 관상식물을 사옴

1937. 7. 7 일본, 로구교 점령

1937. 8. 13 상해진공, 남경도 폭격

- 가족들을 이유화에게 부탁해 호남 소양의 친구 종도룡의 집으로 보냄

- 이 시기 남경에는 조선민족혁명당, 해방동맹, 전위동맹

등이 활동, 매주 1회 통일방안 협의를 위해 모였고, 여기
에 매주 참석 / 협상을 거쳐 「조선민족전선연맹」 결성,
이때 조선무정부주의연맹 대표로 선출됨
※ 1937년 남경 시절이 극도의 곤경에 처한 시기로 회상

1937. 12　　일본의 남경 점령 직전 이유화와 함께 탈출하여 한구로
가서 집 한 채를 구해 전선연맹기관을 설치하고 거기서 공
동 생활 / 이유화에게 부탁하여 소양의 가족들을 데려옴
※ 1937. 8. 13　일본의 상해 진공

1937. 9월　　국민당과 공산당의 2차국공합작 / 한구에 정치부 건립 /
정치부의 구성은 국민당측에서 진성이 정치부 부장, 공산
당측에서 주은래가 정치부 부부장 / 조선민족전선연맹은
이때부터 정치부 제3청 청장 곽말약의 지휘를 받게 됨

1938. 10　　조선민족전선연맹에서는 조선의용대를 조직(대장 김약
산), 지도원 6명을 두었는데 무정부주의연맹 지도원에
류자명이 됨 / 주로 선전간물 발행과 표어 붙이기 등 전
시 대일 선전공작 담당 / 의용대는 무한 철수시 침략전쟁
반대 표어를 일본문으로 써 붙여 큰 효과를 거둠 / 의용
대 제1분대를 따라 무한을 철수하여 장사를 거쳐 형산에
한동안 있었고, 폭격으로 인해 걸어서 형양으로, 목선을
타고 상강(湘江)을 거슬러 영릉으로, 다시 걸어서 냉수탄
에 가서 기차로 계림에 도착 / 계림시 동편 칠성암 부근
민가 두 채를 빌려 항일선전작업 전개 / 조선의용대의 김
약산, 이춘암, 석정, 김규광, 박건웅, 박정애와 함께 계림
에서 활동
※ 임시정부는 1932년 상해를 떠나 절강성 항주로 이전
/ 호남성 장사, 광동성 남해현성을 거쳐 1939년 5월에 사

천성 기강으로 옮김

1939. 3   김약산, 박정애와 계림을 떠나 귀양을 거쳐 중경으로 옮김. 조선민족전선동맹과 가족들은 중경 남안 탄자석 아공보 손가화원에서 집체 생활
※ 기강의 한국임시정부와 조선민족전선연맹 사이의 통일 문제를 놓고 석정과 류자명이 대표로, 임정의 조완구 엄항섭과 협상, 이견차를 좁히지 못해 중단
- 통일회의 후 김구 선생이 임정사무실 지을 계획을 류자명에게 이야기해 기강 북안 수림속에 신촌 건설을 위한 건축계획서를 작성해 주고 중경으로 돌아옴 / 중국 정부는 임정에 2만원 지원 / 김구선생은 류자명에게 여비로 200원을 줌

1940. 3   아내 측충과 5살 소명, 백일된 딸(득로)을 데리고 중경을 떠나 복건으로 감 / 당시 심중구는 복건성 정부 고문으로, 진범예와 속동도 복건에서 일하고 있었는데 속동이 편지를 보내옴
소양에는 입달학원에 있던 소포초와 종도룡이 같이 살고 있었는데, 소양 북쪽에 자생농장을 꾸리고 감귤 재배 시험을 하고 있었음 / 감귤 묘목은 5년전 남경 동류농장에 있을 때 일본에서 구입한 5종으로 자생농장에 심었는데 생장 정황이 매우 좋았음.
영안에 도착하여 복건성 농업개진처 농업시험장 원예계의 주임으로 들어감 / 속동과 이유화가 원예학부에서 함께 일함 / 원예시험장 책임자로 설비 보충과 시험항목을 늘임 / 수전을 과수원으로 만들고 온실도 세움
복건은 아열대지구로 해안선을 따라 원예식물 풍부,

원예시험장 건립 전에는 원예식물에 대한 조사 연구가
없었음, 원예식물 조사연구를 기본 임무로 삼음 /복건원
예시험장에서는 장주로부터 병감, 애기문단, 바나나, 파
인애플 품종을 가져오고, 덕화의 동백꽃을 가져다 시험
재배함

이 시기에 중국 고대 농업관련 저서와 원예저서에 관한
연구를 시작

※ 복건에서의 가장 큰 타격

① 1939년 중경에서 세 살된 딸애가 토사병으로 죽은
뒤, 1940년 여름 복건에서 다섯 살된 아들 소명이 악성질
환으로 죽은 것, 이것은 일본제국주의의 침략전쟁이 가
져다준 피해.

② 입달학원 농촌교육과에서 함께 일했던 진범예가 폐
병에 걸려 류자명의 숙소에서 한동안 치료하다가 무이산
요양소에 가서 휴양했는데 1941년 여름에 세상을 뜬 것

③ 1941년 여름, 복주가 점령되고 전선이 민강 이북으로
옮겨짐 / 복건의 전시 성 소재지가 영안으로 옮겨왔고,
군사지휘부는 남평에, 복건성 주석 진의는 남평에, 군구
참모장 진유신도 남평에, 진유신의 아들 진학지는 장사
농업전문학교를 졸업하고 류자명과 함께 복건원예시험
장에서 일하고 있었음 / 진참모장은 광호생과 상해 입달
학원 역사도 잘 알고, 심중구 고문과도 친한 사이여서 아
들을 통해 만남 주선

1941. 여름   남평으로 가서 진유신 참모장을 만나고, 함께 진의 주석
도 만남, 다음날 고전으로 가서 이양영을 만남

1941. 가을   복건성 정부 주석 진의는 중화민국 중앙정부 행정원 비

서장으로 임명되어 중경으로 가고, 심중구도 복건을 떠
남 / 신임 류건서 주석과 비서장 정성령(程星齡)이 영안
에 도착 / 정성령은 심중구를 찾아 류자명 숙소로 와서
교대 사업을 토의했는데, 이때 정성령을 알게 됨
※ 정성령은 해방후 중국내에서 특히 호남성에서 류자
명의 유력한 후원자가 됨.

1941. 12월   중경 복단대학교수 마종융의 편지 ; 내용인즉 회교구국
협회가 복단대학에 위탁, 농업기술원 10명을 배양하여
광서 계림에 산지를 개간하고 농사를 짓게 되었는데, 계
림으로 와서 그들에게 농업생산 기술지도를 부탁, 여비
로 200원을 동봉함
12월 하순 5일만에 계림 도착
※ 회교구국협회 : 항일전쟁 발발 후 회족이 단합하여
항전을 지원하기 위해 조직한 단체, 백숭희가 위원장, 마
종융과 마송정 등이 위원. 마종융의 제의에 의해 회족 청
년들을 복단대학에 받아들여 농업기술을 배워준 후, 계
림으로 보내 황무지를 개간하여 농사를 짓게 한 것.
- 백숭희의 지시에 따라 연안에 있는 대우(大圩) 대안 잠
경촌에 농장 건립, 이름을 영조농장 / 잠경촌은 백숭희의
고향, 한 마을이 모두 백씨, 회교를 신앙 / 따라서 마을
사람들은 영조농장을 자기들의 농장으로 생각하고 적극
협조 / 새로 일군 밭에 수박과 강냉이를 심어 풍작

1943. 여름   영조농장의 토대를 갖추고, 회교구국협회에 사업 정황을
회보하기 위해 중경으로 감
중경에 가 마종융을 만나 5년전 산후열병으로 죽은 부인
라세미 소식에 함께 슬퍼함.

※ 마종융과 라세미는 류자명이 1933년 입달학원 농촌
교육과에 있을 때부터 친분이 두터웠음. 라세미는 라숙
(羅淑)이란 필명으로 소설을 발표, 1936년부터 파금과 함
께 창작에 열중, 「생인처」 「귤」 등을 발표함. 라세미 사
후 파금을 중심으로 추모글을 발표하고 「라숙선집」을
출판함. / 파금은 라세미와 류자명 사이의 동지적 우정에
대해 글을 썼고, 또한 「머리칼 이야기」에서 둘을 주인공
으로 삼기도 했음.
- 마종융에게 영조농장 정황 회보 후 회교구국협회 숙사
에서 하룻밤 자고 이튿날 마종융과 함께 백숭희를 찾아
가 회보
- 심중구 선생도 찾아보고, 중경 남안 손가화원으로 가서
조선민족전선동맹 동지들을 만나본 후 계림으로 돌아옴

1942년   호남 소양의 종도룡과 소포초가 계림 칠성암 북쪽에 감
귤묘목 자생농장 분농장을 세우고 그들의 친구 장학지가
농장을 관리, 류자명에게 기술지도 당부
- 이에 가족을 분농장에 데려다놓고 세 살난 딸 득로는
동강로유치원에 넣고, 한 살박이 아들 전휘는 아내가 데
리고 있게 함.
- 자생농장 분농장에서 일하는 기간, 두 번 소양으로 가
서 종도룡과 소초포를 만남
+1, 종도룡 집에서 하루 묵고 자생농장에서 일주일 묵으
며 감귤 재배 기술지도
+2, 1943년 겨울, 귤을 딸 때, 소초포가 형양으로 오라 편
지해 가서 만났고, 형양 시교 상강 연안에 귤 재배 적지
를 돌아봤으나 적당한 곳이 없었음. 이때 소초포와 소양

에 가서 종도룡을 만났는데 그때 폐병으로 가료중이었음. 계림으로 돌아온 지 얼마 안되어 종도룡은 사망

※ 1933-1943년까지 광호생, 진범예, 라세미, 종도룡 등 가까운 친구들을 잃었다고 회상

1944. 7 조선혁명 각 당파 통일회의 참석차 중경행

1944. 9 중경에서 조선혁명 각 당파의 통일회의 참석

※ 당시 중경의 조선혁명단체는 두 개의 큰 집단으로 분립 1) 한국임시정부, 한국독립당, 전시복무대 / 2) 조선민족혁명당, 해방동맹, 전위동맹, 조선무정부주의자연맹이 통합된 조선민족전선연맹과 조선의용대

- 회의결과 한국임시정부의 영도 밑에 한국광복군을 설치하고 제1대는 조선의용대, 제2대는 전시복무대를 두기로 함 / 광복군 총사령관에 이청천, 부사령에 김약산, 참모장에 이범석 / 임시정부 구성은 주석에 김구, 내무부장 조완구, 외교부장 김규식, 재무부장 이시영, 교육부장 조소앙 / 임시의회 구성은 의장에 홍면희, 의원에 윤기섭, 성준용, 김약산, 김규광, 김상덕, 손두환, 이연호, 민석린, 엄항섭, 박건웅, 최우강, 류자명 등 선임

⇒ 조선혁명 각 당파가 임시정부 영도 밑에 통일을 이룬 것은 조선독립운동사에서 역사적 의의를 가지는 대사(大事) / 통일결과 「중한문화협회(中韓文化協會)」가 성립되어, 이사장에 손과(중국), 부이사장에 조소앙(한국)이 선임됐으며, 이는 중국정부에서 한국임시정부를 공개적으로 승인한 것임.

1944 계림으로 돌아온 후, 일본군의 계림 진공

- 영안의 속동에게 전보를 쳐 정성령 비서장이 조치하여 복건성은행 책임자에게 전보를 쳐 류자명 가족은 적의

포위를 뚫고 계림 탈출
- 5일 만에 사진과 함께 광서, 광동, 강서, 복건경내 여러 지구를 지나 영안에 도착
- 정성령 비서장은 강락신촌(康樂新村) 제2촌(복건성 동쪽 복안현) 준비사업 부탁, 강락신촌 총관리처는 영안에 두고 정비서장이 직접 지도
- 강락신촌 제2촌 주비처 주임에 임명되어, 사업 참여를 위해 계병으로 감

1945. 봄 류자명의 가족이 영안에서 계병으로 옴
※ 1945년 8월 14일 일본 무조건 항복
※ 전쟁 종료후 장개석은 복건성 정부 비서장 정성령을 중경으로 불러 투옥(공산당 혐의) / 이것은 국공 양당의 분열을 의미하며, 대외전쟁이 대내전쟁으로 전변되고 있음을 말해주는 사건
- 행정원 비서장 진의는 대만행정장관공서 장관으로 발령, 심중구는 장관공서 고문으로 임명 / 기타 복건의 속동, 이유화, 원국흠도 대만으로 갔고, 그 해 사진도 대만으로 가 대동현 현장으로 복무

1946. 3 강락신촌을 떠나 대만으로 감 / 대만 대북시에 도착하여 심중구 고문을 만남
- 전원(專員)의 자격으로 장관공서 농림처 기술실에서 일하게 됨. / 장관공서에는 일본 기술원 20여명을 남겨 일제통치시기 작성해 놓은 기술자료를 정리하게 했는데, 류자명은 그 사업 책임을 맡아 반년동안 정리(참고로, 대만은 일제가 50년 동안 통치)
※ 일제는 대만을 점령하고 있는 기간 동안 고산 위의

천연저수지인 일월담에 발전소를 세우고, 주요 하류인
담수하, 탁수계, 대두계에 저수지를 수축하여 20여만 헥
타의 경작지를 늘렸고, 이것은 대만척식회사 소유여서
장관공서에서 그것을 접수하여 공유지로 만듦. / 20만헥
타의 공유지 경작이 중요한 문제의 하나였고, 심중구의
제의로 합작농작 건립이 확정되어 류자명은 그 사업 책
임자로 근무함.
- 「합작농장조직방안」을 기초하여 농림처 처장 조련방과
지정국 국장 심시가의 비준을 받아 사업 시행 / 이 방안
에는 1947년에 200개의 합작농장을 설립하고, 5년 후에
500개를 설립, 각 현에서 합작농장연합회를 조직하고 다
시 각 현 대표를 뽑아 전 성의 합작농장연합회를 조직하
기로 한다고 계획
- 합작농장사업은 지정국 소관으로, 그 산하에 합작농장
관리소를 두고 관리소 주임을 류자명이 겸임함
- 그러나 「2. 28」 사건 후에 사업은 잠시 중단됨
※ 이때 정성령은 중경에 수감되어 있다가, 진의가 대만
으로 가면서 데리고 가 대만경무처에 수감되어 있었음.
류자명은 정성령을 곧바로 면회하여 위로함. 2.28 사건
후 정성령은 석방되었고, 진의가 절강성정부 주석으로
갈 때 호남으로 떠남.
※ 1949. 4. 23 중국인민해방군은 남경을 해방 / 5. 27 상
해해방 / 10. 1 중화인민공화국 창건 / 장개석 정부는 대
만으로
※ 남한은 이승만 정부가 들어섰고, 1949년에 대만에 영
사관을 설립, 민석린을 영사로 파견 / 중국주재 한국대사

신석우는 남경-광주를 거처-대북으로 철수하였고, 상해 한국영사 신국권도 대북으로 철수함 / 그 외에 류자명의 지인으로 정화암, 허열추도 대만에 와 있었음.

1950. 1. 1 한국대사 신석우가 새해 경축모임을 주선, 정화암과 함께 참석함. 이 자리에서 국제정세상 교민들에게 대만을 철수할 것을 권고하였으나 생업이 어업인 교민들은 하나도 귀국 신청을 하지 않았다고 함.
- 정화암과 류자명은 함께 귀국 결정
- 그러나 국민당 정부가 대만으로 온 후 대북시 호구를 재등기할 때, 원적을 남경이라 기입, 그것이 문제가 되어 반년동안 중국국적 취소 수속을 밟음

1950. 6. 14 기륭으로부터 홍콩으로 떠나는 배표를 삼
※ 당시 대만 경제 사정은 몹시 안 좋았고, 류자명은 월급 200원을 받았는데, 1950년에 와서는 5개월분 봉급으로 한달 식량을 살 수 없는 상황. 이때 입달학원 농촌교육과에서 공부한 학생 양조휘가 대북에서 남광공사를 꾸려 옷감을 팔고 있었는데, 생활비를 보태주어 곤란을 받지 않았음 / 양조휘는 류자명이 대만을 떠날 때도 1000달러를 도와주었음.

1950. 6. 24 류자명의 가족은 정화암의 일가와 함께 기륭항에서 영국 윤선을 타고 홍콩으로 떠남

1950. 6. 25 오후 5시 홍콩 도착, 동방여관 투숙 / 이때 접대원이 여권을 보고 한국전쟁 발발 사실을 알려줌 / 「귀국 좌절」
- 아내는 광주 애군호텔 전화원으로 있던 둘째 언니 류상지를 따라 광주로 갔고, 류자명은 구룡진광화학공장

숙사로 감. 진광화학의 주임은 조곡초인데, 조곡초는 입
달학원, 복건성간부훈련반, 대만전매국 회계주임을 거쳐
2. 28 사건후 대만을 떠나 홍콩에서 공장을 경영하고 있
는 류자명의 지인 / 조곡초에게서 정성령(호남성정부 부
성장), 하강명(농업청청장), 이군구(재정청청장)의 소식
을 들음.
- 이에 정성령 부성장에게 편지를 보냄

1950. 8월초 정성령부성장은 호남대학 농학원 교수로 와달라는 초빙
서와 친필편지를 조곡초에게 부쳐옴 / 한달간 광주에 머
물다가

1950. 9월 호남 장사에 있는 호남대학으로 감 / 농학원 농예학부 주
임을 맡아 과수학재배를 가르침
- 이상은 나의 회억(1984)에서 발췌한 부분임 / 이후 영
인본(2001)에서-

1950. 10월 중국공산당 화중분국 교육부장 반재년이 호남대학에 와
서 '사회주의시대의 교육과 학교건설문제'를 토론 / 호남
대학 주위를 돌아다니면서 실험농장과 과수원 부지를 찾
아봄 / 적당한 곳이 없어 장사시 동쪽 동당(東塘)으로 이
전 결정

1950. 12. 12 중국에서 한국전 참전과 관련해 여러 가지 일이 있었는
데, 이 영향으로 호남대학에서도 「호남대학군사간부학교
학생보송위원회」가 성립, 여기에서 선전부 간사를 맡아
모택동의 항미원조에 대해 교육 / '한국전쟁은 미국이 제
2전장을 열어서 중국에서 다시 전쟁을 일으키기 위한 음
모'라 설파 / 이에 전체 학생이 참군키로 했으나, 보송위

원회에서 엄격한 선발을 통해 100명중 2명을 선발

※ 심중구와 파금은 중앙인민대표회의의 대표로 활동 / 주세는 중앙과학원 실험생물연구소 소장으로, 광달인은 연구원으로 활동

1950. 9. 28 수복후 아들 기용이 월북(6.25 인공시기에 이류면 인민위원회 부위원장을 맡았으나, 앞장서서 일을 주도하진 않았고, 인심을 잃지도 않았다. 그러나 미칠 화를 두려워해 혼자 몸을 피했다고 한다) 90년대에 북경의 류득로 확인 결과 사망한 것으로 보임.

1951. 1 조선중앙통신사 기자 김성률(金聲律)이 호남을 방문, 이달 교장은 김성률을 초대, 류자명이 통역 / 이때 북경주재 북한대사관 설치 사실을 알려주어 류자명은 북한대사관에 연락을 함

1951. 2월 호남대학 농학원 이전 준비 / 이전 준비 책임을 맡음 / 조림지 조성도 책임을 맡았는데, 이는 악록산 원림지구 복구사업의 일환으로 진행

1951. 3월 농학원 전체가 장사시 동구 주채위에 있는 예전의 승경학원에 가서 반년간 일함

1951. 8월 동당 교사로 이전, 동시에 「호남성입수업농림전과학교」와 합병하여 「국립호남농학원」으로 확대 / 농예계 주임을 맡음

1951. 10. 23 모택동이 「정치협상회의 제1기 전국위원회 제3차회의」에서 '지식분자 사상개조'에 관한 실행 지시

1951. 11월 사상개조운동 시작

※ 이때 청년시대 무정부주의 연구와 단체 참가 사실을
자아비판하고 레닌의 「국가와 혁명」, 스탈린의 「무정부
주의인가? 사회주의인가?」를 읽고 분석하여 제출

1952. 12월   하순 「장사시원예공작자호조학습조」 조직, 화초원예학
을 가르침

1953. 1월   매주 일요일 장사 원림국 학습실에 가서 강연
원계(院系) 조정으로 원예계 대신 농학계 안에 과수, 남
새 교연조를 설립하고 교연실 주임으로 일함. 동당 실험
농장주임을 겸함
※ 이때 호남에서는 포도재배를 하지 못했는데, 포도재
배를 연구과제로 선정 6종의 품목을 온실 내외에서 비교
시험 재배함.

1954. 5   북한대표단 호남성 장사 방문 / 환영단에 통역 부탁
※ 이때 온 북측 인사는 부수상 강량욱, 무임소장 김달
현, 농업위원장 계응상 외 만수대 공연단과 인민군협주
단으로 구성된 200여명 / 이중 김달현은 1919- 1921년 서
울에 있을 때 김한, 강택동과 독립운동에 관해 함께 상의
하던 지인

1957. 3   북에서 귀국통지 : '8월 안에 귀국해야하고, 귀국 계획을
대사관에 보내라'는 내용. / '7월 30일 장사를 떠나 북경
을 거쳐 귀국하겠다'는 계획을 북경대사관에 송부 / 6월
30일에 호남농학원에 남아 몇 해 더 있으라는 통고를 받
아 계속 상주

1958. 봄   호남농학원 학생 교원 전체가 1년간 농촌으로 가서 농업
생산활동에 참가 / 류자명은 실험농장 주임이었기에 그

냥 있었음.

1957. 7-12월   일곱 차례 포도를 수확(러시아 바시로프의 겯가지 이용
               법을 응용함)

1958. 가을   북경에서「과학과 생산노동 결합 전람회」개최 / 여기에
               일곱 차례 수확한 포도 표본을 출품, 호평을 받음

1958. 겨울   농학원과 임학원 분리 / 농학원은 장사시 동쪽 유하강 북
               안 노가촌으로 옮기고 농학원 원예계 주임을 맡음.

1959. 겨울   농학원 완전 이전 - 1966년 5월까지 운영

1966년~1975년   10년간「문화혁명」시기 / 중국에서는「10년동란시기」
               라 함. / 류자명은 뒤에 호남에서의 포도재배와 관련한
               일련의 에피소드를 통해 이 시기를 '문화혁명'이라기 보
               다는 '문화파괴'로 표현
               ※ 호남농학원에도 '혁명위원회' 설립
               위원회에서는 "당신은 조선사람이기 때문에 이번 운동
               에 참가할 필요 자격이 없다"고 통지하고, 동시에 "국제
               우인(友人)을 오해하지 말라"는 글을 숙소 방문 위에 붙
               여 놓았다. 그 후로 원예계 학생들이 때때로 찾아와 돌봐
               주어 10년 동안의 난관을 넘어오게 되었다.

1971. 10. 18   북경주재 북한대사관에서 호출 / 20일 북경 도착(딸 득로
               가 마중) / 21-23일 함옥진, 손기종과 함께 대사관 비서
               김영진의 환대 및 여러가지 대화)

1972. 12. 2   북경대사관의 재호출 / 4일 북경 도착(함옥진, 손기종을
               포함, 박수덕, 한성구, 궁이근, 김광일, 이웅인 등이 추가
               호출) / 4월 15일 김일성 회갑에 선물을 보낸 것에 대한

회답으로 자리를 마련했으며 1월1일, 4월15일, 10월10일을 3대 명절로 하여, 이후로 매년 축하 편지를 보냈고, 북에서는 「노동신문」 「천리마」 「조선예술」 등의 신문 잡지와 「조선화첩」 등을 보내옴

※ 1972-1974   (3년간) 장사 동쪽 마왕퇴 유적 발굴

1972년   발굴된 1호한모의 유물 중, 농업식물은 호남농학원 중국 과학원 식물연구소에서 감정. / 발굴된 미이라의 위에서 117알의 씨앗이 나왔는데, 호남박물관 후량 주임이 그것에 대한 감정을 부탁해 참외씨임을 확인시켜 주고, 이후로 마왕퇴 출토 곡물에 대한 연구 시작 / 이 결과 「중국 재배벼의 기원과 발전」이란 논문을 씀

* 1974   고향의 이난영 여사 별세

1975. 여름   호남성 경공업연구소 최소장이 오과장과 함께 류자명을 방문
"호남성내에서 포도를 생산할 수 있는가?" / "재배 뿐 아니라 한해에 여러 번 달리게 할 수도 있다"고 대답
- 사연인즉 강서성 남창시 유관회의 초대를 받아 회식자리에 올라온 포도주를 놓고, '몇 해 전 호남농학원에 와서 포도 시험원도 참관하고, 얘기도 했으며, 포도 품종 묘목도 나눠왔다'고 얘기 듣고, 그것에 자극되어 확인차 나왔었다고 함.

1976. 1   호남성 경공업연구소에서는 술포인민공사 사원 중심의 '포도재배학습반'을 개설하고, "오늘 이날을 기점으로 하고, 앞으로 3년안에 호남에서 생산한 포도술을 베이징으로 보내서 국경절 연회석상에서 호남 생산의 포도술로

외빈을 초대하여 모주석의 고향을 위하여 광채를 쟁취하자"고 결의하고, 실제 2년 안에 두 가지 포도주를 생산, 공급 /대표적인 제품이 현재 「미미사」라고 함

1976. 1. 10 - 이후 원예계 과수 교연조 위원나(魏元娜) 강사와 함께 포도학습반의 교재를 편집 / 1월 8일은 주은래 사망

※ 1982년 현재 쉬포현 포도생산량이 20만kg, 영향현도 17만kg에 달함

* 1976 둘째 아들 기형이 위궤양으로 수술을 받다가 사망(4남 1녀가 있음)

* 1978 맏손자 류인광 사망

1978. 11월말 북경에서 전보 / 1일 호남 출발 / 2일 아내와 함께 북경 도착(사위 종여우와 딸이 마중) / 3일 오전 10시 북한대사관 전명수 대사 주재로 훈장수여식(북한의 3급 국기훈장) / 북경에 며칠 머물다 돌아오려할 즈음, 아내 측충이 병에 걸려 치료를 받고, 1979년 6월 초에 장사로 돌아옴

1981. 2. 2 측충이 병약해져 베이징으로 가고, 혼자 장사에 남아 생활

1981. 5. 3 '료녕인민출판사'의 김보민씨가 찾아왔고 8. 10일을 전후해서 김보민의 편지가 도착, '회억록 형식으로 정리하자'고 제의

1981. 8. 14 동의 편지를 보내고 그때부터 회억록 집필 시작

1981. 9. 28 북경행 / 29일 도착

1981. 11월 중순 회억록 초고를 가져감

1주후 김보민과 박종국, 김형직(前중앙인민광파전태 / 중앙방

송국)을 함께 만나 회억록 출판에 대한 의견을 나눔 / 중
국글로 썼던 초고를 '조선말'로 쓰고, 서술법은 문학적
묘사법으로, 원고분량은 20-30만자 한도로 집필 결정 /
중국어로 작성된 초고는 파금에게 교정의뢰 했었음

1982. 3. 24   딸 득로가 캐나다의 맥마스터 대학으로 연구차 출국

1982. 6. 3   호남농학원으로 돌아옴
「이상 회억록의 기록에 나온 주요 일자별 내용을 발췌」

1983. 2. 25   90수 생신축하연(호남농학원)

1985. 4. 17   오전 11시 20분, 호남성 장사에서 별세

1985. 4. 18   호남농학원에서는 치사위원회를 결성하고 전국에 부고
를 냄.

「부고 내용」

우리는 지극히 침통한 심정으로 알리는 바입니다. 중국 인민의 친밀한
벗이며 조선적 교수이며 호남농학원 원예계 원예주임이시며 호남성 원예
학회 명예 이사장이시며 조선민주주의 인민공화국 3급 국기훈장 수상자
이신 류자명교수께서 병으로 치료를 받았으나 효과를 보지 못하고 1985
년 4월 17일 오전 11시 20분에 장사에서 92세를 일기로 서거했습니다. 저
명한 원예학가이신 류자명교수는 우리 나라 농업교육과 원예과학사업을
위해 모든 것을 바쳤으며 중조친선의 발전을 위해 탁월한 공헌을 하셨습
니다. 그의 서거는 우리 나라 농업교육과 원예과학계의 중대한 손실입니다.

4월 23일   9시 반에서 11시 반까지 장사시 금분령 장사빈의관에서
유체고별식

4월 25일   오후 3시 호남농학원에서 추도대회 거행

같은 해 류측충도 별세

1991. 4. 13 생전의 전우 이강훈(전 광복회장) 등의 노력으로 고 류자
명선생께 대한민국 건국훈장이 추서됨.(건국훈장 애국장)
- 친필원고 「나의 회억」이 북경 중앙방송국의 김형직 선
생을 통해 독립기념관에 수장됨.
- 이 사실을 1991년 11월 7일 8일자 조선일보와 한국일
보에서 보도

1994. 7. 28 국내 자손들이 독립기념관에 진정을 하고, 조동걸 교수
에게서 확인한 김형직 선생의 주소로 편지를 보냄,

1994. 8. 8 김형직 선생이 알려준 주소로 손자 류인상이 고모 득로 앞
으로 편지를 보냈고, 그때부터 중국과 한국의 후손간 왕래
가 시작됨.

1996년 중국에서 과기지성(科技之星)으로 표창

2002. 3 유골이 대전 국립묘지에 안장됨. 양국의 부인이 합장됨.

총결(류자명의 회억록 후기 해당 부분)

나는 1894년 동학당의 농민봉기가 남조선으로부터 폭발될 때 남조선에
서 탄생하였다.

유년시기와 소년시기에는 유교의 윤리학적 사상교육을 받게 되어서 '3
강 5륜의 교조'를 진리로 미신하게 되었다.

청년시기에는 일본 군국주의 식민지 정책적 노예 교육을 피동적으로
받게 되어서 '농림학교'에서 농업생산기술을 학습한 후에는 일본 군국주
의의 노예를 배양하기 위하여 복무하게 되었다.

1919년 3월 1일에 조선 전국 인민이 단결하고 일떠서서 '조선독립만세!'의 구호를 부르면서 조선독립을 실현하기 위한 시위운동이 전국적으로 봉기하고 있을 때에, 나는 '노예배양'의 일터를 떠나서 한성에 가서 독립혁명운동에 참가하여 지하활동을 하다가, 1919년 6월에 한 분 혁명선배[조용주]를 따라서 밀행 출국하여 상해 법국조계에 가서 전국적으로 이름난 애국지사 선배들과 만나보고 또한 새로 조직된 '임시의정원'의 의원의 하나로 되었다.

또한 그분들과 함께 '의정원' 회의에 출석하여 유관 문제에 대하여 서로 의견도 담론하였다.

그리고 그분들은 나와 같은 새로 조국 독립운동에 참가한 후생들을 자기의 친신자제와 같이 애호하고 또한 그분들이 겪어온 경력도 나에게 알려주었던 것이다.

그때로부터 60년을 지낸 오늘에도 그분들의 존명들을 나의 머릿속에 명기되어 있고, 그분들이 나에게 남겨준 인상은 내 눈앞에서 사진을 보여주는 것처럼 밝게 나타나곤 하는 것이다.

나는 경애하는 애국지사 선배들을 기념하기 위하여 그분들의 존함들을 열거해놓고 그분들의 애국사상과 혁명정신은 영구 불멸하리라고 경모의 정을 삼가 표하게 되는 것이다.

임시정부 각원 명단

주석 김구(金九) / 국무총리 이동휘(李東輝) / 내정부장 조완구(趙玩九) / 외교부장 김규식(金奎植) / 국무원비서장 최창석(崔昌碩)

임시의정원 의원 명단

의장 이동녕(李東寧) / 비서장 조덕진(趙德津) / 비서 류자명(柳子明) / 위원 신규식(申奎植), 려운형(呂運亨), 김홍서(金洪敍), 김창덕(金昌德), 홍면희(洪冕禧), 강태동(姜泰東), 이종욱(李鍾旭), 김갑(金甲), 류인욱(柳寅旭), 유창준(兪昌俊), 김창숙(金昌淑)

문화계 명류

역사학가 신채호(申采浩) / 역사학가 박은식(朴殷植) / 문학가 이광수(李光洙) / 언어학자 김백연(金白淵) 등

그리고 나는 임시의정원 1919년 례회가 폐막된 뒤 그 해 12월에 '임시연락원'의 임무를 띠고 국내에 밀행해 들어가서 그때 한성에서 지하운동을 하고 있는 각계 조직들과 연락망을 벌려놓고 국내외로 내왕하면서 비밀통신연락 공작을 하고 있었다.

그리고 1924년 천진에서 폭력혁명단체인 '조선의렬단'에 가입한 뒤에도 통신련락의 임무를 전적으로 책임지고, 중국 남북 각지로 돌아다니게 되었다.

그런데 중국공산당이 영도하는 제1차 대혁명이 실패된 뒤에 나는 일본 주한영사관의 정탐들에게 체포되어 '무한위수사령부' 간수소에서 반년동안 철창을 겪다가 그 해 8월 말에 남경으로 떠들어간 뒤에는 생활문제를 해결하기 위하여 농업생산 일터에서 교육기관으로, 교육기관에서 과학실험장으로, 과학실험장에서 혁명투쟁전선으로 정처없이 떠돌아다니면서 여행운동 같은 불안한 생활을 겪어 왔었다.

그런데 1937년 7월 7일에 일본군국주의 침략군은 '로구교 7. 7. 사변'을

비롯한 재침전쟁을 발기하고 중국에 대한 전면적 진공을 다시 개시하였다. 이것은 바로 중국에서 전면적 항일전쟁의 기점으로 되는 것이다.

그리고 일본침략군이 상해에 등륙하여 남경으로 쳐들어올 때에 나는 남경을 떠나서 한구로 가서 '조선민족혁명당' '조선해방동맹' '조선전위동맹'들과 함께 연합하여 「조선민족전선연맹」을 조직하게 될 때, 나는 '조선무정부주의자연맹'을 대표하여 이 4단체 연합전선에 참가한 뒤에는 연합전선을 기초로 하고 '조선의용대'가 성립되었다. 이런 연합전선에는 종래로부터 분립되었던 민족주의, 민주주의, 공산주의, 무정부주의와 허무주의의 대립적 단체들을 단결시키게 되어서 조선독립혁명운동의 발전을 뚜렷이 보여주는 한편 조선혁명의 전진할 큰길을 환하게 밝혀주는 것이다.

그런데 통일전선이 성립된 뒤에도 나는 한구에서 형양으로, 형양에서 계림에서 중경으로, 중경에서 복건으로 극히 험준한 산길을 여행 운동적으로 돌아다니는 도중에 1945년에 과연 군국주의자들의 우두머리인 일본 천황이 아무런 조건도 내놓지 못하고 무릎을 굽히고 항복하였다는 승리의 나팔소리가 멀리 들려와서 위대한 중국산하를 움직이고 있었다.

이에 8년 항일전쟁이 승리적으로 끝나면서 50년전에 일본군국주의 강도들에게 강탈되었던 중국의 신성한 영토인 미려한 섬으로 이름난 대만이 위대한 조국의 품안에 돌아와서 안기게 된 뒤에 나는 내인과 함께 어린이들을 앞세우고 대만으로 건너가서 5년동안 유관 강위에서 일하다가 1950년 6월에 대만을 떠나 홍콩을 거쳐서 대륙 내지에 돌아와서 '호남대학'에 와 '호남농학원'에서 안연히 교육공작에 종사하는 한편, 농업과학에 관한 약간 논문을 유관 간물에 발표하였으며, 1980년 제10기 「세계사연구동태」 간물에 내가 집필한 「고풍양절의 김구선생」이라는 논문이 발표되었고, 1981년 제2기 동일 간물에는 내가 집필한 「조선애국역사가 신채호」라는 논문도 발표되었다.

이상 졸작이 발표된 후 1981년 여름날에 김보민 동지는 불원천리하고 '호남농학원'까지 와서 나를 방문하고 나와 함께 60년 이래의 내가 겪어온 곡절 불평한 노상에서 만나본 가지각색의 현상들을 담론했었다.

그리고 그분은 나에 대하여 "작고한 선배들의 왕사를 한편 한편씩 쓰는 것보다도 나 자신이 겪어온 왕사를 한 줄로 엮어서 자신의「회억록」을 쓰는 것이 좋겠다"고 건의하였던 것이다.

나는 그분의 건의에 완전히 동의하면서 이 졸필을 잡게 되었다.

특히 이에 김형직 동지는 백망중에서 이런 졸고를 수정하기 위하여 밤을 낮에 이어서 힘써 협조해 주신데 대하여 진정으로 감사의 뜻을 표하는 바이다.

나의 90 탄신을 지난 뒤에

1983년 2월 25일에 나의 90 탄신에 즈음하여 '호남농학원' 영도 동지들이 나의 생일을 위하여 성대한 연회를 차리고, 중국공산당 호남성지부위원회 조림의(焦林義) 부서기, 호남성정부 정성령(程星齡) 부성장, 호남성 장사시에서 일하고 있는 신문기자, 통신사기자, 광파전타기자들을 초대하였다.

연회에서는 '호남농학원' 여철교(余鐵橋) 원장의 지휘 아래에서 조림의 부서기, 정성령 부성장과 그밖에 또 '호남농학원'의 영도 동지들이 축하 연설을 나누었다.

그리고 그 다음날부터 장사에서 출판하는「호남일보 湖南日報」「장사만보 長沙晚報」, 북경에서 출판하는「광명일보 光明日報」「인민일보 人民日報」들에 나의 90 탄신을 축하한데 대한 소식이 보도되었다.

그리고 또 신문의 소식이 넓게 보도된 뒤에 나는 복건성 천주 '여명고등중학교(黎明高中)'의 축하전보, 협서성 '임업연구소' 김충식(金忠植), 흑룡강성 하르빈 '조선민족의원' 엄금화(嚴金化), 해림현 '중심학교' 이춘자(李春子), '중국작가협회연변분회' 김학철(金學鐵) 등등 조선민족 동포들이 보내주는 축하편지를 받았다.

그 중에서 '조선민족의원'의 엄금화 동지는 나의 90 탄신을 축하하면서 또한 조선의 무명영웅들이 일찍이 조국을 떠나 중국에 와서 조국의 독립을 위하여 투쟁하던 역사적 사실을 소설로 쓰기 위하여, 나에게 대하여 "내가 중국에 와서 활동하던 역사적 경력을 알려달라"고 하였다.

그리하여 나는 1919년 3월 1일 '조선독립운동'이 폭발할 때, 운동에 참가한 뒤에 그 해 6월에 조국을 떠나 중국에 와서 여러 가지 혁명적 활동에 참가하면서 동서남북으로 정처없이 떠돌아다니다가, 1949년에 중국공산당 영도 아래서 전체 중국인민이 해방되는 동시에 '중화인민공화국'이 성립된 뒤에 1950년 6월에 대만을 떠나 향항을 거쳐서 그 해 8월에 호남성 장사에 와서 지금까지 33년 동안 '호남농학원'에서 일하게 된 역사적 경과를 간단하게 써서 엄금화 동지에게 보내주었다.

그 다음에 '중국작가협회연변분회'의 김학철 동지는 46년전에 '조선민족혁명당' 당원의 하나로서 그 당의 수령인 김약산(金若山) 동지와 함께 '조선민족전선연맹'에 참가하였다가, 1938년에 일본 침략군이 한구를 점령하게 될 때에 김학철은 이하유(李何有), 나월환(羅月煥)과 함께 서안에 가서 활동하다가, 중국공산당이 영도하는 사회주의혁명 근거지인 연안(延安)에 가서 중국공산당에 참가하였으며, 공산당군대인 8로군(八路軍)에도 참가하여 투쟁하다가, 중국이 해방된 뒤에 북조선 평양에 가 있다가, 김약산 동지와 김백연 선생이 억울하게 세상을 떠났으며, 김구(金九) 선생과 조소앙(趙素昻) 선생도 남조선 한성에서 참혹하게 희생된 뒤에, 김학철은 또다시 중국에 나와서 있게 되었다고 말하였다.

그런데 김학철 동지가 말한 바와 같이 김백연(金白淵) 선생과 김약산 (金若山) 동지가 억울하게 세상을 떠났다는 소식은 나도 일찍이 알게 되었던 사실이며, 그리고 김구 선생이 남조선에서 참혹하게 희생된 경과에 대하여서는 몇 해 전에 내가 김구 선생을 기념하는 글에서 비교적으로 자세하게 중국글로 써서 발표하였다.

그러나 조소앙 선생까지 남조선에서 참혹하게 희생되었다는 소식은 나로서는 오늘날까지 알 수 없던 소식이다.

나는 일찍이 1919년 3. 1운동 시기에 한성에서 조소앙 선생의 아우인 조용주(趙鏞周) 동지를 알게 되었으며, 또한 그의 제의에 의거하여 이병철 (李秉徹) 동지들과 함께 「외교청년단 外交靑年團」을 조직하고 '한국임시정부'의 외교사업을 원조하기 위한 활동을 시작하였다.

당시에 제1차 세계대전이 끝난 뒤에 법국 빠리에서 평화회의가 열리게 되었는데, 한국임시정부에서 임시정부 외교부장 김규식(金奎植) 박사를 총대표로 하고 조소앙 선생을 부대표로 하는 우리나라 외교대표단을 빠리에 파견하여 평화회의에 대하여 한국임시정부를 승인해 달라고 요구하였다.

그러나, 당시에 일본 제국의 대표도 빠리평화회의에 참가해서 우리나라의 정당한 요구를 무리하게 반대하였으므로 우리의 요구는 통과되지 못하였으나, 그러나 우리 대표가 내놓은 조국독립의 요구는 우리 조국의 자주독립을 위하여 커다란 선동의 작용으로 된다고 할 수 있는 것이다.

그런데, 우리나라의 대표들이 빠리에서 활동하기 위한 경비를 원조하기 위하여 「외교청년단」의 동지들은 「애국부인회 愛國婦人會」와 연합하여 우리나라의 외교 대표단이 빠리에서 활동하는 경비를 원조하기 위하여 적극적으로 노력하였다.

그리고 그 해 6월에 나는 조용주 동지를 따라서 한성을 떠나 비밀하게

압록강을 건너 상해 법국조계에 나와서 여러 방면에서 활동하다가 1922
년에 조소앙 선생이 빠리로부터 모스코를 지나서 북경에 돌아왔을 때에
나는 연병호(延秉浩) 동지와 함께 조소앙 선생이 들어있는 여관에 가서
조소앙 선생을 첫 번째로 만나 보면서 지나간 경력과 앞으로 오게 되는
희망에 대한 이야기를 서로 나누었다.

그때로부터 나와 조소앙 선생 사이에 맺어진 동포적 감정과 혁명적 우
의는 날이 갈수록 깊고도 두텁게 되었었는데, 우리가 서로 이별한 뒤 40
년을 지나온 오늘에 광명정대한 혁명가인 조소앙 선생이 흉악하고도 간
사스러운 원수놈들에게 야만적인 암살을 당했다는 것은 나에게 참을 수
없는 분노와 잊을 수 없는 비통을 느끼게 하였다. 그리하여 나는 이렇게
간단하나마 정서깊은 글로써 여러분 애국지사 선배들의 혁명정신의 영구
불멸을 축원하면서 이 글을 끝내게 된다.

참고문헌

1. 류자명이 남긴 논설·회고

柳友槿(寄),「內的 改造論의 檢討」一·二·三,『東亞日報』1920년 4월 28·29·
    30일

廣東에서 柳子明,「廣州를 떠나면서」一~五,『朝鮮日報』1923년 6월 3~14일

廣東에서 柳子明,「赤色의 悲痛: 4월 15일 이후의 사실」上·中·下,『朝鮮日報』
    1927년 5월 13·14·15일.

子明,「朝鮮農村破産的一斑」,『革命公論』제1호(1933. 7. 1)

瑾,「民族戰線問題에 대해서 冷心君의 疑問에 答한다」『南華通訊』11, 1936년
    11월 ;『思想情勢視察報告集』'其の二'에 수록

子明,「創刊辭」『朝鮮民族戰線』창간호, 1938년 4월 10일

「朝鮮民族戰線聯盟創立宣言」,『朝鮮民族戰線』창간호, 1938년 4월 10일

子明,「朝鮮民族戰線聯盟結成經過」,『朝鮮民族戰線』창간호,『朝鮮民族戰線』
    창간호, 1938년 4월 10일

子明,「中國國民黨大會的歷史的意義」,『朝鮮民族戰線』제2기, 1938년 4월 25일

子明,「台兒莊戰勝的意義」,『朝鮮民族戰線』제2기, 1938년 4월 25일

子明,「革命的五月」,『朝鮮民族戰線』제3기, 1938년 5월 10일

友生,「長期戰爭給日本國民生活的反映」,『朝鮮民族戰線』제3기, 1938년 5월
    10일

子明,「歡迎世界學聯代表團」,『朝鮮民族戰線』제3기, 1938년 5월 10일

柳湜,「爲朝鮮革命力量統一而鬪爭」,『朝鮮民族戰線』제4기, 1938년 5월 25일

子明,「敵內閣改組與政治動向」,『朝鮮民族戰線』제5·6기 합간, 1938년 6월 25일

瑾,「朝鮮革命軼事」,『朝鮮民族戰線』제5·6기 합간, 1938년 6월 25일

柳子明,「朝鮮情勢一班」,『朝鮮義勇隊通訊』제23기, 1939년 9월 1일

柳子明,「朝鮮情勢一班」(續),『朝鮮義勇隊通訊』제29기, 1939년 11월 15일

柳子明,「敵人總動員中朝鮮産業動態」,『反侵略』1939년 12월 12일

柳子明,「高風亮節的金九先生」,『世界史研究動態』1980년 10월호

柳子明,「朝鮮愛國歷史學家申采浩」,『世界史研究動態』1981년 2월호

류자명,『나의 회억』, 료녕인민출판사, 1984

류자명,『류자명 수기: 한 혁명자의 회억록』, 독립기념관 한국독립운동사연구소,
    1999

2. 류자명 관련 연구성과

1) 단행본

安奇, 『戴勳章的園藝學家: 柳子明傳』, 中國農業出版社, 2004

류연산, 『행동하는 지식인 류자명 평전』, 충주시·예성문화연구회, 2004

류자명자료집 간행위원회 편, 『류자명 자료집』1, 독립운동편, 충주시·충주MBC, 2006

2) 논문 및 단문

오장환, 「시대를 앞서 간 혁명가 류자명」, 『내일을 여는 역사』2000년 여름호

김성국, 「류자명과 한국 아나키즘의 형성」, 『한국사회사상사연구』(화양 신용하교 수 정년기념논총), 나남, 2003

이호룡, 「류자명의 아나키스트 활동」, 『역사와 현실』53, 2004

崔鳳春, 「柳子明의 抗日歷程과 朝鮮革命運動: 그의 回顧錄을 중심으로」, 『人 文科學論叢』43, 건국대 인문과학연구소, 2005

류연산, 「무정부주의자 류자명: 과학자이자 무정부주의자로 한·중 우호에 숨은 역할」, 『월간 말』2006년 4월호

劉大可, 「柳子明在福建的活動」, 『福建省社會主義學院學報』57, 2005年 第4期

박걸순, 「조선인 류자명을 품고 사는 중국 창사(長沙)의 사람들」, 『월간 독립기념 관』2006년 5월호

한상도, 「한·중 연대의 국제주의자, 류자명」, 劉準基 편, 『한국근현대인물강의』, 국학자료원, 2007

한상도, 「류자명의 아나키즘 이해와 한·중연대론」, 『동양정치사상사』 7권 1호, 2008

謝俊美, 「一位韓國獨立運動活動家在中國: 柳子明与上海立達學園」, 『歷史 敎學問題』2009年 第3期

박걸순, 「아나키스트 류자명의 망향가, 죽어서 이룬 귀향의 꿈」, 『월간 독립기념관』 2012년 1월호

박걸순, 「아나키스트 柳子明의 자료현황과 새로 발굴한 手記의 성격」, 『중원문화 연구』21, 2013

간행 인사

2003년 나는 비로소 할아버님을 '내 할아버님'에서 '대한민국의 할아버님'으로 보내 드릴 수 있었다. 고생만 하시다 돌아가신 아버님이 제일 기뻐하셨을 할아버님에 대한 재조명 학술회의가 충주에서 열리던 날의 일이다.

벌써 10년도 넘은 그 날은 왜 할아버님이 아나키스트의 일원이셨는지, 그것이 대한민국의 독립운동사에 미친 영향력이 얼마나 큰 것이었는지 알게 해 준 일대의 사건이었다. 그리고 비로소 그 분을 이해하고, 어렸을 때부터 항상 의문을 품고 다니던 사상에 대한 트라우마가 사라지는 날이기도 했다.

오로지 좌우 진영을 아우르며 독립만을 위한 정진의 길을 걸어가신 할아버님!

현실의 대한민국 실정에서도 할아버님의 사상과 뜻을 더 많이 알리고 실천하며 모든 사람들의 귀감이 되어야 함을 뼈 속 깊이 느끼며, 우리 집안의 자랑스러운 할아버님이 아닌 대한민국의 정신으로 거듭 나야 함을 느끼고 마음이 평온해짐을 느꼈었다.

그 일을 시작으로 충주에서 서울에서 연구회에서 학계에서 금방이라도 생가 복원을 하고, 할아버님의 위상을 높여 드리고자 하는 움직임이 활발한 듯 보였다. 그런 뜻을 고맙게 여겨 할아버님이 영면하시기 전까지 왕성한 연구와 학문을 정진하신 중국 장사의 호남대학원 총장님과 그 일행분들이 생가복원 성금도 쾌척하시고 가셨다.

그런데 어느 순간부터 모든 일이 마치 지우개로 지워 진 듯 조용해졌

다. 우리 자손들은 할아버님 일에서 만큼은 소극적일 수 밖에 없는 존재
들이다. 그 분이 개인의 명예와 영달을 위해 독립운동을 하신 게 아니기
때문에라도, 그 분의 숭고한 뜻에 혹 누라도 끼칠까 노심초사 살아온 세
월들이다. 서운하고 서럽기도 했고, 어이없기도 했다.

  올해가 할아버님 서거 30주년이다. 광복 70주년이기도 하다.
  마침 한국아나키스트독립운동가기념사업회에서 할아버님 서거 30주년
기념식과 더불어 책자를 발간한다는 소식을 들었다.
  자손들 입장에서는 이번 일을 계기로 다시 한번 할아버님이 남기신 조
국 사랑의 고귀한 정신이 이 나라의 장래에, 그리고 이 나라에 위기가 왔
을 때, 어찌해야 이 나라의 근간을 지킬 수 있는지 좌표가 되었으면 하고
바래본다.
  대한민국의 근대사의 얼룩진 역사관으로 인해 아나키스트 독립운동가
들의 정신과 업적의 평가가 소홀했음은 물론이며 학계에서도 별 관심을
가지지 않은 느낌이다.

  그런 중에도 혼신의 힘을 기울여 할아버님의 사상과 정신을 재조명하
고자 노력하신 모든 분들께 이번 기회를 빌어 감사의 마음을 전합니다.
  더불어 할아버지 책자 발간에 귀한 글을 제공해 주신 국내외 학자님들
과 기념식을 위해 애쓰시는 회장님 이하 회원 여러분께 감사의 말씀을 드
립니다.

2015년 7월 12일
손자들을 대표하여
류인호·류인국 드림

필자 소개(가나다 순)

- 궈한민(郭汉民) / 중국 湘潭大學 교수
- 김명섭(金明燮) / 단국대학교 사학과 강사
- 김병민(金柄珉) / 전 중국 延邊大學校 총장
- 김성국(金成國) / 부산대학교 사회학과 명예교수
- 김양수(金良守) / 동국대학교 중문학과 교수
- 류다커(刘大可) / 중국 福建省委員會 黨學校 교수
- 류잔훼이(柳展輝) / 전 중국 湖南大學 교수, 류자명 선생 아들
- 박걸순(朴杰淳) / 충북대학교 사학과 교수
- 셰쥔메이(谢俊美) / 중국 上海華東師範大學 교수
- 이호룡(李浩龍) / 민주화운동기념사업회 연구소 소장
- 조세현(曺世鉉) / 부경대학교 사학과 교수
- 최봉춘(崔凤春) / 중국 杭州師範大學 교수
- 한상도(韓相禱) / 건국대학교 사학과 교수

류자명의 독립운동과 한·중 연대

초판 인쇄 | 2015년 8월 05일
초판 발행 | 2015년 8월 10일

저　　자 | 김명섭 외 12인
발 행 인 | 한정희
발 행 처 | 경인문화사
등록번호 | 제10-18호(1973년 11월 8일)
주　　소 | 서울특별시 마포구 마포동 324-3
전　　화 | 718-4831~2
팩　　스 | 703-9711
홈페이지 | http://kyungin.mkstudy.com
이 메 일 | kyunginp@chol.com

ISBN　978-89-499-1144-1 93910
값 39,000원